U0711633

复旦附中『双新』语文课
中华古诗文阅读

第二卷

主　编／吴　坚　黄荣华
副主编／王希明　张　翔

广西师范大学出版社
·桂林·

图书在版编目(CIP)数据

复旦附中"双新"语文课. 中华古诗文阅读 第二卷／吴坚,黄荣华主编;王希明,张翔副主编. —桂林: 广西师范大学出版社, 2023.4(2024.5 重印)

ISBN 978-7-5598-5874-0

Ⅰ. ①复… Ⅱ. ①吴… ②黄… ③王… ④张… Ⅲ. ①古典诗歌-中国-阅读教学-高中-教学参考资料 ②文言文-阅读教学-高中-教学参考资料 Ⅳ. ①G634.303

中国国家版本馆 CIP 数据核字(2023)第 040652 号

复旦附中"双新"语文课·中华古诗文阅读·第二卷
FUDANFUZHONG "SHUANGXIN" YUWENKE · ZHONGHUA GUSHIWEN YUEDU · DIERJUAN

出 品 人: 刘广汉
策划编辑: 刘美文
责任编辑: 伍忠莲
装帧设计: 李婷婷

广西师范大学出版社出版发行
(广西桂林市五里店路 9 号　　邮政编码:541004
网址:http://www.bbtpress.com)
出版人:黄轩庄
全国新华书店经销
销售热线: 021-65200318　021-31260822-898
运河(唐山)印务有限公司印刷
(唐山市芦台经济开发区农业总公司三社区　邮政编码: 063000)
开本: 787 mm×1 092 mm　1/16
印张: 24.25　字数: 419 千字
2023 年 4 月第 1 版　2024 年 5 月第 2 次印刷
定价: 68.00 元

修订版前言

“中华古诗文阅读”系列图书于2015—2016年由上海教育出版社出版。

2017年初，该系列图书一度成为各大媒体争相报道的热点，成为热门图书。五年过去了，该系列图书依然有较强的市场竞争力。

但在使用的过程中，编者、读者均发现了一些问题，尤其是读者提出了一些非常中肯的意见与建议。

因此，我们依据中学语文教育发展的要求，参照读者的意见与建议，对该系列图书做了较大幅度的修订，并更名为《复旦附中“双新”语文课：中华古诗文阅读》。

（1）调整了篇幅。

将原来的6卷200余万字，缩减为3卷100余万字，图书内容更为精练。

（2）加强了课内外联读。

原来的版本有关高中课内古诗文阅读指导的内容只占图书的十分之一，修订后该部分内容大约占图书的二分之一；并且，修订后每卷设上、下编，上编为课内古诗文阅读，下编为课外古诗文阅读，上编与下编在关要处加强勾连与贯通。这样，在整体上大大提升了图书的使用价值。

课内古诗文阅读，由统编高中《语文》教科书中的古诗文构成，第一卷对应必修上册教科书中的古诗文，第二卷对应必修下册教科书中的古诗文，第三卷对应选择性必修上中下三册教科书中的古诗文。

课外古诗文阅读，第一卷由《诗经》选读、《楚辞》选读、《论语》选读、《荀子》选读、汉乐府选读、唐诗选读六单元构成，第二卷由《孟子》选读、《左传》选读、《史记》选读、《韩非子》选读、唐宋词选读、《文心雕龙》选读六单元构成，第三卷由《老子》选读、《庄子》选读、《墨子》选读、《大学》《中庸》选读四单元构成。

（3）更加注重贯通学习的指导。

强化“以中华传统文化的存在方式学习中华传统文化”的学习理念（详见代后记），

引导并帮助学生构筑21世纪“中国人”存在的文化逻辑；屏弃近代以来形成的“以西方思想审视中华传统文化”的书写方式，在东西方文化对照中彰显中华传统文化优秀基因的当代意义；图书以对中华传统文化的认知、理解、欣赏为经，以对中华传统文化的探讨为纬，可质疑者质疑之，不可质疑者不强疑，更不为异而求异、为新而出新。

因此，在图书编写时，整体上以诗史、文史、文化史为线索，以单元主题贯通为阐释方式，展示诗思文脉，构筑文化逻辑。

为了方便学生学习，课内古诗文阅读以单篇为单元组，课外古诗文阅读则以多篇（段）为单元组。两者都遵循适切性学习原则，筑阶而上，步步提升。

每一个单元组均设四个学习阶梯：

（1）知识朋友圈—— 呈现与本篇（段）相关的文学、文化常识和言语知识等。

（2）诗心（文心）点点通—— 展示诗思文脉、诗艺文心，贯通与之相关的文史脉络，知其然亦知其所以然。

（3）思想会客厅—— 以经典内在文化核心为基点，沟通古今中外，形成与之相关的文化史、思想史认知，构筑文化逻辑。

（4）练习步步高—— 每单元组设置若干习题，题型依次为知识识记、诗心（文心）体悟、思想碰撞（有接受，有商榷，有新见）。

我们期待修订后的“中华古诗文阅读”系列图书，在唤醒学生作为中国人的语言意识、思维意识、审美意识，落实“双新”语文课程标准制定的“文化传承与理解”学科核心素养等方面，都能发挥重要的作用；也期待读者进一步提出宝贵的意见！

在图书修订过程中，副主编王希明老师、张翔老师付出很多，在这里向他们表达感谢！也感谢广西师范大学出版社的大力支持！

黄荣华

2022年7月12日于上海

前　言

“中华古诗文阅读”系列图书的编写是继《中国人》编写之后，复旦大学附属中学（以下简称“复旦附中”）语文课程校本化进程中的重要步伐。

2006年始，复旦附中语文教研组进行语文课程校本化攻关，从教材建设、课堂建设、教师队伍建设和评价体系建设等几个方面展开。

在教材建设方面，语文教研组计划完成《中国人》、“中华古诗文阅读”、“中华根文化·中学生读本”等教材的编写。《中国人》、“中华根文化·中学生读本”（15种）于2010—2012年完成，并于2011—2012年先后由复旦大学出版社出版。

“中华古诗文阅读”系列图书是在复旦附中十余年古诗文课堂教学探索的基础上完成的。2002年始，复旦附中人文实验班将《论语》《孟子》《古文观止》《诗经》等引入课堂，此后逐步在全校推广。至2008年，语文教研组已形成较为完善的“中华古诗文阅读”教学计划并落实到课堂，引导学生在三年学习过程中，分阶段阅读《论语》大部分篇目、《古文观止》四十余篇、历代诗歌一百五十余首，选读《诗经》《楚辞》《老子》《庄子》《孟子》《荀子》《韩非子》《墨子》《左传》《战国策》等先秦经典。2013年，完成“中华古诗文阅读”（6卷）的编写，并投入使用。

2014年9月，以《中国人》、“中华古诗文阅读”、“中华根文化·中学生读本”为主体的“阅读‘中国人’书写‘中国人’”教学成果，荣获首届基础教育国家级教学成果一等奖。

现在呈现给大家的“中华古诗文阅读”系列图书，是在此次获奖成果的基础上，根据教学需要进一步修订而成。每卷10个单元：《论语》《古文观止》4个单元（第六卷为钟嵘的《诗品》、文言文“通假字”、文言文“古今异义”、文言文“特殊句式”4个单元）；《文心雕龙》1个单元；先秦经典2个单元；古诗词鉴赏1个单元；谈诗论文1个单元；沪版高中《语文》古诗文“思考与表达”1个单元。

在《中国人》的《前言》中我曾说：“现在多数同学高中毕业了，对中国人的认识还是相当模糊的，甚至是非常片面的。这对基础教育而言，不能说是成功的。我们认为，通过十二年的中小学教育，正常的情况，一个高中毕业生对在本民族发展进程中产生过重大影响的民族文化人物，起码要有一个比较全面的、比较正面的认识，而不是相反。”我们期待《中国人》“能引导同学在‘识自’方面有所感悟，有所领悟，有所觉悟，为他们以后自觉地以一个中国人的身份参与全球化的进程打下良好的基础；我们期待，《中国人》的学习，对学生文化表现力的培育有深远的影响，对他们语文能力的成长也有良好的助推作用”。

在此我要说：“中华古诗文阅读”系列图书是在“识自”方面更深一层的学习。如果说《中国人》是从“人的发现”角度启示学生做一个觉醒的中国人，那么“中华古诗文阅读”系列图书则是从“文化的发现”角度启示学生更深更广地认识作为中国人的文化所自，唤醒沉睡在自己心中的《论语》之“仁”，担起自己生命中应当承担的《孟子》之“义”，激发潜隐在自己头脑中的《老子》之“智”，了然可以自我享受的《庄子》之“达”，力行世间最难践行的《墨子》之“爱”……

有人说，中国文化的最伟大处是她伟大的诗性，如我们的先人发明了火药，但火药用于庆典，用于热闹，用于生活，而不是用于屠杀；我们的先人发明了指南针，但指南针用于风水，用于精神的彼岸，用于灵魂的安顿，而不是用于扩张与掠夺。

我想说，中国文化的最伟大处是她无处不在的诗性，并且这种诗性特征的内核在先秦就已凝结。《易》的“变化”、《礼》的“恒在”、《诗》的“无邪”、《楚辞》的“绚烂”、孔子的“中庸”、孟子的“性善”、荀子的“君子”、老子的“有无”、庄子的“齐物”、墨子的“兼爱”……不仅引领着中国人从远古走向现代、走向未来，而且将成为世界现代文化建设的重要力量。

列夫·托尔斯泰曾在 1884 年 3 月 29 日的日记中写道：“如果没有孔子和老子，《福音书》是不完整的，而没有《福音书》，于孔子则无损。”

诺贝尔文学奖获得者黑塞在 1925 年给好友茨威格的信中说：“中国人的文化理想与我们现代西方的文化理想是如此相反，以至于我们应该为地球另一面拥有如此坚定和值得崇敬的一种对极而感到高兴。企望整个世界欧洲化或中国化都是愚蠢的，我们应该尊重这种陌生的精神，否则，人们就什么也学不到，也不能互相接受；我们应该期待远东至少成为我们的老师，就像长期以来我们对西亚所做的一样（只要想想歌德）。”

1987 年 11 月，时任中国国家主席的李先念访问法国时，法国前总理、时任法国总统的希拉克在欢迎辞中说："启蒙思想家在中国看到了一个理性、和谐的世界，这个世界听命于自然法则且又体现了宇宙之大秩序。他们从这种对世界的看法中汲取了很多思想，通过启蒙运动的宣传，这些思想导致了法国大革命。"

英国著名科学史专家李约瑟在他的《中国科学技术史》一书的《序言》中说："今天保留下来的各个时代的中国文化、中国传统、中国社会的精神气质和中国人的人事事务，在许多方面，将对日后指引人类世界作出十分重要的贡献。"

被誉为"近世以来最伟大的历史学家"的阿诺德·汤因比说："如果让我选择，我愿意生活在中国的宋朝。"

这里我不厌其烦地引用，不是想用列夫·托尔斯泰、黑塞、希拉克、李约瑟和阿诺德·汤因比等人的话来证明中国文化的伟大（中国文化的伟大是无须证明的），只是想从另一个角度提醒所有的有意无意忽视、有意无意轻视，甚至有意无意鄙视自己所拥有的伟大文化的"糊涂家"或"清醒者"，你应当"清醒"，或者你应当"更清醒"。

我们生活在一个伟大的时代，这个伟大的时代需要伟大的情怀去拥抱，需要伟大的智慧去创造，需要伟大的心力去享受。

也许，你正前行在这样一条伟大的道路上。我们只想提醒你，如果你以前并没有真正认识自己拥有的文化有多么伟大，并没有真正认识自己可以在自己所拥有的伟大文化中获得前行的伟大力量，那么，从现在开始就努力去改变吧。

我们无意夸大中华传统文化的现代意义，但我们决不能再无视中华传统文化的现代意义。回望历史，展望未来，我们感恩着，我们梦想着，我们前行着。我们想起了梁启超的那句满贮深情的话："吾感谢吾先民之饷遗我者至厚，吾觉有极灿烂庄严之将来横于吾前！"

感谢复旦附中语文教研组全体教师的付出，感谢朱家角中学王友、吴淞中学赵晖、洋泾中学董鹏、浦东复旦附中分校王欣悦等教师的友情援助，他们的努力使"中华古诗文阅读"系列图书的编写得以顺利进行。

中华传统文化博大精深，中华古诗文浩如烟海，限于我们的学力与见识，"中华古诗文阅读"系列图书肯定还存在许多问题，期待读者的批评指正。

黄荣华

2015 年 2 月 28 日

（本文为 2015 年版的《前言》，收入本书时有改动）

目录

上编：课内古诗文（必修下册）

上编：课内古诗文（必修下册）

第一单元

诸子散文与历史散文

单元概说

诸子散文和历史散文所勾勒的中华民族的精神和文化脉络，足以使我们在阅读时了解自身所处的文化传统，并在先贤的高贵精神中汲取面向未来的力量。本单元由诸子散文《子路、曾皙、冉有、公西华侍坐》《齐桓晋文之事》《庖丁解牛》和历史散文《烛之武退秦师》组成，从不同侧面讲述先贤在“理想社会的构建”这一主题下的精神与文化的构想和实践。

孔子赞同曾点“风乎舞雩”的理想，通过与众弟子的对话谈“治道先后”，由和平、富强、文明，最终导向“老者安之”“少者怀之”（《论语・公冶长》），人与自然和谐相处，幸福且有温度的社会。孟子以雄辩之力，将齐宣王导向王道政治，以“推恩”——“亲亲”“仁民”“爱物”来晓示其“保民而王”的治国之道，构建一个使民以时、百姓安居乐业的理想社会。庄子则以《庖丁解牛》的寓言谈人如何去除“成心”，在复杂和拥挤的世界中发现空隙，然后游于其中，尽其天年。庄子所构想的理想社会应是允许个体葆有独立的心灵，面对社会时能够“缘督以为经”（《庄子・养生主》），既进入，又了解，并且可以幽游其间，不为物役，不为物溺，葆有天性。《烛之武退秦师》中，左丘明以烛之武在大兵压境时挺身而出，智退秦、晋的故事，彰显其理想人格——忠诚、勇毅，这是《左传》对儒家理想人格及其所支撑的理想社会的呼唤。

“前圣继天立极之道，莫大于礼；后圣垂世立教之书，亦莫先于礼。礼仪三百，威仪三千，孰非精神心术之所寓，故能与天地同其节。”（陈澔《礼记集说・序》）我们从烛之武的精彩辞令和英勇行为中，从富有艺术美感强调和谐共生的“曾点气象”中，从孟子以礼、义来引导百姓的仁政主张中，都能感知到“与天地同其节”（陈澔《礼记集说・序》）的礼的力量。诚如孟子所言“爱人者，人恒爱之；敬人者，人恒敬之”（《孟子・离娄下》），学习这一单元，能使我们更深刻地理解礼的内涵及其对文化的影响。这也是理想社会构建中一个重要的方面。

子路、曾皙、冉有、公西华侍坐

一、知识朋友圈

1. 孔子的这四位弟子，你对谁印象最深？孔子和这四位弟子之间发生过哪些故事？

子路，姓仲名由，字子路，亦字季路，比孔子小九岁，是孔子的第一批弟子。他拜孔子为师时大约二十一岁。孔子对子路非常信任。“子曰：‘道不行，乘桴浮于海。从我者，其由与？’子路闻之喜。子曰：‘由也好勇过我，无所取材。’”（《论语·公冶长》）这是孔子对子路的感慨，如果仁道不能实行，我就乘着竹木筏子漂流到海上去。能跟着我的，大概只有子路了。子路没有心机，听到孔子表扬他就非常高兴。孔子却说：“子路啊，勇猛超过了我，其他没有什么可取的才能。”孔子曾经还说：“由之瑟，奚为于丘之门？”（《论语·先进》）瑟，一种古代的弦乐器，曾点会弹，子路也会弹，但子路弹出来的曲调，据《孔子家语》记载，有北鄙杀伐之声，绝不是孔子那样文质彬彬的。所以孔子就对子路说，“从你的乐声里，一点都听不出你是我的弟子。你为什么要在我的门下呢？”这话一出，孔子其他的弟子对子路不免就有些轻慢。孔子于是补充说：“由也升堂矣，未入于室也。”（《论语·先进》）子路的学问已经到了“升堂”的地步，只是还没有“入室”罢了。学习到了一定程度，我们就说他“升堂”了，学问深得师传，达到高深境地，我们就说他“入室”了，称为“入室”弟子。其实，在这些弟子中子路和孔子的关系是最亲密的。他只比孔子小九岁，追随孔子的时间最长，有四十年，他是孔子事业最热心的支持者之一。子路之死非常令人唏嘘，周敬王四十年（鲁哀公十五年），卫国内乱，子路临危不惧，冒死冲进卫国救援孔悝，混战中被蒯聩和手下击杀，子路结缨遇难。孔子听到这个消息后非常悲伤。《史记·仲尼弟子列传》中记载，孔子说，自从有子路在我身边，恶言我都听不到了，由此可见子路对孔子的维护。在子路身上，我们可以看出“弘毅”和“杀身以成仁”是“志于道”的前提条件。“杀身以成仁”，是特殊情况下的必然选择；“仁以为己任”，是士“志于道”的途径。

冉有，姓冉名求，字子有，比孔子小二十九岁。冉有有军事才干，曾率左师抵抗入侵齐军，身先士卒，以步兵执长矛的突击战术取得胜利，又趁机说服季康子迎回在外周游十四年的孔子。子路和冉有，都是政事门弟子，性格却截然不同，所以孔子对他们两个人的教育方式也不一样，这就是孔子所提倡的因材施教。《论语·先进》中记载了这样一段对话：“子路问：‘闻斯行诸？’子曰：‘有父兄在，如之何其闻斯行之？’冉有问：‘闻斯行诸？’子曰：‘闻斯行之。’公西华曰：‘由也问闻斯行诸，子曰有父兄在；求也问闻斯行诸，子曰闻斯行之。赤也惑，敢问。’子曰：‘求也退，故进之；由也兼人，故退之。’”“闻斯行诸”，听到一件事情就要付诸行动吗？“斯”，指代一件有生命危险的事情。“如之何”，怎么，为什么。你的父兄还在世，怎么可以不征求他们的同意，就去做呢？冉有问了同样的问题，孔子的回答却不一样，公西华听到了就感到非常困惑，他问孔子为什么要有不同的回答。孔子说，因为冉有胆小，总是退缩，所以我要推他一把；子路胆子太大，爱往前冲，所以我要拽他一把。“兼人”就是鲁莽的人。冉有也有做错事的时候。“季氏富于周公，而求也为之聚敛而附益之。子曰：‘非吾徒也，小子鸣鼓而攻之，可也。’”(《论语·先进》) 季氏，就是季康子，季康子是鲁卿，周公是天子之卿，季康子比周公还阔绰，已经是僭越了，但冉有做了季氏宰，还为他大肆搜刮，假借田赋改革聚敛财富，孔子非常生气，甚至说：“你们鸣鼓去批评他，攻击他，我是允许的。”

公西华，复姓公西，名赤，字子华，比孔子小四十二岁。孔子曾经评价公西华“束带立于朝，可使与宾客言也”，但又说“不知其仁也”(《论语·公冶长》)。说明孔子对他还是有所保留的，另一方面，说明孔子对仁的要求非常高。

曾皙，名点，字皙，孔子的第一批弟子。曾点痛恨当时礼教不行，立志改变现状。孔子认为他是有进取心的狂放之士。《论语》中对他的记述不多。他和儿子曾参有不少故事。《孟子·尽心下》记载曾点喜欢吃羊枣（一种果实），由于他喜欢吃，曾参就都留给他吃，曾点死后，曾参就不吃羊枣了。曾参真是一个孝子。曾点对曾参的教育非常严格，曾参有一次耕作的时候不小心把一棵小瓜苗锄掉了，被曾点打得扑倒在地，半天不省人事。曾参醒来之后，问父亲用力打他是否有受伤，还在房内鼓琴而歌，让父亲听见，知道自己恢复了健康。孔子知道此事后，说曾参“小杖则受，大杖则走，今参委身待暴怒，以陷父不义，安得孝乎”(《孔子家语·六本》)。

2.《子路、曾皙、冉有、公西华侍坐》在《论语》中的独特性是什么？

《论语》中的对话大多关乎道德和政治，从美学层面看，是实用理性的，即一种实践的和实用的品格。可以说，儒家试图以此对普通人的日常生活和他们的行为施加直接的影响，这和文学以情感为核心的审美分属不同的价值范畴。《子路、曾皙、冉有、公西华侍坐》却是其中最富文学审美感染力的。如文中对曾点发言时音乐和动作的描写，“鼓瑟希，铿尔，舍瑟而作”，曾点在音乐尾声中起立，在孔子的鼓励下发言，非常慎重，这个描写颇具意味，说明曾点此前一直沉浸在音乐中，体现了他在音乐方面的专注。孔子对音乐很重视，他晚年曾经系统地整理过《诗经》的乐歌，他在齐国听到《韶》乐，陶醉得很长时间都尝不出肉的滋味。儒家强调“兴于《诗》，立于礼，成于乐”(《论语·泰伯》)，也就是专注于礼、乐。这是儒家名教的至高境界。

曾点所描绘的“浴乎沂，风乎舞雩，咏而归”的情境和诗意，在先秦散文关注实用、回避抒情的传统中，可以说非常独特。

3. 语言积累。

（1）率（shuài）尔。“率”的本义为绞制绳索。（一说象形。象素丝有光泽之形。本义为帛。）引申为大绳索、遵循、沿着、带领、榜样。假借为轻易，不慎重，由此引申为直爽、坦诚、副词（相当于大抵、大概）。又假借为一种捕鸟的长柄网。“尔”，相当于“然”。“率尔”一词将子路不等孔子点名就第一个发言，急遽而不加考虑的样子描绘得惟妙惟肖。

（2）哂（shěn）。微笑，有时为讥笑的含义。许慎《说文解字》中未收录“哂”，参考“弞”，为“不坏颜”之笑，可以说很贴切了。笑见齿则“矧”（shěn），“矧”本身有牙龈的含义，用我们今天的话来说，是“笑到崩坏”。《礼记·曲礼上》中说：“笑不至矧，怒不至詈。”就是笑不露齿，怒不骂人，这样才合乎礼。孔子“哂”子路，既是对他“率尔而对曰”及发言内容不完全认同，也可以看出他对子路的亲近与信任。

（3）春服既成。“服”的甲骨文写作，从凡，从𠬝，“凡”象盘类器皿，“𠬝”象以手按着一人跪伏之形，表示强迫人做事。本义为降服、制服。引申为服从、信服、从事、适应等含义。“春服既成”除了“春天的衣服已经穿定了”的含义，还可以解释为“完成了供给朝廷君主春祈祭祀用的衣服的任务”，不仅能使文章的上下句前后贯通，而且合乎孔子的一贯主张。从文章结构上看，所谓“莫春者，春服既成，冠者五六人，童子六七人，浴乎沂，风乎舞雩，咏而归”，正是一种因果关系的结构：完成了春祈要求的祭服制作工作，再外出修禊游玩，等级秩序井然，符合儒家主张。

（4）舞雩。舞雩旧址在今山东曲阜南，临水，高地有坛。北魏郦道元《水经注·泗水》曰：“沂水北对稷门，亦曰雩门。门南隔水，有雩坛，坛高三丈，曾点所欲风舞处也。”曾点的“浴乎沂，风乎舞雩，咏而归”既有祭祀性质，又有游赏风雅的意味。

二、文心点点通

孔子对这四位弟子回答的反应为何不同？他为什么“哂”子路，却对曾点的回答颇为赞赏，说“吾与点也”？

孔子厄于陈蔡之间，知其不可而为之，不就是要实现他经国济世的大志吗？子路坦言大志，孔子应该首肯，为什么“哂”之？“哂”，看似是孔子对子路口出大言的一种不满，实际是这样吗？我们从深层意义上探索，其实子路谈的为政思想和孔子的理想是相违背的，子路的着眼点是邦国的军事实力足以对抗外敌。百姓要知“勇”，就是要强兵，不挨打。而孔子追求的是礼、乐规范下社会的安定、和谐——“老者安之，朋友信之，少者怀之，使万物莫不遂其性”(《论语·公冶长》)。

冉有说得很谦虚，姿态很低。因为孔子“哂”子路了，他看在眼里，于是从大国变成了小国，要做小相，但他说的，恰恰是子路所忽略的。他摸准了孔子的心思，强调礼、乐，希望得到孔子的肯定。孔子有没有回答？没有。孔子不置可否，其实对这一切洞若观火，明澈于心。

公西华的发言比前面冉有的发言还要谦虚，谦虚到说自己什么官也不当了，但他看出了子路、冉有两人的弱点，也是自己的强项，更是孔子非常看重的“宗庙”“会同”。公西华属于言语门，能说会道。孔子对他的话也没有反应，因为对他没有把握。

为什么曾点得到了孔子“吾与点也”的赞赏？因为曾点所描绘的正是天下大治之后的场景，没有子路、冉有、公西华说的那些，曾皙就逍遥不起来，他的发言是建立在前三位的理想之上的，和平（军事）——富裕（粮食）——文明（礼、乐），最终指向的是“老者安之，朋友信之，少者怀之”的理想社会。古人说：“仓廪实则知礼节，衣食足则知荣辱。”(《管子·牧民》）曾点其实谈的是享受生活，即享受和平、享受富裕、享受文明。孔子认为这四位弟子的志向，互为补偿。他欣赏曾点之志，主要是因为前面三位讲治国，最后都要落实到个人的幸福，这是目标性的东西，但他并不否定子路等人的志向。清代张履祥认为，这一篇谈的是“治道先后”。

三、思想会客厅

“曾点气象”。

“气象”，即达到某种精神境界后在容貌、语言等方面的外在表现。“曾点气象”是以曾点为代表的儒家名教的体现，也是一种艺术化的生命境界，带有形而上的超越性的特质。朱熹认为曾点的境界是“则又不过即其所居之位，乐其日用之常，初无舍己为人之意。而其胸次悠然，直与天地万物上下同流，各得其所之妙，隐然自见于言外”（《论语集注》卷六）。可见子路、冉有、公西华之志是末和技，而曾点的话恰好说中孔子心中的道与源，故而被称为一种“气象”。王国维则如此评价“曾点气象”：“之人也，之境也，固将磅礴万物以为一，我即宇宙，宇宙即我也。光风霁月不足以喻其明，泰山华岳不足以语其高，南溟渤澥不足以比其大。邵子所谓‘反观’者非欤？叔本华所谓‘无欲之我’、希尔列尔所谓‘美丽之心’者非欤？此时之境界：无希望，无恐怖，无内界之争斗，无利无害，无人无我，不随绳墨而自合于道德之法则。一人如此，则优入圣域；社会如此，则成华胥之国。”（《孔子之美育主义》）“光风霁月”是雨后天晴万物明净的景象，王国维以此来比喻曾点人格的清朗与坦荡，同时用泰山高岳、南溟渤海来比喻其高远和博大，是宇宙万物与个人精神境界的结合。王国维还援引陆九渊的心学“宇宙便是吾心，吾心便是宇宙”、叔本华的“无欲之我”（“纯粹无欲之我”）和席勒的“美丽之心”（“经审美得自由”）等概念来解释这一境界，强调其将儒家名教运用于日常却有对现实的超越性。

四、练习步步高

（一）知识识记

1. 填空。

（1）子路在《子路、曾皙、冉有、公西华侍坐》中，描述自己的志向为：“千乘之国，____________，____________，____________；由也为之，比及三年，

________，________。”

（2）《子路、曾皙、冉有、公西华侍坐》中，曾皙所描述的理想社会蓝图是：“________，________，________，________，________，________，________。”

（3）《子路、曾皙、冉有、公西华侍坐》中，孔子对子路“哂之”的原因是：“________，________。”

（4）孔子，名丘，字________。________国人，________末期思想家、政治家、________，儒家的创始人。《论语》是记录________言行的一部语录体文集。

（5）子路，名________；公西华，名________，字________；冉有，名________，字________；言中孔子衷曲与理想的弟子名________，字________。

2. 解释下列加点的字词。

（1）子路、曾皙、冉有、公西华侍坐（　　　　）

（2）以吾一日长乎尔（　　　　）

（3）居则曰（　　　　）

（4）子路率尔而对曰（　　　　）

（5）摄乎大国之间（　　　　）

（6）因之以饥馑（　　　　）

（7）夫子哂之（　　　　）

（8）端章甫（　　　　）

（9）何伤乎（　　　　）

（10）夫子喟然叹曰（　　　　）

（11）吾与点也（　　　　）

3. 将下列句子翻译成现代汉语。

（1）以吾一日长乎尔，毋吾以也。

____

（2）鼓瑟希，铿尔，舍瑟而作，对曰：“异乎三子者之撰。”

____

（二）文心体悟

请你背诵《子路、曾皙、冉有、公西华侍坐》，概括“曾点气象”的内涵，并谈谈其与儒家名教的关系。

（三）思想碰撞

阅读下列材料，回答问题。

材料一：

左传·鲁庄公九年（节选）

左丘明

九年春，雍廪杀无知。

公及齐大夫盟于蔇，齐无君也。

夏，公伐齐，纳子纠。桓公自莒先入。

秋，师及齐师战于乾时，我师败绩。公丧戎路，传乘而归。秦子、梁子以公旗辟于下道，是以皆止。

鲍叔帅师来言曰：“子纠，亲也，请君讨之。管、召，仇也，请受而甘心焉。”乃杀子纠于生窦。召忽死之。管仲请囚，鲍叔受之，及堂阜而税之。归而以告曰：“管夷吾治于高傒，使相可也。”公从之。

材料二：

史记·仲尼弟子列传（节选）

司马迁

仲由字子路，卞人也。少孔子九岁。

子路性鄙，好勇力，志伉直，冠雄鸡，佩豭豚，陵暴孔子。孔子设礼稍诱子路，子路后儒服委质①，因门人请为弟子。

子路问政，孔子曰：“先之，劳之。”请益。曰“无倦。”子路问：“君子尚勇乎?”孔子曰:“义之为上。君子好勇而无义则乱,小人好勇而无义则盗。”子路有闻,未之能行,唯恐有闻。孔子曰:“片言可以折狱②者,其由也与!”“由也好勇过我,无所取材。”“若由也,不得其死然。”“衣敝缊袍与衣狐貉者立而不耻者,其由也与!”“由也升堂矣,未入于室也。”季康子问:“仲由仁乎?”孔子曰:“千乘之国可使治其赋,不知其仁。”

子路喜从游,遇长沮、桀溺、荷蓧丈人。

子路为季氏宰,季孙问曰:“子路可谓大臣与?”孔子曰:“可谓具臣矣。”子路为蒲大夫,辞孔子。孔子曰:“蒲多壮士,又难治。然吾语汝:恭以敬,可以执勇;宽以正,可以比众;恭正以静,可以报上。”

初,卫灵公有宠姬曰南子。灵公太子蒉聩得过南子,惧诛出奔。及灵公卒,而夫人欲立子郢。郢不肯,曰:“亡人太子之子辄在。”于是卫立辄为君,是为出公。出公立十二年,其父蒉聩居外,不得入。子路为卫大夫孔悝之邑宰。蒉聩乃与孔悝作乱,谋入孔悝家,遂与其徒袭攻出公。出公奔鲁,而蒉聩入立,是为庄公。方孔悝作乱,子路在外,闻之而驰往。遇子羔出卫城门,谓子路曰:“出公去矣,而门已闭,子可还矣,毋空受其祸。”子路曰:“食其食者,不避其难。”子羔卒去。有使者入城,城门开,子路随而入。造蒉聩,蒉聩与孔悝登台。子路曰:“君焉用孔悝?请得而杀之。”蒉聩弗听。于是子路欲燔台,蒉聩惧,乃下石乞、壶黡攻子路,击断子路之缨。子路曰:“君子死而冠不免。”遂结缨而死。

孔子闻卫乱,曰:“嗟乎,由死矣!”已而果死。

①委质:学生初次拜见老师,赠送礼物。质:通“贽”,礼物。 ②折狱:决断诉讼案件。折:断,决断。

1. 翻译下列加点的字。

(1)秦子、梁子以公旗辟于下道(　　　　　　　　)

(2)召忽死之(　　　　　　　　)

(3)及堂阜而税之(　　　　　　　　)

(4)孔子设礼稍诱子路(　　　　　　　　)

2. 将下列句子翻译成现代汉语。

(1)秋,师及齐师战于乾时,我师败绩。公丧戎路,传乘而归。

(2)孔子设礼稍诱子路,子路后儒服委质,因门人请为弟子。

3. 管仲与召忽侍奉公子纠，公子纠失败后，召忽选择死，而管仲选择“将以有为也”，后为股肱之臣辅佐齐桓公。子路对此颇有微词，《论语·宪问》记载：“子路曰：‘桓公杀公子纠，召忽死之，管仲不死。’曰：‘未仁乎？’子曰：‘桓公九合诸侯，不以兵车，管仲之力也。如其仁！如其仁！’”在面临生死威胁时，子路宣称“食其食者，不避其难”，在混战中“结缨而死”。对比管仲和子路的不同选择，请结合所学知识与阅读经验，谈谈你认同哪一个人的做法，为什么？

齐桓晋文之事

一、知识朋友圈

1.“齐桓晋文之事”指的是什么？齐宣王为何要问孟子“齐桓晋文之事”？

“齐桓”即春秋五霸中的齐桓公，他任用管仲，九合诸侯，成为“诸侯长”；“晋文”即春秋五霸中的晋文公，文治武功卓著。两人都是成就霸业的君主代表。孔颖达在《左传》中曾注：“霸者，把也，把持王政。”（《春秋左传正义》）可见，把持王政是“霸”的基础。孟子生活的战国中期，是诸侯之间争斗不息、兼并不断的时期，“争地以战，杀人盈野；争城以战，杀人盈城”（《孟子·离娄上》）。可见，霸道就是屡次征伐、以力服人，这也是当时诸侯最为关注的。“当是之时，秦用商君，富国强兵；楚、魏用吴起，战胜弱敌；齐威王、宣王用孙子、田忌之徒，而诸侯东面朝齐。天下方务于合从连衡，以攻伐为贤。”（《史记·孟子荀卿列传》）

齐国在齐威王（齐宣王之父）时曾经两次打败魏军。齐宣王即位的第二年，大败魏军杀庞涓，俘魏太子申，韩、赵、魏的国君都朝齐于博望。此时的齐国，已是东方的强国。齐宣王早就有以战求霸、君临天下之志。因此，当孟子到齐国后，他就请孟子谈谈齐桓公、晋文公在春秋时期建立霸业的事。

2. 对于“齐桓晋文之事”，《论语》《孟子》中都有所评价，可见孟子并非真的不知道，那么在《齐桓晋文之事》中，他为什么说“仲尼之徒无道桓文之事者”“臣未之闻也”？

孔子、孟子都曾论及齐桓公、晋文公及齐桓公股肱之臣，如“晋文公谲而不正，齐桓公正而不谲”（《论语·宪问》）、“管仲相桓公，霸诸侯，一匡天下，民到于今受其赐。微管仲，吾其被发左衽矣”（《论语·宪问》）、“五霸，桓公为盛”（《孟子·告子下》）。可见，孟子并非真的不知道“齐桓晋文之事”，而是通过“臣未之闻也”，巧妙地回避、转换了话题，将齐宣王引向“无以，则王乎”，成功抓住齐宣王的关注点，引向他所关注的王道话题。

3. 语言积累。

（1）觳觫。这是一个叠韵联绵词，形容恐惧战栗的样子。对“觳觫”的这一种解释从东汉以来就占据主导地位。赵岐在《孟子》中这样注释：“觳觫，牛当到死地处恐貌。”明代杨慎《丹铅续录》中这样解释“觳觫”：“牛之恐惧，字当作‘豰觫’。豰，从豕，尾惧之貌；觫，从角，角惧之貌。”按照这种说法，觳觫是牛面对死亡时从头到尾的恐惧。还有一种说法认为觳觫意为“死也，死貌”。《尔雅·释诂下》曰：“觳，尽也。”现实生活中，牛是否能意识到自己“将以衅钟”，并且在经过宫殿大堂的时候表现出恐惧的“畏死之状”？结合“见其生，不忍见其死”，第二种解释是否有其合理性？

（2）权、度。“权”，小篆写作權。本义为古书上说的一种树木——黄华木，因其坚硬、难以变形，被用作秤杆、锤柄、拄杖。假借为秤锤，故而引申为权衡、衡量、随机应变等含义。《论语·子罕》中说：“可与立，未可与权。”这里的“权”就是权衡、灵活变通处事之义。“度”，小篆写作度。本义为计算长短的标准和器具。许慎《说文解字》云：“度，法制也。”其实是引申义。“权，然后知轻重；度，然后知长短”中的“权”和“度”即称量和丈量的含义。

（3）豕、豚、彘、豨。“豕”，甲骨文写作豕，象猪形——长吻，大腹，四蹄，有尾。本义为猪，有时专指野猪。“豚”，本义为祭祀用的猪，也指小猪，泛指猪。许慎《说文解字》云：“豚，小豕也。从彖省。象形。从又持肉，以给祠祀。”“彘”，本义为野猪，泛指猪。许慎《说文解字》云："彘，豕也。后蹄废谓之彘。"清代段玉裁《说文解字注》曰："豕前足仅屈伸，后足行步蹇劣，故谓之废。""豨"在古代指猪，特指野猪。"豨突"形容像野猪受惊而乱奔。比喻人的横冲直撞，流窜侵扰。

（4）申。小篆写作𢆉。甲骨文、金文字形象闪电时云层出现的曲折的电光。本义为雷电。古人认为闪电是神的显现，所以常以"申"来称呼神。闪电在天空中是肆意伸展的，所以引申为舒展、伸开的含义。不仅事物可以伸展，事情和言谈也可以由一个点展开，故而还引申为把话语展开，陈述、说明。从臼，象两手手指交叉之形，表示自我持控的含义。"申之以孝悌"中的"申"是申诫、告诫的含义。

（5）凶年。这里指荒年。同义词有歉年、歉岁，与"乐岁"相对；反义词有丰年、有年、熟年、康年。

二、文心点点通

孟子在《齐桓晋文之事》中提出了哪些建立理想社会的主张？齐宣王对于这些主张有什么样的反应？孟子是如何说服齐宣王的？

孟子首先提出，"保民而王，莫之能御也"，"无伤也，是乃仁术也"。"仁术"是施行仁政的方式。"保民而王，莫之能御"是施行仁政的结果。齐国真的能通过"保民"称霸天下吗？齐宣王是有疑虑的。孟子接下来用齐宣王不忍心牛被杀来证明他有施行仁政的潜力。这里隐藏着什么逻辑？其实就是"恻隐之心，仁之端也"（《孟子·公孙丑上》）这一主张，孟子由此肯定齐宣王有施行仁政的基础。

当齐宣王问出"若寡人者，可以保民乎哉"时，孟子的回答是一个字"可"。这个"可"字说明什么？说明孟子对自己的主张非常自信。孟子发自内心地相信，人本性是善的，坚信自己可以让齐宣王尽量不要用武力成就自己的霸业。

齐宣王受到了鼓励，便说："夫子言之，于我心有戚戚焉。""戚戚"，内心有所触动的样子。齐宣王主动发问，为什么有仁心就可以实行仁道呢？孟子用了一个很漂亮的比喻，如果一个人能够举起百钧（三千斤的重物），却不能够举起一根羽毛；一个人能够看到秋天鸟兽身上新生的细毛的尖端，却不能够看到一车柴火，这可能吗？您今天能够对牛那么好，却不能够对百姓那么好，就像那个能够力举百钧的人，却不能够举起一根羽毛一样；就像那个能够看到秋天鸟兽身上新生的细毛的尖端的人，却不能够看到一车柴火，这是“不为”，不是“不能”。齐宣王很好学，问“不为”和“不能”有什么区别呢？孟子说，挟着泰山跃过北海，这确实做不到，但为长者按摩肢体（另一种说法是折取树枝作为拐杖），你说做不到，是不可能的。所以孟子认为，君主施行仁政，是一件非常简单的事情。民贵君轻，得民心者得天下。

孟子接着给齐宣王指出努力的方向——“推恩”。按照儒家的说法，仁爱是有等差的，先“亲亲”，再“仁民”，最后是“爱物”。现在齐宣王能够“爱物”，那理应能够“仁民”，这样就消除了齐宣王的畏难情绪。

“权，然后知轻重；度，然后知长短。物皆然，心为甚。”这里“权”和“度”的对象是什么？自己的心和别人的心是相通的，将心比心。

齐宣王为何笑而不言？笑，欲取之必先得之，他知道天下没有人不喜欢别人的夸赞，身为一国之君的齐宣王更不用说，当人获得别人的肯定的时候，势必就会放下警惕，孟子高超的心理战术已经初战告捷。“百姓皆以王为爱也，臣固知王之不忍也。”齐宣王以羊易牛，不自知是什么心理，正在纳闷时，孟子步步紧逼，接着问道：“王无异于百姓之以王为爱也。以小易大，彼恶知之？王若隐其无罪而就死地，则牛羊何择焉？”使得齐宣王感觉到百姓认为他吝啬是理所当然的。孟子再加以解释，正中齐宣王的心理。当齐宣王“口欲言而未能之貌”（朱熹《论语集注》）时，孟子为他做了解答，一点即破。这样，齐宣王心里在很大程度上认同了孟子的主张，甚至为孟子能够看透世事而感到佩服。

齐宣王为何从“不言”到“言大欲”？这是孟子欲擒故纵的迂回战术。齐宣王此时不得不承认王道学说是有道理的，但他内心深处还存有以战图霸的想法。这是行王道的巨大障碍，因此孟子主动挑起第三回合的论辩。孟子很会把握人的心理，他当然知道齐宣王的心思，却故作不知，反复设问，旁敲侧击，先逼齐宣王说出“将以求吾所大欲”，再逼齐宣王说出“吾不为是也”。孟子于是替他说了出来：我知道，您想统一中原地区。但以您这种做法，想统一中原地区，就像缘木求鱼一样，图霸根本不可能实现。缘木求鱼虽然找不到鱼，但是没有“后灾”，以您这种做法，不但统一不了中原地区，还会有“后灾”。孟子接下来从反面给齐宣王分析霸道的后果。为使齐宣王折服，孟子又用“邹人与楚人战”类比，点明胜负、强弱之理。至此，齐宣王也不得不承认孟子所说的完全正确，先破后立，孟子又用一连串排比句从正面为齐宣王描绘了一幅仁政的美好图景。这正契合齐宣王好大喜功之心。齐宣王不得不为之折服，就说了一番诚恳请教的话，表示愿意施行仁政。

在齐宣王虚心求教、愿意施行仁政的基础上，孟子才拿出他的整套纲领，即“保民”的具体措施——“制民之产”（富民）。“恒产”与“恒心”之间有什么关联？“恒产”是可以长久维持生活的固定财产，稳定的生产和生活资料，在当时就是拥有一小块足以使人衣食无忧的土地。“恒心”是坚定的心志，一个人正常的道德行为。孟子的设想是以“恒产”来换取百姓的“恒心”。百姓如果没有一定的生产和生活资料作为稳定生活的来源，就不可能有正常的道德意识，就会违法乱纪、无所不为。统治者如果不能保障百姓必需的生产和生活资料，等他们犯了法，再去惩罚，就等于陷害百姓。

具体措施有哪些？“五亩之宅，树之以桑，五十者可以衣帛矣；鸡、豚、狗、彘之畜，无失其时，七十者可以食肉矣；百亩之田，勿夺其时，八口之家可以无饥矣。”首先划定土地，使他们能够在这块土地上生产、生活，对他们进行教化。“谨庠序之教，申之以孝悌之义”“驱而之善”“无失其时”——使民以时，驱使百姓要顾及时节；仰事俯畜，这是王道之始；使百姓懂得礼、义，这是王道之成。

孟子说服齐宣王回归王道，不是停留在空洞的说教上，而是用了很多比喻和类比，引导齐宣王用理性的生命信仰对待一切生命，才能达到“保民而王”的终极目的。

三、思想会客厅

1. 圣王理想与现实的冲突。

孟子的王道思想遵从儒家传统，仁义为体，王道为用，提倡“内圣外王”，强调先“成圣”再“成王”，“成圣”的前提是修“仁义礼智”四心，崇尚仁义，尊重贤人。在孟子看来，“成王”是“成圣”的副产品。中国历史上有“先圣后王”的例子，如尧、舜、周文王，因自己的道德操守受命称王。孟子认为君主应该相信自己有能力成为圣人，并向着这个目标去努力。孟子相信人的身上有善性的存在，“仁义礼智，非由外铄我也，我固有之也”（《孟子·告子上》），尽心知性就能知天。

他坚信“人皆可以为尧舜”(《孟子・告子下》),普通人尚且如此,何况一国之君。“故王之不王,非挟太山以超北海之类也;王之不王,是折枝之类也。”这是一种精英政治,强调统治阶层通过问道、修身、养性等方式来克制内心的欲望,为百姓谋福利,从而实现统治的正当性。

但更多的古代君主是利用自己身居高位和儒家理论自诩为“圣”,事实上他们与儒家的圣人标准相距甚远,内心很可能并不认同儒家的圣王观念。古代君主认为自己的统治源于天命,深信加强国家军事实力、扩大领土范围才是使百姓信服的最佳途径。因而古代君主首先想到的是“成王”,而非“成圣”,“成王”是目的,“成圣”只是手段而已。《史记・商君列传》中,商鞅第一次见秦孝公,说的是帝道,即道家师法自然、无为而治的治国之道,秦孝公不听,并且“时时睡”;第二次见秦孝公,商鞅说的是王道,秦孝公“善之而未用也”;第三次见秦孝公,商鞅说的是霸道,即以武力、刑罚、权势来统治,秦孝公“语数日不厌”。可见,霸道就是古代君主内心的权力欲望,这是孟子的圣王理想和现实之间的冲突。

孟子构建理想社会的主张虽然在当时没有得到国君采纳,但儒家思想中的王道理想成为后世王朝所推行的官方意识形态,并且外化为一整套治国理念。汉朝“假贫民田”(将郡国公田借给贫民)、“移民就宽乡”(地广人稀之地即“宽乡”,反之是“狭乡”,百姓可以迁徙到“宽乡”,从而获得更多开垦土地的机会)的制度有很强的王道政治色彩;而北宋不立田制、不均税赋、不行王道,为北宋埋下了隐患。诚如东汉桓谭所言:“夫王道之治,先除人害,而足其衣食,然后教以礼仪,而威以刑诛,使知好恶去就。是故大化四凑,天下安乐,此王者之术。”(《新论・王霸》)

和孟子对霸道避而不谈的态度不同,孔子虽然认为齐桓公的能臣管仲不符合儒家的仁义原则,但给予管仲积极的评价:“管仲相桓公,霸诸侯,一匡天下,民到于今受其赐。微管仲,吾其被发左衽矣。岂若匹夫匹妇之为谅也,自经于沟渎而莫之知也?”(《论语・宪问》)孔子认为正是由于管仲的治理,百姓才获得物质与文明的保障。对此,朱熹的解释是:“盖管仲虽未得为仁人,而其利泽及人,则有仁之功矣。”(《论语集注》)朱熹将仁人与仁义的功绩区分开来,认为仁义的功绩,即便不是仁人,也可以做到。

荀子融合了王道、霸道和权势,主张霸道和王道互为补充。他认为“君人者,隆礼尊贤而王，重法爱民而霸”(《荀子·大略》)。他一方面认为“君子以德，小人以力。力者，德之役也”(《荀子·富国》)，批判以力使民，提倡德治；一方面要求以礼、义为基础制定法，法的根本是君子。荀子限定了法的使用对象，认为礼、法针对的是统治阶层，被统治阶层适用于“法数”。

2. 羊的生命价值和牛的生命价值有没有区别？人的生命价值和牛、羊的生命价值有没有区别？

为了维持衅钟制度，肯定会有牛或者羊死去。它们虽然有形体大小的区别，但同样是生命，同样值得珍视，所以不能认为用羊换了牛就是羊的不幸或者是牛的幸，要拯救它们的生命，必须废除残忍的衅钟制度。

诺贝尔和平奖获得者阿尔贝特·施韦泽说：“敬畏生命的伦理否认高级的和低级的、富有价值的和缺少价值的生命之间的区分。”(《敬畏生命：五十年来的基本论述》) 生命是平等的，无论是牛、羊还是人，无论是地位高贵的人还是地位低微的人，无论是父母还是子女。

四、练习步步高

（一）知识识记

1. 填空。

（1）孟子，名______，字______，战国时期______国人，受业于孔子的孙子______的门人，继孔子之后，被后人尊为“______”。

（2）《孟子》七篇包括：______、______、______等。（任写三篇）

（3）孟子在与各学派的论战中，一方面维护了儒家学说的立场，另一方面发展了儒家学说，明确提出并证明了“______”的观点，明晰了仁义，将仁学推进到仁政。

2. 解释下列加点的字词。

（1）无以，则王乎（　　　　）

（2）保民而王，莫之能御也（　　　　）（　　　　）

（3）何可废也？以羊易之（　　　　）

（4）不识有诸（　　　　　　　　）

（5）王若隐其无罪而就死地（　　　　　　　　）

（6）则牛羊何择焉（　　　　　　　　）

（7）宜乎百姓之谓我爱也（　　　　　　　　）（　　　　　　　　）

（8）于我心有戚戚焉（　　　　　　　　）

（9）独何与（　　　　　　　　）

（10）百姓之不见保（　　　　　　　　）

（11）不为者与不能者之形何以异（　　　　　　　　）

（12）挟太山以超北海（　　　　　　　　）

（13）老吾老，以及人之老（　　　　　　　　）

（14）刑于寡妻（　　　　　　　　）

（15）以御于家邦（　　　　　　　　）

（16）抑王兴甲兵（　　　　　　　　）

（17）便嬖不足使令于前与（　　　　　　　　）

（18）莅中国而抚四夷也（　　　　　　　　）（　　　　　　　　）

（19）吾惛（　　　　　　　　）

（20）放辟邪侈，无不为已。（　　　　　　　　）（　　　　　　　　）

（21）是罔民也（　　　　　　　　）

（22）是故明君制民之产（　　　　　　　　）

3. 将下列句子翻译成现代汉语。

（1）刑于寡妻，至于兄弟，以御于家邦。

（2）殆有甚焉。缘木求鱼，虽不得鱼，无后灾；以若所为，求若所欲，尽心力而为之，后必有灾。

（3）谨庠序之教，申之以孝悌之义，颁白者不负戴于道路矣。

（二）文心体悟

请你概括孟子圣王理想的内涵。

（三）思想碰撞

阅读材料，回答问题。

孟子·告子上（节选）

孟　子

告子曰："性犹湍水也，决诸东方则东流，决诸西方则西流。人性之无分于善不善也，犹水之无分于东西也。"

孟子曰："水信无分于东西，无分于上下乎？人性之善也，犹水之就下也。人无有不善，水无有不下。今夫水，搏而跃之，可使过颡；激而行之，可使在山。是岂水之性哉？其势则然也。人之可使为不善，其性亦犹是也。"

……

公都子曰："告子曰：'性无善无不善也。'或曰：'性可以为善，可以为不善；是故文、武兴，则民好善；幽、厉兴，则民好暴。'或曰：'有性善，有性不善；是故以尧为君而有象；以瞽瞍为父而有舜；以纣为兄之子，且以为君，而有微子启、王子比干。'今曰'性善'，然则彼皆非与？"

孟子曰："乃若其情，则可以为善矣，乃所谓善也。若夫为不善，非才之罪也。恻隐之心，人皆有之；羞恶之心，人皆有之；恭敬之心，人皆有之；是非之心，人皆有之。恻隐之心，仁也；羞恶之心，义也；恭敬之心，礼也；是非之心，智也。仁义礼智，非由外铄我也，我固有之也，弗思耳矣。故曰，'求则得之，舍则失之。'或相倍蓰而无算者，不能尽其才者也。《诗》曰：'天生烝民，有物有则。民之秉彝，好是懿德。'孔子曰：'为此诗者，其知道乎！故有物必有则；民之秉彝也，故好是懿德。'"

1. 解释下列加点的字。

（1）非由外铄我也（　　　　　　　　　　）

（2）或相倍蓰而无算者（　　　　　　　　　　）

（3）天生烝民，有物有则（　　　　　　　　）

（4）民之秉彝也，故好是懿德（　　　　　　　　）

2. 将句子翻译成现代汉语。

乃若其情，则可以为善矣，乃所谓善也。

____

3. 孟子如何驳斥告子“性无善无不善”的理论？请你简要阐释。

____

____

____

____

庖丁解牛

一、知识朋友圈

1.《庄子 · 养生主》全篇的内容、结构是什么样的？《庖丁解牛》在其中起了什么样的作用？

《庖丁解牛》是《庄子 · 养生主》的首章。所谓“养生主”，即“养生之宗旨”。庄子认为，只有循乎天理，依乎自然，处于至虚，游于无有，完全取消主客对立，使精神不被外物所伤害，才能保全自己，从而达到尽享天年的目的。“养生之人不可为善，因为善即近乎招名，即俗语所谓‘善门难开，善门难闭’，自身便不得安闲，是违反养生之理的。养生之人亦不可为恶，因为恶即易受刑戮，更不足以保全寿命。怎样才算善养生呢？善养生的人，当确知‘缘督以为经’的道理。……即是凡事当处之以虚，作为养生的常法，既不为恶，亦不为善。如此则名固不至，刑亦不及，可得从容之余地，以全其生命。”[1]

[1] 张默生：《庄子新释》，张翰勋校补，济南：齐鲁书社，1993 年，第 135 页。

《庄子·养生主》全篇以“缘督以为经”为纲，通过三则寓言来阐明养生的宗旨。《庖丁解牛》从正面阐发了养生的奥义，认为养生应如解牛一样，遗形去智，避实就虚，“以神遇而不以目视”，这样才能达到尽享天年的目的。接着，庄子又用《右师不善养生》与《泽雉不蕲樊中》的寓言，从正反两个方面阐明养生的宗旨。文章最后以薪尽火传之喻作结。三则寓言，紧扣《庄子·养生主》宗旨，交互阐释。

2. 语言积累。

（1）触、倚、履、踦。“触，牴也。”（段玉裁《说文解字注》）“触”的本义为牛羊类用角相互顶撞。引申为抵或撞、接触、触动等。“倚”，本义为依靠、靠着。引申为依仗、偏斜。“履，足所依也。”（许慎《说文解字》）“履”，本义为践踏、踩。引申为鞋、脚步、实践、实行。“踦，一足也。”（许慎《说文解字》）“踦”，本义为一只脚。引申为脚跛。“膝之所踦”中“踦”字为抵住的含义。在《庖丁解牛》中，这是四个舞蹈化了的动作，讲的是庖丁解牛手怎么抓、肩怎么靠、脚怎么踩、膝盖怎么抵住，这些动作是如此从容不迫，纡缓自如。

（2）《桑林》之舞、《经首》之会。桑林最初是地名。“汤既克夏，大旱七年，洛川竭。汤乃以身祷于桑林，剪其爪发，自以为牺牲，祈福于上帝。于是大雨即至，洽于四海。”（《搜神记》）由于商汤在此祷旱有灵，后人视此地为圣地，商汤的继承人进而把它规定为国家祭祀之地。《桑林》之舞应是典雅、雍容、威武的祭祀舞蹈。《左传·襄公十年》记载：前563年，宋平公在楚丘举办宴会招待晋悼公，宴会上表演了《桑林》之舞，当乐师手举旌夏之旗入场时，晋悼公竟然吓得退入房内，回国以后还生了一场大病。可见《桑林》之舞是比较威严的，庄子以此来写庖丁解牛的沉稳、优美。《经首》是尧时乐曲《咸池》中的一章，一说是黄帝时的乐曲。据司马迁《史记·天官书》记载，咸池是主管五谷的星座，如果咸池五星明亮耀眼，庄稼就会有好收成；如果咸池五星晦暗不明，就会颗粒无收，甚至还会有兵灾。《庄子·天运》中说《咸池》之乐曲中先表现“惊之以雷霆”的节奏——宇宙的无穷和人生的短暂，使人触目惊心；接着表现无声无形的“无怠之声”，使人听不闻其声，视不见其形，但它又充满天地之间，无处不在，是一种“顺之以天理”的节奏，从而达到形神合一之境。庖丁解牛的节奏是“中《经首》之会”，达到“依乎天理”“因其固然”的境界。

（3）督。小篆写作督。一说为“中空”，晋代郭象将“缘督以为经”（《庄子·养生主》）解释为“顺中以为常也”。“督”中有“目”，清代段玉裁《说文解字注》

曰：“督，察视也。”可见，“督”的本义是监察、审视。引申为监督、执掌监督权的官员。“缘督以为经”，一说为用“督”来指导“道”，故而“督”可以解释为自然之道、自然之理。“道”是天地万物的主宰。

二、文心点点通

《庖丁解牛》的故事有何寓意？庖丁解牛和养生之道有何相通之处？

“始臣之解牛之时，所见无非牛者；三年之后，未尝见全牛也。”庖丁解牛从经历到经验再到理论的过程，是从目中有牛到目无全牛再到将之转化为道的过程。三年的时间，庖丁能够逐渐洞察牛的每个部分及其与全体的关系，牛已经成为他脑中的一个整全的体系。“良庖岁更刀，割也；族庖月更刀，折也。今臣之刀十九年矣，所解数千牛矣，而刀刃若新发于硎。”不同的刀在不同的庖人手中，以不同的方式来解牛，就有不同的结局。庖丁的刀用了十九年，还像刚从磨刀石上磨出来一样。这关键在于运刀的技巧。牛是一个庞然大物，中间有很多脉络相连和筋骨相结合的地方，庖丁对牛的结构和体系了如指掌，刀就免于遭遇骨节而受损。“依乎天理，批大郤，导大窾，因其固然，技经肯綮之未尝，而况大軱乎！”“庖丁为文惠君解牛，手之所触，肩之所倚，足之所履，膝之所踦，砉然向然，奏刀騞然，莫不中音。合于《桑林》之舞，乃中《经首》之会。”这是庖丁解牛的至高境界——道技合一、天人合一。此时的庖丁已经不是依赖“目”解牛，而是依赖“神”和“心”解牛，物我之间的界限已经完全消失，解牛已经不是一种工作，而是一种艺术。

这则寓言与养生有何关联？学者王博在《庄子哲学》中认为，庖人、刀和牛在养生主题下各自象征“人、生命和社会”。“至人、神人、圣人、君子、俗人等，就好像是不同的庖人。他们以不同的方式面对社会，相刃相靡的、逐万物而不反的、形为物役心为物溺的以及逍遥游于其间的，就好像是不同庖人的不同的运刀解牛的方式。因此，他们也就有着不同的命运，劳形怵心的，中道夭折的或者尽其天年的，好比是不同庖人手中的刀，或一月，或一年，或十九年而如新。透过解牛的寓言，庄子要告诉人们的是：我们该如何处理与一个错综复杂的社会的关系，才能够使我们身处其中又不受伤害甚至优游自在呢？”[1]

---

[1] 王博：《庄子哲学》，北京：北京大学出版社，2004 年，第 71 页。

三、思想会客厅

如何养生？庄子养生思想中蕴含了对理想社会的什么样的构想？

庄子的养生之道，其基本精神是齐物之道。“万物一齐，孰短孰长？道无终始，物有死生，不恃其成；一虚一满，不位乎其形。年不可举，时不可止；消息盈虚，终则有始。”(《庄子·秋水》)“我”与外物平等相处、互利互存，庄子的养生是与天地万物并生。何为并生？并生即人与自然、人与社会的并存相依。庄子养生思想中对人与自然、人与社会关系的描述可以分为三个方面。

首先，养生是一种超越知识与生死的达观。《庄子·养生主》的开头是：“吾生也有涯，而知也无涯。以有涯随无涯，殆已。”当生命的有限和知识的无限相遇，人耗尽一生的力量去求知，是很危险的。所以必须理解，知识是为了生命，而不是相反。诚如歌德笔下的浮士德，耗尽大半生在书斋中皓首穷经，却无法获得生命的满足。《庄子·养生主》的结尾是：“指穷于为薪，火传也，不知其尽也。”宇宙大化就好像火的延续，个体生命就如同薪的消耗。徐笠山说：“开手言生有涯知无涯，只缘不因其固然。结尾换过头来，薪有穷火无尽，见得知有涯生无涯。”[严灵峰《无求备斋庄子集成初编》(卷十五)] 养生即融入宇宙大化，生死存亡连为一体，“安时而处顺，则哀乐不能入”。

其次，所谓养生，养的是“心”而不是“形”。“为善无近名，为恶无近刑。”(《庄子·养生主》) 养的是追求独立、自由与自主的内心境界，不受世俗浸染，不被杂念侵扰，不被利欲熏心。“岂唯形骸有聋盲哉，夫知亦有之。”(《庄子·逍遥游》) 庄子强调的是明亮内心的培护。在庄子看来，名就是刑，是对心的控制与戕害。为了名进入政治的牢笼，身和心都会被困囿和伤害，丧失了曳尾于涂中的自由和快乐。“养生的真谛就在于：在复杂和拥挤的世界中发现空隙，然后游于其中，尽其天年。但要找到缝隙，你的心首先要是虚的，不能为功名利禄等充满。以虚的心来面对世界，这个世界的缝隙才会向你敞开，你才会在这个世界中自由地遨游。”[1] 由此可见，庄子笔下的理想社会，是能够容许个体去追求独立、自由与自主的内心境界的包容的社会。“不累于俗，不饰于物，不苟于人，不忮于众，愿天下之安宁以活民命，人我之养毕足而止，以此白心。”(《庄子·天下》)

---

[1] 转引自于仲达：《我在北大听哲学》，哈尔滨：哈尔滨出版社，2018 年，第 177 页。

最后，善养生者的最高境界，即《庄子·逍遥游》中所说“乘天地之正，御六气之辩”“无己”“无功”“无名”的至人、神人、圣人。他们物物而不物于物，玄同万物，与万物平等共生，而不是竭尽万物去满足自己的私欲。因为不私得，所以无所不得。“无欲而天下足，无为而万物化，渊静而百姓定。”(《庄子·天地》）庄子所构想的理想社会，是与人同乐、和济众生的社会。

四、练习步步高

（一）知识识记

1. 填空。

庄子，名________，战国时期宋国蒙人。《庄子》一书分为内篇、外篇、杂篇，内篇包括________________________________等著名篇目。

2. 解释下列加点的字词。

（1）乃中《经首》之会（　　　　　　　　）

（2）技盖至此乎（　　　　　　　　）

（3）进乎技矣（　　　　　　　　）

（4）因其固然（　　　　　　　　）

（5）技经肯綮之未尝（　　　　　　　　）

（6）族庖月更刀（　　　　　　　　）

（7）彼节者有间（　　　　　　　　）

（8）恢恢乎其于游刃必有余地矣（　　　　　　　　）

（9）善刀而藏之（　　　　　　　　）

3. 将下列句子翻译成现代汉语。

（1）依乎天理，批大郤，导大窾，因其固然，技经肯綮之未尝，而况大軱乎！

____

（2）彼节者有间，而刀刃者无厚；以无厚入有间，恢恢乎其于游刃必有余地矣！是以十九年而刀刃若新发于硎。

____

____

（二）文心体悟

请你概述老子、孔子、庄子对理想社会的构想及其实现路径。

（三）思想碰撞

阅读下列材料，回答问题。

材料一：

老子（第三十三章节选）

老　子

知人者智，自知者明。胜人者有力，自胜者强。知足者富，强行者有志。不失其所者久，死而不亡者寿。

材料二：

庄子·养生主（节选）

庄　子

公文轩见右师而惊曰："是何人也？恶乎介也？天与，其人与？"曰："天也，非人也。天之生是使独也，人之貌有与也。以是知其天也，非人也。"

泽雉十步一啄，百步一饮，不蕲畜乎樊中。神虽王，不善也。

老聃死，秦失①吊之，三号而出。弟子曰："非夫子之友邪？"曰："然。""然则吊焉若此，可乎？"曰："然。始也吾以为其人也，而今非也。向吾入而吊焉，有老者哭之，如哭其子；少者哭之，如哭其母。彼其所以会之，必有不蕲言而言，不蕲哭而哭者。是遁天倍情，忘其所受，古者谓之遁天之刑。适来，夫子时也；适去，夫子顺也。安时而处顺，哀乐不能入也，古者谓是帝之县解②。"

指穷于为薪，火传也，不知其尽也。

①秦失（yì）：秦佚，庄子虚构的人物。 ②帝之县解：天帝解人于倒悬。帝：一说为天帝，一说为得道者自己。"解"的主动者并非需要"解"的当事人自己，而是外在的"帝"之神力；"帝"就是能够悟透安时处顺之理，哀乐不能入其心的得道者自己。县：通"悬"，倒悬，即困缚。

请你概括两则材料中所反映的养生思想。

烛之武退秦师

一、知识朋友圈

1.《烛之武退秦师》发生在什么样的历史背景下？

晋文公重耳在做晋国国君前，曾因为晋国发生内乱而流亡国外十九年，去了很多国家。他每到一个国家，都受到隆重的接待，如到了齐国，齐桓公把自己的女儿嫁给他；到了宋国，宋襄公赠送给他车马。在重耳到宋国之前，宋、楚两国曾发生战争，史称泓之战。在泓之战中，宋军因兵力少而处于劣势，宋襄公的臣子建议采取“半渡而击”的战术，即楚军还在渡河之时就进行攻击，攻其不备。但宋襄公认为这是不道德的，不允许手下这么做。宋襄公还遵守“君子不重伤，不禽二毛”（《左传・僖公二十二年》）的礼法，不伤害已经受伤的人和老人。楚国不顾礼法，却大胜，宋襄公不仅大败，自己还受了伤。重耳到宋国时，宋襄公以最高礼节接待了他，还送给他八十匹马，给予重耳极大的尊重。重耳离开宋国后不久，宋襄公就因伤去世了。数年后，晋、楚城濮之战，重耳退避三舍，仍打败了楚成王，也算为宋襄公报仇了。重耳流亡到郑国时，郑文公认为重耳已经在外流亡十余年，未来不会有什么作为了，对他甚是轻慢。后来重耳做了晋国国君，郑文公深知当年得罪了重耳，便在城濮之战时帮助楚国以期投靠强楚。不想在与晋国的战争中，楚国大败，在此之际，晋文公就以“无礼于晋，且贰于楚”这一理由，联合秦国一起来攻打郑国。《史记・晋世家》中这样记载：“以其无礼于文公亡过时，及城濮时郑助楚也。”

2. 春秋笔法在《烛之武退秦师》中如何体现？

《春秋》在精练的叙述中隐含深意，故有春秋笔法“以一字为褒贬”（杜预《左传序》）之说，《春秋》三传是对《春秋》的注释。“烛之武退秦师”一事，发生在鲁僖公三十年，《春秋》原文只用一句话概括：“晋人、秦人围郑”。《左传》将这六个字扩展为秦、晋两强兵临城下，郑国从君臣紧张到局势缓解再到与秦国结盟、解除隐患的全过程。《烛之武退秦师》继承了《春秋》的简练——不用形容词，只用名词和动词；没有环境、心理描写，只有对话。引发战事的原因被概括为“无礼于晋”“贰于楚”，并无突发事件，晋国就联合秦国大兵压境，言下之意晋国十分无礼。秦、晋两军“围”郑，只用一个“围”字，并未直接点明形势危急，却在佚之狐的话中，点出“国危矣”，与郑伯“今急而求子”呼应。郑伯不但“急”而“求”“子”（尊称），而且称自己有“过”，可见形势危急到什么样的程度。郑伯还点明“子亦有不利焉”，劝烛之武出山。烛之武的反应只有两个字“许之”。这里没有形容和渲染。烛之武“夜缒而出”，外交使者选择夜间从城头上用绳子吊下来，可见当时情形的危急。烛之武成功说服秦穆公退兵，文章只用了两个字“乃还”，晋文公退兵，只用了三个字“乃去之”，举重若轻，惜墨如金。《左传》多为第三人称叙述，很少进行主观评论和介入，《烛之武退秦师》亦是如此。

3. 语言积累。

（1）行李。“行李之往来”中的“行李”解释为外交使者。这种用法在古代常见，如汉代蔡琰《胡笳十八拍》中说：“追思往日兮行李难，六拍悲兮欲罢弹。”“行李”也有出门时所携带的箱子、包裹等物的含义，这种用法沿用到现在，也作“行具”“行器”。

（2）武。小篆写作，从止，从戈，止为脚趾，指行动、行走，戈为武器。本义为持武器征伐，示威。引申为勇敢、英勇、在使用武力时应具有的道义准则。烛之武名字中有一个“武”字，与其行为、品格十分贴近。许慎《说文解字》云：“武，楚庄王曰：‘夫武，定功戢（读作 jí，收敛、停止）兵。故止戈为武。’”《烛之武退秦师》中“以乱易整，不武”中的“武”指使用武力时所应遵守的道义准则。

（3）烛之武、佚之狐。《史记·郑世家》中记载：“郑人患之，乃使人私于秦曰：‘破郑益晋，非秦之利也。’秦兵罢。”《史记·郑世家》中并未记录退兵者的姓名，可见《左传》中这两个人的名字有可能是左丘明杜撰的。“烛”有明察、洞悉之义。“武”有勇敢、英勇之义。“狐”有狡黠、聪颖的特征，与人物性格贴合。

二、文心点点通

1. 烛之武的外交辞令高明在何处？为何能够以一己之力，成功说服秦国撤军，瓦解秦、晋对郑国的围困？

首先是对对方表现出极大的尊重，烛之武连用八个“君”字，并设身处地地站在对方的角度着想，聚焦郑国存亡对秦国的利弊，尤其是对秦国未来利益的利弊：亡郑无益（“若亡郑而有益于君”），留郑无害（“君亦无所害”），晋国无信（“朝济而夕设版焉”）、无厌（“何厌之有”）和无度（“将焉取之”）。在这个逻辑推理的过程中，烛之武通过亡郑与留郑的对比，强调秦国当下的利益；通过晋国无信的事实，来推论晋国的崛起将会损害秦国未来的利益。烛之武游说秦穆公时，一开始就用了示弱的策略，说“郑既知亡矣”，让对方卸下心防，博得对方的同情。在选词用字上，“敢以烦执事”中的“敢”字，有冒昧的意思，一个“烦”字，似乎会给对方添麻烦。而在最后，“阙秦以利晋，唯君图之”，也只是给对方以启发和选择，并没有任何强迫之意。面对强秦，烛之武表现得谦逊得体。

2.《烛之武退秦师》中如何体现礼之精神？

礼是会意字，从示，从豊。豊是行礼之器。礼的本义是举行仪礼，祭神求福。孔子极其看重礼，将礼看作治国要领、安邦之基、平定天下的根本。孔子主张“克己复礼”(《论语 · 颜渊》)，希望重建人类社会关系与政治秩序。《烛之武退秦师》中首先体现了古代战争之礼。古代战争特别强调师出有名，在发动战争之前，需有檄文说明讨伐的原因。秦、晋围郑的理由是“无礼于晋”“贰于楚”，并非正当理由，故而在烛之武的劝说之后，晋文公以“不仁”“不知”“不武”为由退兵，体现了对战争之礼的遵守。除此以外，在战争过程中，战士也需要遵循武德。战争结束后，如果对方损失惨重，需要给对方留下回军报告的士兵。这些均体现出古代战争之礼。

其次是对称呼的使用。左丘明在第一次提到晋、秦、郑三位诸侯王时都是称呼他们的爵位：晋侯、秦伯、郑伯，这样既能显示出对他们的尊重和礼貌，又能显示出史书的客观叙事。但在之后的称谓中，左丘明分别对晋文公和郑文公冠以“公”的称谓，对秦穆公始终称“伯”，这便流露出作者的价值判断——对郑文公的勇敢担当和勇于承认错误的赞许。

最后是人物行为与语言中所彰显的礼。年迈的烛之武临危受命，展现出深明大义、家国情怀，这都是对礼的遵守。烛之武说：“秦、晋围郑，郑既知亡矣。若亡郑而有益于君，敢以烦执事。”烛之武在第一句话中便主动示弱，以消除秦穆公的警惕之心。这是以礼示人，消除其戒心。而后一句中的“君”“敢”“烦”三个字充分体现出烛之武谦卑的礼貌之仪及其对秦穆公的尊重之情。烛之武在劝说秦穆公的言辞中总共用了八个“君”字，而且处处为“君”考虑，不断抬高对方的地位，一步步赢得对方的信任，充分体现了语言之礼。

三、思想会客厅

1.《左传》中还有哪些例子体现了春秋礼制背景？

《左传·僖公十一年》记载，内史过云：“礼，国之干也；敬，礼之舆也。不敬，则礼不行；礼不行，则上下昏，何以长世？”《左传·昭公七年》记载，孟僖子云：“礼，人之干也，无礼无以立。”可见，春秋时期，礼依然是许多人的行事出发点和立身之基，甚至可以决定一场战争的胜负和一个国家的兴衰。《左传·成公十三年》云：“国之大事，在祀与戎。”《左传》将礼的观念融入战争叙事之中。如晋、楚城濮之战，晋国大胜楚国，因晋国主帅郤谷“说礼、乐而敦《诗》《书》”，而楚国主帅子玉“刚而无礼”；因晋国之师“少长有礼，其可用也”；因晋国之民在晋文公重耳与子犯“大蒐以示之礼，作执秩以正其官。民听不惑”的教导下形成了“知义”“知信”的良好风气，由此可见礼与战争的成败有着极其密切的关系，甚至礼是决定战争成败的关键因素。再如“明恕而行，要之以礼”，这是《左传·隐公三年》提出的邦国之间的外交准则。《左传》作者也在叙事中反复提及这一点，他认为天子之于诸侯应以礼相待，如《左传·隐公六年》记载：“郑伯如周，始朝桓王也。王不礼焉。”这一历史事件后，作者借周桓公之语表达了自己的观点：“周桓公言于王曰：‘我周之东迁，晋、郑焉依。善郑以劝来者，犹惧不蔇，况不礼焉？郑不来矣。’”作者在历史叙事中表达着礼为邦国联系之纽带的价值观念。（毕红刚《春秋礼制背景下〈左传〉叙事考察》）

2. 西方文化中的礼是怎样的？与中国文化中的礼有何不同？

在西方，礼在最初出现时，多指上流社会中的行为规范或宫廷礼仪，以及官方生活中所公认的准则。法国国王路易十四最早将“礼仪”（etiquette）一词引入西方。在一次大型宫廷宴会中，每一位客人都手持一张卡片，上面书写着每个人必须遵守的行为准则。后来引申为一套适合于上层社会的行为规范。卡斯迪哥隆所著的《朝臣记》论述了礼的概念。它所指的是朝廷的礼法，包括言谈、举止、服饰和礼仪等。这些礼仪都是用来维护贵族和平民界限的社会准则，其与中国古代社会“刑不上大夫，礼不下庶人”(《礼记·曲礼上》) 有着殊途同归之效。

在西方，礼作为人的内在知识的一种表现，得到人们的普遍赞许和接受。文艺复兴时期尼德兰人文主义者伊拉斯谟指出，礼是一种习惯，主要指言谈、修饰和行为举止等，而这些习惯反映了人的内在素养。英国的约翰·洛克在《教育漫话》中说：“礼仪不良有两种：第一种是忸怩羞怯；第二种是行为不检点和轻慢。要避免这两种情形，就只有好好地遵守下面这条规则，就是，不要看不起自己，也不要看不起别人。”中国文化中的礼强调“自卑而尊人”(《礼记·曲礼上》)，如“鄙人才疏学浅”等谦辞，西方文化则强调在礼貌方面的得体。英国语言学家利奇在《语用学原则》中提出“礼貌原则”，其中第一项是“得体准则”，其核心内容为“减少表达有损于他人的观点”，从而使社会交际顺利进行。

四、练习步步高

（一）知识识记

1. 填空。

《左传》全名＿＿＿＿＿＿＿＿，是解释《春秋》的三传中最出名的，作者相传为＿＿＿＿＿＿＿＿。《左传》的编著大致依据《春秋》。《春秋》所写的是鲁隐公元年（前722年）至鲁哀公十四年（前481年），二百四十二年的历史。其间鲁国经历了十二任国君，《春秋》就以这十二个国君的＿＿＿＿＿＿＿＿作为纪年的标准，所以是一部编年体史书。

2. 解释下列加点的字词。

（1）晋军函陵（　　　　　　　　）

（2）敢以烦执事（　　　　　　　　）

（3）君之薄也（　　　　　　　　）

（4）行李之往来（　　　　　　　　）

（5）共其乏困（　　　　　　　　）

（6）且君尝为晋君赐矣（　　　　　　　　）（　　　　　　　　）

（7）朝济而夕设版焉（　　　　　　　　）（　　　　　　　　）

（8）何厌之有（　　　　　　　　）

（9）唯君图之（　　　　　　　　）

（10）吾其还也（　　　　　　　　）

3. 将下列句子翻译成现代汉语。

（1）越国以鄙远，君知其难也，焉用亡郑以陪邻？

（2）既东封郑，又欲肆其西封，若不阙秦，将焉取之？

（3）微夫人之力不及此。因人之力而敝之，不仁；失其所与，不知；以乱易整，不武。吾其还也。

（二）文心体悟

阅读这一段文字，赏析烛之武说辞的论辩艺术。

独之武退秦师（节选）

《左传》

夜缒而出，见秦伯，曰："秦、晋围郑，郑既知亡矣。若亡郑而有益于君，敢以烦执事。越国以鄙远，君知其难也，焉用亡郑以陪邻？邻之厚，君之薄也。若舍郑以为东道主，行李之往来，共其乏困，君亦无所害。且君尝为晋君赐矣，许君焦、瑕，朝济而夕设版焉，君之所知也。夫晋，何厌之有？既东封郑，又欲肆其西封，若不阙秦，将焉取之？阙秦以利晋，唯君图之。"秦伯说，与郑人盟。使杞子、逢孙、杨孙戍之，乃还。

（三）思想碰撞

《左传·庄公八年》中记载了"及瓜而代"事件。齐襄公的堂兄弟公孙无知的父亲去世得早，齐襄公的父亲齐僖公很喜欢公孙无知，以太子的待遇对待他，齐襄公很妒忌。齐襄公即位后，马上降低了公孙无知的待遇。齐襄公派连称、管至父去驻守葵丘，瓜熟时派他们去，答应等到第二年瓜熟时就派人接替他们。可是一年过去了，齐襄公并没有派人去接替他们，连称和管至父主动上书请求齐襄公换人来戍边，齐襄公拒绝了。连称和管至父很生气，于是联合公孙无知发动叛乱，趁齐襄公在贝丘打猎时，带领叛军杀死了齐襄公，然后拥立公孙无知为齐国国君。请结合下列材料，运用东西方两个评价体系来谈谈你对这一历史事件的看法。

材料一：

左传·庄公八年（节选）

左丘明

齐侯使连称、管至父戍葵丘。瓜时而往，曰：“及瓜而代。”

材料二：

论语·八佾（节选）

孔　子

定公问：“君使臣，臣事君，如之何？”孔子对曰：“君使臣以礼，臣事君以忠。”

材料三：

政治学（节选）

亚里士多德

统治者和被统治者的品德虽属相异，但好公民必须修习这两方面的才识，他应该懂得作为统治者，怎样治理自由的人们，而作为自由人之一又须知道怎样接受他人的统治——这就是一个好公民的品德。[1]

（陈晓蕾　编）

[1] ［古希腊］亚里士多德：《政治学》，吴寿彭译，北京：商务印书馆，2017年，第127页。

第二单元

古代叙事经典

单元概说

叙事，从字面来理解，就是讲述故事。中国古代的叙事作品，主要有历史叙事和文学叙事两大类。历史叙事是对历史事件的叙述，这种叙述依托于历史的真实，并试图再现历史，使人对历史有亲历之感。文学叙事则侧重对虚构性故事的叙述，这种叙述可能会有历史事件的影子或原型，但并不以真实再现历史为目标，而是追求审美性、娱乐性，同时兼具教化意义。在本单元的三篇课文中，《鸿门宴》属于历史叙事经典，《窦娥冤》（节选）和《促织》属于文学叙事经典。

中国古代叙事作品发端于历史叙事，文学叙事从历史叙事中脱胎演化而来，因而两者表现出明显的共通之处。早在先秦，就有《春秋》《左传》等较为完备的历史叙事经典出现，但缺少系统严密的体例结构，直到《史记》开创了纪传体例，历史叙事有了一次大飞越，也使后世的文学叙事作品带有历史叙事的影子，有了模仿的样本。如唐宋传奇和明清小说，不少都有历史叙事中人物传记的痕迹。唐代传奇名篇《柳毅传》《莺莺传》，单从题目来看，就是人物传记的体例。清代文言短篇小说集《聊斋志异》中每篇最后的“异史氏曰”也是对“太史公曰”的模仿，同样达到了论赞的效果。此外，历史叙事是文学叙事重要的素材来源。从真实的历史事件中演绎出文学故事，并根据时代特征赋予新的内涵和面貌，是中国古代文学作品的常见创作路径。如元杂剧中的名篇《赵氏孤儿》，故事的原型就来自《史记·赵世家》。本单元中关汉卿的《窦娥冤》（节选）是对汉代《东海孝妇》故事的再创造，蒲松龄的《促织》中有明代历史故事的原型。在阅读这些经典文学作品时，将其与历史事件中的原型进行比对，能更好地帮助我们理解这些变化背后体现出的时代特征，体会作者的创作意图和褒贬倾向。

在古代，历史叙事和文学叙事一开始是自然交融的，并没有明确的分野。鲁迅评价《史记》是“史家之绝唱，无韵之《离骚》”（《汉文学史纲要》），正是这种交融的最好说明。甚至一些叙事作品，到底应该界定为历史叙事，还是界定为文学叙事，成为后世的一大疑问，如《吴越春秋》看起来是写吴、越两国的历史，但又有明显的故事性和文学性。随着史学家有意识地追求历史记录的客观性和真实性，看重简洁质朴的风格，文学叙事本身的特性逐渐增强，历史叙事和文学叙事渐渐有了明显的区别。一般而言，是实录还是虚构，作者追求的是客观陈述还是带着强烈的、张扬的主观情感是我们区分历史叙事和文学叙事的主要标准。正确看待历史叙事和文学叙事之间的关系，对我们阅读古代叙事经典具有重要的指导意义。

鸿门宴

一、知识朋友圈

1. 司马迁与《史记》。

司马迁（约前 145 年或前 135 年—？），字子长，西汉时期夏阳（今陕西韩城南）人，伟大的史学家、文学家、思想家。他出身于史官世家，幼承父教，十岁开始学习古文书传，二十岁时曾多次漫游各地，足迹几乎遍及全国，所到之处考察山川地理、风俗人情，采集史料传说。这为他后来写作《史记》打下了坚实的基础。元封三年（前 108 年），司马迁继承其父司马谈之职，任太史令，掌管天文历法及皇家图籍，因而遍读史官所藏图书，为修史做准备。四年后，司马迁开始撰写《史记》。天汉二年（前 99 年），因替投降匈奴的李陵辩护，触怒了汉武帝，司马迁获罪下狱，遭受腐刑，极大的侮辱更加激发了他写完《史记》的决心。出狱后他任中书令，继续发愤完成所著史籍。经过十多年的辛勤耕耘，终于在征和二年（前 91 年），完成了《史记》这部伟大的著作。

《史记》是中国第一部纪传体通史。它全面记述了上起黄帝，下迄汉武帝太初年间约三千年的历史。全书共一百三十篇，分为十二本纪、三十世家、七十列传、八书、十表。本纪记述帝王的事迹，世家记述诸侯王的事迹，列传记述帝王、诸侯王之外各种有影响力的人物的事迹，书是经济、文化等方面的专史论述，表则排比并列历代帝王和诸侯国间的一些大事。《史记》开创了纪传体史书的形式，对后世的史学有深远的影响。它写历史人物和事件，往往采用文学表现手法，开创了我国传记文学的形式，语言生动，形象鲜明，对后世的文学也有深远的影响。司马迁用全部的生命谱写而成的这样一部巨大的历史著作兼伟大的文学著作，是献给历史、留给人类的最珍贵的文化遗产，被鲁迅誉为“史家之绝唱，无韵之《离骚》”（《汉文学史纲要》）。

2. 鸿门宴的历史背景。

鸿门宴是秦末农民起义中风云人物之一项羽悲剧命运的一个重要开端，也是秦末历史转折关键性的一幕。为了弄清楚鸿门宴上剑拔弩张的矛盾斗争的原因，我们有必要先对刘邦、项羽两大势力的发展情势稍作回顾。在所谓“秦失其政”“豪杰蜂起”的时代，刘邦和项羽同受农民起义浪潮的推动，先后崛起于东南，参加并且领导了农民起义。最初他们同为陈涉的部属，转战关东，立下战绩。秦二世三年（前207年），同受楚怀王封爵，刘邦率部西行略地入秦，项羽引兵北上救赵。刘邦在排除重重阻碍之后，终得“先诸侯至霸上”，受“秦王子婴素车白马，系颈以组，封皇帝玺符节”(《史记・高祖本纪》）之降，并且居关自守，打算自王关中。而项羽在杀掉宋义之后，破釜沉舟，以非凡的勇猛果敢，大破秦军，解了巨鹿之围，使“诸侯军无不人人惴恐”。在召见诸侯将时，“入辕门，无不膝行而前，莫敢仰视”(《史记・项羽本纪》)。项羽由是始为诸侯上将军，诸侯都成为他的臣属。不久项羽又收降了章邯，击坑秦卒二十余万，西行略定秦地，声威赫赫，天下莫不震服。就在此时，项羽却见到函谷关有兵，又闻沛公已破咸阳，有意称王。他按捺不住自己胸中的怒火，于是在破关直入驻军鸿门时，一定要击破刘邦。

3. 司马迁对项羽的评价。

“太史公曰：吾闻之周生曰‘舜目盖重瞳子’，又闻项羽亦重瞳子。羽岂其苗裔邪？何兴之暴也！夫秦失其政，陈涉首难，豪杰蜂起，相与并争，不可胜数。然羽非有尺寸，乘势起陇亩之中，三年，遂将五诸侯灭秦，分裂天下，而封王侯，政由羽出，号为‘霸王’，位虽不终，近古以来未尝有也。及羽背关怀楚，放逐义帝而自立，怨王侯叛己，难矣。自矜功伐，奋其私智而不师古，谓霸王之业，欲以力征经营天下，五年卒亡其国，身死东城，尚不觉寤而不自责，过矣。乃引‘天亡我，非用兵之罪也’，岂不谬哉！”(《史记・项羽本纪》)

4. 陈平对刘邦、项羽的评价。

“(汉王）谓陈平曰：‘天下纷纷，何时定乎？’陈平曰：‘项王为人，恭敬爱人，士之廉节好礼者多归之。至于行功爵邑，重之，士亦以此不附。今大王慢而少礼，士廉节者不来；然大王能饶人以爵邑，士之顽钝嗜利无耻者亦多归汉。诚各去其两短，袭其两长，天下指麾则定矣。然大王恣侮人，不能得廉节之士。顾楚有可乱者，彼项王骨鲠之臣亚父、钟离昧、龙且、周殷之属，不过数人耳。大王诚能出捐数万斤金，行反间，间其君臣，以疑其心，项王为人意忌信谗，必内相诛。汉因举兵而攻之，破楚必矣。’汉王以为然，乃出黄金四万斤，与陈平，恣所为，不问其出入。

陈平既多以金纵反间于楚军，宣言诸将钟离眜等为项王将，功多矣，然而终不得裂地而王，欲与汉为一，以灭项氏而分王其地。项羽果意不信钟离眜等。项王既疑之，使使至汉。汉王为太牢具，举进。见楚使，即详惊曰：‘吾以为亚父使，乃项王使！’复持去，更以恶草具进楚使。楚使归，具以报项王。项王果大疑亚父。亚父欲急攻下荥阳城，项王不信，不肯听。亚父闻项王疑之，乃怒曰：‘天下事大定矣，君王自为之！愿请骸骨归！’归未至彭城，疽发背而死。”（《史记·陈丞相世家》）

5. 语言积累。

（1）史。毛公鼎中写作[illegible]，下面的部分是人的手，上面的部分有人说是竹简，许慎《说文解字》认为是“中”字，代表客观、公正，不管哪个解释，都有郑重记录的含义。古代负责记录国家大事的文职官员也被称为“史”。古文字中，“史”“事”“吏”本为一个字，兼有历史、记载历史的书籍等含义。中国史学极为发达，并且有坚定的原则——惩恶扬善，微言大义和实录精神。司马迁提出的“究天人之际，通古今之变，成一家之言”（《报任安书》）的著述理想，代表了中国史学家的最高追求。

（2）文。小篆写作[illegible]，表示交错的线条。本义为文身，在人体皮肤上绘制或刺画上图案、文字。引申为花纹、文字、文章等含义，代表了相关领域对某种修饰性的追求。《论语·雍也》中说：“文质彬彬，然后君子。”虽然这句话是对君子修身的要求，但“文”与“质”兼善，也可以用来概括司马迁《史记》的特点。司马迁在《报任安书》中坦陈自己在酷刑之后隐忍苟活的原因是“鄙陋没世，而文采不表于后世”。因此探究历史发展的规律，表现历史的真实与充沛的情感，将精致生动的辞章之美融汇于《史记》一书，构成了它的独特魅力。

二、文心点点通

《项羽本纪》是《史记》中的经典篇章，《鸿门宴》则是《项羽本纪》中重要而精彩的段落，给人以深刻而丰盈的思想启迪和饱满而崇高的艺术享受。这样的成就与司马迁对项羽、刘邦、樊哙、范增等人的塑造密不可分。

司马迁塑造项羽的形象主要抓住四个问题：是否对刘邦发动进攻，是否在席间杀死刘邦，对樊哙的越礼行为采取什么态度，对刘邦席间逃离采取什么态度。作者在这些矛盾冲突中集中表现了项羽自矜功伐又优柔寡断的性格。由于自矜功伐，项羽不能忍受刘邦入关后“欲王关中”，立即决定进攻，但在听说刘邦“籍吏民，封府库”，虚位以待后，便放弃了进攻的想法。他并不把刘邦视为主要对手，而刘邦也注意维护他的尊严，使他动了“不忍”之心，所以他对范增和项庄杀掉刘邦的企图不以为意。这种“不忍”之心甚至使他对樊哙采取了格外宽容的态度，优礼有加并不计较他闯帐的无礼。

司马迁塑造刘邦的形象，主要通过刘邦在危机面前的应对来表现。去鸿门“谢罪”，“立诛杀曹无伤”，都能看出刘邦的坚决果断。刘邦一向待人傲慢，这次又“先破秦入咸阳”，按约定理应封王，但在项羽面前谦辞卑礼，在宴会上屈居下座，刘邦安之若素，这也表现了他能屈能伸的性格。同时，刘邦的狡诈多端，从骂鲰生、拉拢项伯、骂告密人等细节中，也都表现得很明显。

同时，双方阵营中的人物互相烘托，使各自性格更加鲜明突出，也揭示了战争的走向。双方主帅：项羽豪爽骄横、直率粗疏、勇而无谋；刘邦多谋善变、审慎奸诈、知人善用。双方谋臣：范增远见卓识、老谋深算，却无法施展才干；张良足智多谋、办事得体、忠心无二，颇得重用。双方武将：项庄有勇有力却不得施展；樊哙勇猛粗犷，粗中有细，关键时刻保护了刘邦。这样一比较，“楚汉相争”的序幕虽刚刚拉开，其结局却似可预料。

司马迁并未以成王败寇的简单思路来书写历史人物，他笔下的项羽被认为是《史记》中最错综复杂的形象。他对项羽在秦末战争中的实际地位和功劳给予了承认，将他作为悲剧的英雄来塑造。鸿门宴上，项羽没有杀掉刘邦并非没有客观上的阻力和顾虑，但司马迁选择着重刻画的并非背后种种妥协和抉择的原因，而是重点表现了项羽的以勇自恃、以义自许的英雄气质，联想到他最后乌江自刎的结局不免令人唏嘘、同情。这并非违背了史家的实录精神，恰是司马迁的伟大之处。如同当代学者葛兆光所言：“司马迁《史记》的最大成功就在于他尽可能地按历史资料重建了历史，而又不宣称这是‘历史’本身，而是把自己对历史的理解渗透到其中，显示了他的心目中的历史。这关键在于他有一个超越于实用政治与道德的历史学观念——‘究天人之际，通古今之变’。用现代白话来说，就是弄清古代到现代的变化轨迹，从中考察宇宙与人类的微妙关系。正因为如此，他能够一方面追求真实，一方面怀着感情写出文采。”[1]

[1] 葛兆光：《中国经典十种》，上海：上海书店出版社，2002 年，第 162 页。

三、思想会客厅

面对同样的历史人物和事件，史学家对史料的选择和表现会呈现出不同的特点，传递出不同的主题。对于鸿门宴的相关史实，班固在《汉书》中的记载就与司马迁有较大的差异。通过两者的对读，我们可以更好地理解司马迁对这段历史的态度。

从整体而言，《史记》中对鸿门宴的记载，较为完整地集中在《项羽本纪》中，而《汉书》将其移到了《高帝纪》中，在项羽的传记中对此事的记录非常简略。从中可见，司马迁认为鸿门宴的主角是项羽，而班固认为鸿门宴的主角是刘邦。《史记》记叙的鸿门宴中，范增提及刘邦时说："吾令人望其气，皆为龙虎，成五采，此天子气也。"而同样的意思在《汉书·高帝纪》中表述为："吾使人望其气，皆为龙，成五采，此天子气。"删掉了"虎"字，更好地凸显了刘邦作为帝王的神圣性。同时《史记》将项羽载于本纪，与刘邦并列，肯定了项羽在秦末如同帝王的实际地位，而《汉书》将项羽降至列传，且与陈胜合传，是为《陈胜项籍传》。可见司马迁对项羽保留了更多的欣赏和认可，而班固更多以汉朝正统的眼光来看待这段历史。

从对历史人物的具体塑造而言，司马迁有更多的细节来表现人物的风神，令人遐想，而班固在《汉书》中显得更为简略，侧重历史的真实、简明与准确。如对于樊哙闯帐这一情节，《汉书·樊哙传》中的记载为："樊哙居营外，闻事急，乃持盾入。初入营，营卫止哙，哙直撞入，立帐下。项羽目之，问为谁。张良曰：'沛公参乘樊哙也。'项羽曰：'壮士。'赐之卮酒彘肩。哙既饮酒，拔剑切肉食之。"对比《史记》，司马迁细细描绘了樊哙"带剑拥盾""侧其盾以撞""瞋目""头发上指，目眦尽裂"等动作和神态，将他的神勇、豪气和不顾一切的忠诚淋漓尽致地展现出来。而项羽"按剑而跽"的动作，也精确地展现了项羽作为战场上叱咤风云的将军拥有的警觉和敏锐，增补了项羽作为英雄的形象。这些细节在班固的《汉书》中都变成了简洁概括的叙述，文学性有所降低。

司马迁在《报任安书》中提到《史记》的创作动机时说："恨私心有所不尽，鄙陋没世，而文采不表于后世也。"可见"文采"就是司马迁的重要追求。鲁迅称赞《史记》为"史家之绝唱，无韵之《离骚》"(《汉文学史纲要》)，正是看到了司马迁在史学和文学上的双重意义。而在这种文学性追求的背后，是司马迁对人的价值、人的能力的充分认可。所谓的“究天人之际”，就是要明确人对于历史上的事件究竟起怎样的推动作用，哪些是人的影响和贡献，哪些是天的意志和安排，天与人的分界线究竟何在。通过《史记·项羽本纪》，我们能看到司马迁对项羽的历史价值和生命意义的由衷赞叹，也由此思考项羽应该在“天亡我，非战之罪”的逃避中承担怎样的属于人的责任。

四、练习步步高

（一）知识识记

1. 填空。

（1）《史记》又名《________》，作者是________时期的________，他的字是________。《史记》是我国第一部________体通史，也是一部优秀的文学作品。鲁迅称赞《史记》为“________，________”。《史记》的体例可分为：________、________、________、________、________，共________篇。《史记》与《________》《后汉书》《三国志》合称“________”。

（2）今者项庄拔剑舞，________。（司马迁《鸿门宴》）

（3）大行不顾细谨，________。（司马迁《鸿门宴》）

（4）如今人________，________，何辞为？（司马迁《鸿门宴》）

（5）自矜功伐，________，谓霸王之业，________，五年卒亡其国。（司马迁《史记·项羽本纪》）

2. 解释下列加点的字词。

（1）籍吏民，封府库（　　　　）

（2）毋内诸侯（　　　　）

（3）臣与将军戮力而攻秦（　　　　）

（4）披帷西向立（　　　　）

（5）杀人如不能举（　　　　）

（6）窃为大王不取也（　　　　）

（7）沛公则置车骑，脱身独骑（　　　　）

（8）道芷阳间行（　　　　）

3. 将下列句子翻译成现代汉语。

（1）范增数目项王，举所佩玉玦以示之者三，项王默然不应。

（2）夫秦王有虎狼之心，杀人如不能举，刑人如恐不胜，天下皆叛之。

（二）文心体悟

《鸿门宴》中，有许多细节看似闲笔，实有深意。查阅资料了解中国古代在座次安排上的基本礼仪要求，分析《鸿门宴》中对宴会座次安排的描写。

（三）思想碰撞

阅读材料，回答问题。

汉书·高帝纪（节选）

班　固

会羽季父左尹项伯素善张良，夜驰见张良，具告其实，欲与俱去，毋特俱死。良曰："臣为韩王送沛公，不可不告，亡去不义。"乃与项伯俱见沛公。沛公与伯约为婚姻，曰："吾入关，秋毫无所敢取，籍吏民，封府库，待将军。所以守关者，备他盗也。日夜望将军到，岂敢反邪！愿伯明言不敢背德。"项伯许诺，即夜复去，戒沛公曰："旦日不可不早自来谢。"

请你对比《鸿门宴》中叙述的相关情节，分析两者在描写上的差异，并对此进行评价。

窦娥冤（节选）

一、知识朋友圈

1. 元曲与杂剧。

元曲，一方面指诗歌新体散曲，一方面指戏曲新体北曲杂剧。如"元曲六大家"关汉卿、王实甫、白朴、马致远、郑光祖和乔吉，都是兼工散曲和杂剧的作家。元代即有"元曲四大家"之说，指关、马、郑、白四人。如果全面衡量其创作成就，"元曲六大家"的排列实为关、王、白、马、郑、乔。

元杂剧四大悲剧：《窦娥冤》（关汉卿）、《汉宫秋》（马致远）、《梧桐雨》（白朴）、《赵氏孤儿》（纪君祥）；元杂剧四大爱情剧（四大喜剧）：《拜月亭》（关汉卿）、《西厢记》（王实甫）、《墙头马上》（白朴）、《倩女离魂》（郑光祖）。

2. 元杂剧的体制结构。

元杂剧的体制，简单地说是四折一楔子。一折大致相当于现在戏剧的一幕。折是故事情节的大段落，也是音乐的单位。元杂剧每一折用一套组曲，这些曲子可多可少，但都属于同一个宫调。在第一支曲子上标出宫调的名称，最后一支曲子一般要用"煞"或"尾"，作为这一套乐曲的结尾。如《窦娥冤》第一折用仙吕宫，曲子的次序是：点绛唇、混江龙、油葫芦、天下乐、一半儿、后庭花、青哥儿、寄生草、赚煞。四折所用宫调不同，一般的习惯是：第一折多用仙吕宫，第二折多用正宫或南吕宫，第三折多用中吕宫，第四折多用双调。一本元杂剧就相当于一个诸宫调。

楔子本义为插在木器的榫子缝里的上粗下锐的小木片，它的作用是使接榫的地方固定。元杂剧借用这个名称，指四折以外所增加的短小的独立段落。一般放在第一折的前面，作为剧情的开端。也可以放在折与折之间，用于衔接剧情，类似过场戏。一般一本杂剧只用一个楔子，少数剧本用两个楔子，也可以不用。楔子短小精悍，不用整套组曲，而用一支或两支单曲。

3. 元杂剧的剧本内容。

（1）曲词。曲词的主要作用是抒情，也可以起渲染场景、贯穿情节的作用。元杂剧四折的曲词，一般来说是由一个主要表演者演唱。曲词有严格的格律，同一折的多支曲子押同一个韵。曲词是元杂剧的主体。

（2）宾白。宾白就是剧中人物的说白。元杂剧以唱为主，以说为辅，所以把说的部分叫作宾白。宾白有散白，有韵白。韵白可以是诗词，也可以是顺口溜。如《窦娥冤》中赛卢医上场诗云："行医有斟酌，下药依《本草》；死的医不活，活的医死了。"宾白还可以分为对白、独白、旁白（剧本写作"背云"）、带白（剧本写作"带云"，唱词中插入的说白）等。宾白在元杂剧中有重要的作用，故事情节主要由宾白交代出来。曲词抒情，宾白叙事，两者配合，相得益彰。另外，宾白还起逗笑的作用，既可以调节气氛，也可以进行讽刺，所以宾白是元杂剧中不可缺少的组成部分。元杂剧的宾白主要运用当时北方的口语写成。优秀的剧本往往都有生动的宾白，短短几句就能表现出人物的性格。

（3）科。科是元杂剧中关于表演者动作、表情的舞台指示。如"做悲科""做战科""舞科""雁叫科"等。

顺便说一下题目、正名，它是两句或四句对子，为剧情做提要，同时确定了剧本的名称。如《窦娥冤》，题目为"秉鉴持衡廉访法"，正名为"感天动地窦娥冤"。

4. 元杂剧的角色行当。

元杂剧的角色大致可分为末、旦、净、杂四类。末是男角，大致相当于京剧里的生。男主角叫作正末，此外还有副末、小末等。旦是女角，女主角叫作正旦，此外还有副旦、外旦等。净扮演刚强、凶恶或滑稽的人物，有男有女。杂包括孤（官员）、孛老（老头儿）、卜儿（老妇）、俫儿（小孩子）、细酸（书生、穷秀才）等，是末、旦、净三类之外的杂角。正末和正旦是元杂剧里两种主唱的角色，正末主唱的剧本叫作末本，正旦主唱的剧本叫作旦本。

5. 元曲中的正字与衬字。

正字：指词谱、曲谱规定格式与句式中的字。曲谱对每句的平仄、押韵和字数均有规定，如同词牌，符合曲谱要求的就属于正字。

衬字：在曲调规定的字数即正字之外另加的字。它的作用是补充正字语意的缺漏，使之内容更加完整、充实，语言更加周密、丰富和生动，或者使字句与音乐旋律更加贴合。曲可加衬字，是它与词或诗的主要区别之一。它使曲文在遵守格律的前提下，有更大的灵活性，行文造字更为自由，不受格律的束缚。套曲使用衬字比较多，小令则比较少。北曲使用衬字比较多，南曲则比较少。衬字一般用于句首或句中，不能用于句末或停顿处。在曲谱中，衬字往往用小字书写，以区别于正字。衬字一般不占用乐曲的节拍、音调，往往是唱时快速而有节奏地一口带过。句首的衬字，实词、虚词均可用，在使用上限制最少；句中的衬字，往往以虚词居多，常见的有：了、着、将、把、也、又、的、行、里、般、来、这、那、他、我等。

6. 语言积累。

（1）善。金文写作。古人视羊肉为美食，与“羊”有关的汉字常表示美味，如“鲜”、“羞”（饈）、“羹”等；后来由美味扩展为一切美好，如“美”、“义”（義）等。“善”在金文中由上面一个“羊”字和下面左右两个“言”字会意而成，本义为众口称赞，吉祥美好。许慎《说文解字》未收录“善”，参考“譱”，云：“譱，吉也。从誩、从羊。此与义、美同意。”誩指竞相言语。因此“善”不仅指善心美意，而且指善言、善行、善人，强调内美与外在言行的和谐统一。

（2）恶。小篆写作，形声字，上表声，下表义。本义为罪过，罪恶。引申为极坏的、不好、凶残。善恶的对立是中国古典戏剧中冲突的重要缘由，善恶的颠倒往往也是导致好人受难的直接原因。《窦娥冤》中窦娥在【滚绣球】中的控诉就代表了她对恶的拒绝与反抗。在中国传统伦理道德中，人们对天道的价值期待首先表现为对善恶分明的要求，因此窦娥虽对黑暗的现实无比失望，但又寄希望于天道能为她辨清善恶贤愚，在人间还原秩序。

二、文心点点通

理解《窦娥冤》中的悲剧性。

在中国古典戏剧中，恶人对善人的迫害凌辱、社会的压榨都是常见的矛盾。元杂剧中大量的公案剧都有良善之人被欺压迫害，期待公理正义的情节，但唯有《窦娥冤》被评价为“最有悲剧的性质”“即列之于世界大悲剧之中，亦无愧色也”（王国维《宋元戏曲史》）。这与关汉卿在《窦娥冤》中塑造的窦娥形象密不可分。

在前面的两折中，我们知道窦娥的父亲“幼习儒业”，教育窦娥要三从四德，所以窦娥从小接受的是儒家礼教，受传统纲常秩序的影响，因此在第三折中当她含冤受屈，会以苌弘、望帝、邹衍这些历史上有名的忠孝节义的人物来自我勉励。她也为寡居的孤苦生活忧伤不满，但从未想过以再婚的方式逃离这种孤苦，而是坚定地侍奉婆婆，了此一生。她说：“我将这婆侍养，我将这服孝守，我言词须应口。”（《窦娥冤·第一折》）这与她从小所受的教育是一致的。窦娥不但坚守这种礼教纲常的要求，也希望婆婆能遵守。她认为除非是寡妇生活难以维持，必须重新依附他人，否则就应该遵守礼教对女子的要求。“那里有奔丧处哭倒长城？那里有浣纱时甘投大水？那里有上山来便化顽石？可悲，可耻！妇人家直恁的无仁义，多淫奔，少志气，亏杀前人在那里，更休说百步相随。”（《窦娥冤·第二折》）她认为婆婆再嫁的行为无仁义，少志气。她自己要坚守的就是纲常秩序对女子的要求。

但元代的社会婚姻状况与窦娥坚定执守的伦理道德之间已经有巨大的裂痕。元代前、中期妇人为夫守节的情况已经很少，尤其在江南，寡妇在丈夫死后往往很快就改嫁。《元典章》中说：“江南风俗浇薄，妇人有夫，犹受雇于人，夫亡不嫁者，绝无有也。”《窦娥冤》的故事背景设定在楚州（隋代时所设，今属江苏淮安），正是江南地区。像窦娥这样坚持她所谓的志气仁义的女子，是“绝无有”的异类，是极其个别的。这种寡妇改嫁的风气在当时甚至有法律的保证：1271 年的诏令中明确规定，可以收继守寡的嫂子和弟媳为妻，只要得到男子家长的同意就可以，女子的意志和想法是不被顾及的。所以张驴儿如此嚣张、无赖，并不单纯是个人作恶，背后有法令的维护，即便面对官府审问，他也有获得支持的可能。

这样的社会，其实就是窦娥所控诉的不分好歹、错勘贤愚的社会，是颠倒错乱的社会。善与恶、好与坏、高尚与卑下消弭了界限，也无人在意。在这样的情形下，窦娥还要坚持她所认可的传统伦常秩序，坚守自己的道德底线，葆有个人意志。在她以生命为代价的坚守中，展示的是人性的高贵和光芒。《窦娥冤》中最激烈的矛盾是一个想要坚守原有道德秩序的弱女子，与颠倒错乱、失常失德的社会的矛盾，最后她只能含冤赴死。这是造成窦娥不幸命运的根本原因。

三、思想会客厅

《窦娥冤》作为元杂剧中“最有悲剧的性质”的代表作，和西方经典悲剧《哈姆莱特》相比，两者的差异能反映中西方悲剧的不同文化传统和精神。

从取材、情节和人物形象的角度看：《窦娥冤》这部作品的素材，源于汉代的民间传说《东海孝妇》，最早见于刘向的《说苑》，后来《汉书·于定国传》、干宝《搜神记》又对故事进行了丰富，关汉卿根据元代的社会生活实际做了新的改造，表现了底层民众在颠倒失序的混乱时代的挣扎和抗争。在剧中，窦娥是被卖给蔡家的童养媳，丈夫死后就和蔡婆婆相依为命，高利贷、接脚婚的情节也是元代社会普遍、真实的反映。中国古典戏剧多关注小人物的命运和遭遇，在曲折变化的情节发展中，展现了人物的悲欢，映射出当时社会的基本面貌。戏剧中引发人物之间矛盾冲突的，往往是生活中的琐碎小事。《哈姆莱特》由丹麦传说改编，远离日常生活，戏剧制造出的艺术距离增加了审美的空间。哈姆莱特是高贵的王子，他经历父王被毒杀、王位被篡夺的大冲突，他的复仇不但关系个人，而且关系对国家和臣民的拯救，具有壮阔、崇高的基调。西方悲剧的主人公往往有强烈的自我意识，哈姆莱特的矛盾和痛苦并不单纯来自外在的恶的侵害，更来自他强烈的自我否定，生存和毁灭的选择体现了他的反思与觉醒，悲剧冲突与个人密切相关。

从结局和悲剧价值的角度看:《窦娥冤》的结局大快人心，窦娥的父亲窦天章身受皇命，以肃政廉访使的身份访查各地冤狱，最终惩治贪官与恶霸，为窦娥昭雪了冤情。这符合观众的审美期待——期盼社会秩序和传统伦理道德秩序能够恢复正道。同时，这样的结局给弱者以安慰和希望，体现了劝善惩恶的道德教化意义，也体现了中华传统文化心理中对社会公正的追求，对安宁、美好生活的向往。而在《哈姆莱特》中，哈姆莱特和叔父克劳狄斯抗争到底，结局是无可挽回的死亡和所有人的毁灭。这既体现了对个人英雄主义的追求，也在震撼人心的悲剧中达到了亚里士多德所说的怜悯与恐惧之中的情感净化的目的，体现了崇高的艺术追求。人成为脱离世俗的存在，激起的是对人本身的沉思与崇敬。

四、练习步步高

（一）知识识记

1. 填空。

（1）元杂剧是古典戏剧的一种形式，有完整的故事情节，一般为________加一________。其中________大致相当于现在戏剧的一幕，________相当于现在戏剧的序幕或过场戏。元杂剧中由一个主角唱到底，配角只能说白。白指________，不唱只说。科指________和________。白与科合称________。元杂剧中，扮演男主角的叫作________；扮演女主角的叫作________。

（2）关汉卿，号________，元代________家，一生创作六十多部杂剧，被视为是“________________”之首。代表作有《____________》《____________》《____________》《____________》。

（3）为善的____________，造恶的____________。（关汉卿《窦娥冤·第三折》）

（4）天地也！做得个____________，却原来____________！（关汉卿《窦娥冤·第三折》）

（5）地也，________________？天也，你错勘贤愚枉做天。（关汉卿《窦娥冤·第三折》）

2. 解释下列加点的字词。

（1）怎不将天地也生埋怨（　　　　　　　　）

（2）你错勘贤愚枉做天（　　　　　　　　）

（3）念窦娥葫芦提当罪愆（　　　　　　　　）

（4）你道是暑气暄（　　　　　　　　）

3. 将下列句子翻译成现代汉语。

（1）天地也！只合把清浊分辨，可怎生糊涂了盗跖、颜渊？

____

（2）若果有一腔怨气喷如火，定要感的六出冰花滚似绵。

____

（二）文心体悟

窦娥在发三桩誓愿时，将自己与哪些人类比？作者如此设计有什么作用？

____

____

____

____

（三）思想碰撞

有人认为，《窦娥冤》采用中国人喜闻乐见的圆满结局，体现了浪漫主义的色彩，而《哈姆莱特》的结局更多地体现了现实主义的色彩。请结合戏剧内容，谈谈你的理解。

促织

一、知识朋友圈

1. 蒲松龄与《聊斋志异》。

蒲松龄（1640—1715 年），字留仙，一字剑臣，号柳泉居士，山东淄川（今山东淄博市淄川区）人，清代文学家。他十九岁为诸生后屡试不第，至七十一岁才援例为岁贡生；一生贫困，以塾师为业。蒲松龄从二十岁开始创作短篇小说集《聊斋志异》，用了毕生精力才完成。《聊斋志异》是文言短篇小说的高峰。郭沫若为蒲氏故居题联，赞其著作：“写鬼写妖高人一等，刺贪刺虐入骨三分。”

蒲松龄在《聊斋自志》中称自己“才非干宝，雅爱搜神；情类黄州，喜人谈鬼”，对神怪奇异故事感兴趣是他的创作动机之一。他在“子夜荧荧，灯昏欲蕊；萧斋瑟瑟，案冷疑冰”的环境下创作，“集腋为裘，妄续幽冥之录；浮白载笔，仅成孤愤之书。寄托如此，亦足悲矣”(《聊斋自志》)。他的“孤愤”何在，“寄托”又何在？当然有他屡试不中的郁闷，更有他在广泛、深刻地认识生活之后而产生的对社会的强烈不满。但迫于清初严酷的文祸，也为了更自由地表达自己对生活的理解，他借助深植于民间的花妖狐魅的故事来寄托自己的“孤愤”与悲情。

2.《促织》的故事原型与时代性。

据吕毖《明朝小史・宣德纪》记载：“帝（明宣宗）酷好促织之戏，遣取之江南，其价腾贵，至数十金。时枫桥一粮长，以郡督遣，觅得其最良者，用所乘骏马易之。妻妾以为骏马易虫，必异，窃视之，乃跃去。妻惧，自经死。夫归，伤其妻，且畏法，亦经焉。”这个故事显然和《促织》的情节有许多相似之处，值得比较分析。

蒲松龄在《淄邑流弊》中记载了清代的徭役制度给百姓带来的痛苦和灾难：“邑共八乡，每岁各乡必报一人，以应杂徭。贫者恐其逃窜，必相其家道殷实者而报之，名曰‘富户’。此富户者，皆乡中之良农，平昔不如公门，视官长如阎罗，畏衙役如狼虎。……每一差出，则徊惶无主；人欺善讷，而呼应不灵；蒙签票之严催，惟思典质，以免官刑。故中人之产于此立尽。”这和《促织》中提到的成名作为里正“惟思自尽”，百姓因为征收促织导致倾家荡产、贴妇卖儿的情形有契合之处。

3. 鲁迅在《中国小说史略》中对《聊斋志异》的评价。

“《聊斋志异》虽亦如当时同类之书，不外记神仙狐鬼精魅故事，然描写委曲，叙次井然，用传奇法，而以志怪，变幻之状，如在目前；又或易调改弦，别叙畸人异行，出于幻域，顿入人间；偶述琐闻，亦多简洁，故读者耳目，为之一新。……明末志怪群书，大抵简略，又多荒怪，诞而不情，《聊斋志异》独于详尽之处，示以平常，使花妖狐魅，多是人情，和易可亲，忘为异类，而又偶见鹘突，知复非人。”

《聊斋志异》风行逾百年，模仿赞颂者众。

4. 语言积累。

（1）被。形声字，左形右声，小篆写作。许慎《说文解字》云：“被，寝衣。”即睡觉时盖在身上的东西。引申为覆盖、施加、遭受等含义。假借为介词，表示被动或受动。在《促织》中，成名好不容易捉到的促织被儿子无意间扑杀，他“如被冰雪”。一个“被”字，生动地表现了他从欣喜、充满希望到失望、恐惧的内心变化，也把一只促织对人产生的巨大影响体现得淋漓尽致，促使人思考这背后的原因。

（2）蠹。形声字，小篆写作。清代段玉裁在《说文解字注》中解释“蠹”为：“木中虫。在木中食木者也。”本义为木制器具中的蛀虫。引申为蛀蚀、损害的含义。在文言文中，“蠹”经常用来形容点滴侵蚀聚集起来会对社会整体造成不良影响，有祸国殃民的意味。《促织》中蒲松龄形容成名“以蠹贫”。这里的“蠹”指的是层层盘剥、层层施压的胥吏，正是他们促使皇帝的偶然兴致固化为持续性的压迫，吞食了整个社会的内在生命力。“蠹”又必须有所依附才能生存，他们的巨大侵害性建立在封建专制制度上。《促织》中的胥吏依附于封建专制制度，给百姓的生活带来了巨大的灾难。

二、文心点点通

1. 成名的形象。

在《促织》中，成名被称为“长厚者”。小说一开始介绍成名“操童子业，久不售”。这是一位不得志的读书人，以功名为人生追求的目标，屡战屡败却还在继续坚持。这种坚忍的性格也为成名在万念俱灰时继续抱有一线希望搜寻促织打下了基础。成名“为猾胥报充里正役，百计营谋不能脱”，这正是他“为人迂讷”的体现。“薄产累尽”“忧闷欲死”，“旬余，杖至百”“惟思自尽”，表明在徭役供赋的逼迫下，在强大的社会压迫面前，他无路可走，一下子陷入了难以摆脱的困境，但他只能承受，也只想自己承受，这显示出其自敛性。在促织的得而复失、失而复得中可以看到，为了求得生存，成名表现出了异常顽强的一面。

在与村中少年试斗促织以后，成名“益惊喜”，此时他的儿子还“气息惙然”，生死未卜。这“喜”是将“悲”放置在一边的“喜”。这时的成名是一个分裂的人，他完全被社会所吞食，失去了自我，却浑然不知。坚忍、迂讷、自敛、顽强、无我，构成了“长厚者”的特征。这种人在中国社会普遍存在。他们永远在苦难中生活，事实上永远没有出头之日。蒲松龄最后让成名“裘马过世家”，只是他的一个美丽的愿望，表明作者对这类人物的深刻同情。

2. 关注小说中的荒诞情节。

古典小说中常用荒诞的情节来推动故事发展，以冲破现实生活中的矛盾发展所受的限制，超越时空，跨越生死，使故事更加曲折动人。《促织》中“成名之妻占卜获图”和“成名之子魂化促织”这两个情节在现实中是离奇荒诞的，但对推动情节发展与表现主题都起了重要作用，同时深化了主旨，让读者意识到在“官贪吏虐”的专制统治之下，被逼得无路可走的百姓，只有将摆脱苦难的希望寄托在神灵身上。成名儿子的魂魄化作促织被玩赏，才能解救家人于水火之中。可见当时的社会黑暗无道，百姓受迫害之深。正是这样的情节，使《促织》“刺贪刺虐”之笔更加犀利，也使作者内心的“孤愤”之情抒写得更加充分。

3. 关注作者对小说的评价。

《促织》最后的“异史氏曰”与史传最后的论赞部分有相似之处，即对所叙内容进行评价。作者在评价中表达了三层意思：官谄、官贪、官虐，使“民日贴妇卖儿，更无休止”，所以“天子一跬步，皆关民命”，这是借故事讽谏，为第一层；成名是底层的善人（“长厚者”），最终因祸得福，这是表达善恶报应的观点，为第二层；“一人飞升，仙及鸡犬”，是指抚臣、令尹因促织得到“恩荫”，这表明抚臣、令尹的“恩荫”来自成名这类善人的痛苦，为第三层。

三、思想会客厅

蒲松龄的《促织》在明代就有了类似的故事原型。比较两个故事，可以更清楚地理解小说的深层意蕴。

首先，故事发生的地点从江南移到了华阴，属于陕西地区，因此说“此物故非西产”。促织并非华阴的特产，却成为当地百姓即使倾家荡产也要缴纳的贡赋。这其中的荒诞源于宫廷的风尚喜好，也由于“欲媚上官”的华阴令，百姓就这样成为原本不必发生的荒诞的承受者，突出了苦难的深重。这个修改至关重要，为后文的悲剧做好了充分的准备。

其次，成名捕获的促织是求神问卜得到的，而非用骏马换来。这个修改使情节显得更加离奇荒诞，说明促织并非只是身价倍增，难以寻觅，甚至到了不用非常规手段就不能得到的地步。而通过神秘指引来捕获促织在现实中是不可能发生的，这使人更清楚地看到现实中百姓面对这样的盘剥其实是无路可走的，幻想中的救主更凸显了现实的冷酷和绝望。

再次，《促织》中出于好奇而“窃发盆”的是成名的儿子，而非妻子，并且他的儿子最后魂魄化为促织，解决了家人的困境。好奇心是孩子的天性，孩子闯祸的情节不但合理，也为接下来写魂魄化为促织、轻捷善斗做好了铺垫。毕飞宇在赏析《促织》时认为，小说提及促织时开始都用“虫”来指称。但指称成名之子魂魄化的促织时，用的是“小虫”，似有怜爱之意。这只小虫主动落在人的襟袖间，行踪也显得顽皮可爱，和成名之子的身份特征暗合。成名之子魂化促织后，还要拿命去赢得格斗，才能解救家人。这里，人只是统治者玩乐的工具而已。成名和妻子也已异化，他们对促织的重视显然超出了对儿子性命的关切，这是人性的泯灭。这样的处理让我们看到，统治者摧残的不仅是肉体，而且是人性，这对封建专制制度罪恶的揭露是入木三分的。

最后,《促织》的结局仍然是欢喜团圆的，成名之子精神复旧，成名也得到了功名财富，而在明代的故事中是夫妻双亡的悲惨结局。《促织》的这个结局是中国古典小说、戏剧的常见设计，给人以希望和安慰，同时是蒲松龄对“长厚者”的同情和补偿。这欢喜的背后也有作者的辛辣讽刺，原本终生无望的科举之路却因为一只小小的促织被打通，清贫之家也可以因此骤然富贵，皇帝的欢喜可以决定人的命运、家族的命运，而科举制度则显现出巨大的欺骗性。

四、练习步步高

（一）知识识记

1. 填空。

（1）蒲松龄，是________代文学家，字________，一字________，号________，世称________先生。《聊斋志异》是文言________篇小说集。

（2）写鬼写妖高人一等，________________。（郭沫若题蒲松龄故居对联）

（3）才非干宝，________________；情类黄州，喜人谈鬼。（蒲松龄《聊斋自志》）

（4）独是子夜荧荧，灯昏欲蕊；萧斋瑟瑟，____________。集腋为裘，妄续幽冥之录；浮白载笔，____________。寄托如此，亦足悲矣！嗟乎！惊霜寒雀，抱树无温；____________，偎阑自热。知我者，其在青林黑塞间乎！（蒲松龄《聊斋自志》）

2. 解释下列加点的字。

（1）操童子业，久不售（　　　　　　　　）（　　　　　　　　）

（2）与村东大佛阁真逼似（　　　　　　　　）

（3）掭以尖草（　　　　　　　　）

（4）闻妻言，如被冰雪（　　　　　　　　）

（5）虫翘然矜鸣（　　　　　　　　）

（6）一鸡瞥来（　　　　　　　　）

（7）细疏其能（　　　　　　　　）

（8）又嘱学使俾入邑庠（　　　　　　　　）

3. 将下列句子翻译成现代汉语。

（1）为人迂讷，遂为猾胥报充里正役，百计营谋不能脱。不终岁，薄产累尽。

（2）旋见鸡伸颈摆扑，临视，则虫集冠上，力叮不释。

（二）文心体悟

《促织》的情节曲折，人物的感情随之起伏变化。请你根据文章内容具体说明。

（三）思想碰撞

阅读鲁迅《中国小说史略》中相关章节的内容，谈谈蒲松龄对魏晋六朝志怪小说和唐传奇的继承与发扬。

（龚兰兰　编）

第三单元

古代谏文化

单元概说

借助这一单元的几篇课文，我们来认识一下中国古代的谏文化。

谏，左言右柬。《周礼・地官・司谏》中，郑玄注：“谏，犹正也。”所谓谏，正是以道正人，言说正道，因此这些言论需要审慎地柬择。谏，也就是对他人的规劝。通过批评、劝诫、说服或建议，使人改过从善。在宗法秩序和专制政治中，君父拥有主宰权，谏成为人们表达意向、规约君父的主要手段，也是士大夫匡世济民、建言献策的主要方式。在人际关系上，既有下对上的进谏，也有朋友间的行谏。

谏文化的形成需要纳谏与行谏双方的参与、推动，对于专制制度来说，这个双方主要是君臣。作为君主，应有虚怀纳谏的气度，广开言路。上古时期，尧曾经设立了专供进谏所用的谏鼓，舜设立了谤木。《淮南子・主术训》曰：“尧置敢谏之鼓，舜立诽谤之木。”谏鼓、谤木和后来的华表很相似，目的都是让民众批评君主的过失，让君主闻过而自改，因此尧、舜可以成为后世称颂不绝的明君。而对于臣子来说，良臣的谏诤可以弥补君主的过失。《孝经・谏诤》曰：“昔者，天子有争臣七人，虽无道，不失其天下；诸侯有争臣五人，虽无道，不失其国；大夫有争臣三人，虽无道，不失其家；士有争友，则身不离于令名。”这里的“争”即为谏诤。这段话的逻辑非常清楚，小到修身齐家，大到治国平天下，都需要“争友”“争臣”从旁辅佐，对于统治者来说，哪怕自身再无道，有良臣在身边行谏，也能保证社稷不失。人非圣贤，孰能无过，个体的力量终究是有限的，因此有“纳谏者昌，拒谏者亡”(《金史・完颜伯嘉传》)的古训。

《论语・微子》曾有言：“微子去之，箕子为之奴，比干谏而死。孔子曰：‘殷有三仁焉。’”微子、箕子和比干都曾向商纣王进谏，孔子以仁人称之，但细观三人结局，微子作为商纣王的兄长，向商纣王进谏，商纣王不听遂离开；箕子向商纣王进谏，商纣王不听，被商纣王降为奴隶；比干竭力劝谏商纣王，被商纣王剖心而死。这也说明为何人人皆知“纳谏者昌”，但自古敢于犯颜行谏之人是少数，忠言素来逆耳。“子路问事君，子曰：‘勿欺也，而犯之。’”(《论语・宪问》) 行谏，首先要犯颜，犯颜便意味着在专制制度下挑战君主的权威。归根结底，行谏只能是对专制制度的一种委曲求全的补充和修正，其决定权几乎掌握在君主手中，因此可以说，它的本质是以牺牲忠臣的利益乃至生命来完善专制制度。“夫不谏则危君，固谏则危身”（《说苑·正谏》），这种矛盾很真实，自古文死谏，武死战，比干以来，因行谏而死之人何其多。

虽然行谏意味着危及自身的利益，但历史的晦暗从来掩不住那些前仆后继、明知其不可为而为之的士人的光芒。政治清明时，魏徵无数次直言进谏，与唐太宗君臣相得成就“贞观之治”，而风雨如晦、万马齐喑的时节，也总有铮铮铁骨，如平地惊雷，惊醒士人风骨。归根结底，他们甘冒损己之风险批君主逆鳞，讲逆耳忠言，是为了百姓能过上好日子。匡世济民的愿望才是他们以身犯险建言立言的根本出发点。王安石与司马光就变法新政激烈争辩，杜牧有感于宝历年间君主大兴土木致百姓劳苦，苏洵以六国赂秦讽北宋现实，其出发点莫不如是。也正是这种“自反而缩，虽千万人，吾往矣”（《孟子·公孙丑上》）的至高勇气和“为生民立命”（张载《横渠语录》）的社会责任感，成就了中华传统文化中被赞誉至今的士大夫精神。苏轼在《六一居士集叙》中评价欧阳修：“以通经学古为高，以救时行道为贤，以犯颜纳说为忠。”这正可以作为士大夫精神的梗概。鲁迅在《中国人失掉自信力了吗》中说：“我们从古以来，就有埋头苦干的人，有拼命硬干的人，有为民请命的人，有舍身求法的人……虽是等于为帝王将相作家谱的所谓‘正史’，也往往掩不住他们的光耀，这就是中国的脊梁。”自古以来这些为救时行道而犯颜行谏、舍身求法的士人，就是中国的脊梁。

另一方面，“固谏则危身”，因此在行谏时需要考虑方式、方法，如能在提出谏言保证效果的同时尽最大可能保全自己的性命，自然再好不过。《韩非子·说难》早就道出了向君主行谏的难处：“凡说之难：在知所说之心，可以吾说当之。”班固《白虎通·谏诤》曾将行谏的方式分为五种，并分别对应智、仁、礼、信、义：“其一曰讽谏，二曰顺谏，三曰窥谏，四曰指谏，五曰陷谏。”将这五类简要归结来说，主要是直谏和讽谏。直谏是当面直言，开门见山，直切要害，如李斯的《谏逐客书》、魏徵的《谏太宗十思疏》就是直谏的典范。虽说直谏也讲究说话的艺术，但不可否认的是直谏最容易引起激烈对抗。“恻隐发于中，直言国之害，励志忘生，为君不避丧身”，因此《白虎通·谏诤》称之为义。而讽谏相对委婉一些，体现出智慧之所在，如《邹忌讽齐王纳谏》，以妻之私、妾之畏、客之有求来向齐王讽谏，大获成功。而本单元杜牧的《阿房宫赋》、苏洵的《六国论》，两人撰文时都未在朝廷担任官职，并没有如魏徵或王安石般身为肱股之臣与君主直接交流的机会，但其文章借评议史事来讽喻时政，也是讽谏的代表。

范仲淹在《岳阳楼记》中说：“居庙堂之高，则忧其民；处江湖之远，则忧其君。”谏言在历史车轮的轰鸣中虽时强时弱，却从未断绝。本单元的几篇课文足以令我们深切感受到古代士人无论进退出处都心系天下，积极建言献策的伟大情怀。

谏逐客书

一、知识朋友圈

1. 秦王嬴政为何逐客？

秦王政元年（前 246 年），韩国派遣水工郑国作为奸细到秦国主持修建一条长达三百余里的灌溉渠。因为修建水渠会耗费大量的人力、财力，韩国其实想用这一疲秦之计来保证自己的安全，缓解秦国带来的军事压力。但韩国的企图被秦国察觉了，秦王嬴政欲杀郑国之时，郑国为自己辩解：“臣为韩延数年之命，然渠成，亦秦万世之利也。”（《资治通鉴》）秦王嬴政后来允许郑国完成了水渠的修建，但秦国宗室贵族试图利用此事来消除那些入秦客卿对自己权力的影响，于是挑唆秦王嬴政，说客卿进入秦国都是别有用心，应该全部赶走。秦王政十年（前 237 年），秦王嬴政接受了宗室大臣的建议，下令驱逐在秦的六国客卿。

李斯是楚国上蔡（今河南上蔡西南）人，战国末入秦，后被秦王嬴政重用，被任命为客卿。秦王嬴政下令驱逐在秦六国客卿自然也波及他，于是李斯向秦王嬴政上疏，从维护秦国的根本利益出发，反复阐明逐客之过，最终说服秦王嬴政。后来在秦国统一六国的过程中，李斯也深受信任，官至丞相，但秦始皇死后，李斯因赵高陷害而被腰斩于咸阳。

2. 法家思想。

李斯和韩非子都是法家学派的代表人物。两人都师从荀子，但都更醉心刑名法术之学，成为法家的理论大家和实践者。

法家主张中央专制集权，实行严刑峻法。在秦国统一六国后，李斯反对秦国效仿周朝的分封制，认为诸侯相互攻伐是导致天下祸乱的根源，因此建议秦始皇推行郡县制，认为这样“天下无异意，则安宁之术也”(《议废封建》)，并协助秦始皇统一文字、车轨、度量衡等。李斯认为历代祸乱不息乃因执法不严，因此辅佐秦始皇制定了一系列诏命法令。一是严令百姓不得私藏武器，并且收缴武器归于咸阳，“铸以为金人十二，以弱天下之民”(贾谊《过秦论》)。二是把六国的十二万余户贵族迁到咸阳，以防滋事反叛。三是拆毁全国各处险要之地的关塞、堤防等，使各地无险可据。在思想文化上，“焚书”正是李斯的主张。“始皇三十四年，用李斯之言，烧《诗》、《书》、百家语。”(张居正《帝鉴图说》)这些举措是李斯法家思想的实践。

李斯和韩非子虽然师出同门，并且都是法家学派的代表人物，但李斯对韩非子可谓不仁不义。两人求学之时，李斯便自以为不如韩非子。韩非子身为韩国贵族，见韩国被削弱，多次向韩王上书，但不被重用。后来到秦国向秦王游说，深受秦王激赏。李斯担心秦王重用韩非子会影响自己的地位，因此向秦王进谗言，使韩非子下狱，并被迫服毒自尽。

3. 语言积累。

（1）逐。甲骨文写作，从辵，从豕，辵指行走、奔跑，豕指野猪，表示人在后边追捕野猪等野兽。甲骨文异体从止，止为脚趾，与辵义同。本义为追赶，例如“逐鹿中原”。引申为追求、赶走、竞争、依次的含义。

（2）庶。甲骨文写作，从火，石声。本义为把食物放在水中，用火加热使其熟（后作煮）。假借为众多，由此引申为平民百姓、旧时非正妻所生的儿子。李斯在《谏逐客书》中说：“王者不却众庶，故能明其德。”这里的“庶”指的是平民百姓。

二、文心点点通

秦王嬴政下令驱逐六国在秦国的客卿，李斯也在被驱逐之列。在这封劝谏书中，李斯从维护秦国的根本利益出发，反复阐明逐客之过，理足辞雄，层次清晰，情意恳切，最终劝服了秦王嬴政。

李斯开篇即提出了全文的总论点——逐客为过。第一段，李斯首先以历史事实为据，论证秦国在发展壮大的过程中客卿所起的作用，以此显示逐客之过。李斯分别列举了“缪公求士”“孝公用商鞅之法”“惠王用张仪之计”“昭王得范雎”四个历史事实论证纳客之利，值得注意的是，这四个历史事实并非单纯数量上的堆砌，而是分别从不同角度推动秦国发展的历史事实。从“霸西戎”确立地位，到用商鞅之法“至今治强”，再到张仪“散六国之从”为秦国的独霸扫清障碍，最后范雎“强公室，杜私门”成就封建专制集权的“帝业”，可以看出秦国壮大的关键环节都得益于客卿。随后以一句反诘，一句假设，步步蓄势，充分论证了纳客之利，为后文批驳逐客之过做铺垫。

第二段，李斯以秦王嬴政之所好来类比，先正面指出秦王嬴政对那些名贵的美玉、佩剑、明珠、骏马的喜爱，并设问：这些宝物都非秦国所产，为何您却“说之”呢？李斯并没有直接回答，而是转入第二层，以玩好、美女为喻反面设辞，指出如果只能拥有或使用出产于秦国的人或物，那么秦王喜欢的色、乐、珠玉将统统不再出现，揭示“非秦者去”的荒谬。一连串的“不”字节奏明快，气势充沛。李斯还以音乐为喻，设问秦王嬴政：为何弃瓮缶之秦声而就《郑》《卫》之音？并给出前面两次设问的答案：“快意当前，适观而已矣。”前面说的都是秦王嬴政取物的态度，后面则转向秦王嬴政取物和取人标准的差别，并以“此非所以跨海内、制诸侯之术也”作出强有力的总结。这就意味着逐客这种轻视人才的做法危害的是秦国从缪公以来一直在推进的统一大业，充分强调了逐客之害。

第三段，紧承上文，对比了“纳客治国”和“逐客资敌”两种策略。首先以土地、河流设喻，说明“五帝三王之所以无敌”的原因正是“不却众庶”，正面论证“纳客治国”之利。随后反面论证，指出逐客的结果是反向资敌，无异于“藉寇兵而赍盗粮”，两相对比，高下立判。

第四段，归结全文，“夫物不产于秦，可宝者多”对应第二段，“士不产于秦，而愿忠者众”对应第一段，“损民以益仇”对应第三段，再次强调逐客之害，直击要害，掷地有声。

在这封劝谏书中，李斯深知“所说之心”，牢牢抓住秦王嬴政雄心勃勃欲统一天下的迫切心理，将核心立意上升至“跨海内、制诸侯之术”，因而能够一举攻破秦王嬴政的心防。语言上则顺情入机，从人情出发，言辞恳切，引入大量论据进行透辟分析，采用举例、对比、比喻、类比等多种论证方法极尽论说之能事，以理服人，可谓是谏言的典范。

三、思想会客厅

“务以理为上，不以人废言。”（《旧唐书·张廷珪传》）

《论语·卫灵公》中，孔子曾说：“君子不以言举人，不以人废言。”这句话前半句说的是君子不因为一个人说的话特别合心意就提拔重用他，后半句说的则是君子不因为一个人地位或品行的高下而否定他的言论。无论是过去还是现在，我们要始终记得“不以人废言”的重要意义，李斯及其《谏逐客书》就是很好的范例。

《谏逐客书》作为李斯劝谏秦王嬴政收回逐客令的一封劝谏书，开篇便说：“臣闻吏议逐客，窃以为过矣。”这一清晰的定性可以看出李斯极大的勇气和魄力。全文不但文辞优美，理据坚实，说服力强，而且有宏大的格局。“是以太山不让土壤，故能成其大；河海不择细流，故能就其深；王者不却众庶，故能明其德。”直到今天，这都是荡气回肠、包容无限的千古名句，不断启人深思。李斯看到了从缪公一直到秦王嬴政所致力的“跨海内、制诸侯之术”，推动天下统一的大势。在秦朝建立后，他也通过车同轨、书同文继续巩固统一的基础，可以说，“统一”两个字已经沉淀在民族的血液深处，直到今天，中华民族的统一依然是中国人存在的方式。因为李斯的《谏逐客书》，秦国顺应了历史发展的大势，海纳百川，汇天下英才，完成了统一的伟业。李斯也凭借这一篇文章得以在先秦散文史上立足，以其思想的光芒为自己在历史进程中确立了重要的意义。

然而不可否认的是，写下这一篇宏文的李斯本质上是一个彻头彻尾的小人。李斯的目标一向很明确，就是功名利禄。年轻时看到仓中鼠他便发出感慨：“人之贤不尚譬如鼠矣，在所自处耳。”（《史记·李斯列传》）李斯的心中并不像儒家那样存在“君子无终食之间违仁”（《论语·里仁》）的道德底线，在他看来，只要想方设法取得高位，自然会改写不贤或不尚的名声。在这种人生原则的指导下，李斯进谗言构陷自己的同门韩非子，逼得韩非子在狱中服毒自尽。在秦始皇崩逝之际，为保全自己的地位，又伙同赵高篡改遗诏，赐死秦始皇长子扶苏，改立胡亥，直接改变了秦朝的命运。面对秦二世的残暴统治和天下的怨怼，李斯身为丞相，只顾保身，鼓励秦二世以暴政驭下，行“独断之术”。“然后能灭仁义之途，掩驰说之口，困烈士之行，塞聪掩明，内独视听，故外不可倾以仁义烈士之行，而内不可夺以谏说忿争之辩。故能荦然独行恣睢之心而莫之敢逆。”（《史记·李斯列传》）可以说，这是将一切文明成果都葬送的暴言。清代的王夫之不禁感慨：“尽古今概贤不肖，无有忍言此者。”(《读通鉴论・二世》)而李斯最终也没有因为与小人同流合污而保全自身，被赵高构陷腰斩于咸阳。

尽管李斯的品行不佳，但正如孔子所说，“不以人废言”，我们不能否定其在《谏逐客书》中所展现出来的格局与能力，更不能抹杀《谏逐客书》在历史大势前所起的推动作用。“以理为上”，这个“理”即真理。这个“言”可以是观点，可以是作品，可以是各种成就。综观历史，无论东方、西方都有一些有成就却私德有亏之人，但历史并未以人废言。伏尔泰有句名言：“我不同意你的观点，但我誓死捍卫你说话的权利。”这在某个层面上和孔子的“不以人废言”实有相通之处。

四、练习步步高

(一)知识识记

1. 填空。

(1)李斯，______上蔡人。师从______家代表人物________。

(2)________________，故能成其大；________________，故能就其深；________________，故能明其德。(李斯《谏逐客书》)

2. 解释下列加点的字词。

(1)百姓乐用(　　　　　　　　)

(2)功施到今(　　　　　　　　)

(3)杜私门(　　　　　　　　)

(4)蚕食诸侯(　　　　　　　　)

(5)服太阿之剑(　　　　　　　　)

(6)适观而已矣(　　　　　　　　)

(7)却宾客以业诸侯(　　　　　　　　)

(8)藉寇兵而赍盗粮(　　　　　　　　)

3. 将下列句子翻译成现代汉语。

(1)向使四君却客而不内，疏士而不用，是使国无富利之实而秦无强大之名也。

（2）今逐客以资敌国，损民以益仇，内自虚而外树怨于诸侯，求国无危，不可得也。

（二）文心体悟

清代余诚评价《谏逐客书》，说："李斯既亦在逐中，若开口便直斥逐客之非，宁不适以触人主之怒？而滋之令转甚耶，妙在绝不为客谋，而通体专为秦谋。……笔最曲折，语最委婉。"（《古文释义》）请你举例说明李斯在劝谏时如何体现委婉的语气。

（三）思想碰撞

阅读下列材料，回答问题。

材料一：

史记·李斯列传（节选）

司马迁

太史公曰：李斯以闾阎历诸侯，入事秦，因以瑕衅，以辅始皇，卒成帝业，斯为三公，可谓尊用矣。斯知六艺之归，不务明政以补主上之缺，持爵禄之重，阿顺苟合，严威酷刑，听高邪说，废适立庶。诸侯已畔，斯乃欲谏争，不亦末乎！人皆以斯极忠而被五刑死，察其本，乃与俗议之异。不然，斯之功且与周、召列矣。

材料二：

题李斯传

韦　庄

蜀魄湘魂万古悲，未悲秦相死秦时。
临刑莫恨仓中鼠，上蔡东门去自迟。

请你说明司马迁和韦庄对李斯的评价有何异同。

谏太宗十思疏

一、知识朋友圈

1.“以人为鉴，可明得失。”(《新唐书・魏徵传》)

《谏太宗十思疏》是魏徵于贞观十一年（637 年）向唐太宗四次上疏行谏中的第二疏。隋末战后，国家初定，经过一段时间的休养生息，对内经济稳步发展，百姓生活渐渐富足，对外征战连年胜利，边防巩固。河清海晏，唐太宗则日益放松，逐渐骄奢，大修庙宇宫殿，搜求奇珍异宝，巡游狩猎，劳民伤财，面对臣子谏言的态度也出现了变化。魏徵曾在奏疏中指出，唐太宗在贞观初年时“盖闻善必改，时有小过，引纳忠规，每听直言，喜形颜色”，后来却“喜闻顺旨之说”，“不悦逆耳之言”(吴兢《贞观政要》)，并以“百姓无事则易骄，劳役则易使”(《新唐书・魏徵传》)作为借口为自己开脱。身为眼光敏锐的政治家、史学家，身为忠君爱民的良臣，魏徵以其强烈的责任感在这一年的三月至七月向唐太宗“频上四疏，以陈得失”(《旧唐书・魏徵传》)，《谏太宗十思疏》是其中的第二疏，因此也称为《论时政第二疏》。唐太宗看了这些奏疏后写了《答魏徵手诏》，称赞魏徵“诚极忠款，言穷切至”，并说“公之所谏，朕闻过矣。当置之几案，事等弦韦”，表示从谏改过。

《魏郑公谏录》编录了魏徵谏奏事迹一百三十多条，而这只是魏徵平生谏言的冰山一角。魏徵一生以谏诤为己任，是唐代著名的直谏之臣。自古敢犯颜进谏的人从来都是少数，魏徵能始终进谏不讳，一方面体现了其“唯大人为能格君心之非”(《孟子·离娄上》)的忠直胆魄，另一方面与唐太宗虚怀纳谏的气度相关。唐太宗不但从谏如流，而且对魏徵这样善进逆耳忠言的臣子大加奖赏，鼓励批逆鳞的风气。魏徵死后，唐太宗由衷感叹：“以铜为鉴，可正衣冠；以古为鉴，可知兴替；以人为鉴，可明得失。朕尝保此三鉴，内防己过。今魏徵逝，一鉴亡矣。”(《新唐书·魏徵传》)主明臣直，风飞云会，唐太宗和魏徵可以说是中国古代君臣关系的理想典范。

2. 骈文。

骈文是兴起于汉、晋而形成于南北朝的一种文体。全篇以双句（俪句、偶句）为主，其以四字六字相间定句者，又称四六文。骈文在南北朝时期被视为文章之正宗，无论是抒情写景类文赋、交流用的书信，还是应用性的奏议、论说等公文，都是骈文形式，十分讲究对偶、声律、辞藻、用典等。初唐受六朝流风余韵影响，骈文依然居于正统地位，故魏徵的《谏太宗十思疏》也是骈文。我们耳熟能详的很多初唐名文，如王勃的《滕王阁序》，骆宾王的《为徐敬业讨武曌檄》，都是骈文。直到唐宋古文运动之后，骈文的正统地位才逐渐被效法先秦两汉的散体化古文取代。本单元的两篇唐代文章《谏太宗十思疏》与《阿房宫赋》都是典型的骈文，而两篇宋代文章《答司马谏议书》与《六国论》都是典型的古文，实际都受到了时代风气的影响。

3. 语言积累。

（1）承天景命。这里指承受天的重大使命。“景”，这里义为“大”。“景”，小篆写作，上日下京。许慎《说文解字》云：“景，光也。从日，京声。”故“景”与“光”同源，本义为日光。“春和景明”“风景”皆从此义。引申为景物、大、仰慕。假借为姓。又读作 yǐng，引申为日光照射所形成的阴影。后作“影”。《颜氏家训·书证》曰：“凡阴景者，因光而生，故即谓为‘景’。”

那么“景”字中“大”的含义从何而来呢？徐灏《说文解字注笺》：“其训为大者，京之假借也。”也就是说“景”字中“大”的这个含义实际上源于“京”字。“京”小篆写作，象形字。许慎《说文解字》云：“京，人所为绝高丘也。”人造的极高的建筑，在古人眼里，越高就越大，因此“景”又有“大”这层含义。《诗经·小雅·小明》：“神之听之，介尔景福。”最大的使命莫过于治理国家的使命，因此魏徵在《谏太宗十思疏》中对唐太宗强调了君主“景命”的分量。

（2）殷忧。这里指深深忧虑。“殷”作“深”义。“殷”的甲骨文写作，从字形上看，右侧象一个人腹有疾病，而左侧正手持药石为病人治疗。“殷”本义为忧痛。假借为古地名、朝代名、姓。又假借为盛大，由此引申为众多、富足、（感情）深厚的含义，如殷盛。

（3）胡越。胡地在北，越地在南，所以后来用胡越比喻距离极远或关系疏远、隔绝。《淮南子·俶真训》：“六合之内，一举而千万里。是故自其异者视之，肝胆胡越；自其同者视之，万物一圈也。”李白也曾有诗句遗憾不得与近在咫尺的旧友相会：“故人在咫尺，新赏成胡越。”（《自金陵溯流过白璧山玩月达天门，寄句容王主簿》）。

二、文心点点通

奏疏是古代臣子向君主陈述意见的一种文体。《谏太宗十思疏》主题鲜明，议论深刻，语言精当，气势充沛，有极强的说服力，故能深深打动唐太宗。

全文分为三个部分，各部分之间层层递进，环环相扣，逻辑严密。

文章开篇并没有直接提出“十思”的内容，而是以生动形象的比喻引出论点。连用三个排比句，由木固其根、水浚其源比况人君思国之安当积德义，不仅将原本抽象的道理具象化了，而且一下子抓住了君主最关心的问题。三个排比句，两句为比喻，一句明事理，以宾显主，不容置疑。第一层正面立意之后，紧接着从反面申述，正反对列，凸显进谏主旨。再将“下愚”与“明哲”对应，通过反问加强语气，强调积德义的重要性。第三层进一步明确指出“人君”地位高，责任大，再度从反面立说，如果“不念居安思危，戒奢以俭”，就像“伐根以求木茂，塞源而欲流长”一样荒诞，将积德义进一步落实到“居安思危，戒奢以俭”上。结尾两句照应开篇，布局严谨，立论坚实。

第二段，魏徵针对唐太宗面对的现实，从历史兴替出发，寥寥数语概括了历代君主能创业不能守成的普遍规律，自古“皇二代”在稳固江山时都面临或大或小的困境，拥有出色史学家眼光的魏徵岂能不察？他看到“人君”之德往往衰于功成志得之后，以设问激荡文气，引出更为深刻的分析，强调“竭诚以待下”者兴邦，而“傲物”者丧邦，正反对比，触目惊心。而“竭诚”或“傲物”背后的关键其实是民心，这就把国家安危和民心向背紧密关联了起来，得民心者得天下，水能载舟，亦能覆舟。既然积德义是赢得民心、安定国家的关键，接下来自然而然转入第三段“十思”的具体建议中。

在前两段做了充分的铺垫之后，魏徵向唐太宗提出了积德义的具体做法，也就是“十思”。“十思”的核心是戒奢以俭、正己安人，但具体又各有侧重。“见可欲则思知足以自戒”——一戒贪婪；“将有作则思知止以安人”——二戒奢侈；“念高危则思谦冲而自牧”——三戒专横；“惧满溢则思江海下百川”——四戒自满；“乐盘游则思三驱以为度”——五戒淫逸；“忧懈怠则思慎始而敬终”——六戒懈怠；“虑壅蔽则思虚心以纳下”——七戒拒谏；“想谗邪则思正身以黜恶”——八戒信谗；“恩所加则思无因喜以谬赏”——九戒谬赏；“罚所及则思无因怒而滥刑”——十戒滥刑。最后从正面论述做到“十思”的好处，描绘出“文武并用，垂拱而治”的理想世界，而这正是魏徵犯颜行谏的最终目的。《旧唐书·魏徵传》赞曰：“智者不谏，谏或不智。智者尽言，国家之利。”魏徵不仅有胆识，而且有智慧，既能娓娓进谏，又极具说服力，结构明晰，思路清楚，论证严密，气势充沛。对于开明自律的唐太宗来说，当然知道魏徵之言对自己治国理政的重要意义，故两人能成就不朽的“贞观之治”。

在语言形式上，唐代奏疏受六朝影响，都习惯用骈文写作，《谏太宗十思疏》也是一篇骈文，但此文与当时流行的骈文又有所不同，既以大量排比、对句铺写，又不回避散句，骈散结合，既有骈文的整齐华美，又有散文的自然流畅，音韵顿挫，节奏铿锵。类比亲切生动，论述深刻切要，气势酣畅，言简意丰。

三、思想会客厅

为什么行谏须犯颜？

蔡襄在庆历三年（1043年）上疏宋仁宗，说：“任谏非难，听谏为难；听谏非难，用谏为难。”（《宋史·蔡襄传》）这句话真实地道出了行谏的难处。而行谏之所以如此之难，首先在于犯颜之难。“颜”是什么？颜面，脸面。中国人素来看重颜面，位愈高，权愈重，对于颜面往往就愈在乎。对于君主来说，更是如此。而行谏意味着规劝，面对他人的指摘批评，心中不悦以至显露于颜色实为人之常情。《资治通鉴》记载唐太宗因魏徵直谏驳了他的面子而发怒：“魏徵每廷辱我。”“会须杀此田舍翁！”最后由长孙皇后出面机智化解。那么颜面背后究竟是什么？犯颜行谏时挑战的是什么？从看得见的层面来说，是利益，是不应有的私心。倘若居上位者能全出于公心为天下计，那么接受谏言是极其容易的，而之所以要犯颜，犯的实则是不应有的私心、私利。当一个人有掌控天下之美尽在自己的能力时，无法抵御珍器重宝、肥饶之地的诱惑而选择穷奢极欲的生活方式，诚可谓人之常情，屡见不鲜。从秦始皇到唐太宗到唐庄宗，无论是明君还是昏君，都曾动过大兴土木营建宫室享豫游之乐的念头，行谏的本质是对君主私利的限制，故难免犯颜。从看不见的层面来说，是人对自己正确性的维护和坚持，是人之自贵、自尊。没有人会主动承认自己不占理，更何况世间事原本少有绝对的是非曲直，能突破个体的局限与遮蔽接受谏言不可谓不难。因而在《韩非子·说难》中有言：“然（龙）其喉下有逆鳞径尺，若人有婴之者，则必杀人。人主亦有逆鳞，说者能无婴人主之逆鳞，则几矣。”在君主面前犯颜行谏正如批龙之逆鳞，倘若君主没有非同寻常的气量，结果往往是灾难性的。

古来犯颜行谏者，轻则触怒龙颜，仕途受阻，如韩愈般“一封朝奏九重天，夕贬潮州路八千”(《左迁至蓝关示侄孙湘》)；重则杀身殒命，如比干般行谏而死；更有甚者，牵累家族。自古不乏因媚上而青云直上之人，再贤明的君主，批逆鳞的道路一定不会比逢迎巴结来得更容易，他们在作出这一选择前并非不知道可能面对的后果，但为什么不惜名利乃至性命也要犯颜行谏？正所谓“为天地立心，为生民立命”(张载《横渠语录》)，魏徵等人屡屡直言上谏为的从来不是一己私利，而是以百姓的心为己心，以百姓的利为己利。诚如王夫之的《读通鉴论》所说：“谏者，谏君者也，征声逐色，奖谀斥忠，好利喜功，押小人，耽逸豫，一有其几而必犯颜以诤；大臣不道，误国妨贤，导主贼民，而君偏任之，则直纠之而无隐。”凡有“误国”“贼民”之事，必犯颜谏诤之，秉一颗公心，为万世开太平。这一颗心之璀璨永远会穿透史书，光耀千古。

四、练习步步高

（一）知识识记

1. 填空。

魏徵，字玄成，________朝名臣，以能犯颜直谏著称，建议唐太宗广开言路。

唐太宗从谏如流，延续了“____________”的美政。魏徵卒后，唐太宗悲痛不已，说：“以铜为鉴，可____________；以古为鉴，可____________；以人为鉴，可____________。朕尝保此三鉴，内防己过。今魏徵逝，一鉴亡矣。”

2. 解释下列加点的字。

（1）欲流之远者，必浚其泉源（　　　　　　）

（2）人君当神器之重（　　　　　　）

（3）莫不殷忧而道著（　　　　　　）

（4）能克终者盖寡（　　　　　　）

（5）虽董之以严刑（　　　　　　）

（6）其可忽乎（　　　　　　）

（7）念高危则思谦冲而自牧（　　　　　　）

（8）简能而任之（　　　　　　）

3. 将下列句子翻译成现代汉语。

（1）恩所加则思无因喜以谬赏，罚所及则思无因怒而滥刑。

____

（2）何必劳神苦思，代下司职，役聪明之耳目，亏无为之大道哉！

____

（二）文心体悟

苏洵在《谏论上》中说：“说之术可为谏法者五：理谕之，势禁之，利诱之，激怒之，隐讽之之谓也。”魏徵在《谏太宗十思疏》中采用了哪些方法？请你举例分析。

____

____

____

____

（三）思想碰撞

阅读材料，回答问题。

新唐书 · 魏徵传（节选）

欧阳修等

帝后临朝叹曰：“以铜为鉴，可正衣冠；以古为鉴，可知兴替；以人为鉴，可明得失。朕尝保此三鉴，内防己过。今魏徵逝，一鉴亡矣。朕比使人至其家，得书一纸，始半稿，其可识者曰：‘天下之事，有善有恶，任善人则国安，用恶人则国弊。公卿之内，情有爱憎，憎者惟见其恶，爱者止见其善。爱憎之间，所宜详慎。若爱而知其恶，憎而知其善，去邪勿疑，任贤勿猜，可以兴矣。’其大略如此。朕顾思之，恐不免斯过。公卿侍臣可书之于笏，知而必谏也。”

徵状貌不逾中人，有志胆，每犯颜进谏，虽逢帝甚怒，神色不徙，而天子亦为霁威。议者谓贲、育不能过。尝上冢还，奏曰：“向闻陛下有关南之行，既办而止，何也？”帝曰：“畏卿，遂停耳。”始，丧乱后，典章湮散，徵奏引诸儒校集秘书，国家图籍粲然完整。尝以《小戴礼》综汇不伦，更作《类礼》二十篇，数年而成。帝美其书，录置内府。帝本以兵定天下，虽已治，不忘经略四夷也。故徵侍宴，奏《破阵武德舞》，则俯首不顾，至《庆善乐》，则谛玩无斁，举有所讽切如此。

徵亡，帝思不已，登凌烟阁观画像，赋诗悼痛。闻者媢之，毁短百为。徵尝荐杜正伦、侯君集才任宰相，及正伦以罪黜，君集坐逆诛，孅人遂指为阿党；又言徵尝录前后谏争语示史官褚遂良。帝滋不悦，乃停叔玉昏，而仆所为碑，顾其家衰矣。

辽东之役，高丽、靺鞨犯阵，李绩等力战破之。军还，怅然曰：“魏徵若在，吾有此行邪！”即召其家到行在，赐劳妻子，以少牢祠其墓，复立碑，恩礼加焉。

……

赞曰：君臣之际，顾不难哉！以徵之忠，而太宗之睿，身殁未几，猜谮遽行。始，徵之谏，累数十余万言，至君子小人，未尝不反复为帝言之，以佞邪之乱忠也。久犹不免。故曰：“皓皓者易污，峣峣者难全”，自古所叹云。唐柳芳称“徵死，知不知莫不恨惜，以为三代遗直”。谅哉！謩之论议挺挺，有祖风烈，《诗》所谓“是以似之”者欤！

利用工具书疏通文意，思考作者在文末感慨的“君臣之际，顾不难哉”主要针对的是魏徵死后发生的哪些事件？

答司马谏议书

一、知识朋友圈

1. 北宋新旧党争。

宋神宗年间围绕王安石变法掀起的一系列党争被称为北宋新旧党争。王安石身为新党领袖，于熙宁二年（1069 年）被宋神宗任命为参知政事，开展了轰轰烈烈的变法行动。政治上首先设制置三司条例司作为新法的执行机构，经济上推行均输法、青苗法、农田水利法、免役法，文化上改革科举，改诗赋骈文而考经义策论。司马光身为旧党的旗帜性人物，反对推行新法，多次面见宋神宗，强调祖宗之法不可变。熙宁三年（1070 年），司马光三次致书王安石，指责新法的种种弊端，要求废除新法，恢复旧制。后来看见无力阻止新法，司马光自请离京，退居洛阳十五年。直到宋哲宗继位，起用司马光为相，旧党再次执政，新法被全面废除。

司马光的复位并不意味着新旧党争的终结，反而随着宋哲宗元祐元年（1086 年）王安石与司马光的相继离世，新旧党争逐渐由最初的政见、学术、治国方略之争，演变成排除异己的夺权之争。

2.“盖儒者所争，尤在于名实。”

王安石在《答司马谏议书》中谈及和司马光的政见分歧，首先谈到的是“名实”二字，指出“名实已明，而天下之理得矣”。“名实”其实是一对中国传统哲学概念。名指名分、概念，实指实质、实际、实在。“名实”之间的关系，或者是名副其实，或者是名不副实。孔子曾说“必也正名乎”(《论语·子路》)，就是强调让实际符合“名”，遵守君君臣臣的名分规范。后来法家在此基础上提出了“循名而责实”(《韩非子·定法》)。而墨子主张“取实予名”(《墨子·贵义》)，庄子认为“名者实之宾也”(《庄子·逍遥游》)，都是以“实”为主。学者常借助“名实”这一对概念来讨论具体问题上概念与实在之间的关系。王安石在《答司马谏议书》中指出，司马光指斥的“侵官、生事、征利、拒谏”仅是名，并非王安石变法之实际影响。费孝通在《乡土中国》中也用“名实的分离”来描述旧有社会结构不能应付新环境的时候发生的社会变迁。

后来，名实相符也成为人立身行事的重要原则。北魏颜之推在《颜氏家训》中说“名之与实，犹形之与影也”，否定了“不修身而求令名于世”的行为。张岱年在《修辞立其诚》中阐释何为“立其诚”时，首要的便是名实一致。

3. 语言积累。

（1）举。甲骨文写作，从字形上看，象两只手向上托起一件东西。这是“举”的本义。人但凡有行动，就难免涉及“举”，因此我们用“一举一动”“举手投足”来概括人的行为，而“举”也随之有施行、做的含义。“举先王之政”，如果形象地来理解，就是将先王的政治主张高高举起，那自然意味着要认真地、尊敬地施行先王的政治主张。

（2）膏泽斯民。王安石在《答司马谏议书》中说，假如司马光责备自己在位时间很久，没能辅佐皇帝干一番大事业，使百姓受益，那么他知罪。“膏泽斯民”就是王安石这样的臣子一生的目标。“膏泽”在这里做动词用，是施加恩惠的含义。“膏”和“泽”都是形声字。“膏”，小篆写作。许慎《说文解字》云：“膏，肥也。从肉，高声。”本义为脂肪，油脂。引申为肥肉，肥沃，浓稠的糊状物。“泽”，小篆写作，许慎《说文解字》云：“泽，光润也。从水，睪声。”本义为低洼积水的地方。引申为湿润、雨露等含义。倘若执政者让百姓都能畅快地吃到肥肉，饮上甘泉，那自然是对天下百姓最大的恩惠。

二、文心点点通

熙宁三年（1070 年），司马光在《与王介甫书》中针对王安石变法的一系列举措提出了五点责难，王安石则回信反驳。这是一篇驳论型政论文的典范之作。

第一段阐明了回信的原因和目的。一方面，在“昨日蒙教”“与君实游处相好之日久”的书信礼仪和温厚追述中，可以看出王安石与司马光私交并不坏。另一方面，王安石也直接指出两人的分歧是“所操之术多异”，是政治见解及治国方略上的不同，因而王安石虽出于礼节给司马光回信，但未必能通过“强聒”获得理解，故只能简要回信。言辞间情恳切而理分明，彰显出君子之坦荡气度。

第二段是驳论的主体。王安石一上来就敏锐地抓住了问题的实质：“名实已明，而天下之理得矣。”“实”即事实，而“名”是对事实的看法。名正则言顺，因此孔子说：“必也正名乎！”（《论语·子路》）王安石揭示这一点，便是为了一一指出，在司马光眼中所谓“侵官、生事、征利、拒谏”四事，正是名实未明时误解之下强加的罪名，因而王安石要为变法一一正名。

首先驳“侵官”。王安石指出变法是“受命于人主”，在制度上“议法度而修之于朝廷”，执行上“授之于有司”，因而无论是名分上还是过程上都具有正当性，并非自己的独断专行。其次驳“生事”。变法的出发点是“举先王之政”，遵循的是古代先王圣君的德政，是为国家、百姓兴利除弊，故不为生事。再次驳“征利”，以“为天下理财”一言以蔽之，保证“征利”出发点的正义性，既然是为天下做实事，自然不是“征利”。最后驳“拒谏”，这一条建立在前三条的基础之上，充分论证了前三条变法措施的正当性，那么反对变法的主张自然就是“邪说”，干涉变法的人自然就是“壬人”，对于“邪说”和“壬人”而言，“拒谏”之说就难以成立了。第二段最后还谈及了“怨诽之多”的影响，以“固前知其如此也”，一方面在结构上引出下文的议论，另一方面蕴有早有预料之意，既有气定神闲成竹在胸的胜算，也有“虽千万人，吾往矣”(《孟子·公孙丑上》)的孤勇。

由此观之，王安石之“名”实为变法开先，欲大有为于天下，而“实”为政治、经济、文化等制度的一系列改革。这就从根本上驳斥了司马光一派对新法安加的罪名。而接下来，王安石进一步指出了保守派之所以抵制改革的原因。

第三段开头，王安石便不留情面地揭露了时风，指出人普遍“习于苟且”，士大夫更是“不恤国事”“同俗自媚于众”，且以此为善，这才是天下人对变法“怨诽之多”的根本原因，也是“上乃欲变此”的考量所在。面对这样的阻力，王安石以盘庚迁都为例证，说明自己变法的坚定决心。最后通过让步假设，更加决绝地表明自己坚持改革的态度。“如君实责我以在位久”的让步是假，对保守派“不事事”“守前所为”这种“习于苟且”风气的严正批驳是真。

这封书信篇幅短小精悍，语气委婉严正，不涉私人意气之争，面对原则问题绝不让步，情理兼备，结构严谨，层次清晰，洵为驳论佳作。

三、思想会客厅

“所操之术多异”：士大夫的同道殊途。

在这封信中，王安石将与司马光争执的原因归结为“所操之术多异”。“术”是方法、主张，在这里特指关于治国的方法、主张。用这一句话来概括王安石与司马光之争，可以说是非常准确了。

针对变法，司马光不仅先后给王安石写了三封信直言劝谏，而且多次在宋神宗面前极力阻挠。在《与王介甫书》中，司马光指出：“今介甫为政，尽变祖宗旧法……使上自朝廷，下及田野……士吏兵农工商僧道无一人得袭故而守常者，纷纷扰扰，莫安其居。……自古立功立事，未有专欲违众而能有济者也。”由此可见，司马光批评新法的核心，在于“尽变祖宗旧法”而使人人不得安定。宋初需要与民休息，治道一直是“贵清净而民自定”的黄老之术，这正是司马光所说的“祖宗旧法”。这种以“无事”治天下的策略对于长期动荡后恢复政治秩序及社会安定非常有效，不过累世因循，无为积久，苟且流弊亦随之滋生，官吏选任仅凭资历不问才干，土地兼并愈发严重，地方胥吏通连豪强鱼肉百姓时有发生。王安石看到了这些弊端，因此反对“守前所为”，指斥“习于苟且”“不恤国事、同俗自媚于众”的官吏，希望一举清除积弊。但变法一方面因触动权贵利益而阻力甚巨，另一方面因制度的积弊，使得原本具有功德的善政，在各级官员的运作下面目全非，议论纷纷。王安石两次罢相，司马光则在高太后的支持下还朝为相，全面废除新法。

值得指出的是，虽然司马光和王安石是针锋相对的政敌，但对司马光来说，反对新法不是为了一己私利，更不是为了排除异己。司马光一生历仕宋仁宗、宋英宗、宋神宗三朝，身为谏议大夫，其职责所在就是犯颜行谏。在谏院的几年间，司马光上疏多达一百七十余次，针对治国政纲、民生疾苦、厉行节俭等方面多有谏言。这位三朝重臣、国之肱股去世后，人们发现其家中资产只有薄田三亩。由此可知，司马光所做的事、所说的话全然出于一片公心，王安石和司马光之间的敌对争论，本质上不是权力之争，而是和而不同的君子之争。司马光的治国理念是端拱无为以养民，王安石则看到当时朝廷的财政危机锐意改革，这两种方针策略并没有是非对错之分，归根结底是治国所操之“术”的差异；而在恤国事而犯颜行谏的选择上，两人同道而殊途、同道而异术。

司马光年长王安石两岁，两人私交甚笃，互相仰慕。但首先，君子不会因私谊而轻易改变自己的主张，彼此党同，这使得司马光在和王安石政见有分歧时，面对昔日故友和如日中天的对手依然直言行谏，据理力争。其次，君子不会因政见不和而彼此伐异，落井下石。司马光风光还朝之后仅六十余天，王安石病逝，在新党失势的情况下，“今日江湖从学者，人人讳道是门生”(张舜民《哀王荆公》)，葬礼冷冷清清。但司马光闻讯后在给友人的书信中不但褒扬王安石“介甫文章节义过人处甚多”，更建议“朝廷特宜优加厚礼”(《与吕晦叔书》)。同样，与王安石曾为政敌的苏轼亦主笔为王安石起草赠太傅制。这是君子之间的惺惺相惜，是对对方恤国事而犯颜行谏，公而忘私，终其一生救时行道，铁骨铮铮所抱有的尊重。他们既点亮了自己，也照亮了那个广开言路、百家争鸣的时代，在彼此的碰撞中激出了时代强光。

四、练习步步高

（一）知识识记

1. 填空。

（1）王安石，字________，号________，封荆国公，世称荆公，因其为抚州临川（今江西抚州）人又称________。北宋政治家、文学家、“唐宋八大家”之一。

（2）司马谏议，指司马光，字________，北宋政治家、史学家。宋神宗时，司马光写信给王安石反对变法，后来离开朝廷十五年，编纂了编年体通史________。

2. 解释下列加点的字词。

（1）所操之术多异故也（　　　　　　）

（2）冀君实或见恕也（　　　　　　）

（3）举先王之政（　　　　　　）

（4）辟邪说，难壬人（　　　　　　）

（5）士大夫多以不恤国事（　　　　　　）

（6）非特朝廷士大夫而已（　　　　　　）

（7）未能助上大有为，以膏泽斯民（　　　　　　）

（8）不任区区向往之至（　　　　　　）

3. 将下列句子翻译成现代汉语。

（1）上乃欲变此，而某不量敌之众寡，欲出力助上以抗之，则众何为而不汹汹然？

____

（2）盘庚不为怨者故改其度，度义而后动，是而不见可悔故也。

____

（二）文心体悟

王安石的《答司马谏议书》是朋友之间的行谏，既要顾及朋友间的情谊，又要在自己的立场上据理力争，寸步不让。请你结合文本说说王安石在这封信中具体是如何体现既有礼又有力的。

（三）思想碰撞

阅读材料，回答问题。

本朝百年无事札子（节选）

王安石

然本朝累世因循末俗之弊，而无亲友群臣之议。人君朝夕与处，不过宦官女子，出而视事，又不过有司之细故，未尝如古大有为之君，与学士大夫讨论先王之法，以措之天下也。一切因任自然之理势，而精神之运有所不加，名实之间有所不察。君子非不见贵，然小人亦得厕其间；正论非不见容，然邪说亦有时而用。以诗赋记诵求天下之士，而无学校养成之法；以科名资历叙朝廷之位，而无官司课试之方。监司无检察之人，守将非选择之吏。转徙之亟，既难于考绩，而游谈之众，因得以乱真。交私养望者多得显官，独立营职者或见排沮。故上下偷惰取容而已，虽有能者在职，亦无以异于庸人。农民坏于徭役，而未尝特见救恤，又不为之设官，以修其水土之利。兵士杂于疲老，而未尝申敕训练，又不为之择将，而久其疆埸之权。宿卫则聚卒伍无赖之人，而未有以变五代姑息羁縻之俗。宗室则无教训选举之实，而未有以合先王亲疏隆杀之宜。其于理财，大抵无法，故虽俭约而民不富，虽忧勤而国不强。赖非夷狄昌炽之时，又无尧、汤水旱之变，故天下无事，过于百年。虽曰人事，亦天助也。盖累圣相继，仰畏天，俯畏人，宽仁恭俭，忠恕诚悫，此其所以获天助也。

伏惟陛下躬上圣之质，承无穷之绪，知天助之不可常恃，知人事之不可怠终，则大有为之时，正在今日。臣不敢辄废将明之义，而苟逃讳忌之诛。伏惟陛下幸赦而留神，则天下之福也。取进止。

熙宁元年（1068年），王安石向宋神宗上疏，总结历史经验、阐明变法主张。请你谈谈王安石在这封疏中的观点是如何与《答司马谏议书》相印证的。

阿房宫赋

一、知识朋友圈

1. 阿房宫真实存在吗？

司马迁在《史记·秦始皇本纪》中记载了秦始皇兴建阿房宫的缘由："于是始皇以为咸阳人多，先王之宫廷小，吾闻周文王都丰，武王都镐，丰镐之间，帝王之都也。乃营作朝宫渭南上林苑中。"秦始皇希望效仿周文王，营建一座位于丰、镐之间，集合帝王之气的都城，因此下令在皇家园林上林苑中兴建一座新朝宫。根据《史记·秦始皇本纪》的记载，阿房宫只是这座新朝宫的前殿："先作前殿阿房，东西五百步，南北五十丈，上可以坐万人，下可以建五丈旗。……阿房宫未成；成，欲更择令名名之。作宫阿房，故天下谓之阿房宫。"秦始皇原本打算等整座宫殿竣工之后再另行赐名，所以人们暂称它为阿房宫，但由于宫殿规模过大，尽管有十几万苦役不分昼夜辛苦营建，直到秦朝灭亡，阿房宫都没有建成。

关于阿房宫的结局，广为流传的是项羽火烧阿房宫。实际上，司马迁在《史记·项羽本纪》中仅仅提到了"烧秦宫室，火三月不灭"，并未指出项羽火烧的宫室就是阿房宫。真正把项羽烧秦宫室和阿房宫联系起来并且让后人深信不疑的是杜牧的这篇《阿房宫赋》，在大肆渲染阿房宫的奢华富丽之后感叹"楚人一炬，可怜焦土"。但史料中从来没有明确记载，另外根据考古学家对阿房宫遗址的考古发掘来看，阿房宫遗址仅存前殿遗址，从未建成，遗址上也没有被火焚烧的痕迹，故可以确认项羽火烧阿房宫是误传。而这一误传如此深入人心，可见杜牧文字的力量。

2. 赋的演变。

赋是战国末期诞生的一种文体。刘勰在《文心雕龙 · 诠赋》中指出：“赋者，铺也，铺采摛文，体物写志也。”也就是说，这种文体在形式上长于铺陈辞藻，炫耀文采，在内容上主要咏物说理，书写情志。

赋的发展大致经历了古赋、骈赋、律赋、文赋四个阶段。我们熟知的汉大赋就是古赋，如司马相如的《上林赋》《子虚赋》，形式上，一方面极尽“铺采摛文”之能事，“极声貌以穷文”，瑰丽宏大，气势壮阔；另一方面多采用主客问答式结构。但这类赋往往因极力渲染声色犬马之乐，讽谏的本意淹没在帝王奢侈生活的描写中，故有“劝百而讽一”(《史记 · 司马相如列传》）之弊。赋发展到南朝形成了全篇四六排连、句句相对、连章累句均以典出之的骈体赋，即骈赋。骈赋追求对偶的精工、声韵的和谐、用典的繁复、辞藻的华丽，如江淹的《别赋》、庾信的《哀江南赋》，都是骈赋中的名篇。到了中唐，骈赋骈偶的特点发展到极点，成为科举考试的一种试体赋，有严格的韵律要求，这就是律赋。律赋已然成为文字游戏，与文学的本来意义相去甚远。随着古文运动的兴起，赋的散文因素开始增加，逐步突破了律赋的种种限制，不仅词句的运用有了较大自由，而且内容不断向散文靠拢。这就产生了文赋。文赋至北宋而大成，如欧阳修的《秋声赋》、苏轼的《赤壁赋》，都是文赋中的登峰造极之作。

将杜牧的《阿房宫赋》放在赋史中，可以看到它承前启后的重要意义。一方面，前文中对阿房宫夸张富丽的描写继承了赋体“铺采摛文”的传统，且多用偶句，仍受六朝流风余韵的影响；另一方面，在文法上已跳脱出骈赋的多方限制，呈现出韵散结合的美感，灵活自如，也灌注着散文的气质与精神。可以说，《阿房宫赋》是骈赋至文赋发展过程中的重要转折点，是文赋的先声。

3. 语言积累。

（1）囷囷焉。在《阿房宫赋》中，杜牧用“盘盘焉，囷囷焉”形容宫室盘旋屈曲，不断回旋，重叠往复的盛大和精巧。“囷囷”义为曲折回旋的样子。“囷”本义为圆形谷仓。小篆写作囷。从字形上看，中间的“禾”被围起来，就成为圆形谷仓。《诗经 · 魏风 · 伐檀》云：“不稼不穑，胡取禾三百囷兮？”

（2）族秦者秦也。“族”往往和种族、家族、民族等含义联系在一起。在《阿房宫赋》中，杜牧用“族秦者秦也”表示秦朝成为自己的灭亡者。“族”在这里做动词用。为什么“族”这个字一直和群体相关？从字形上看，“族”甲骨文写作，从㫃，从矢，㫃为旌旗，是氏族的标志，矢为箭，指武器。本义为同姓氏的人手持武器聚集在一起，共同御敌。引申为宗族、家族、灭族等含义。

二、文心点点通

杜牧在《上知己文章启》中说：“宝历大起宫室，广声色，故作《阿房宫赋》。”唐敬宗李湛十六岁继位，沉溺于击球、手搏，好深夜捕狐，与宦官终日嬉玩，大兴土木，游宴无度。因为昏庸无道，唐敬宗十八岁时因手下造反被杀害。杜牧写作《阿房宫赋》时正是唐敬宗在位之时，面对风雨飘摇的现实，杜牧心有所感，写下此赋。赋自古有“劝百而讽一”（《史记·司马相如列传》）的弊病，但这篇文字出色地发扬了“赋可以讽”（扬雄《法言·吾子》）的传统，通过对阿房宫兴建及毁灭的描写，总结秦朝统治者骄奢亡国的历史教训，借以向唐朝统治者发出劝诫的声音，表现出一个身在草野的正直士人匡世济民的情怀。

全篇四段，前两段描写“体物”，后两段转入议论“写志”。“六王毕，四海一。”开篇这六个字突兀而起。“毕”是一个时代的终结，“一”是一个时代的开始。六国的终结即秦朝的开端，历史的风云在这个前所未有的、阔大的历史舞台上徐徐展开。“蜀山兀，阿房出。”两句顺势而来，大气磅礴，不禁使人联想连绵逶迤的蜀山为何光秃，绵延富丽的阿房宫如何垒砌？阔大的对比背后是惊天动地的壮举。前两段中，杜牧极尽铺陈之能事，以比喻、夸张、排比、比较等手段写阿房宫之奢靡富丽。写宫殿之壮，“一宫之间，而气候不齐”；写宫女之多，述其来历，诉其哀怨，“有不见者，三十六年”；写珍宝之美、财富之厚，如何从六国剽掠而来，“倚叠如山”，转眼又“弃掷逦迤”，视若石砾。由此可知，杜牧铺陈阿房宫之瑰丽不是羡慕那极致的奢华，而是为后面的议论张本。

“一人之心，千万人之心也。”人同此心，心同此理。谁不爱惜自己的财物，谁不爱惜自己的女儿？前半篇越穷奢极欲，越可见秦朝之骄横是多么违天逆人，多么不爱人。第三段夹叙夹议，点明在秦朝的残暴统治下民不堪命、怨愤难遏的现实。“独夫之心，日益骄固。”一个“独”字，凸显秦始皇已全失民心。“戍卒叫，函谷举，楚人一炬，可怜焦土！”百姓揭竿而起倾覆秦朝统治的这一过程在短短十四个字的叙述中多么迅速、多么齐心，而庞大的阿房宫瞬间成为焦土，又多么令人扼腕，这正是“独夫”积怨、积愤、积仇、积恨的结果。文章第四段转入议论，进一步指出无论是六国的倾覆，还是秦朝的覆灭，归根结底都是不爱人。再由此向前推，由历史而现实，由现实而未来，含蓄告诫“后人”，如果不能视秦朝为前车之鉴，改弦更张，就必然重蹈覆辙！

杜牧的《阿房宫赋》之所以能成为千古名赋，正在于其视域之广、思虑之深、文辞之丽。艺术上，《阿房宫赋》充分体现了“赋”这一文体的特征，描写处辞藻瑰丽，气势遒劲；议论处精辟犀利，一语破的，骈散并用，感染力极强。思想上，杜牧将积蕴心中的关于阿房宫的历史思考倾注而出，把读者带进阔大的历史视野之中——六国→秦→唐→唐以后，让人在古与今、现在与未来的绵延不绝的历史视域中思考江山社稷，思考长治久安，思考万世之业。

三、思想会客厅

什么是真正的“爱其人”？

杜牧在《阿房宫赋》中总结六国与秦朝灭亡的原因，沉痛而严正地提出：“使六国各爱其人，则足以拒秦；使秦复爱六国之人，则递三世可至万世而为君。”倘若统治者读不懂这句话，那么也只会不断地重复着六国与秦朝相继覆灭的故事而已。

那么，到底什么才是“爱其人”？要做到哪些，才算真正的“爱其人”呢？

《史记·郦生陆贾列传》中郦食其对刘邦说：“王者以民人为天，而民人以食为天。”这句话一语中的地揭示了一条根本逻辑：帝王要以百姓为基础，而百姓以粮食为生存之根本。诚然，吃饭自古是第一大事，不但要吃得饱，而且要吃得好。解决了吃的问题，接下来就是穿，要穿得暖，也要穿得好。如卖炭翁般“可怜身上衣正单”（白居易《卖炭翁》），或者如杜甫《石壕吏》中的媳妇般“出入无完裙”，都是丧失人道的表现。有了吃、穿，再有能安住的居所，耕者有其田，人各有其“分”，那才是真正的安居乐业。在此基础上，有行动的自由、思想的自由、言说的自由，不至于“不敢言而敢怒”。说到底，衣食住行，安居乐业，这两句话是自古以来最朴素的天地大法。所谓“爱其人”，便是顺应这样的天地大法，契合宇宙万物的本质精神，构建能让每个人都幸福生活的社会运行法则。

这个道理并不难懂，甚至可以说，这是尽人皆知的常识。歌德说："常识是人类的守护神。"（《格言与反省》）倘若背弃常识，自然将招致毁灭。且看杜牧在《阿房宫赋》中写秦朝挑战的那些底线："使负栋之柱，多于南亩之农夫；架梁之椽，多于机上之工女；钉头磷磷，多于在庾之粟粒；瓦缝参差，多于周身之帛缕。"对于国家来说，农夫种粟而食，工女织布而穿，这是民之天、国之本，而秦朝在奢侈享乐上的花销，使多少农夫、工女不能安其业？汉乐府《东门行》中，男子因为"盎中无斗米储，还视架上无悬衣"而决定铤而走险。周厉王时，"国人莫敢言，道路以目"（《国语·周语上》），百姓最终不堪暴政放逐了暴君。东西方在"爱其人"的追求上是统一的。"爱其人"就是实现人道。马斯洛的需要层次论将人的需要分为五个层次：生理的需要、安全的需要、情感和归属的需要、尊重的需要、自我实现的需要。任何时候、任何阶段都应当尊重人的这五个层次的需要，只有将它们融为一体，才是真正的"爱其人"，才能到达"万类霜天竞自由"的理想之境。

四、练习步步高

（一）知识识记

1. 填空。

（1）五步一楼，十步一阁；__________，__________；各抱地势，__________。（杜牧《阿房宫赋》）

（2）长桥卧波，__________？复道行空，__________？（杜牧《阿房宫赋》）

（3）__________，__________，__________，几世几年，剽掠其人，倚叠如山。（杜牧《阿房宫赋》）

（4）秦爱纷奢，人亦念其家。__________，__________？（杜牧《阿房宫赋》）

（5）钉头磷磷，__________；瓦缝参差，__________。（杜牧《阿房宫赋》）

（6）秦人不暇自哀，而后人哀之；后人哀之而不鉴之，__________。（杜牧《阿房宫赋》）

2. 解释下列加点的字词。

（1）蜀山兀（ ）

（2）高低冥迷（ ）

（3）辞楼下殿，辇来于秦（ ）

（4）杳不知其所之也（ ）

（5）缦立远视，而望幸焉（ ）

（6）族秦者秦也（ ）

（7）后人哀之而不鉴之（ ）

3. 将下列句子翻译成现代汉语。

（1）鼎铛玉石，金块珠砾，弃掷逦迤，秦人视之，亦不甚惜。

（2）独夫之心，日益骄固。戍卒叫，函谷举，楚人一炬，可怜焦土！

（二）文心体悟

“铺采摛文”是赋的特征。《阿房宫赋》前半部分都是对阿房宫的描写和叙述，极尽“铺采摛文”之能事。请你试着分析杜牧是如何在描写、叙述中见褒贬的。

（三）思想碰撞

阅读材料，回答问题。

章华台赋 · 并序（节选）

边 让

楚灵王既游云梦之泽，息于荆台之上。前方淮之水，左洞庭之波，右顾彭蠡之隩，南眺巫山之阿。延目广望，聘观终日。顾谓左史倚相曰：“盛哉斯乐，可以遗老而忘死也！”于是遂作章华之台，筑乾谿之室，穷木土之技，单珍府之实。举国营之，数年乃成。设长夜之淫宴，作北里之新声。于是伍举知夫陈、蔡之将生谋也。乃作斯赋以讽之：

胄高阳之苗胤兮，承圣祖之洪泽。建列藩于南楚兮，等威灵于二伯。超有商之大彭兮，越隆周之两虢。达皇佐之高勋兮，驰仁声之显赫。惠风春施，神武电断，华夏肃清，五服攸乱。旦垂精于万机兮，夕回辇于门馆。设长夜之欢饮兮，展中情之嬿婉。竭四海之妙珍兮，尽生人之秘玩。

尔乃携窈窕，从好仇，径肉林，登糟丘，兰肴山竦，椒酒渊流。激玄醴于清池兮，靡微风而行舟。登瑶台以回望兮，冀弥日而消忧。于是招宓妃，命湘娥，齐倡列，郑女罗。扬《激楚》之清宫兮，展新声而长歌。繁手超于《北里》，妙舞丽于《阳阿》。金石类聚，丝竹群分。被轻袿，曳华文，罗衣飘摇，组绮缤纷。纵轻躯以迅赴，若孤鹄之失群；振华袂以逶迤，若游龙之登云。于是欢嬿既洽，长夜向半，琴瑟易调，繁手改弹。清声发而响激，微音逝而流散。振弱支而纡绕兮，若绿繁之垂干；忽飘摇以轻逝兮，似鸾飞于天汉。舞无常态，鼓无定节，寻声响应，修短靡跌。长袖奋而生风，清气激而绕结。尔乃妍媚递进，巧弄相加，俯仰异容，忽兮神化。体迅轻鸿，荣曜春华，进如浮云，退如激波。虽复柳惠，能不咨嗟！于是天河既回，淫乐未终，清籥发徵，《激楚》扬风。于是音气发于丝竹兮，飞响轶于云中。比目应节而双跃兮，孤雌感声而鸣雄。美繁手之轻妙兮，嘉新声之弥隆。于是众变已尽，群乐既考。归乎生风之广夏兮，修黄轩之要道。携西子之弱腕兮，援毛嫔之素肘。形便娟以婵媛兮，若流风之靡草。美仪操之姣丽兮，忽遗生而忘老。

尔乃清夜晨，妙技单，收尊俎，彻鼓盘。惘焉若酲，抚剑而叹。虑理国之须才，悟稼穑之艰难。美吕尚之佐周，善管仲之辅桓。将超世而作理，焉沉湎于此欢！于是罢女乐，堕瑶台。思夏禹之卑宫，慕有虞之土阶。举英奇于仄陋，拔髦秀于蓬莱。君明哲以知人，官随任而处能。百揆时叙，庶绩咸熙。诸侯慕义，不召同期。继高阳之绝轨，崇成、庄之洪基。虽齐桓之一匡，岂足方于大持？尔乃育之以仁，临之以明。致虔报于鬼神，尽肃恭乎上京。驰淳化于黎元，永历世而太平。

借助工具书疏通文意，并查阅相关资料，思考：边让在《章华台赋·并序》中也是体物写志，借古讽今，相比于此赋，杜牧《阿房宫赋》有哪些发展？

六国论

一、知识朋友圈

1. 大器晚成的苏洵。

《三字经》中有“苏老泉，二十七，始发愤，读书籍”的句子。苏老泉指的是北宋文学家苏洵。苏洵，字明允，眉州眉山（今属四川）人。他少不喜学，而喜好游历名山大川，二十七岁时始发愤为学。到了宋仁宗庆历七年（1047 年），苏洵已是三十八岁，第三次北游汴京举进士、茂才，可惜都没有中。三次科场挫折使他下定决心“绝意于功名，而自托于学术”(《上韩丞相书》)，将过去所写的数百篇文章悉数焚烧，闭户读书，攻读《六经》、百家之说，随着读书精熟，逐渐感受到“方其始也，入其中而惶然；博观于其外，而骇然以惊；及其久也，读之益精，而其胸中豁然以明”(《上欧阳内翰书》)。十年之后，苏洵学术大进，下笔千言立就。宋仁宗嘉祐元年（1056 年），四十七岁的苏洵，送二十岁的苏轼和十七岁的苏辙进京赴试，拜会当时文坛领袖欧阳修，呈上所著《权书》《衡论》二十二篇，经欧阳修推荐，其文章名噪一时，引起士人竞相效仿。宋仁宗嘉祐五年（1060 年），苏洵五十一岁时在欧阳修和赵抃的举荐下授秘书省校书郎，奉命编纂礼书。宋英宗治平三年（1066 年），苏洵的《太常因革礼》一百卷完成，同年病逝，享年五十七岁。

苏洵精研《孟子》《战国策》，长于史论、政论，为文雄奇高古，有荀子和战国纵横家的雄辩之风。曾巩称赞其文：“烦能不乱，肆能不流。其雄壮俊伟，若决江河而下也；其辉光明白，若引星辰而上也。”(《苏明允哀词》)

2. 匡世济民的策论风气。

《六国论》选自苏洵的《权书》。《权书》共十篇，是研究军事问题的专著。取其权衡之意，从历代著名战争中分析、比较其战略得失，探讨了治军、攻守谋略之道，并着重论说了几位历史人物在战略运用、作战指挥方面的成败得失。苏洵的其他著作《几策》《衡论》等，也系统地提出了政治、经济、军事等领域的革新主张，体现了他强烈的忧国忧民精神。

晁说之在《元符三年应诏封事》中回顾北宋文学的特点：“国家之初，尚诗赋，而士各精于诗赋，如宋祁、杨寘、范镇各擅体制，至于夷狄犹诵之。自嘉祐以来尚论策，而士各力于论策，乃得苏轼、曾巩辈，至今识者各仰之。”这里指出了北宋文学创作的重心从诗赋转向策论。之所以会出现如此转向，一方面是以天下为己任的士大夫阶层的成长壮大，他们以匡世济民为首要职责，面对北宋内忧外患的政治形势，纷纷建言献策，自然将策论看得比诗赋重要。另一方面，北宋的科举制度改革，也从唐代以来的重视诗赋转向经义和策论，尤其北宋的“制科”考试更是要求考生提交五十篇策论。苏洵的儿子苏轼和苏辙都曾应北宋“制科”，苏轼的《贾谊论》《留侯论》、苏辙的《六国论》等，实则是他们为应“制科”考试而提交的策论文章。这些都促成了北宋策论大兴、士大夫积极建言献策的时代风气。

3. 语言积累。

（1）率赂秦耶。“率”在这里义为“全都，一概”。“率”的甲骨文写作。本义为绞制绳索。许慎《说文解字》云：“率，捕鸟毕也。象丝罔，上下其竿柄也。”引申为大绳索、遵循、沿着等含义。假借为轻易、不慎重，由此引申为直爽、坦诚、副词（大抵、大概）。又假借为一种捕鸟的长柄网。

（2）为国者无使为积威之所劫哉。苏洵在《六国论》中疾呼：“为国者无使为积威之所劫哉！”诚然，无论是治国还是为人，都要力避使自己陷入为人所“劫”的困境。“劫”的小篆写作。本义为胁迫，挟持。许慎《说文解字》云：“劫，人欲去，以力胁止曰劫。”引申为强取、掠夺、灾难。

二、文心点点通

《六国论》是一篇典范性的论说文，论点鲜明，思路清晰，结构严谨。

苏洵开篇即提出六国破灭“弊在赂秦”的中心论点。其中又分为两种情况，一种是“赂秦而力亏”，一种是“不赂者以赂者丧”。因此文章第二段、第三段分别针对这两种情况展开论证。

第二段主要针对韩、楚、魏三国割地赂秦的情况论证分论点一：“赂秦而力亏，破灭之道也。”苏洵以三组对比展开论证。首先是数量上的对比，强秦由受贿赂获得的土地远比通过战争胜利获得的土地多很多倍，六国赂秦所亡的土地比因战败而丢失的土地多很多倍，两相对比，得出结论：“秦之所大欲，诸侯之所大患，固不在战矣。”其次是态度、效果上的对比。前人开辟土地何其艰难，“暴霜露，斩荆棘，以有尺寸之地”，而子孙割让土地何其轻易，“今日割五城，明日割十城”，这是态度。割让之后的效果怎样呢？对赂秦方来说只能“得一夕安寝”，而贪得无厌的秦国则“秦兵又至”，说明割地之不可取。最后是事理的对比，“诸侯之地有限，暴秦之欲无厌”，“奉之弥繁，侵之愈急”，两相对比，说明赂秦导致“不战而强弱胜负已判”。三组对比揭示了韩、楚、魏三国如何因赂秦而破灭。

第三段主要针对齐、燕、赵未赂秦的情况论证分论点二：“不赂者以赂者丧。”齐国因“与嬴而不助五国也”，所以五国破灭之后，齐国必然成为下一个被歼灭的目标。燕、赵两国都“义不赂秦”，能够守土抗秦，而燕国因荆轲刺秦加速灭亡，赵国因“用武而不终”，良将李牧被诛，国家灭亡。相比之下，苏洵指出，燕、赵都是在“智力孤危”，没有援助的情况下战败而亡的，可以说是不得已，情有可原。而这样梳理齐、燕、赵三国破灭的历史，也有力证明了在国家势力此消彼长的情况下，齐、燕、赵三国如何一步步“不赂者以赂者丧”。

既然六国破灭是“弊在赂秦”，那要如何解决这个问题？第四段苏洵向统治者提出了“为国者无使为积威之所劫”的忠告，指出如果能“以赂秦之地封天下之谋臣，以事秦之心礼天下之奇才”，那么历史将有改写的机会。在第五段中，可以看出这一忠告实为借古讽今，委婉提醒当朝统治者不要“从六国破亡之故事”。

林云铭在《古文析义》中说：“老泉此论，实为宋赂契丹，借来做个事鉴。”苏洵生活在宋真宗、宋仁宗、宋英宗时期，其时北宋虽然富庶，但军事上屡战屡败，在外敌面前表现出空前的软弱，因而苏洵论六国的根本意图是借古讽今，借六国赂秦指明北宋赂辽与西夏之弊端，怀一腔沉痛郁结，向北宋发出理性而又激切的呼告：“为国者无使为积威之所劫哉！”

三、思想会客厅

忘战必危，好战必亡。

苏洵在《六国论》中将六国互丧的原因归结为“赂秦”，指出：“较秦之所得，与战胜而得者，其实百倍；诸侯之所亡，与战败而亡者，其实亦百倍。”也就是说，主动割地求和带来的损失远比战败大得多。

苏洵将六国灭亡归因于“赂秦”，实则借以暗讽北宋朝廷的外交策略。宋真宗景德二年（1005 年），宋真宗与辽圣宗订立澶渊之盟，双方约为兄弟之国，北宋承认输辽岁币银十万两，绢二十万匹，名义是“以风土之宜，助军旅之费”。此后宋、辽之间一百二十年未发生过战争。自宋太祖赵匡胤始，便始终自信能以南方的经济资源战胜对方，采取以绢银和契丹打交道的策略。赵匡胤曾有言："以二十匹绢购一契丹人首，其精兵不过十万。"（毕沅《续资治通鉴》）而宋真宗在订立澶渊之盟前原打算承担岁币百万之数，后来听说能以三十万岁币了事，颇有意外之喜。这种处置方式开了先河，其后宋无论是在与辽、西夏还是在与金的外交中，岁币都成为惯例。

春秋时期的兵书《司马法》有言："国虽大，好战必亡；天下虽平，忘战必危。"对于北宋来说，澶渊之盟是以金钱换和平，而岁币带来的承平日久也使得国家逐渐走向重经济轻武备的富而不强之路。一方面，积年之下的岁币负担使得北宋国库空虚，财政艰难，积贫之弊即由此而来。王安石变法之所以得到宋神宗支持，正是"为天下理财"的需求确实已到了极迫切的地步。另一方面，宋代重文轻武，长期无视军备，缺乏训练，在面对后来西夏侵扰时三战皆败，故素有积弱之称。苏洵多有讨论军事用兵之策的作品，他在《六国论》中痛心疾首地高呼"为国者无使为积威之所劫哉"，诚然是警示统治者牢记"忘战必危"的教训。

但从另一个角度来说，"国虽大，好战必亡"，这是警示统治者慎战。倘若为征伐外族穷兵黩武，国内民不聊生，同样会走向灭亡。汉武帝是一代雄主，终其一生把灭匈奴当作至高目标，在位期间对匈奴频繁发动规模大小不等的战争，可谓穷兵黩武。有时是伤敌一千自损八百的险胜、惨胜，有时则全军覆没，使汉朝元气大伤。在持续了三十多年的战争中，"海内虚耗，户口减半"（《汉书·昭帝纪》），"百姓空竭，万民疲弊"（《汉纪·武帝纪》）。唐玄宗缔造了"开元盛世"，但王维在开元二十二年（734年）歌颂张九龄德政的《京兆尹张公德政碑》中描述了当时的真实情况："（长安）前年不登，人悴太甚，野无遗秉，路有委骨。"杜甫的"三吏"、"三别"、《兵车行》等作品更是记录了天宝年间穷兵黩武下世间的惨象。"武皇开边意未已"（《兵车行》），没有一次开边不是以百姓的牺牲作为代价。由此观之，北宋求和的政策又确实给百姓带来了富庶、太平的生活。《宋史·食货志》记载："自景德以来，四方无事，百姓康乐，户口蕃庶，田野日辟。"北宋的文化、经济空前发达，物质充盈，财富剧增，远超当时其他国家。因而有张择端《清明上河图》那样充盈鲜活的烟火气，也有孟元老《东京梦华录》对汴京繁华的无限追忆。

综上来看，不能简单、轻率地评判宋朝在战与和之间选择的功与过。但对于国家来说，忘战必危，好战必亡，如何在慎战与备战之间达成平衡，是值得深思的问题。

四、练习步步高

（一）知识识记

1. 填空。

（1）或曰：六国互丧，率赂秦耶？曰：____________。____________，____________。故曰：弊在赂秦也。（苏洵《六国论》）

（2）____________，可谓智力孤危，战败而亡，诚不得已。（苏洵《六国论》）

（3）则胜负之数，存亡之理，____________，____________。（苏洵《六国论》）

（4）呜呼！____________，____________，并力西向，则吾恐秦人食之不得下咽也。（苏洵《六国论》）

（5）日削月割，以趋于亡。____________！（苏洵《六国论》）

2. 解释下列加点的字词。

（1）六国互丧，率赂秦耶（　　　　　　）

（2）固不在战矣（　　　　　　）

（3）暴秦之欲无厌（　　　　　　）

（4）始速祸焉（　　　　　　）

（5）后秦击赵者再，李牧连却之（　　　　　　）

（6）洎牧以谗诛（　　　　　　）

（7）战败而亡，诚不得已（　　　　　　）

（8）向使三国各爱其地（　　　　　　）

3. 将下列句子翻译成现代汉语。

（1）思厥先祖父，暴霜露，斩荆棘，以有尺寸之地。

____

（2）有如此之势，而为秦人积威之所劫，日削月割，以趋于亡。

____

（二）文心体悟

明代学者茅坤在《唐宋八大家文钞》中如此评论苏洵的《六国论》：“一篇议论由《战国策》纵人之说来，却能与《战国策》相伯仲。”请你试着说明苏洵的《六国论》是如何体现战国纵横家之气的。

（三）思想碰撞

阅读下列材料，回答问题。

材料一：

六国论

苏　辙

尝读六国《世家》，窃怪天下之诸侯，以五倍之地，十倍之众，发愤西向，以攻山西千里之秦，而不免于灭亡。常为之深思远虑，以为必有可以自安之计。盖未尝不咎其当时之士，虑患之疏，而见利之浅，且不知天下之势也。

夫秦之所与诸侯争天下者，不在齐、楚、燕、赵也，而在韩、魏之郊；诸侯之所与秦争天下者，不在齐、楚、燕、赵也，而在韩、魏之野。秦之有韩、魏，譬如人之有腹心之疾也。韩、魏塞秦之冲，而蔽山东之诸侯，故夫天下之所重者，莫如韩、魏也。昔者范雎用于秦而收韩，商鞅用于秦而收魏。昭王未得韩、魏之心，而出兵以攻齐之刚、寿，而范雎以为忧，然则秦之所忌者可以见矣。秦之用兵于燕、赵，秦之危事也。越韩过魏，而攻人之国都，燕、赵拒之于前，而韩、魏乘之于后，此危道也。而秦之攻燕、赵，未尝有韩、魏之忧，则韩、魏之附秦故也。

夫韩、魏，诸侯之障，而使秦人得出入于其间，此岂知天下之势邪？委区区之韩、魏，以当强虎狼之秦，彼安得不折而入于秦哉？韩、魏折而入于秦，然后秦人得通其兵于东诸侯，而使天下遍受其祸。

夫韩、魏不能独当秦，而天下之诸侯，藉之以蔽其西，故莫如厚韩亲魏以摈秦。秦人不敢逾韩、魏，以窥齐、楚、燕、赵之国，而齐、楚、燕、赵之国，因得以自完于其间矣。以四无事之国，佐当寇之韩、魏，使韩、魏无东顾之忧，而为天下出身，以当秦兵。以二国委秦，而四国休息于内，以阴助其急，若此，可以应夫无穷，彼秦者将何为哉？不知出此，而乃贪疆埸尺寸之利，背盟败约，以自相屠灭。秦兵未出，而天下诸侯已自困矣，至于秦人得伺其隙，以取其国，可不悲哉？

材料二：

栾城先生全集录（卷五节选）

储　欣

老泉论六国之弊在赂秦，盖借以规宋也，故其言激切而淋漓。颍滨论天下之势在韩、魏，直设身处地为六国谋矣，故其言笃实而明著。两作未易议优劣也。

材料三：

古文赏音（节选）

谢有辉

六国皆可以自全，而自取败亡者，老泉指摘其敝，而颍滨备论其势，皆极正当之论。

利用工具书疏通文意，查阅相关资料，再结合以上材料，请你试着分析苏洵的《六国论》与苏辙的《六国论》的异同之处。

（孙梦依　编）

第四单元

诗声词韵

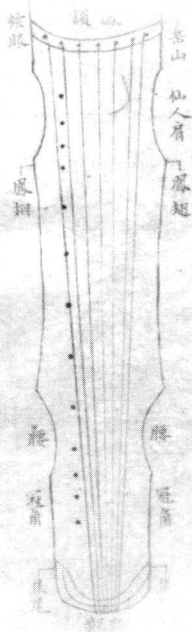

单元概说

“诗歌”，这是一个有趣的汉语词汇，两个字的组合之中暗含着作为一种文学体裁的诗与作为音乐体裁的歌之间某种神奇的不解之缘。纵观世界，诗与歌常如一对携手同行的孪生兄弟，《荷马史诗》中诗人的称呼 aoidos 有歌手的含义，古希腊神话中的缪斯（Mousae）既掌音乐又司诗篇，作为英文单词 music 前身的古希腊语词 mousikē 兼有诗的义项，更不用说我们熟悉的“诗歌”一词了，所有这些无不昭示着作为文字之外的另一个维度，“声音”之美是古诗词品读中多么重要的一个方面。

“诗为乐心，声为乐体。”（《文心雕龙 · 乐府》）远古中国的诗歌世界中，诗、乐、舞三者是相互配合、密不可分的。大抵在先秦时期，《诗经》除了可念诵、可歌唱、可被诸管弦，还有相应的舞蹈来表现诗歌的形象，正所谓“诗言其志，歌咏其声，舞动其容”（《礼记 · 乐记》）。乃至汉代，乐府诗篇自可歌以咏之，而如《古诗十九首》这样的徒诗或亦可入乐。沧海桑田，先秦古诗配乐早已失落，而汉末天下动荡使得汉乐府的音乐形式也失传于烽火狼烟之中，魏晋以降的诗更多地失去了歌唱的维度，书写、阅读和吟诵成为诗主要的存在状态。这迫使一代代文人于数百年间在音乐之外探索诗歌本身的音韵之美，其结果就是格律精巧的近体诗在唐代盛极一时，而自此之后，历代文人作词、作曲也无不将平仄声律纳入考量。

本单元所选作品在声韵方面皆细致讲究，杜甫的《登岳阳楼》是五言律诗的典型，从中我们能看到杜甫对律诗格律的把握和超越；王安石的《桂枝香 · 金陵怀古》和张孝祥的《念奴娇 · 过洞庭》则展现了作者在词体之中对于声律形式较之近体诗有过之而无不及的严谨追求，从中我们可以看到所谓的豪放的词风如何在词牌声律上得到落实；而《牡丹亭》中的【皂罗袍】在让读者领略昆曲曲词在声韵与内容上的相得益彰之余，也显现了曲与词在声腔用字上的区别。要之，从这些不同体裁的作品中，我们都能体会在古人的文化场域中声音对于文学创作的意义，而这一点或许是现在的学生阅读古书、阅读古人所容易忽视的维度。

除此以外，这些经典之作无不传递着古人的心声，《登岳阳楼》的格律运用之下潜藏着杜甫内心“诗是吾家事”（《宗武生日》）的隐忍的自信；《桂枝香 · 金陵怀古》让我们看到改革家王安石面对沉重历史的抱负和理想；《念奴娇 · 过洞庭》用笔下的风景展现了作者豪迈的胸襟；通过【皂罗袍】我们可以管窥汤显祖《牡丹亭》的悲剧情怀。

在这一单元的学习中，我们将不止步于对诗词文字内容的品味、咀嚼，我们将深入诗词曲语的格律与声音形式中去，吟咏讽诵，在对文字、声音、意义的综合而立体的感受之中倾听古人的诗语和心声。

登岳阳楼

一、原典选读

登岳阳楼

杜　甫

昔闻洞庭水，今上岳阳楼。
吴楚东南坼，乾坤日夜浮。
亲朋无一字，老病有孤舟。
戎马关山北，凭轩涕泗流。

我以前听说滔滔的洞庭湖水，今天登上洞庭湖边的岳阳楼。
洞庭湖在东南把吴、楚隔开，天地在洞庭湖中日夜浮沉。
没有收到亲友的一字书信，年老多病的我寄身在一叶孤舟中。
关山以北的战火仍未止息，念此我倚窗遥望眼泪鼻涕横流。

二、知识朋友圈

1. 岳阳楼。

岳阳楼位于洞庭湖畔，始建于东汉，名为“阅军楼”，本用于阅兵，南朝以后逐渐用于登临观赏，渐渐被称为“岳阳楼”。杜甫此次登岳阳楼是在其暮年漂泊江汉期间。杜甫于大历三年（768 年）离开夔州，来到岳阳，在岳阳楼登临遣兴，怀古伤今，而作此诗。

2. 近体诗格律。

近体诗包含五绝、七绝、五律、七律、排律。近体诗对用韵和格律有严格的要求，一般押平声韵，且对每一句的平仄有严格的要求。古汉语声调分平、上、去、入，古汉语四声大致经历了“平分阴阳”“浊上变去”和“入派三声”的声调演变而形成了现代汉语中的阴平、阳平、上声和去声，对古人而言，上、去、入三声都属于仄声。

五言诗一联的平仄分两种类型：

（1）仄仄平平仄，平平仄仄平。

（2）平平平仄仄，仄仄仄平平。

由此两种类型组合顺序的变化，五律平仄的基本类型如下：

（1）仄起式（“中”指可平可仄）。

① 中仄平平仄，平平仄仄平。中平平仄仄，中仄仄平平。
中仄平平仄，平平仄仄平。中平平仄仄，中仄仄平平。

② 中仄仄平平，平平仄仄平。中平平仄仄，中仄仄平平。
中仄平平仄，平平仄仄平。中平平仄仄，中仄仄平平。

（2）平起式。

① 中平平仄仄，中仄仄平平。中仄平平仄，平平仄仄平。
中平平仄仄，中仄仄平平。中仄平平仄，平平仄仄平。

② 平平仄仄平，中仄仄平平。中仄平平仄，平平仄仄平。
中平平仄仄，中仄仄平平。中仄平平仄，平平仄仄平。

七律是五律的扩展，扩展的方式是在五言句的前面加上一个两字的头，平上加仄，仄上加平。七律平仄的基本类型如下：

（1）仄起式（“中”指可平可仄）。

① 中仄平平仄仄平，中平中仄仄平平。中平中仄平平仄，中仄平平仄仄平。
中仄中平平仄仄，中平中仄仄平平。中平中仄平平仄，中仄平平仄仄平。

② 中仄中平平仄仄，中平中仄仄平平。中平中仄平平仄，中仄平平仄仄平。
中仄中平平仄仄，中平中仄仄平平。中平中仄平平仄，中仄平平仄仄平。

（2）平起式。

① 中平中仄仄平平，中仄平平仄仄平。中仄中平平仄仄，中平中仄仄平平。
中平中仄平平仄，中仄平平仄仄平。中仄中平平仄仄，中平中仄仄平平。

② 中平中仄平平仄，中仄平平仄仄平。中仄中平平仄仄，中平中仄仄平平。

中平中仄平平仄，中仄平平仄仄平。中仄中平平仄仄，中平中仄仄平平。

另外，一般认为律诗不宜出现“仄平仄”这样的形式，否则视为犯“孤平”，在律诗格律中应尽量避免。

3. 语言积累。

（1）坼。本义是裂开。《登岳阳楼》中指分界，以洞庭湖为界，东为吴地，南为楚地。

（2）涕泗。“涕”指眼泪。“泗”指鼻涕。如“涕泗滂沱”“涕泗横流”。

三、诗心点点通

不同体裁所追求的艺术效果各不相同，如果说五言绝句适合呈现一种瞬间的感动，七言绝句侧重呈现一个片段的起承转合，那么五言律诗适合呈现一个完整的事件。《登岳阳楼》首联交代登临之由，颔联写登临所见，颈联写由所见想到自身的处境，尾联由所见、所想抒发家国之悲慨以结束全篇，呈现的是一种首尾完整的事件的典型写法。

读《登岳阳楼》要注意作者灌注在语言之中的张力，这种张力首先表现在画面的对比与冲突。首联平平之中含“今”“昔”之意，颔联言天地日月皆浮沉于洞庭湖中，极言洞庭湖水势之宽阔浩大，颈联自道困居一叶孤舟中，亲朋了无音信，极尽凄凉逼仄之景象。颔联以健笔极写广阔，颈联却极写狭窄，似欲入哀音，笔法险极，又如何收场呢？怎知尾联荡开一笔，一句“戎马关山北”劈空而来，神思由眼前之风云、自身之境遇而转至家国黎庶之关怀，气力乃又与颔联雄健之处斤两相称，而令颈联之逼仄诗境有了家国社会的厚重背景，于是这一次登楼就在家国关怀下作为一个统合的事件被完成了。岳阳楼上所见之广阔、江汉舟中处境之逼狭，这些有一定冲突的画面都在对家国命运的忧思中各得其所，文字之矫健、情思之跳宕令人瞠目。

四、思想会客厅

诗人之思很多时候藏在形式之中，而在文意之外，格律有时候就是诗歌思想隐藏的地方。中国的格律诗如此，欧洲中世纪的十四行诗亦如此。中国古人作近体诗须考虑的一个重要问题，是要符合严格的格律要求，尽量避免犯“孤平”。

杜甫《登岳阳楼》的格律如下：

仄平仄平仄，平仄仄平平。平仄平平仄，平平仄仄平。

平平平仄仄，仄仄仄平平。平仄平平仄，平平仄仄平。

可见本诗首句连续出现两次“孤平”，可谓极为反常，但此后七句又全合格律，极为标准，令人费解。对此后人只能可怜地揣测，或许这是因为大历年间律诗还没有完全成熟，或许唐代人并不太避“孤平”之病？但这种极为反常的诗律在杜甫的律诗中毕竟是罕见的，不由得令人遐想其背后诗人之用心。杜甫曾放言，“诗是吾家事”(《宗武生日》)，仿佛凡我所作，横竖皆诗，可谓“狂”矣。这样的“狂言”常令人想起杜甫祖父杜审言临终前以“然吾在，久压公等，今且死，固大慰，但恨不见替人”(《新唐书・杜审言传》)之语戏谑宋之问等人的故事，祖孙傲视天下之情状由此可见。杜甫的傲不同于李白，李白之傲欲令天下人一望即知，杜甫之傲乃令天下人望而不见，只有有心的读者才能略窥一二。《登岳阳楼》会不会是这样一篇傲视诗律、傲视规则的作品？作者把握了格律的要求，也对错误了然于胸，但作者或许就是要超越规则、征服规则，故意一反常规，还要将反常发挥到极致。而连续孤平带来声音上的陌生感是有其艺术效果的，故王夫之评此句“‘闻’‘庭’二字俱平，正尔振起”(《姜斋诗话》)。通过极致的规范与极致的反常相组合呈现令人惊叹的声音效果，这也许就是《登岳阳楼》的用意，当然这也只是我们的揣测。这篇注定难以确解的五言律诗大约是杜甫留给古今学人的一个怪胎，他在期待一个合格的读者。

五、练习步步高

（一）知识识记

解释下列加点的字。

（1）天旱地坼（ ）

（2）开轩面场圃，把酒话桑麻（ ）

（二）诗心体悟

请你比较《登岳阳楼》颔联与孟浩然《望洞庭湖赠张丞相》颔联“气蒸云梦泽，波撼岳阳城”在艺术特征上的异同。

（三）思想碰撞

你认为格律是限制了诗歌创作，还是推动了诗歌创作？请结合《登岳阳楼》或你学过的其他诗篇谈谈看法。

桂枝香·金陵怀古

一、原典选读

桂枝香·金陵怀古

王安石

登临送目，正故国晚秋，天气初肃。千里澄江似练，翠峰如簇。归帆去棹残阳里，背西风，酒旗斜矗。彩舟云淡，星河鹭起，画图难足。　　念往昔，繁华竞逐，叹门外楼头，悲恨相续。千古凭高对此，谩嗟荣辱。六朝旧事随流水，但寒烟衰草凝绿。至今商女，时时犹唱，后庭遗曲。

我登山临水，放眼远眺，故都金陵正值深秋，天气刚刚变得肃爽。千里澄江犹如一条白练，青翠的山峰犹如箭头一般。归去的帆船在夕阳中穿梭而去，斜插的酒旗在西风中飘扬。彩色的画船漂流在淡云之下，白鹭如在长江上飞起，这是画笔难以完备表现的美丽。　　遥想往昔，在故都金陵争相兴起一代代的繁华，可叹在台城门外宫殿楼上，六朝败亡的遗恨代代接续。自古多少文人在此登临怀古，却只是徒然地悲叹历史的兴亡荣辱。六朝的往事已随流水逝去了，所剩唯有寒烟惨淡、绿草衰残。时至今日，商女依然还时时地吟唱《后庭花》的亡国遗曲。

二、知识朋友圈

1.《桂枝香》。

《桂枝香》又名《疏帘淡月》，这两个名称暗示了这个词牌出处与月中桂树有关。相传月中有一棵桂树，高达五百丈。有一年玉皇大帝要翻盖天宫中的凌霄宝殿，却找不到一根堪做栋梁的巨木。于是玉皇大帝想到了月亮上的那棵桂树，他派吴刚前往月中伐桂，但那棵桂树被砍之后刀口旋即愈合，无法砍倒，所以吴刚只好长年累月地在月中伐桂，而那一棵桂树也永远枝繁叶茂。这一故事给历代文人墨客留下了不尽的话题，如宋之问的“桂子月中落，天香云外飘”(《灵隐寺》)、白居易的“偃蹇月中桂，结根依青天”(《浔阳三题・庐山桂》)等，皆是歌咏月中桂树的名句。《桂枝香》词牌名的出处是唐人裴思谦的诗句，裴思谦状元及第后春风得意，挥笔作诗：“银釭斜背解鸣珰，小语偷声贺玉郎。从此不知兰麝贵，夜来新惹桂枝香。”(《赠裴思谦》)。

《桂枝香》上、下阕各五仄韵，宜用入声韵，历来以王安石《桂枝香・金陵怀古》为正格，其格律如下：

平平仄仄（韵），仄仄仄中平，中中平仄（韵）。中仄平平中仄，仄平平仄（韵）。中平中仄平平仄，仄平平，中平平仄（韵）。仄平平仄，中平中仄，仄平平仄（韵）。

仄中中，平平仄仄（韵），仄中中平中，中中平仄（韵）。中仄平平中仄，仄平平仄（韵）。中平中仄平平仄，仄平平中仄平仄（韵）。仄平平仄，中平中仄，仄平平仄（韵）。

2.“门外楼头”。

“门外楼头”化用杜牧《台城曲》“门外韩擒虎，楼头张丽华”之句。张丽华是陈后主的宠妃，台城位于南京城内，是南朝的宫城，当隋军大将韩擒虎兵临台城之时，陈后主还在宫中与妃子寻欢作乐，“门外楼头”即说此事，内含对南朝君主用荒淫麻醉自我而忘却国事的悲哀。

3. 语言积累。

（1）肃。小篆写作。从聿在𣶒上，聿指手持巾擦拭，𣶒同渊，即水渊，以在水渊边拭物表示处事谨慎。本义为恭敬、慎重。引申为拜、作揖，如古人书信结尾有时会写“谨肃”“肃启”。又有凋零、萎缩的含义，多用于秋冬之草木。如《礼记·月令》：“则寒气时发，草木皆肃。”“天气初肃”之“肃”，义为肃爽。

（2）练。小篆写作，从糸，柬声。许慎《说文解字》云：“练，湅缯也。”本义为用沸水煮生丝或织品，让其柔软洁白。引申为加工煮熟的素色丝织品、反复操作、多次练习、纯熟、经验多。

三、诗心点点通

词中“野狐精”。

宋代杨湜在《古今词话》中记载了这样一个故事：“金陵怀古，诸公寄调于《桂枝香》者三十余家，独王介甫为绝唱。东坡见之叹曰：此老乃野狐精也。”“野狐精”在现在大约不是好话，苏东坡对王安石“野狐精”的称叹却未必有贬低之意。这一说法出自禅宗，指偏离正法的旁门左道，人们常说的“野狐禅”即是。苏东坡称这首《桂枝香·金陵怀古》是“野狐精”之道，指的是这篇作品有别于词之本色，而能自成一家。

古人言“词为艳科”“诗庄词媚”，相较之下，这篇作品实在不像可以在酒宴上演绎的小词，它落笔处常有一股凛然的生气。“登临送目，正故国晚秋，天气初肃”，韵脚上的“肃”字令这首词一上来就别有一种萧瑟的气象，秋气之肃爽似扑面而来。本篇韵脚上多用劲健有力的字眼，如“肃”“簇”“矗”“逐”等，兼之入声韵短促，一发即止，也为这篇作品带来了顿挫而铿锵的音响效果。

《桂枝香·金陵怀古》多用诗人笔意，阅读时要留意王安石在词中对诗句的化用为原诗赋予了哪些新的东西。通常词较之诗，文情更为细腻摇曳，但王安石在词中化用诗句反而着力于强化原句中宽博豪迈的气度。如“千里澄江似练，翠峰如簇”化用谢朓“澄江静如练”(《晚登三山还望京邑》)的诗句，王安石让谢朓笔下的“澄江”变成了浩荡的“千里澄江”，更在其后加了“翠峰如簇”四个字。“簇”是箭头，金陵地界丘陵和缓，未必能看到“翠峰如簇”，王安石写的自是他心中的丘壑。而同样写山峰，辛弃疾不过譬作“玉簪螺髻”(《水龙吟·登建康赏心亭》)，王安石却将之比为军中的箭头，可见其心有雄兵百万的豪情。如此这般用比原诗更沉重雄强的笔力来填小词，一反词的写作传统，读来不由令人遥想“拗相公”虽反其道亦强行之的奕奕风采。

下阕王安石对杜牧诗的化用更有意思。上阕王安石远眺“翠峰如簇”后，镜头渐近，时光暗转，我们看到斜阳下的“归棹”“酒旗”“彩舟”，以及星空下的江流、白鹭，金陵的风流繁华逐渐在读者面前展开，于是顺理成章地引出下阕的“念往昔，繁华竞逐”。紧接着是“叹门外楼头，悲恨相续”，此处化用杜牧《台城曲》“门外韩擒虎，楼头张丽华”的诗句，原诗的十个字缩为四个字，更紧凑干脆。而后面添了“悲恨相续”四个字，这一变化与结尾三句对杜牧《泊秦淮》的化用意味相似，“至今商女，时时犹唱，后庭遗曲”，在原诗句基础上加了“至今”和“时时”，这里王安石所悲哀的不只是“商女不知亡国恨”，更主要的是这种情形并没有因杜牧这样的文人的悲叹而有任何的改变，以致“后人而复哀后人”(《阿房宫赋》)，在王安石看来这才是最可悲的。因此他才会感叹：“千古凭高对此，谩嗟荣辱。”此两句颇合王安石的声腔语气，他讽刺古今文人登高咏怀，只是空叹兴亡，止于纸上笔谈，而不能有所作为，以致叹古之作积案盈箱，历史却依然不断重演，文学与文人何其无力。王安石相信自己有力量，他相信穷尽自己一生的精力可以变革时局，扭转乾坤，让文弱的北宋恢复汉唐的光荣，这是荆公的理想和情怀。至此我们看到，李后主词的“眼界”与“感慨”在《桂枝香·金陵怀古》这样的词中得到了传承，王安石要用词来咏史，来讽古，来刺时，来言志，一句话，他要用小词追求诗的事业，是为词的豪放的一面。

四、思想会客厅

法古与更新。

在《桂枝香·金陵怀古》中，王安石感叹千古文人面对历史兴亡只能“谩嗟荣辱”，而他用其一系列改革为时代指出了方向，这背后其实可窥见王安石与众不同的历史观。

今人普遍认为，历史是进步的，但其实在古人的意识形态中，历史并不总是进步的。《礼记·礼运》中有一段著名的话：“大道之行也，天下为公，选贤与能，讲信修睦。故人不独亲其亲，不独子其子……今大道既隐，天下为家，各亲其亲，各子其子，货力为己，大人世及以为礼……是谓小康。”这段文字讲述了时代由太古之世天下为公到小康时代天下为家的堕落。而自秦建立封建专制王朝去古愈远，时代愈发堕落，因此《礼记》作为古人必学的经典之一，这段文字迎合了封建专制王朝时代中国士人的现实感受，于是贵古贱今成为很多中国古代士人心中一个根深蒂固的观念。又如《孟子·离娄上》中有：“欲为君，尽君道；欲为臣，尽臣道，二者皆法尧舜而已矣。”《孟子》中“法先王”的观点同样加深了中国古人尚古的观念，结果就是，我们看到在相当一部分古人眼中，历史不是进步的，而是倒退的。

而王安石并不认可这样的历史观，他针对世人盲目以古为尚的观念而作《太古》一文，称：“太古之人不与禽兽朋也几何？圣人恶之也，制作焉以别之。”在王安石看来，进步与发展才合乎圣人之意，圣人之道也是发展的，“昔者道发乎伏羲，而成乎尧舜，继而大之于禹、汤、文、武”（《夫子贤于尧舜》），此种前进而非倒退的历史观在中国古代比较难得，也是王安石变法在历史观上的支撑。

五、练习步步高

（一）知识识记

填空。

（1）《桂枝香·金陵怀古》中化用谢朓诗句的两句是：“________________，________________。”

（2）《桂枝香·金陵怀古》中以借景抒情手法表达往事如烟的历史兴亡感慨的两句是：“________________，________________。”

（二）诗心体悟

请你分析王安石《桂枝香·金陵怀古》的豪放表现在哪些方面。

（三）思想碰撞

两宋文人多偏爱以六朝为主题写怀古诗词，你还知道哪些作品？请结合作品，分析宋代文人咏怀六朝背后的用意。

念奴娇·过洞庭

一、原典选读

念奴娇·过洞庭

张孝祥

洞庭青草，近中秋，更无一点风色。玉鉴琼田三万顷，着我扁舟一叶。素月分辉，明河共影，表里俱澄澈。悠然心会，妙处难与君说。　　应念岭海经年，孤光自照，肝肺皆冰雪。短发萧骚襟袖冷，稳泛沧浪空阔。尽挹西江，细斟北斗，万象为宾客。扣舷独啸，不知今夕何夕！

在洞庭湖与青草湖上，在这中秋将至之时，再没有一丝风吹过的痕迹。这三万顷的洞庭湖犹如美玉做成的镜子和田野，在其中我载着那一叶扁舟。皎洁的明月光辉四射，明月与银河一同映入浩瀚的湖水中，水面上上下下都是一片清莹明洁。我心中悠闲地体会着这空明渺远的一切，却不知如何说给你听。　　感念这一年来我如这一轮孤独自照的明月一般徘徊在岭南，我的胸襟依然像冰雪一样清明干净。我顶着稀疏的头发、穿着清凉单薄的衣衫，在寒冷中稳稳地泛舟在这浩浩沧溟之中。让我舀尽长江的水，用北斗七星组成的勺子细细斟酒，请天地万象来做我的宾客。我拍打着船舷，独自放声高歌，早已忘却了今夜是何年。

二、知识朋友圈

1.《念奴娇》。

《念奴娇》有《百字令》《壶中天》《酹江月》《大江东去》等多种名称，其得名最初与盛唐歌女念奴有关。开元、天宝年间有歌女名“念奴”，善歌且姿容俏丽。唐玄宗对其赞不绝口：“念奴每执板当席，声出朝霞之上。”（王灼《碧鸡漫志》卷五引《开元天宝遗事》）据说唐玄宗宴饮宾客之时，众声喧哗，唐玄宗每令念奴唱歌，众人方才安静，其歌声之优美可见一斑。唐代中衰之后，念奴成为后人想象中的盛唐记忆的一部分。中唐元稹的《连昌宫词》曾描绘念奴音容：“夜半月高弦索鸣，贺老琵琶定场屋。力士传呼觅念奴，念奴潜伴诸郎宿。须臾觅得又连催，特敕街中许燃烛。春娇满眼睡红绡，掠削云鬟旋装束。飞上九天歌一声，二十五郎吹管逐。”《念奴娇》一曲大约是这样一部追忆和致敬念奴的乐曲。

此曲调以入声韵为常格，入声短促，易于表现激越高亢之声，故《念奴娇》词牌英雄豪杰之士多喜用之，大约《念奴娇》的制作者也希望由此一曲怀想当年念奴一曲声闻九天、响遏行云的盛唐风采。又宋代俞文豹《吹剑续录》记载了一个著名的故事：“东坡在玉堂日，有幕士善歌。因问：‘我词何如柳七？’对曰：‘柳中郎词，只合十七八女郎执红牙板，歌“杨柳岸晓风残月”；学士词，须关西大汉，铜琵琶、铁绰板，唱“大江东去”。’东坡为之绝倒。”了解了《念奴娇》这一词牌的特点，可以帮助我们理解苏轼的“大江东去”须关西大汉以铜琶铁板唱之的背后其实与词牌本身的要求和特点有关，不是苏轼个人词作风格的问题。《念奴娇》正格如下：

中平中仄，仄平中中仄，中平平仄（韵）。中仄中平平仄仄，中仄中平平仄（韵）。中仄平平，中平中仄，中仄平平仄（韵）。中平中仄，仄平平仄中仄（韵）。

中仄中仄平平，中平中仄，中仄平平仄（韵）。中仄中平平仄仄，中仄中平平仄（韵）。中仄平平，中平中仄，中仄平平仄（韵）。中平平仄，仄平平仄平仄（韵）。

又有变格，大致分两种。其一亦用入声韵，与此正格小异，苏轼《念奴娇·赤壁怀古》即用此种变格；其二亦用平声韵，略少见些，如叶梦得《念奴娇·洞庭波冷》是也，此处不赘述。

2. 语言积累。

（1）鉴。“鉴”在《念奴娇·过洞庭》中的含义为镜子。“鉴”的早期写法与“监”相同。“监”的金文写作，象一个睁大眼睛的人对着一盆水注视。中国古代早期人是拿盛水的铜盆做镜子，这就是“鉴”的本义。后来“监”的查看义项越来越常用，加之铜镜逐渐流行，故“鉴”的写法与“监”分离。“鉴”的金文写作，是在“监”旁边加了一个“金”以示区别，逐渐发展为“鉴”的字形，用来指铜镜。由于“鉴”有映照事物的功能，因此又由用以映照的器物引申出借鉴、审查等义项。

（2）素。本义为整理好的没有染色的束丝。引申为本色或白色的丝绸、本色或白色、颜色单纯、质朴等含义。如古代居丧时所穿白衣称“素服”，形容女子的手洁白称“素手”，秋季称“素秋”与中国古代阴阳五行观念中秋与白色相配有关。

（3）西江。在《念奴娇·过洞庭》中指长江。用西江指长江其实与李白《苏台览古》有关，《苏台览古》有“只今惟有西江月，曾照吴王宫里人”之句。长江位于苏州以西，李白当时身在姑苏，故题咏时称长江为西江，而又因李白此句，后世常用西江指长江，如词牌《西江月》是也。

三、诗心点点通

“稳泛沧浪空阔”。

张孝祥为人豪迈，其前辈王十朋曾以杜诗“天上张公子”（《赠翰林张四学士》）称之，而张孝祥的一生同古今诗人一样壮志未酬。他成名颇早，一生以经略中原为志，但出仕不久即因为岳飞鸣冤而遭秦桧党羽打击，秦桧死后，张孝祥的政治生涯几番起落，而收复中原的理想逐渐渺茫，最终在宋孝宗乾道五年（1169 年）绝意仕途，辞官归隐，不久亡故。本词作于乾道二年（1166 年），一年前朝中主战派失势，张孝祥遭弹劾调桂林任广南西路经略抚使，到乾道二年六月又遭罢免。罢官北上途中，张孝祥泛湘江、登祝融峰、谒屈原庙，至洞庭湖而有此作。

当此屡遭挫败、前途渺茫之际，张孝祥笔下的洞庭湖却出奇地平静，“玉鉴琼田三万顷，着我扁舟一叶”，很能令我们想起苏东坡笔下那个可以“纵一苇之所如，凌万顷之茫然”（《前赤壁赋》）的黄州赤壁，从中能感受到作者对同样承受命运打击的前辈的精神继承。与苏东坡不同的是，作者还写了头顶的星空。水上的星空是一个很有意味的景象，古人对此摹写甚多——静写者如唐温如“醉后不知天在水，满船清梦压星河”（《题龙阳县青草湖》），动写者如李清照“星河欲转千帆舞”（《渔家傲》），介于动静之间者如王安石“彩舟云淡，星河鹭起，画图难足”（《桂枝香·金陵怀古》）——这一景象的妙处在于因广阔的水面倒映着星空，这时天上人间浑融为一，于是消除了边界、上下等种种分别，一切都处在无所依凭的无垠宇宙之中，观者也因此感受到世界的无限和生命的自由，从而在这个敞开的过程中得到自我的纾解和超脱，所以诗人此刻是平静的。

平静之外又有一种孤高，作者笔下的“月”是“素月”，“光”是“孤光”，“孤光自照”是写月光，多少也有作者自我写照的意味。我们看到在这首词中作者始终是孤独的，游湖是以“扁舟一叶”面对无尽的宇宙，有所会心也无人可“说”，至此又是“孤光自照”，作者着力于塑造遗世独立的自我形象，从中不难体会作者远谪岭外的孤愤和坚守。自乾道元年到乾道二年，张孝祥在广西前后约一年，也就是词中的“岭海经年”，这段时间他为百姓尽心竭力，《宋史·张孝祥传》称其在广西“治有声绩”，因此张孝祥被谪岭外虽孤独失意，但问心无愧，故“肝肺皆冰雪”。《庄子·知北游》“汝齐戒，疏瀹而心，澡雪而精神”，指人扫除心灵的杂质，回归精神的澄明，“肝肺皆冰雪”化用其意，用了一个“皆”字与上阕的“表里俱澄澈”之“俱”相呼应，作者起心动念之磊落光明由此可见。

但这样在岭外“治有声绩”、问心无愧的张孝祥再遭罢官，可见世事荒唐。当作者纵浪洞庭湖上，他亦感到“短发萧骚襟袖冷”。“冷”既因罢官，又因北上，又因入夜，又因近秋，更因须发渐疏、岁月蹉跎。这里暗用杜诗“白头搔更短”（《春望》）之句，暗写年华渐老而理想渐远之意，即便如此，依然能“稳泛沧浪空阔”，词意在一个“稳”字上峰回路转，展现了作者面对命运和时光的豪迈豁达。有此胸次，方能进入“尽挹西江，细斟北斗，万象为宾客”的境界。作者以长江为酒，以北斗七星为勺，以天地万物为座上宾客，笔力雄浑，气象万千。杨万里评价张孝祥“当其得意，诗酒淋浪，醉墨纵横，思飘月外”(《跋张伯子所藏兄安国五帖》)，大约指的就是此处。作者面对仕途挫折、理想失落的打击，有孤独与凄冷之感，但终能在寒意中稳泛浩浩沧溟，以无官无爵之身在天地宇宙间成就其平静而博大的生命，《念奴娇·过洞庭》之豪放处亦在此。

四、思想会客厅

情与景。

刘勰在《文心雕龙·神思》中探讨作者的思维活动，曰：“夫神思方运，万涂竞萌；规矩虚位，刻镂无形。登山则情满于山，观海则意溢于海，我才之多少，将与风云而并驱矣。”诗中之山、海皆诗人情意胸次之投射，笔上之风云亦尽逐作者的才华、心志，故王国维有言“一切景语皆情语”(《人间词话》)，概莫能外。这一点我们在张孝祥的《念奴娇·过洞庭》中可以深切体会到。本词上阕写景，下阕写心，在心是旷达磊落之襟怀，在景是玉鉴琼田、平湖星月之静美，在这里作者的精神境界与其笔下的洞庭湖是一而二、二而一的。

借这首词我们可以对文学作品中情与景的关系略作思考。“一切景语皆情语”的意思是，作为文学意象，作者笔下的山河是一种主观的存在，是为表达作者之意服务的。中国人很早就对这一点有所认识。《易·系辞上》中记录了孔子讨论言意关系的经典对话：“子曰：‘书不尽言，言不尽意。然则圣人之意，其不可见乎？’子曰：‘圣人立象以尽意，设卦以尽情伪，系辞焉以尽其言，变而通之以尽利，鼓之舞之以尽神。’”中国古人很早就认识到，语言是不能充分表达作者心中所想的，那作者之意的传达何以可能？这就成为困扰中国古人的一个问题，对此《易·系辞上》中记载孔子的对策是“立象以尽意”，通过描摹意象、物象能够让一些难以尽说的“真意”得到传达。这令我们想起埃兹拉·庞德在其《关于意象主义》一文中对“意象”内涵的探讨：“(意象)是融合在一起的一连串思想或思想的旋涡，充满着活力。如果它不达到这些规范，它就不是我所指的意象。”有一些思想是难以用抽象的语言清晰地表达的，这时就要借助意象，意象之上凝结了作者的意识，也凝结了历史的记忆和前人的文字与思想，文学中的风花雪月、山川河流、日月星辰，一切意象都是这样的思想的旋涡，它们充满着力量。通过意象，一些抽象的语言所难以穷尽的微妙意旨可以得到传达，这是景物描写所应有的追求，也是景语胜过直白的情语的地方。

五、练习步步高

（一）知识识记

填空。

____________，近中秋，更无一点风色。玉鉴琼田三万顷，着我扁舟一叶。素月分辉，明河共影，表里俱澄澈。悠然心会，妙处难与君说。____________，孤光自照，____________。____________，稳泛沧浪空阔。尽挹西江，细斟北斗，万象为宾客。____________，不知今夕何夕！（张孝祥《念奴娇·过洞庭》）

（二）诗心体悟

《念奴娇·过洞庭》下阕“稳泛沧浪空阔”一句或有异文作“稳泛沧溟空阔”。你认为这两个版本哪个更好？请说说理由。

____

____

____

____

（三）思想碰撞

阅读材料，回答问题。

水调歌头·闻采石战胜

张孝祥

雪洗虏尘静，风约楚云留。何人为写悲壮？吹角古城楼。湖海平生豪气，关塞如今风景，剪烛看吴钩。剩喜燃犀处，骇浪与天浮。　忆当年，周与谢，富春秋。小乔初嫁，香囊未解，勋业故优游。赤壁矶头落照，淝水桥边衰草，渺渺唤人愁。我欲乘风去，击楫誓中流。

请你谈谈文学作品中情和景的关系。

游园（【皂罗袍】）

一、原典选读

游　园

汤显祖

【皂罗袍】原来姹紫嫣红开遍，似这般都付与断井颓垣。良辰美景奈何天，赏心乐事谁家院！朝飞暮卷，云霞翠轩；雨丝风片，烟波画船——锦屏人忒看的这韶光贱！

原来这园中花朵早已姹紫嫣红地开遍了，却如此这般都空付了残破的井栏和坍塌的矮墙。面对美好的时节、美丽的风景，真是令人无可奈何，那令人快乐的事情在哪一家的宅院中！想这园中花瓣、柳絮从早到晚地飞舞，想这园中如彩云般华丽的轩室；想这园中蒙蒙细雨、和煦的春风，想这园中烟波浩渺的春水中荡漾的华丽的船——我这个闺阁中的人把这美好春光看得太轻了！

二、知识朋友圈

1.《牡丹亭》。

《牡丹亭》又名《还魂记》，是明代汤显祖创作的剧本，与其《紫钗记》《邯郸记》《南柯记》合称“临川四梦”。《牡丹亭》共计五十五出，刊行于明代万历年间，一经刊行，“家传户诵，几令《西厢》减价”（沈德符《顾曲杂言》）。该剧的女主人公杜丽娘是官家闺秀，从小受到严格的传统礼教的规训和约束，偶因春日游园回来后，梦中与一青年男子相会，“共成云雨之欢”，醒后不顾母亲责备，到园中欲重新寻觅梦中所见的情景，结果只找到一棵大梅树。杜丽娘因寻梦不得而生病，最终郁郁离世，但死后的鬼魂依然在寻找梦中的情郎，最后她找到了命中注定的郎君柳梦梅，地府阴司放她重返人间，与柳梦梅相逢、成婚，而这已是三年之后了。《牡丹亭》剧本展现少女怀春之天性，动人心魄。古时女子爱读《牡丹亭》者不少，相传清代娄江女子余二娘耽读《牡丹亭》以致断肠而死；杭州女伶商小玲善唱《牡丹亭》，一日唱《寻梦》一折，唱到情深处竟死于台上；扬州女子金凤钿酷嗜《牡丹亭》，临死遗言竟希望以《牡丹亭》殉葬；等等。这些离奇的传说反映了明清时期《牡丹亭》在读者尤其是女性读者中引发的强烈共鸣。

2. 皂罗袍。

皂罗袍，字面意思是黑色的丝袍。皂罗袍又名“间花袍”，最早出现在元代南戏中。元代南戏《白兔记》《幽闺记》中都有【皂罗袍】唱段，但其形制与昆曲【皂罗袍】略有不同。而后在各色传奇、散曲、杂剧中多有出现，亦有文人以此曲牌填词。《九宫大成南北词宫谱》录其正体如下：

紫雾红云环绕，近微垣深处，非烟缥缈。花肥枝瘦共推敲，仁风到处苏枯槁。（少甚么）凤巢阿阁，麟游近郊，玉阶朱草，金卮白茅。（今日里）呈祥献瑞瞻天表。

《牡丹亭》的这篇《游园》(【皂罗袍】）是有衬字的，字数、格律亦有微小变化，又将二三两句合为一句，现用括号标注其演唱时所用衬字如下：

（原来）姹紫嫣红开遍，似这般（都）付与断井颓垣。良辰美景奈何天，赏心乐事谁家院！朝飞暮卷，云霞翠轩；雨丝风片，烟波画船——（锦）屏人忒看（的这）韶光贱！

对于这一曲牌的特点，李渔在《闲情偶寄》中有言：“音律之难，不难于铿锵顺口之文，而难于倔强聱牙之句。铿锵顺口者，如此字声韵不合，随取一字换之，纵横顺逆，皆可成文，何难一时数曲。……如《皂罗袍》《醉扶归》《解三酲》《步步娇》《园林好》《江儿水》等曲，韵脚虽多，字句虽有长短，然读者顺口，作者自能随笔。”可见《皂罗袍》具有韵多声美的特点。

3. 语言积累。

（1）奈何天。这里指令人无可奈何的时光。如宋代晏幾道《鹧鸪天》“欢尽夜，别经年。别多欢少奈何天。情知此会无长计，咫尺凉蟾亦未圆”、清代李玉《占花魁》传奇“短长痴梦苦缠绵，都捱遍，寂寞奈何天”中的“奈何天”皆是此义。

（2）忒。在文中，“忒”义为太，副词。“忒”在古代常用的含义是差错，如《老子》(第二十八章)“常德不忒，复归于无极”。而“忒”用作副词表示太、过于，是后来引申的含义。

三、诗心点点通

青春的觉醒。

明代文学家王思任在《批点玉茗堂〈牡丹亭〉叙》中曾言汤显祖：“自谓一生‘四梦’，得意处惟在《牡丹》。”《牡丹亭》的成功之处就在于它写出了人生命中的爱欲与社会规范的冲突，并讴歌人性的胜利。

文中的杜丽娘是一个自小受到传统礼教约束和教化的大家闺秀，但当她来到这繁花似锦的园中时，亦不由感叹“不到园林，怎知春色如许”，一种人类普遍具有的爱的渴望在杜丽娘的内心产生了。这种情感欲望在礼教约束的断井颓垣之上开出的娇嫩花朵就是这曲《皂罗袍》，它歌颂春天，也哀叹春光被辜负。“原来姹紫嫣红开遍，似这般都付与断井颓垣”，这是怜惜春华，也是怜惜自身。“良辰美景奈何天，赏心乐事谁家院”两句化用谢灵运语“天下良辰、美景、赏心、乐事，四者难并”(《拟魏太子邺中集诗八首序》)，而今四美皆在，自己却无法流连欣赏。杜丽娘这场春游，初觉喜乐，再思便觉悲哀，哀己也哀春，就在这种悲哀之中，一个青春的少女觉醒了。她觉察到自己的天性和欲望，觉察到自己的生命本身，于是她那沉寂的想象的活力被激发了；她不满足于眼前的景致，开始想象这片园林的日日夜夜、暮暮朝朝——“朝飞暮卷，云霞翠轩；雨丝风片，烟波画船——锦屏人忒看的这韶光贱”；她觉得过去的自己将这满园春色看得太轻了；她开始后悔过去的生活，以及同情过去那个辜负春光的自己。

人的觉醒是一件伟大的事，但是有时悲剧也恰由觉醒而来。如果没有对青春与爱情的觉醒，杜丽娘就不会因爱而死；如果没有对人的复杂性的觉醒，哈姆莱特就不会如此耽于沉思以致一错再错，真正的自觉注定伴随着剧痛甚至创伤。但觉醒依然是有意义的，正如“痛苦是生物的特权”（黑格尔《逻辑学》），在觉醒的疼痛中，我们感受到个体的存在，并由此进一步感受到人类的存在，在这个基础上，我们才能获得与迷惑、虚伪乃至无常的命运本身较量一番的底气。

四、思想会客厅

悲剧与团圆。

悲剧是以人的力量去对抗无法战胜的命运，在彻底的毁灭中彰显精神的崇高。中国近世叙述文学中一个饱受诟病的现象是人们喜欢给悲剧性的故事赋予一个相对团圆的结局，《牡丹亭》如是，《西厢记》如是，程高本《红楼梦》如是，乃至《窦娥冤》《荆钗记》《拜月亭》《杀狗记》……这类得“善终”的悲剧性的故事在元、明、清时期屡见不鲜，团圆的结局是缓解了读者痛苦的阅读体验，还是削弱了悲剧性故事震撼人心的效果？

在西方文艺理论中，悲剧往往意味着冲突的不可调和，其结果是毁灭性的。亚里士多德《诗学》中认为悲剧应该能激起人们内心的怜悯与恐惧，因此悲剧的结局首先应该是不幸的。黑格尔认为悲剧的发生是由于两种互不相容的伦理原则的冲突，在这种必然的冲突造成的毁灭性结局中，永恒的正义才能获得胜利。叔本华基于其悲观的哲学论调，认为悲剧一定要通过表现巨大的灾难来让世人意识到人生痛苦的本质，由此在对生存意志的否定中让世人懂得脱离苦海。尼采将悲剧视为日神精神与酒神精神融合的产物，即用美的幻象将生命悲苦的本质装点为艺术，而悲剧慰藉人心的力量，就在于通过悲剧英雄的必然毁灭，让读者体认脆弱而有限的个体向不可战胜的永恒生命的融合与回归。可见，在西方一系列悲剧理论家笔下，悲剧力量的产生都要求毁灭性的结局，唯其如此，方能彰显人之精神面对必然所迸发的意志的自由。

因此不少观点认为，团圆结局是中华传统文化缺乏悲剧精神的一个表现。但团圆的表象背后未必没有悲情的内核，悲剧感并没有因杜丽娘的起死回生有丝毫减少，因为这个团圆结局来自虚妄，有多少虚妄的美好，就有多少现实的悲哀。作者以这样的方式轻声低语着悲剧命运的无可挽回，在这个意义上，虚幻的团圆是悲剧结局的一种含蓄的表达方式。

五、练习步步高

（一）知识识记

填空。

杜丽娘是昆曲剧本__________中的人物，作者是__________，其与__________、__________、__________合称“临川四梦”。

（二）诗心体悟

请你分析《游园》(【皂罗袍】) 中景物描写的特点。

（三）思想碰撞

你认为汤显祖的《牡丹亭》是悲剧吗？请谈谈你的看法。

（徐振宇　编）

下编：课外古诗文

第一单元

《孟子》选读

单元概说

孟子，名轲，字子舆，战国时期邹国人。生卒年不详。大约生活在孔子后一百多年，他自己曾说：“由孔子而来至于今百有余岁。”（《尽心下》）据一些学者推测，他大约活了八十四岁。《孟子》系孟子及其门徒所著。大约在孟子七十岁后，他同“万章之徒序《诗》《书》，述仲尼之意，作《孟子》七篇”（《史记 · 孟子荀卿列传》），是为《梁惠王》（上下）、《公孙丑》（上下）、《滕文公》（上下）、《离娄》（上下）、《万章》（上下）、《告子》（上下）、《尽心》（上下）。

从《孟子》一书来看，孟子是一个怎样的思想家？孟子是一个乱世中的呐喊者。他反对“杀人”“食人”的侵略战争，为平民百姓的苦难四处奔走。孟子是一个迂阔的特立独行者。他“言必称尧舜”（《滕文公上》），盛赞先王之道；虽为子思门人，却自诩为孔子的私淑弟子（《离娄下》）；在列国诸侯都信奉只有武力、暴力才能称雄争霸时，他却“虽千万人，吾往矣”（《公孙丑上》），宣扬仁政理想，难怪其学说被人认为“迂远而阔于事情”（《史记 · 孟子荀卿列传》）。孟子是强权的藐视者。虽然他的游说与孔子相似，没有取得什么成效，但他在权势面前保持傲骨，坚持“说大人，则藐之，勿视其巍巍然”（《尽心下》），视挽救天下为“舍我其谁”（《公孙丑下》）的责任，达到了“人知之，亦嚣嚣；人不知，亦嚣嚣”（《尽心上》）的境界。孟子是浩然正气的体现者。他敢于四面出击，在学派林立、百家争鸣中，把当时与儒家思想不合的观点斥之为“诐辞”“淫辞”“邪辞”“遁辞”（《公孙丑上》），并大加鞭笞和抨击。尽管“杨朱、墨翟之言盈天下。天下之言不归杨，则归墨”（《滕文公下》），孟子以“距杨墨”“息邪说”（《滕文公下》）自任，与当时各学派展开论战。

韩愈在《原道》中写道：“尧以是传之舜，舜以是传之禹，禹以是传之汤，汤以是传之文、武、周公，文、武、周公传之孔子，孔子传之孟轲。”确实如此。孟子继承并光大了孔子的学说，成为儒家道统当之无愧的传承者。南宋时期，朱熹将《孟子》列于《论语》之后，与《大学》《中庸》组成“四书”，作为学子的必读书，孟子因此逐渐上升到“亚圣”的地位。孟子不仅维护了儒家学说的立场，而且拓展了儒家学说的境界：一是明确提出并论证“人性本善”的观点，二是明晰“仁”“义”之界，提出“义利之辩”，三是将仁学推进到仁政，突出民本思想。本单元即从人性本善、凡圣之别、义利之辨和民本思想四个方面选取部分章节进行学习。高中《语文》教科书已选的内容，如《齐桓晋文之事》《人皆有不忍人之心》等，这里不再选入。

宋代理学大家程颐说："孟子有大功于世，以其言性善也。"(《孟子集注》) 孟子的性善论可谓是对中华民族精神作出的贡献。他告诉人们，人都有善的萌芽，具有强大的生命力，人生来平等，只要我们按照圣人的言行去做，将自己的善发挥到极致，我们"皆可以为尧舜"(《告子下》)。这种信念，自古以来一直鼓励着中华民族的有志之士，使我们的民族具有强大的凝聚力和高贵的尊严。孟子还以其存心养性功夫成就"浩然之气"(《公孙丑上》)，塑造了中华民族的大丈夫人格，铸就了"舍生而取义"(《告子上》) 的民族脊梁。因为对人性本善的坚持，孟子为其仁政思想找到了内在根据，在诸侯称雄的时代，他旗帜鲜明地提出：天命在于民心，而不在于君主，甚至高举"民贵君轻"(《尽心下》) 的大旗，将中国古代民本思想推向高峰。

除了学说，《孟子》一书的文学意义也流传久远。虽然它的体裁也是语录体，但与《论语》相比有了很大发展，许多篇章气势充沛，淋漓尽致，具有雄辩家的气概。在论辩中，孟子常常将对手于不知不觉中引入自己的圈套，使其自相矛盾而败下阵来。特别是遇到难以说理的问题，孟子常以浅近的譬喻解决，化繁为简，举重若轻。

人性本善

一、原典选读

告子上（节选一）

告子曰："性犹[①]湍水也，决诸东方则东流，决诸西方则西流。人性之无分于善不善也，犹水之无分于东西也。"

孟子曰："水信无分于东西，无分于上下乎？人性之善也，犹水之就下也。人无有不善，水无有不下。今夫水，搏②而跃之，可使过颡③；激④而行之，可使在山。是岂水之性哉？其势则然也。人之可使为不善，其性亦犹是也。”

注释

①犹：犹如。 ②搏：拍打。 ③颡（sǎng）：额头。 ④激：堵住水流使它水位提高。

今译

告子说：“人性犹如湍急的水，在东边开个缺口便朝东流，在西边开个缺口便朝西流。人性没有善和不善的区别，犹如水不分朝东流、朝西流。”

孟子说：“水确实不分朝东流、朝西流，难道不分朝上流、朝下流吗？人性的善良，犹如水朝下流。人没有不善良的，水没有不朝下流的。水，拍打一下让它飞溅起来，能使它高过人的额头；堵住水流使它水位提高，能使它流上山冈。这难道是水的本性吗？是形势让它这样。人之所以会做坏事，他的本性也犹如受到了这样的逼迫。”

告子上（节选二）

告子曰：“生①之谓性。”

孟子曰：“生之谓性也，犹白之谓白与？”

曰：“然。”

“白羽之白也，犹白雪之白；白雪之白犹白玉之白与？”

曰：“然。”

“然则犬之性犹牛之性，牛之性犹人之性与？”

①生：自然资质，天生具有的。

今译

告子说：“天生的资质叫作性。”

孟子说：“天生的资质叫作性，好比白色的东西叫作白吗？”

告子说：“是这样的。”

孟子说：“白羽毛的白好比白雪的白；白雪的白好比白玉的白吗？”

告子说：“是这样的。”

孟子说：“那么狗性好比牛性，牛性好比人性吗？”

告子上（节选三）

原文

告子曰：“食色，性也。仁，内也，非外也；义，外也，非内也。”

孟子曰：“何以谓仁内义外也？”

曰：“彼长而我长之，非有长于我也；犹彼白而我白之，从其白于外也，故谓之外也。”

曰：“异于白马之白也，无以异于白人之白也；不识长马之长也，无以异于长人之长与？且谓长者义乎？长之者义乎？”

曰：“吾弟则爱之，秦人之弟则不爱也，是以我为悦者也，故谓之内。长楚人之长，亦长吾之长，是以长为悦者也，故谓之外也。”

曰：“耆[①]秦人之炙，无以异于耆吾炙[②]，夫物则亦有然者也，然则耆炙亦有外欤？”

注释

①耆：同“嗜”，特别喜欢。　②炙：烤肉。

告子说：“食欲与性欲是人的本性。仁是内在的，不是外在的；义是外在的，不是内在的。”

孟子说：“凭什么说仁是内在的、义是外在的呢？”

告子说：“他年纪大因而我尊敬他，不是尊敬本身就在我心上；这就好像那物体是白的，我便认为它是白的，这是那物体外表的白让我这么认为的，所以说它是外在的。”

孟子说：“白马的白和白人的白没有什么不同，难道也不知道对老马的怜悯心和对老者的恭敬心有什么不同吗？况且您是说年纪大的人有仁义呢，还是对年纪大的人恭敬的人有仁义呢？”

告子说：“我的弟弟我爱，秦国人的弟弟我不爱，这是因为我自己的关系而高兴这样，所以说仁是内在的。恭敬楚国的老者，也恭敬自己的老者，这是因为老者的关系而这样，所以说义是外在的。”

孟子说：“喜欢吃秦国人的烤肉，和喜欢吃自己的烤肉没有什么不同，各种事物也有这样的情形，既然这样，那么喜欢吃烤肉的心也是外在的吗？”

告子上（节选四）

原文

公都子[①]曰：“告子曰：‘性无善无不善也。’或曰：‘性可以为善，可以为不善；是故文、武兴，则民好善；幽、厉兴，则民好暴。’或曰：

‘有性善，有性不善；是故以尧为君而有象；以瞽瞍为父而有舜；以纣为兄之子，且以为君，而有微子启、王子比干。’今曰‘性善’，然则彼皆非与？”

孟子曰：“乃若②其情，则可以为善矣，乃所谓善也。若夫为不善，非才③之罪也。恻隐之心，人皆有之；羞恶之心，人皆有之；恭敬之心，人皆有之；是非之心，人皆有之。恻隐之心，仁也；羞恶之心，义也；恭敬之心，礼也；是非之心，智也。仁义礼智，非由外铄④我也，我固有之也，弗思耳矣。故曰，‘求则得之，舍则失之。’或相倍蓰⑤而无算者，不能尽其才者也。《诗》⑥曰：‘天生烝⑦民，有物有则。民之秉彝⑧，好是懿德。’孔子曰：‘为此诗者，其知道乎！故有物必有则；民之秉彝也，故好是懿德。’”

注释

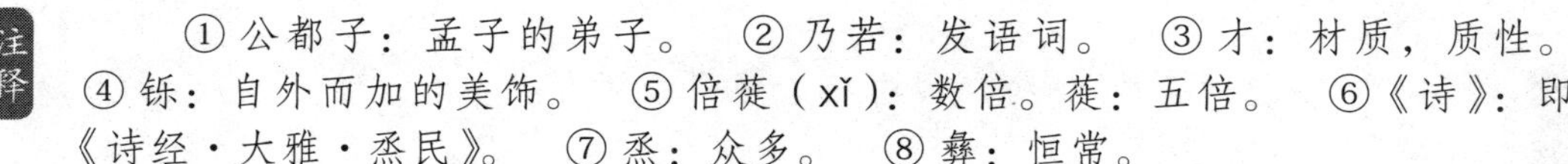
①公都子：孟子的弟子。 ②乃若：发语词。 ③才：材质，质性。 ④铄：自外而加的美饰。 ⑤倍蓰（xǐ）：数倍。蓰：五倍。 ⑥《诗》：即《诗经·大雅·烝民》。 ⑦烝：众多。 ⑧彝：恒常。

今译

公都子说：“告子说：‘本性没有善良，也没有不善良。’有人说：‘本性可以使它善良，也可以使它不善良；所以周文王、周武王执政，百姓便趋向善良；周幽王、周厉王执政，百姓便趋向横暴。’也有人说：‘有些人本性善良，有些人本性不善良；所以凭尧这样的圣君，却有象这样不好的百姓；凭瞽瞍这样不好的父亲，却有舜这样好的儿子；凭纣这样恶的侄儿，而且为君主，却有微子启、王子比干这样的仁人。’现在老师说‘人本性善良’，这样看来他们都错了吗？”

孟子说：“按照人们的性情，都是可以成为善的，这便是我所说的人本性善良。至于那些不善良的人，不是质性的过错。同情心，每个人都有；羞耻心，每个人都有；恭敬心，每个人都有；是非心，每个人都有。同情心，属于仁；羞耻心，属于义；恭敬心，属于礼；是非心，属于智。仁、义、礼、智，不是自外而加的，是我本来就有的，只是未曾去领悟罢了。所以说，‘一经探求，便会得到；一旦放弃，便会失去。’人与人之间有相差一倍、五倍甚至无数倍的，就是没能充分发挥他们的质性的缘故啊。《诗经·大雅·烝民》说：‘上天生育万民，事物都有规律。百姓把握了恒常的规律，崇尚美好的品德。’孔子说：‘写作这诗篇的人，大概懂得道啊！所以有事物必定有规律；百姓把握了恒常的规律，故而崇尚美好的品德。’”

告子上（节选五）

孟子曰："牛山之木尝美矣，以其郊①于大国也，斧斤伐之，可以为美乎？是其日夜之所息，雨露之所润，非无萌蘖②之生焉，牛羊又从而牧之，是以若彼濯濯③也。人见其濯濯也，以为未尝有材焉，此岂山之性也哉？虽存乎人者，岂无仁义之心哉？其所以放其良心者，亦犹斧斤之于木也，旦旦而伐之，可以为美乎？其日夜之所息，平旦④之气，其好恶与人相近也者几希⑤，则其旦昼之所为，有梏⑥亡之矣。梏之反覆，则其夜气不足以存；夜气不足以存，则其违禽兽不远矣。人见其禽兽也，而以为未尝有才焉者，是岂人之情也哉？故苟得其养，无物不长；苟失其养，无物不消。孔子曰：'操则存，舍则亡；出入无时，莫知其乡⑦。'惟心之谓与？"

①郊：位于郊外。　②萌：芽。蘖（niè）：树木砍去后重新长出的叶芽。　③濯濯：光秃秃的样子。　④平旦：早晨。　⑤几（jī）希：很少。⑥有：通"又"。梏（gù）：同"牿"，圈禁，束缚。　⑦乡：通"向"，方向。

孟子说："牛山上的树木曾经很茂盛，因为它处在都城的郊外，人们总用斧子去砍伐它，还能够茂盛吗？树木日日夜夜都在生长，雨水露珠滋养它，不是没有新条嫩芽生长出来，是有人跟着去放牧牛羊，因此像那光秃秃的样子了。人们看见它光秃秃的样子，便认为这山上不曾有过树木，这难道是山的本性吗？即使是在人身上，难道没有仁义之心吗？他丧失善心的原因，也像斧子对于树木一样，每天去砍伐它，还能够茂盛吗？但每日每夜有所养，特别是受到早晨的清明之气的滋养，这时他的好恶与一般人很少相近，可是一到第二天白天，他获得的滋养又被束缚以至于消失了。反复地消减，那么夜晚养出来的善心，就不足以存在；夜晚养出来的善心不存在，那么也就离禽兽不远了。人们看到简直是禽兽的人，还以为他们不曾有过善良的质性，这难道是人的本性吗？所以如果得到滋养，没有什么东西不会生长；如果失去滋养，没有什么东西不会消亡。孔子说：'把握住它，就存在；放弃它，就会失去；进进出出没有一定的时候，也不知道它会走到哪里。'这说的就是人心吧？"

原文

告子上（节选六）

孟子曰：“仁，人心也；义，人路也。舍其路而弗由，放其心而不知求，哀哉！人有鸡犬放，则知求之；有放心[①]而不知求。学问之道无他，求其放心而已矣。”

注释

① 放心：丧失的本心。放：丧失，失去。

今译

孟子说：“仁是人的本心，义是人的大路。放弃那条大路不走，丧失那本心却不知道找回来，可悲呀！人如果有鸡和狗走失了，还知道去寻找；丧失本心却不知道去寻找。求学与探究的目的没有别的，就是把那丧失的本心找回来罢了。”

原文

尽心上（节选一）

孟子曰：“尽其心者，知其性也。知其性，则知天矣。存其心，养其性，所以事天也。夭寿不贰[①]，修身以俟[②]之，所以立命也。”

注释

① 不贰：没有二心，专一。 ② 俟：等待。

今译

孟子说：“充分彰显了人的本心，就明了了人的本性。明了了人的本性，就明了了天命。保持人的本心，养育人的本性，这就是侍奉天命的方法。无论短命还是长寿，都不三心二意，修养自身来等待天命，这就是安身立命的方法。”

原文

尽心上（节选二）

孟子曰：“万物皆备于我矣。反身[①]而诚，乐莫大焉。强恕[②]而行，求仁莫近焉。”

注释

① 反身：反省自己，自我检束。 ② 强：尽力。恕：以自己的心推想别人的心。

今译

孟子说：“一切都在我身上具备了。反躬自问诚实无欺，快乐没有比这更大的了。尽力地实行恕道，求仁的道路没有比这更近的了。”

二、知识朋友圈

1. 先秦时期，关于人性论的思考有哪几种观点？

（1）“人性有善有恶”：主张人生来就有善和恶两种不同的自然属性，关键在于“养”，要“后天养之善性”“避免养之恶性”，代表人物为战国初期的世硕。（2）“人性无善无恶”：主张人性没有善、恶之分，善与恶是社会环境造成的，代表人物为战国时期的告子。（3）“人性本善”：主张人生来就有“善端”，是一种先验的道德观念的萌芽，是人异于禽兽的特征。要存心、养性，不断使其发展、完善，以至成为圣人，代表人物为战国时期的孟子。（4）“人性本恶”：主张人本性为恶，都有欲望追求，但可以通过后天教育，使其恶的本性得到节制，发生变化，代表人物为战国末期的荀子。

2. 语言积累。

（1）生。甲骨文写作。金文写作。小篆写作。“生”的甲骨文写法与“性”的金文写法一致。从生的角度来讨论心性问题，是先秦哲学的一种惯例。许慎《说文解字》云：“生，进也。像艸木生出土上。”本义为草木生长。引申为出生、产生、生存等含义。

（2）萌。甲骨文写作。小篆写作。许慎《说文解字》云：“萌，艸［木］芽也。从艸，明声。”《尚书·大传》曰：“‘周以至动，殷以萌，夏以牙’是也。”本义为植物的芽，引申为植物开始发芽、事情开始发生。“非无萌蘖之生焉”（《告子上》）中，孟子将人性之善比喻为终会破土而出的嫩芽。

三、文心点点通

本节前六段选文皆选自《告子上》，是孟子与告子就人性问题辩论的经典片段。告子从生理本能上讨论“性”，提出“食色，性也”的著名命题。同主张性恶论的荀子一样，他将“性”限制在自然和本能中，如“今人之性，饥而欲饱，寒而欲暖，劳而欲休，此人之情性也”（《荀子·性恶》）。孟子讨论并承认了这种共性，如白羽、白雪、白玉都是白的，他反问告子，“犬性”好比“牛性”，“牛性”好比“人性”？告子哑然。孟子犀利地指出，“食色”是人的本性。在这次辩论中，孟子抓住了告子混淆普遍性和特殊性的破绽，将“性”的辩论立足于对人性的把握，让告子败下阵来。

告子认为人性是可以被塑造的，无所谓善与不善，就像水可以向西流也可以向东流；而孟子认为水虽有不同的状态，但是水的本质属性只有一个，那就是“就下”，以此譬喻，指出人性是一种本质的必然性，那就是人性的向善。《尚书·洪范》曰：“水曰润下，火曰炎上，木曰曲直，金曰从革，土爰稼穑。”水的“就下”是古人早已发现的一个现象，孟子用水的这样一种与其他存在的本质区别来彰显人性向善的必然性。那人性为何必然向善呢？在这次辩论中，孟子并未论证。从后文可以看到，孟子所说的人性之善，不是指人性本来就有的完全之善，而是指人性可以愈来愈善，是一种生命的内在可能。仁、义、礼、智这“四端”是人性的起点，就像春暖花开、草木破土一样，有一种生长的力量。

孟子在《公孙丑上》中用孺子的譬喻，讲人看到孺子将入井的瞬间，内心皆会生发出一种恻隐之情，正是“惊惧其入井，又哀痛其入井也”(《孟子正义》)。这种所谓的“恻隐之心”“不忍之心”，即同情心，是一种普遍性的情感，是非功利的对弱小生命的天然悲悯。动物或许对同类之间也有此种同情心，但人与动物的不同在于人对所有弱小的生命皆有悲悯心，如《梁惠王上》中齐宣王见觳觫之牛的不忍。孟子从我们每个人本来就有的生命体验出发，让我们看到人类向善的本能，始终在人类生命的基础上熠熠生辉，使人类成为高贵的、有尊严的存在。

后几个章节中，孟子强调了人对自己本心的体认与坚守，以此可以“尽心”—“知性”—“知天”，从安身立命到达把握天命、与天合一。这是孟子的一个伟大的哲学创造，把整个儒家的道德体系拉到了人的生命深处。一旦人能够“存其心”“求其放心”，把握住自己如萌芽一般的善的本性，使其向阳生长，不断发展、完善，则可以获得生生不息的力量，以至“万物皆备于我”“乐莫大焉”。

四、思想会客厅

人性论思考的意义和分歧何在？

在人类的进程中，还有什么比不断地理解自己的精神内在更为重要的哲学命题？还有什么比叩问自己的内心、思考人的精神本质更有意义呢？人性论的命题不仅是一种哲学思辨，而且是伦理学的首要内容，是为人类的道德建立、价值安放和存在方式确定依据的关键一步。

在殷商时期，传统文化中天命与礼义的双重制约暗示着对人性的一种否认，但孔子认为“人能弘道，非道弘人”（《论语·卫灵公》），他虽未直接提出“性本善”的命题，却极为相信人本身的价值。正如徐复观所说：“中国正统的人性论，实由孔子奠定其基础。”（《中国人性论史》）孔子的哲学为传统的礼注入了内在的情感——仁，这是性善论内在方向的展示。孟子不仅继承了儒家的思想脉络，在天人关系和道德论中讨论人性问题，而且对其他流派有所回应甚至是激烈批评。从他与告子的辩论中可以看到，孟子将讨论人性问题的标准确立下来，对“性”的讨论不是立足于动物性，而是立足于人性，是人所独有的；人性不是一种可能性，而是一种内在的本质与必然性。

哲学伦理学的理论古今中外有两种类型或倾向，即伦理相对主义和伦理绝对主义。前者认为人类不可能有普遍的道德原则或伦理标准，道德源于现实的条件、环境、教育等，从而不主张人性善，而主张人性可善可恶或人性恶，即人性中没有先验的道德性质。告子、荀子、董仲舒、边沁、马克斯·韦伯等人的学说，大体可划为此类。另一种类型如孟子、宋明理学、康德、摩尔等，认为道德独立于人的利害、环境、教育种种，是普遍的、客观的、不可抗拒的律则，人应当绝对地遵循、服从。在他们看来，道德是主宰、支配感性的超验的或先验的命令。

以孟子为代表的中国伦理绝对主义的特点在于，一方面它强调道德的先验的普遍性、绝对性，另一方面，它又把这种先验的普遍性与经验世界的人的情感直接联系起来。在这样的人性论立场下，礼和义都不再是绝对的外在规范与约束，孟子让它们得以向内统摄和解释，用“辞让之心，礼之端也”“羞恶之心，义之端也”（《公孙丑上》）来理解礼和义，由此确立了人对道德的主宰性和责任感。

指出这种朴素而真实的情感，推崇这种每个人本来就有的向善的可能性，这是孟子最了不起的思想贡献。后来儒家所讲的心和性都在这样真实的情感基础上发展。宋儒则说：“仁便是一个木气象，恻隐之心便是一个生物春底气象。”（《二程遗书》）孟子的性善论奠定了中国人基本的民族性格。

五、练习步步高

（一）知识识记

1. 填空。

（1）人性之善也，________________。人无有不善，________________。（《告子上》）

（2）恻隐之心，________；羞恶之心，________；恭敬之心，________；是非之心，________。仁义礼智，非由外铄我也，我固有之也，弗思耳矣。（《告子上》）

2. 解释下列加点的字词。

（1）性犹湍水也（　　　　　　　）

（2）决诸东方则东流（　　　　　　　）

（3）搏而跃之，可使过颡（　　　　　　　）

（4）耆秦人之炙（　　　　　　　）

（5）民之秉彝，好是懿德（　　　　　　　）

（6）非无萌蘖之生焉（　　　　　　　）

（7）是以若彼濯濯也（　　　　　　　）

（8）平旦之气（　　　　　　　）

（9）其好恶与人相近也者几希（　　　　　　　）

（10）修身以俟之（　　　　　　　）

3. 将下列句子翻译成现代汉语。

（1）人性之无分于善不善也，犹水之无分于东西也。

____

（2）仁义礼智，非由外铄我也，我固有之也，弗思耳矣。

____

（3）尽其心者，知其性也。知其性，则知天矣。存其心，养其性，所以事天也。夭寿不贰，修身以俟之，所以立命也。

____

____

（4）万物皆备于我矣。反身而诚，乐莫大焉。强恕而行，求仁莫近焉。

____

____

（二）文心体悟

人性善是孟子思想的基石。请你结合本节“孟告之辩”的选文，谈谈孟子分别是从哪些角度让告子败下阵来的。

（三）思想碰撞

学习《劝学》时，我们已经接触过荀子的性恶论。请你谈谈孟子、荀子两人对于“性”的理解有何异同。

凡圣之别

一、原典选读

公孙丑上（节选一）

曰：“敢问夫子之不动心与告子之不动心，可得闻与？”

“告子曰：‘不得①于言，勿求于心②；不得于心，勿求于气③。’不得于心，勿求于气，可；不得于言，勿求于心，不可。夫志，气之帅也；气，体之充也。夫志至焉，气次焉；故曰：‘持④其志，无暴⑤其气。’”

“既曰‘志至焉，气次焉’，又曰‘持其志，无暴其气’者，何也？”

曰：“志壹⑥则动气，气壹则动志也。今夫蹶⑦者趋⑧者，是气也，而反动其心。”

①得：得到，胜利。 ②心：思想。 ③气：意气，感情。 ④持：把守，坚持。 ⑤暴：乱。 ⑥壹：专一。 ⑦蹶：跌倒。 ⑧趋：奔跑。

公孙丑说：“学生大胆请问老师，您的不动心和告子的不动心有何区别，能够让我听到吗？”

孟子说：“告子说：‘不能在言语上得到胜利，就不要求助于思想；不能在思想上得到胜利，就不要求助于感情。’（我认为）不能在思想上得到胜利，就不要求助于感情，这是可以的；不能在言语上得到胜利，就不要求助于思想，是不可以的。因为意志是感情的主导，感情是充满人的体内的力量。意志到哪里，感情就会跟随到哪里；所以说：‘坚守自己的意志，不乱用自己的感情。’”

公孙丑说：“老师既说‘意志到哪里，感情就会跟随到哪里’，又说‘坚守自己的意志，不乱用自己的感情’，这是为什么？”

孟子说：“意志专一就会鼓动感情，感情专一也会反过来鼓动意志。就像跌倒和奔跑，只是感情专一在某一方面的鼓动，却反过来影响思想。”

公孙丑上（节选二）

“敢问夫子恶乎长？”

曰：“我知言①，我善养吾浩然之气。”

“敢问何谓浩然之气？”

曰：“难言也。其为气也，至大至刚，以直养而无害，则塞于天地之间。其为气也，配②义与道；无是，馁也。是集义所生者，非义袭而取之也。行有不慊③于心，则馁矣。我故曰，告子未尝知义，以其外之也。必有事焉，而勿正，心勿忘，勿助长也。无若宋人然：宋人有闵④其苗之不长而揠之者，芒芒然⑤归，谓其人曰：‘今日病⑥矣！予助苗长矣！’其子趋而往视之，苗则槁矣。天下之不助苗长者寡矣。以为无益而舍之者，不耘苗者也；助之长者，揠苗者也，非徒无益，而又害之。”

①知言：了解言辞。　②配：配合，辅助。　③慊（qiè）：满足，畅快。　④闵：同“悯”，忧虑。　⑤芒芒然：疲惫的样子。　⑥病：疲倦。

公孙丑说：“请问，老师擅长什么呢？”

孟子说：“我了解言辞，我善于培养自己的浩然之气。”

公孙丑说：“请问什么叫作浩然之气呢？”

孟子说：“很难讲清楚。那一种气，最浩大、最刚强，用正义去培养它，不加损害，就会充盈于上下四方。那一种气，必须与义和道配合；没有它，就没有力量了。它是由义积聚起来产生的，不是偶然的正义行为所能取得的。如果行为使内心不畅快，它就没有力量了。所以我说告子不曾懂得义，因为他把义看作心外之物。一定要培养它，但不要有特定的目的，心中不要忘记它，不要用外力帮助它生长。不要学宋国人那样：宋国有一个担心禾苗不生长而去把它拔高些的人，疲惫地回到家，对家人说：‘今天累坏了！我帮助禾苗生长了！’他的儿子跑去一看，禾苗都枯槁了。其实天下不帮助禾苗生长的人是很少的。认为培养工作没有好处而放弃不干的，就是那不锄草的人；用外力帮助它生长的，就是那拔高禾苗的人，这样做不仅没有好处，反而伤害了它。”

滕文公上（节选）

“后稷[①]教民稼穑[②]，树艺五谷[③]；五谷熟而民人育。人之有道也，饱食、暖衣、逸居而无教，则近于禽兽。圣人有忧之，使契[④]为司徒，教以人伦，父子有亲，君臣有义，夫妇有别，长幼有叙，朋友有信。放勋[⑤]曰：‘劳之来[⑥]之，匡之直之，辅之翼之，使自得之，又从而振德之。’圣人之忧民如此，而暇耕乎？”

①后稷：相传名弃，周族的始祖，帝尧时为农师。　②稼穑：播种和收获，泛指农事。　③五谷：稻（水稻）、黍（黄米之黏者）、稷（小米）、麦（小麦）、菽（豆类）。　④契：相传为商族的始祖。　⑤放勋：帝尧之名。　⑥劳、来：督促，勤勉。

“后稷教导百姓种植庄稼，栽培谷物；谷物成熟了，百姓便得到了养育。人有人的行事准则，吃饱、穿暖、住得安逸却没有教育，就和禽兽差不多。圣人为此忧虑深重，便让契做司徒，教化百姓明白人际的伦常关系，父子间的骨肉之亲，君臣间的正义忠诚，夫妻间的内外之别，老少间的尊卑有序，朋友间的诚信之德。尧说：‘督促他们，纠正他们，帮助他们，使他们各得其所，然后加以提携和教诲。’圣人这样为百姓忧虑，还有闲暇耕种吗？”

离娄下（节选一）

原文

孟子曰：“人之所以异于禽兽者几希①，庶民②去之，君子存之。舜明于庶物，察于人伦，由仁义行，非行仁义也。”

注释

①几希：很少。 ②庶民：平民百姓。

今译

孟子说：“人与禽兽不同的地方很少，平民百姓丢掉这很少的不同，君子保存了这很少的不同。舜懂得万物的道理，清楚人与人之间的关系，依据仁义行事，不把仁义作为工具、手段来使用。”

离娄下（节选二）

原文

孟子曰：“君子所以异于人者，以其存心也。君子以仁存心，以礼存心。仁者爱人，有礼者敬人。爱人者，人恒爱之；敬人者，人恒敬之。有人于此，其待我以横逆①，则君子必自反也：我必不仁也，必无礼也，此物奚宜至哉？其自反而仁矣，自反而有礼矣，其横逆由是也，君子必自反也：我必不忠。自反而忠矣，其横逆由是也，君子曰：‘此亦妄人也已矣。如此，则与禽兽奚择②哉？于禽兽又何难③焉？’是故君子有终身之忧，无一朝之患也。乃若所忧则有之：舜，人也；我，亦人也。舜为法于天下，可传于后世，我由④未免为乡人也，是则可忧也。忧之如何？如舜而已矣。若夫君子所患则亡矣。非仁无为也，非礼无行也。如有一朝之患，则君子不患矣。”

注释

①横（hèng）逆：蛮横无理。 ②择：区别。 ③难：责备。 ④由：通“犹”。

今译

孟子说：“君子与一般人不同的原因，是君子拥有的心与一般人不一样。君子把仁牢记在心中，把礼牢记在心中。心中牢记仁的人爱别人，心中牢记礼的人恭敬别人。爱别人的人，别人经常爱他；恭敬别人的人，别人经常恭敬他。假定现在有个人在这里，他用蛮横无理的态度对待我，君子一定会反省：一定是我不仁啊，一定是我待人无礼啊，要不别人这种蛮横无理的态度怎么来的呢？反省后发现我是仁的，是有礼的，而那人蛮横无理的态度依然那样，君子一定进一步反省：一定是我待人不忠。反省后发现我待人忠诚，而那人蛮横无理的态度依然那样，君子就会说：'那个人不过是个狂妄的人罢了。像这样，那同禽兽有什么区别呢？对禽兽能责备什么呢？'因此，君子有终身的忧虑，却没有一时的痛苦。至于忧虑是有的：舜是人，我也是人。舜能成为天下人的楷模，（精神）传给后代，我仍不免是一个普通人，这才是值得忧愁的事。怎样解决这忧愁呢？像舜那样罢了。至于君子痛苦的事就没有了。不仁的事不干，不合礼的事不做。即使一时的痛苦，君子也不认为是痛苦。"

告子下（节选）

曹交[①]问曰："人皆可以为尧舜，有诸？"

孟子曰："然。"

"交闻文王十尺，汤九尺，今交九尺四寸以长，食粟而已，如何则可？"

曰："奚有于是？亦为之而已矣。有人于此，力不能胜一匹雏，则为无力人矣；今日举百钧[②]，则为有力人矣。然则举乌获[③]之任，是亦为乌获而已矣。夫人岂以不胜为患哉？弗为耳。徐行后长者谓之弟[④]，疾行先长者谓之不弟。夫徐行者，岂人所不能哉？所不为也。尧舜之道，孝弟而已矣。子服尧之服，诵尧之言，行尧之行，是尧而已矣。子服桀之服，诵桀之言，行桀之行，是桀而已矣。"

曰："交得见于邹君，可以假馆，愿留而受业于门。"

曰："夫道若大路然，岂难知哉？人病不求耳。子归而求之，有余师。"

① 曹交：身份不详。 ② 钧：三十斤为一钧。 ③ 乌获：古代大力士。④ 弟：通"悌"。

曹交问："人人都可以成为尧舜那样的圣人，有这种说法吗？"

孟子说："有的。"

曹交问："我听说文王身高十尺，汤身高九尺，如今我有九尺四寸多，只会吃饭罢了，要怎样做才行呢？"

孟子说：“这有什么关系呢？只要去做就行了。要是有人，连一只小鸡都提不起来，便是毫无力气的人了；现在能够举起三千斤重，便是很有力气的人了。那么，举得起乌获所能举的重量的，也就是‘乌获’罢了。人难道以不能胜任为忧患吗？只是不去做罢了。走得慢一点，跟在长者的后面，叫作悌；走得很快，抢在长者的前面，叫作不悌。走得慢一点，难道是人做不到的吗？只是不那样做罢了。成尧成舜的方法，也不过就是孝和悌罢了。你穿尧的衣服，说尧的话，做尧所做的事，你就是尧了。你穿桀的衣服，说桀的话，做桀所做的事，你就是桀了。”

曹交说：“我准备去拜见邹君，向他借一个住的地方，愿意留在您门下学习。”

孟子说：“道就像大路一样，难道很难懂吗？人的毛病在于不积极寻找罢了。你回去自己寻求，有很多老师呢。”

原文

尽心上（节选）

孟子曰：“人之所不学而能者，其良能①也；所不虑而知者，其良知也。孩提之童，无不知爱其亲者，及其长也，无不知敬其兄也。亲亲，仁也。敬长，义也。无他，达之天下也。”

注释

①良能：本能。

今译

孟子说：“人不用学习便能做到的，这是本能；不用思考便会知道的，这是本知。小孩子没有不爱他们父母的，等他们长大后，没有不知道恭敬兄长的。爱父母是仁，恭敬兄长是义。这没有别的原因，因为这两种品德本来就在天下通行。”

二、知识朋友圈

1. 中国哲学中的“心”如何理解？

孟子指出凡圣的区别在于所存之“心”不同。何谓“心”呢？我们知道，思维是大脑产生的，但中国人认为思维离不开“心”，心为五脏之主，即离不开人的肉体生命。钱穆在《现代中国学术论衡》中写道：“中国人言学多言其和合会通处，西方人言学则多言其分别隔离处。如言心，西方人指人身胸部，主血液流行之心房言。头部之脑，则主知觉与记忆。中国人言心，则既不在胸部，亦不在头部，乃指全身生活之和合会通处，乃一抽象名词。”普通人和圣人所区别的“心”，非指西方医学层面的心脏部位，也非指主导思维的大脑，而是一个中国哲学中的抽象概念。“心”既是使血气流行的重要器官，维持人的自然生命的根本，又是人的情感、理智、直觉、记忆等生发的地方，是精神生命的融合。

2. 语言积累。

志。金文写作。小篆写作。许慎《说文解字》云：“志，意也。从心，之声。”“之”指去往，表示心意所向。“志”的本义为意念。引申为志向、立志于（做某事）。“志”表现出较强的稳定性和持久性，是理性的、深刻的信念，所谓“有志者事竟成”。孟子指出，超凡入圣就在于坚守善良的本心，立下圣人之志。

三、文心点点通

人如何超凡入圣？

本节选文的主要内容都立足于孟子的性善论，进一步辨析“禽兽”—“庶民”（普通人）—“君子”—“尧舜”（圣人）的区别与进阶路径。孟子犀利地指出，人与禽兽的区别极小，这“几希”的区别在哪里呢？正在于人有善心，即仁义之心，而禽兽没有。人如果部分丢弃了善心，只重视“饱食、暖衣、逸居”而“无教”，就和禽兽差不多；人如果将善心丢得干干净净，一切遵从自己动物性的本能，就和禽兽没有区别。

人可以变为禽兽，也可以成为圣人。为什么？因为人的本性为善，在道德上平等，人皆可“尽其性”而实现自我。只要有善心，承认自己所具有的无限可能性，“有了此一伟大发现后，每一个人的自身，即是一个宇宙，即是一个普遍，即是一个永恒”（徐复观《中国人性论史·先秦篇》）。凡圣之间的鸿沟将消失。

如何才能成为圣人呢？第一，应当体认自己的善心与良知，坚信“圣人先得我心之所同然耳”（《告子上》），立下圣人之志，而非自暴自弃、自我怀疑。第二，在日常实践、人伦生活中时时“存心”（存仁心、存礼心）、“自反”（反思仁乎，礼乎，忠乎）、养“浩然之气”，以存养的功夫使善心得以长久安住。正如孟子所说“有终身之忧”，不在乎一日之患，将人生的全部忧虑集中在不能“如舜”上，使自己的一言一行、一举一动皆效法圣人。

这样的人，就可以与孟子一样，裹挟着至大至刚、无所畏惧、独立于天地之间的“浩然之气”，成就一种充满勇气与气概的精神境界。这种境界，需要“集义所生”，需要“不动心”地慢慢存养，而不是用拔高、强制或助长的方法。通过“养”，人的内在生命宇宙得以充盈、澄澈，更加光辉伟岸。除了体认、存养、坚守这种善心，最后还需要将此心扩充、发扬，“无他，达之天下也”，使之充溢、彰显于天地之间，成为人类共有的精神品格。这样推己及人，乃至天下，不谓圣人，又何名哉？

四、思想会客厅

人的悲剧性与超越性。

《礼记·曲礼上》云：“是故圣人作，为礼以教人，使人以有礼，知自别于禽兽。”人和禽兽的区别在于有外在强制性和约束力的礼。到了孟子这里，他指出了人的凡圣之别根本上在于生命本来具有的善性是否被体认和存养，这就肯定了人性中的积极因素，彰显了人在有限性中的内在超越性。到了西汉末年，扬雄即在此基础上标举禽、人、圣“三门”说：“天下有三门：由于情欲，入自禽门；由于礼义，入自人门；由于独智，入自圣门。”(《法言·修身》）总的来说，古代儒家对人性善恶的思考，都展示了较为积极进取的生命精神，极大地突出了个体的人格价值与其所肩负的道德责任。

而在西方文化视域中，很多哲学家预设了人的二重品行和向善的规定性。如柏拉图在《理想国·城邦篇》里写道，人的灵魂秉承着善恶两元，即理和欲，如果理能主宰欲，人就是自己的主人。古罗马名医盖伦认为生物都有生长灵魂，动物除此以外，还有特有的感觉灵魂，而人除了上述两种灵魂，还具有理性灵魂，因此人是理性的动物。西方哲学在很长一段时间里，都将理性的反思功能视为人区别于动物的关键性因素。中国古代哲人一般认为人区别于动物关键在于内在的修养。

文艺复兴时期的思想家很大程度上承袭、发展了这一看法，如意大利哲学家乔瓦尼·皮科·德拉·米兰多拉认为人处于宇宙的中心，具有双向和不定的人性，可以自由选择而成为自己，既可以上升为神，也可以下降为兽。再如法国哲学家帕斯卡尔在《思想录》中哀叹："人是怎样的虚幻啊！是怎样的奇特、怎样的怪异、怎样的混乱、怎样的一个矛盾主体、怎样的奇观啊！既是一切事物的审判官，又是地上的蠢材；既是真理的贮藏所，又是不确定与错误的渊薮；是宇宙的光荣而兼垃圾。"

人作为现实的人，既拥有感性和欲望的限制，也就是孟子所说的"耳目之官不思，而蔽于物"(《告子上》)，但人的无限的可能性和向善的超越性又在感性的制约和限制中产生。可谓"真理必须通过这限制来表现，没有限制就没有真理的表现"(牟宗三《中国哲学十九讲》)。道和真理必须通过人来表现，而人的生命注定不圆满，这就是人的悲剧性，但同时提供了人超越的可能性。

五、练习步步高

(一) 知识识记

1. 填空。

(1) 其为气也，至大至刚，__________，__________，__________。(《公孙丑上》)

(2) 教以人伦，__________，__________，夫妇有别，长幼有叙，朋友有信。(《滕文公上》)

(3) 是故君子有终身之忧，________________。(《离娄下》)

(4) 徐行后长者谓之弟，______________。(《告子下》)

(5) 子服尧之服，________，行尧之行，________。(《告子下》)

2. 解释下列加点的字词。

(1) 持其志，无暴其气（　　　　　　）

(2) 后稷教民稼穑（　　　　　　）

(3) 劳之来之（　　　　　　）

(4) 人之所以异于禽兽者几希（　　　　　　）

(5) 其待我以横逆（　　　　　　）

(6) 则与禽兽奚择哉（　　　　　　）

(7) 我由未免为乡人也（　　　　　　）

3. 将下列句子翻译成现代汉语。

（1）人之所以异于禽兽者几希，庶民去之，君子存之。

（2）君子所以异于人者，以其存心也。君子以仁存心，以礼存心。

（3）夫徐行者，岂人所不能哉？所不为也。尧舜之道，孝弟而已矣。

（4）亲亲，仁也。敬长，义也。无他，达之天下也。

（二）文心体悟

梁启超在《读〈孟子〉记》中说：“荀子之教尊他力，故言假物。”“孟子言性善，故尊自力。”请结合本节选文谈谈你的理解。

（三）思想碰撞

牟宗三在《中国哲学十九讲》中写道：“人是最可贵也最麻烦。人身难得，当然是最可贵，但同时人也最麻烦，问题最多。人是两方面通，他上面可以通神性，但他也有物性，他两面通。”请结合中西方的人性论，谈谈你对这种观点的看法。

义利之辩

一、原典选读

梁惠王上（节选）

孟子见梁惠王①。王曰："叟②！不远千里而来，亦将有以利吾国乎？"

孟子对曰："王！何必曰利？亦有仁义而已矣。王曰：'何以利吾国？'大夫曰：'何以利吾家？'士、庶人曰：'何以利吾身？'上下交③征利，而国危矣！万乘之国，弑其君者，必千乘之家；千乘之国，弑其君者，必百乘之家。万取千焉，千取百焉，不为不多矣。苟④为后义而先利，不夺不餍⑤。未有仁而遗其亲者也，未有义而后其君者也。王亦曰仁义而已矣，何必曰利？"

①梁惠王：即魏惠王，惠是其谥号。　②叟：对老人的尊称，老先生。③交：互相。　④苟：假如，如果。　⑤餍：满足。

孟子晋见梁惠王。梁惠王说："老先生！您不辞千里长途的辛劳前来，将给我国带来利益吧？"

孟子答道："王！您为什么一开口定要说到利益呢？只要仁义就可以了。如果王说：'怎样才对我的国家有利呢？'大夫说：'怎样才对我的封地有利呢？'那士人和百姓会说：'怎样才对我自身有利呢？'这样，上上下下互相追逐私利，国家便会发生危险了！在拥有一万辆兵车的国家，谋害那一国国君的，一定是拥有一千辆兵车的大夫；在拥有一千辆兵车的国家，谋害那一国国君的，一定是拥有一百辆兵车的大夫。在一万辆兵车的国家中，大夫拥有兵车一千辆；在一千辆兵车的国家中，大夫拥有兵车一百辆；这些大夫的产业不能算不多了。假如把义抛在脑后却重视利，那大夫不把国君的一切都夺去，是不会满足的。从来没有以仁存心的人却遗弃父母的，从来没有以义存心的人却怠慢君主的。王也只要讲仁义就可以了，为什么一定要讲利呢？"

公孙丑下（节选）

孟子去齐，充虞路问曰：“夫子若有不豫①色然。前日虞闻诸夫子曰：‘君子不怨天，不尤人②。’”

曰：“彼一时，此一时也。五百年必有王者兴，其间必有名世者。由周而来，七百有余岁矣。以其数，则过矣；以其时考之，则可矣。夫天未欲平治天下也；如欲平治天下，当今之世，舍我其谁也？吾何为不豫哉？”

①豫：喜悦，高兴。 ②不怨天，不尤人：这是孟子转述孔子的话，见《论语·宪问》。

孟子离开齐国，在路上，充虞问道：“您好像不太高兴的样子。以前我听您讲过，‘君子不抱怨天，不责怪人。’”

孟子说：“那是一时，现在又是一时。（从历史上看来，）每过五百年一定有位圣君兴起，其间一定有闻名于世的贤人。从周武王以来，七百多年了。论年数，已超过了五百；论时势也该有圣君贤人出现了。大概天不想使天下太平吧；如果天想使天下太平，当今这个社会，除了我还会有谁呢？我为什么不高兴呢？

滕文公下（节选）

景春①曰：“公孙衍②、张仪③岂不诚大丈夫哉？一怒而诸侯惧，安居而天下熄④。”

孟子曰：“是焉得为大丈夫乎？子未学礼乎？丈夫之冠也，父命⑤之；女子之嫁也，母命之，往送之门，戒之曰：‘往之女家，必敬必戒，无违夫子！’以顺为正者，妾妇之道也。居天下之广居，立天下之正位，行天下之大道⑥；得志，与民由之；不得志，独行其道。富贵不能淫，贫贱不能移，威武不能屈，此之谓大丈夫。”

①景春：与孟子同时期人，喜纵横术。 ②公孙衍：即魏人犀首，战国中期著名的纵横家，在秦时为大良造，曾佩五国相印。 ③张仪：魏人，战国中期著名的纵横家，游说六国连横与秦国结盟，以瓦解齐楚联盟。 ④熄：同“息”，战事平息。 ⑤命：训导。 ⑥广居、正位、大道：分别指仁、礼、义。

景春说：“公孙衍和张仪难道不是真正的大丈夫吗？他们一发怒，诸侯都害怕；他们一安静，天下的战事就平息。”

孟子说：“这哪里能叫作大丈夫呢？你没有学过礼吗？男子行加冠礼时，父亲训导他；女子出嫁时，母亲训导她，送她到门口，告诫她说：‘到了你家里，一定要恭敬，一定要谨慎，不要违抗丈夫。’以顺从为最大原则，是做人妻的道理。男子呢，应住在天下最宽广的住宅——仁——里，站在天下最正确的位置——礼——上，行走在天下最光明的大路——义——上；得志时，同百姓一起实现志向；不得志时，独自坚守志向。富贵不能使他心志迷惑，贫贱不能使他志向改变，威武不能使他意志屈服，这才叫作大丈夫。”

原文

告子上（节选）

孟子曰：“有天爵者，有人爵者。仁义忠信，乐善不倦，此天爵也；公卿大夫，此人爵也。古之人修其天爵，而人爵从之。今之人修其天爵，以要①人爵；既得人爵，而弃其天爵，则惑之甚者也，终亦必亡②而已矣。”

注释

①要：索取。　②亡：失去。

今译

孟子说：“有自然的爵位，有人为的爵位。仁爱、正义、忠诚、守信，乐于行善不感到疲倦，这是自然的爵位；公卿大夫，这是人为的爵位。古代的人修养自然的爵位，于是人为的爵位随着来了。现在的人修养自然的爵位，来索取人为的爵位；已经得到人为的爵位，便放弃自然的爵位，那就太糊涂了，最终也一定会失去人为的爵位。”

原文

告子下（节选一）

宋牼①将之楚，孟子遇于石丘，曰：“先生将何之？”

曰：“吾闻秦楚构兵，我将见楚王说而罢之。楚王不悦，我将见秦王说而罢之。二王我将有所遇焉。”

曰：“轲也请无问其详，愿闻其指②。说之将何如？”

曰：“我将言其不利也。”

曰：“先生之志则大矣，先生之号③则不可。先生以利说秦楚之王，秦楚之王悦于利，以罢三军之师，是三军之士乐罢而悦于利也。为人臣者怀利以事其君，为人子者怀利以事其父，为人弟者怀利以事其兄，是君臣、父子、兄弟终去仁义，怀利以相接，然而不亡者，未之有也。先生以仁义说秦楚之王，秦楚之王悦于仁义，而罢三军之师，是三军之士乐罢而悦于仁义也。为人臣者怀仁义以事其君，为人子者怀仁义以事其父，为人弟者怀仁义以事其兄，是君臣、父子、兄弟去利，怀仁义以相接也，然而不王者，未之有也。何必曰利？”

注释

①宋牼（kēng）：宋国人，战国时期有名的学者。 ②指：同“旨”，大意。 ③号：提法，说法。

今译

宋牼要到楚国去，孟子在石丘碰到了他，孟子问道：“先生要到哪里去？”

答道：“我听说秦楚两国交战，我打算去拜见楚王，向他进言，劝他罢兵。如果楚王不高兴，我打算去拜见秦王，向他进言，劝他罢兵。在两位君主中，我总会遇到听从的。”

孟子说：“我不想问得太详细，只想知道你的大意。你将怎样进言呢？”

答道：“我打算说，交战是不利的。”

孟子说：“先生的志向很好，先生的提法却不行。先生用利来向秦王、楚王进言，秦王、楚王因为喜欢有利，停止军事行动，这就使得三军官兵乐于罢兵，而去喜欢利。做臣属的怀揣着利的观念来侍奉君主，做儿子的怀揣着利的观念来侍奉父亲，做弟弟的怀揣着利的观念来侍奉兄长，这就使得君臣、父子、兄弟之间最终放弃仁义的观念，为了利益而打交道，这样的国家而不灭亡的，从来没有过。先生用仁义来向秦王、楚王进言，秦王、楚王因为喜欢仁义，停止军事行动，这就使得三军官兵乐于罢兵，而去喜欢仁义。做臣属的怀揣着仁义的观念来侍奉君主，做儿子的怀揣着仁义的观念来侍奉父亲，做弟弟的怀揣着仁义的观念来侍奉兄长，这就使得君臣、父子、兄弟之间放弃唯利是图的观念，怀揣着仁义的观念来打交道，这样的国家不以德政统一天下的，从来没有过。为什么一定要讲利呢？”

原文

告子下（节选二）

孟子曰：“今之事君者皆曰：‘我能为君辟土地，充府库。’今之所谓良臣，古之所谓民贼也。君不乡[1]道，不志于仁，而求富之，是富桀也。‘我能为君约与国，战必克。’今之所谓良臣，古之所谓民贼也。

君不乡道，不志于仁，而求为之强战，是辅桀也。由今之道，无变今之俗，虽与之天下，不能一朝居也。”

①乡：通“向”，向往。

今译

孟子说：“当今侍奉君主的人都说：‘我能够替君主开辟土地，充实府库。’今天的所谓好臣子，正是古代的所谓百姓的残害者。君主不向往道德，无意于仁，却想让他富足，这等于让夏桀富足。（侍奉君主的人又说：）‘我能够替君主联合诸侯，每战必胜。’今天的所谓好臣子，正是古代的所谓百姓的残害者。君主不向往道德，无意于仁，却想为他努力作战，这等于帮助夏桀。顺着当今这条路走下去，不改变当今的风俗习气，即使给他整个天下，他是一天都坐不安稳的。”

尽心上（节选一）

孟子谓宋勾践①曰：“子好游②乎？吾语子游。人知之，亦嚣嚣③；人不知，亦嚣嚣。”

曰：“何如斯可以嚣嚣矣？”

曰：“尊德乐义，则可以嚣嚣矣。故士穷④不失义，达不离道。穷不失义，故士得己⑤焉；达不离道，故民不失望焉。古之人，得志，泽加于民；不得志，修身见⑥于世。穷则独善其身，达则兼善天下。”

①宋勾践：姓宋，名勾践，生平不详。　②游：游说。　③嚣嚣：安详自得的样子。　④穷：不得志，处在困窘中。　⑤得己：自得。　⑥见：通“现”。

孟子对宋勾践说：“你喜欢游说吗？我告诉你游说的态度。别人理解时，安详自得；别人不理解时，也安详自得。”

宋勾践说：“怎样才能安详自得呢？”

孟子说：“崇尚德，喜爱义，就可以安详自得了。所以，士人困窘时不会失掉义，显达时不会离开道。困窘时不会失掉义，所以士人自得其乐；显达时不会离开道，所以百姓不失望。古代的人，得意时，给百姓施加恩惠；不得意时，修养自身并显现在世上。困窘时使自己完善，显达时使天下人都完善。”

原文

尽心上（节选二）

孟子曰：“君子有三乐，而王天下不与存焉。父母俱存，兄弟无故①，一乐也；仰不愧于天，俯不怍②于人，二乐也；得天下英才而教育之，三乐也。君子有三乐，而王天下不与存焉。”

注释

①故：灾难病患。 ②怍（zuò）：惭愧。

今译

孟子说：“君子有三种快乐，但以德服天下不在其中。父母都健在，兄弟没有灾祸，是第一种快乐；抬头对天无愧，低头对人无愧，是第二种快乐；得到天下杰出人才并对他们进行教育，是第三种快乐。君子有三种快乐，但以德服天下不在其中。”

原文

尽心上（节选三）

孟子曰：“鸡鸣而起，孳孳①为善者，舜之徒也；鸡鸣而起，孳孳为利者，跖之徒也。欲知舜与跖之分，无他，利与善之间也。”

注释

①孳孳（zī）：勤勉的样子。

今译

孟子说：“鸡叫就起身，孜孜不倦行善的人，是舜一类人物；鸡叫就起身，孜孜不倦求利的人，是跖一类人物。要想知道舜和跖的区别，没有别的，就是利和善的不同。”

原文

尽心上（节选四）

孟子曰：“杨子①取为我，拔一毛而利天下，不为也。墨子②兼爱，摩顶放踵③利天下，为之。子莫④执中。执中为近之。执中无权，犹执一也。所恶执一者，为其贼道也，举一而废百也。”

注释

①杨子：杨朱。 ②墨子：墨翟。 ③踵：脚后跟。 ④子莫：鲁之贤人。

今译

孟子说：“杨子主张为自己，拔一根汗毛而有利于天下，都不肯做。墨子主张兼爱，摩秃头顶，走破脚后跟，只要对天下有利，一切都做。子莫主张中道。主张中道便差不多了。但是主张中道如果不知权变，便是执着于一点。之所以厌恶执着于一点，因为它损害了大道，抓住了一点而废弃了其余啊。”

尽心上（节选五）

原文

王子垫[1]问曰：“士何事？”

孟子曰：“尚志。”

曰：“何谓尚志？”

曰：“仁义而已矣。杀一无罪，非仁也；非其有而取之，非义也。居恶在？仁是也；路恶在？义是也。居仁由义，大人之事备矣。”

注释

①王子垫：齐国王子，名垫。

今译

王子垫问道：“士应当做什么？”

孟子答道：“使心志高尚。”

问道：“什么叫使心志高尚呢？”

答道：“行仁义罢了。杀一个无罪的人，是不仁；不是自己所有却攫取，是不义。住在哪里？仁就是；路在何方？义就是。住在仁的屋宇里，走在义的大路上，士的工作便齐全了。”

尽心下（节选）

原文

浩生不害[1]问曰：“乐正子[2]何人也？”

孟子曰：“善人也，信人也。”

“何谓善？何谓信？”

曰：“可欲之谓善，有诸己之谓信，充实之谓美，充实而有光辉之谓大，大而化之[3]之谓圣，圣而不可知之之谓神。乐正子，二之中、四之下也。”

注释

①浩生不害：姓浩生，名不害，齐国人。　②乐正子：名克，孟子的弟子。　③大而化之：集善、信、美、大于一身，并化育万物。化：感化，化育。

今译

浩生不害问道：“乐正子是怎样的人？”

孟子说：“他是好人，讲信用的人。”

浩生不害又问：“怎么叫好？怎么叫讲信用？”

孟子说：“满足追求叫作好，那些好存在他自己身上叫作讲信用，那些好充盈实在叫作美，充盈实在并且闪耀光彩叫作大，集善、信、美、大于一身并化育万物叫作圣，圣到了神妙不可测度的境界便叫作神。乐正子，是处在善、信之中，美、大、圣、神之下的人。”

二、知识朋友圈

1. 文天祥《正气歌》。

“天地有正气，杂然赋流形。下则为河岳，上则为日星。于人曰浩然，沛乎塞苍冥。皇路当清夷，含和吐明庭；时穷节乃见，一一垂丹青。

在齐太史简，在晋董狐笔，在秦张良椎，在汉苏武节；为严将军头，为嵇侍中血，为张睢阳齿，为颜常山舌；或为辽东帽，清操厉冰雪；或为《出师表》，鬼神泣壮烈；或为渡江楫，慷慨吞胡羯；或为击贼笏，逆竖头破裂。是气所磅礴，凛烈万古存。当其贯日月，生死安足论！地维赖以立，天柱赖以尊。三纲实系命，道义为之根。

嗟予遘阳九，隶也实不力。楚囚缨其冠，传车送穷北。鼎镬甘如饴，求之不可得。阴房阗鬼火，春院閟天黑。牛骥同一皂，鸡栖凤凰食。一朝蒙雾露，分作沟中瘠。如此再寒暑，百沴自辟易。哀哉沮洳场，为我安乐国。岂有他谬巧，阴阳不能贼！顾此耿耿在，仰视浮云白。悠悠我心忧，苍天曷有极！

哲人日已远，典刑在夙昔。风檐展书读，古道照颜色。”

2. 语言积累。

（1）利。甲骨文写作。金文写作。小篆写作。许慎《说文解字》云：“利，铦也。从刀。和然后利，从和省。”以收割庄稼表示刀具锋利。本义为锋利。引申为尖锐、猛烈、利益、好处。民以食为天，庄稼丰收即代表最大的利。《易·乾·文言》曰：“利者，义之和也。”利的取得要符合道义，使用恰当的方法。

（2）美。甲骨文写作。金文写作。小篆写作。许慎《说文解字》云：“美，甘也。从羊，从大。”清代段玉裁《说文解字注》曰：“羊大则肥美。”从视觉上看，羊身肥硕，羊毛丰厚，展现出旺盛的生命力。随着文明的进步，人们的审美意识日渐丰富，对美的感受从味觉拓展到视觉、触觉，乃至美丽的人、事、物。“美”与“大”常常互训，展现出中国古人对于“大美”的追求。孟子将个体人格的完成层次划分为善、信、美、大、圣、神，表现出一种大抱负、大人格，是一种大丈夫的阳刚之美。

三、文心点点通

义利之辩做何解？

本节前半部分的选文集中于孟子思想中的义利之辩，孟子提倡义先于利，但并非不讲利。“何必曰利”不是反对讲利，而是反对执政者只求私利，不顾百姓。正如胡适所说，孟子虽然严分义利，但他“所攻击的‘利’字只是自私自利的利”，反之，“他所主张的‘仁义’只是最大多数的最大乐利”(《中国哲学史大纲》)。所以孟子在一定程度上很重视满足百姓的要求，照顾百姓的利益，主张“黎民不饥不寒”(《梁惠王上》)。如果作为大臣，只是帮助君主“辟土地”“充府库”，而不顾百姓，这样的臣子非“良臣”，而是“民贼”，是孟子所不齿的。

本节后半部分的选文集中在孟子对义利关系的另一方面的探讨，那就是心性的修养方法。孟子主张士人对利的取舍，要以道义为准绳。这个思想与孔子的“见利思义”(《论语·宪问》)“不以其道得之，不处也”(《论语·里仁》)的思想是一致的。义在孟子学说中居于核心地位，“孔曰成仁，孟曰取义”(文天祥《绝命词》)所指即此。孟子继承孔子的仁义学说，并使仁、义的分界更为清晰：以仁为内在道德修为的出发点，以义为外在行动的准则，仁与义在内与外的修与行中浑然一体。所谓“居仁由义，大人之事备矣”。

孟子对外在的功业地位非常不重视，他说“说大人，则藐之，勿视其巍巍然”(《尽心下》)，因为外在权位的“巍巍”不再被强调，而是将伟大深入个体人格的完成层次上。他将“仁义忠信，乐善不倦”看作“天爵”，并且认为“人爵”随“天爵”而至，只追求“人爵”的人终究会失去“人爵”。他将个体人格划分为善、信、美、大、圣、神六个层次，可依次而行，拾级而上。前四个层次为个人道德人格的完善之美，后两个层次是在此基础上的更高级的美——美化他人、美化天地。即是对“善心”“道义”和“浩然之气”的扩充，达到了个体人格与自然及宇宙本身的天人合一。

孟子由此完成了大丈夫理想人格的塑造。“仰不愧于天，俯不怍于地”“富贵不能淫，贫贱不能移，威武不能屈”，在任何事物面前无须退缩，在天地之间无所羞愧和恐惧，从而不低首于任何力量，不膜拜于任何神灵，完全依靠个人的主体人格，充满了“舍我其谁”的气概，甚至做得到在生死存亡之际的“舍生而取义”(《告子上》)。李泽厚认为：“这，就是中国的阳刚之美。”(《华夏美学》)

四、思想会客厅

为何“舍生而取义”(《告子上》)？

生命是宝贵的。儒家一贯珍视人的生命，但当生命与仁德、道义发生无法共存的矛盾时，孔子大义凛然地倡导“杀身以成仁”(《论语·卫灵公》)，孟子更是斩钉截铁地说“舍生而取义”(《告子上》)。作为一个有气节、有仁德的志士，作为一个内心有原则求正义的君子，他活着，就要弘扬仁爱与道义；而一旦生命与道义难以调和，必须作出抉择时，他宁可牺牲生命，也要成就仁义。

鲁迅在《中国人失掉自信力了吗》中写道：“我们从古以来，就有埋头苦干的人，有拼命硬干的人，有为民请命的人，有舍身求法的人……虽是等于为帝王将相作家谱的所谓‘正史’，也往往掩不住他们的光耀，这就是中国的脊梁。”孟子的大丈夫人格，极大地突出了个体的人格价值和其所肩负的道德责任、历史使命，正是中国的脊梁的精神源头。

古希腊哲人亦不惧死亡。当需要维护灵魂的完善时，他们全力以赴，哪怕搭上性命也在所不惜。历史上苏格拉底面对控告，拒绝逃跑，以身载道。在柏拉图《理想国·申辩篇》中，他告诉世人他不仅没有腐蚀青年人的心灵，没有亵渎当时雅典人所信奉的神，而且还始终自觉承担、践行着他的哲学，甚至不惜以生命为代价，向所有人宣扬他心中对真理与法律的坚持。他说：“在我看来一个真正把一生贡献给哲学的人在临死前感到欢乐是很自然的，他会充满自信地认为当今生结束以后，自己在另一个世界能发现最伟大的幸福。”(柏拉图《理想国·斐多篇》)

苏格拉底罪不至死，却勇于赴死，不愿自己的亲友通过行贿来为他换取生的机会。因为他认定正义与法律远重于生命，他宁愿以死来捍卫真理。他既没有屈服于汹涌的民意，也没有屈服于暴力，在“活得好”与“活得正当”之间，做出了选择。这种精神在西方很多哲人、政治家身上都能看到，卢梭那句“为真理献身”就是明证。

色诺芬谈及苏格拉底之死时写道："他显示了自己的精神力量；而且胜似任何人，他通过对于自己的案件所作的最真诚、最坦率和最正直的申诉赢得了光荣；并且最镇定、最勇敢地忍受了所判处的死刑。……任何人怎么能死得比这更好？有什么样的死比这样最英勇地死去更高尚呢？有什么样的死比这样最英勇地死去更幸福呢？有什么样的死比最幸福的死更为神所喜爱呢？"（《回忆苏格拉底》）古今中外，历史上存在许许多多面对死亡举重若轻的仁人志士，他们皆在死亡与道义的抉择中展示了超凡的气度、大丈夫的人格与不朽的灵魂。

五、练习步步高

（一）知识识记

1. 填空。

（1）王曰："叟！不远千里而来，________________？"（《梁惠王上》）

（2）居天下之广居，________________，________________。（《滕文公下》）

（3）富贵不能淫，________________，________________，此之谓大丈夫。（《滕文公下》）

（4）古之人修其天爵，________________。今之人修其天爵，________________。（《告子上》）

（5）穷则独善其身，________________。（《尽心上》）

（6）居仁由义，________________。（《尽心上》）

2. 解释下列加点的字词。

（1）叟！不远千里而来（　　　　）

（2）不夺不餍（　　　　）

（3）夫子若有不豫色然（　　　　）

（4）以要人爵（　　　　）

（5）愿闻其指（　　　　）

（6）君不乡道（　　　　）

（7）人知之，亦嚣嚣（　　　　）

3. 将下列句子翻译成现代汉语。

（1）未有仁而遗其亲者也，未有义而后其君者也。王亦曰仁义而已矣，何必曰利?

（2）富贵不能淫，贫贱不能移，威武不能屈，此之谓大丈夫。

（3）君不乡道，不志于仁，而求为之强战，是辅桀也。

（4）杨子取为我，拔一毛而利天下，不为也。墨子兼爱，摩顶放踵利天下，为之。

（二）文心体悟

请你结合本节选文，概括孟子义利之辩的主要思想。

（三）思想碰撞

1. 马克思说：“‘思想’一旦离开‘利益’，就一定会使自己出丑。”（《神圣家族》）马克思所说的是否与孟子的义利观有冲突？请你做简要分析。

2. 李泽厚在《中国古代思想史论》中写道：“那种来源于氏族民主制的人道精神和人格理想，那种重视现实、经世致用的理性态度，那种乐观进取、舍我其谁的实践精神……都曾在漫长的中国历史上感染、教育、熏陶了不少仁人志士。”你能想到哪些人？请举例说明。

民本思想

一、原典选读

梁惠王下（节选）

齐宣王见孟子于雪宫[①]。王曰：“贤者亦有此乐乎？”

孟子对曰：“有。人不得，则非其上矣。不得而非其上者，非也；为民上而不与民同乐者，亦非也。乐民之乐者，民亦乐其乐；忧民之忧者，民亦忧其忧。乐以天下，忧以天下[②]，然而不王者，未之有也。”

注释

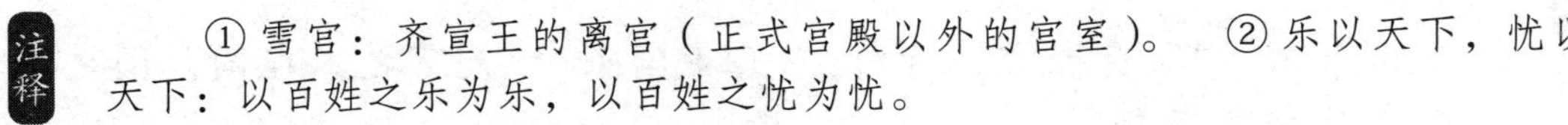
① 雪宫：齐宣王的离宫（正式宫殿以外的宫室）。　② 乐以天下，忧以天下：以百姓之乐为乐，以百姓之忧为忧。

今译

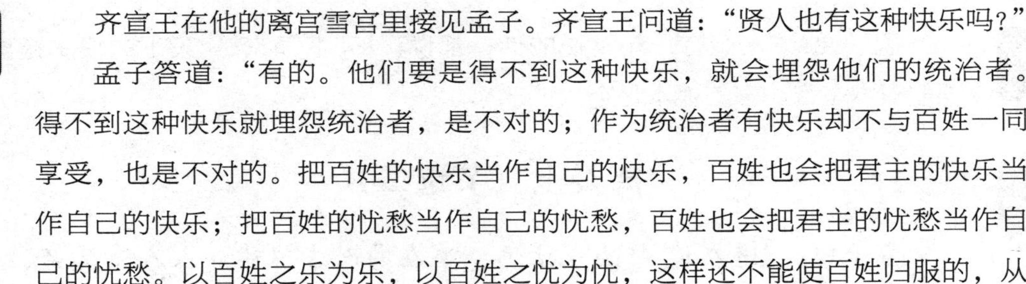
齐宣王在他的离宫雪宫里接见孟子。齐宣王问道：“贤人也有这种快乐吗？”

孟子答道：“有的。他们要是得不到这种快乐，就会埋怨他们的统治者。得不到这种快乐就埋怨统治者，是不对的；作为统治者有快乐却不与百姓一同享受，也是不对的。把百姓的快乐当作自己的快乐，百姓也会把君主的快乐当作自己的快乐；把百姓的忧愁当作自己的忧愁，百姓也会把君主的忧愁当作自己的忧愁。以百姓之乐为乐，以百姓之忧为忧，这样还不能使百姓归服的，从来不曾有过。”

原文

滕文公上（节选）

滕文公问为国。

孟子曰：“民事不可缓也。《诗》[①]云：‘昼尔于[②]茅，宵尔索绹[③]；亟[④]其乘[⑤]屋，其始播百谷。’民之为道也，有恒产者有恒心，无恒产者无恒心。苟无恒心，放辟邪侈，无不为已。及陷乎罪，然后从而刑之，是罔民也。焉有仁人在位罔民而可为也？是故贤君必恭俭礼下，取于民有制。阳虎[⑥]曰：‘为富不仁矣，为仁不富矣。’”

注释

①《诗》：即《诗经·豳风·七月》。②于：往。③索绹（táo）：绞成绳索。索：搓，使成绳状。绹：绳索。④亟：急。⑤乘：修缮。⑥阳虎：字货，鲁国正卿季氏的总管。

今译

滕文公请教怎样治理国家。

孟子说：“百姓的事最急迫。《诗经·豳风·七月》上说：‘白天割茅草，晚上搓成绳索；赶紧修缮房屋，按时播种五谷。’百姓的一般规律：有固定产业的人有一定的道德观念和行为准则，没有固定产业的人便不会有一定的道德观念和行为准则。没有一定的道德观念和行为准则的人，就会胡作非为违法乱纪，什么事都干得出来。等到他们犯了罪，然后加以惩治，这等于陷害百姓。哪有仁爱的人当政却做陷害百姓的事呢？所以贤明的君主一定要谦恭、节俭、礼遇臣子，向百姓征税有一定的制度。阳虎说：‘要想发财就不能仁爱，要想仁爱就不能发财。’”

原文

离娄上（节选一）

孟子曰：“人有恒言，皆曰：‘天下国家。’天下之本在国，国之本在家，家之本在身。”

今译

孟子说：“人们有一句常说的话，都说：‘天下国家。’天下的根本是国，国的根本是家，家的根本是个人。”

原文

离娄上（节选二）

孟子曰：“道在迩[①]而求诸远，事在易而求诸难。人人亲其亲、长其长，而天下平。”

注释

①迩：近。

今译

孟子说：“道在近处却到远处去寻求，事情容易却往难处去做。人人都敬爱自己的父母、尊重自己的长辈，天下就安定了。”

原文

离娄上（节选三）

孟子曰：“人不足与適①也，政不足间②也；唯大人为能格③君心之非。君仁，莫不仁；君义，莫不义；君正，莫不正。一正君而国定矣。”

注释

①適：同“谪”，批评，指责。　②间（jiàn）：非议。　③格：纠正。

今译

孟子说：“那些当政的小人不值得去指责，他们的政事不值得去非议；只有君子才能纠正君主的不正确思想。君主仁，没有人不仁；君主义，没有人不义；君主正，没有人不正。君主端正了，国家就安定了。”

原文

离娄下（节选）

孟子告齐宣王曰：“君之①视臣如手足，则臣视君如腹心；君之视臣如犬马，则臣视君如国人②；君之视臣如土芥，则臣视君如寇雠。”

王曰：“礼，为旧君有服③，何如斯可为服矣？”

曰：“谏行言听，膏泽下于民；有故而去，则君使人导之出疆，又先于其所往；去三年不反，然后收其田里。此之谓三有礼焉。如此，则为之服矣。今也为臣，谏则不行，言则不听；膏泽不下于民；有故而去，则君搏执④之，又极⑤之于其所往；去之日，遂收其田里。此之谓寇雠。寇雠，何服之有？”

注释

①之：助词，无实义。　②国人：一般人。　③服：服丧。　④搏执：捆绑。　⑤极：穷，使……困穷。

今译

孟子告诉齐宣王说：“君主把臣子看作自己的手脚，臣子就会把君主看作自己的腹心；君主把臣子看作狗马，臣子就会把君主看作一般人；君主把臣子看作泥土草芥，臣子就会把君主看作仇敌。”

齐宣王说：“按照礼制，臣子应为先前的君主服丧，君主怎样对待臣子才能使臣子为他服丧呢？”

孟子说：“臣子的劝谏君主接受了，臣子的建议君主听从了，君主的恩惠润泽百姓；臣子有什么事不得不离开，君主就派人引导他离开国境，并且先派人到他要去的那个地方做好安排；臣子离开三年不回来，君主才收回他的土地和房屋。这个叫作三有礼。像这样，臣子就会为君主服丧了。如今做臣子，劝谏不被君主接受，建议不被君主听从；君主的恩惠不能润泽百姓；臣子有什么事不得不离开，君主还把他捆绑起来，并且派人到臣子去的那个地方，使他非常穷困；臣子离开的那一天，君主就收回他的土地和房屋。这叫作树立仇敌。君主把臣子当作仇敌，臣子怎么会为君主服丧呢？”

尽心上（节选一）

原文

孟子曰：“仁言不如仁声之入人深也，善政不如善教之得民也。善政，民畏之；善教，民爱之。善政得民财，善教得民心。”

今译

孟子说：“仁德的言语赶不上仁德的音乐深入人心，良好的政治赶不上良好的教育深得民心。良好的政治，百姓害怕它；良好的教育，百姓热爱它。良好的政治得到百姓的财富，良好的教育得到百姓的心。”

尽心上（节选二）

原文

孟子曰：“于不可已①而已者，无所不已。于所厚者薄，无所不薄也。其进锐者，其退速。”

孟子曰：“君子之于物也，爱之而弗仁；于民也，仁之而弗亲。亲亲而仁民，仁民而爱物。”

注释

①已：停止。

今译

孟子说：“对于不可以停止的事却停止了，那就没有什么不可以停止的了。对于应厚待的人却薄待他，那就没有谁不可以薄待了。前进太猛的人，后退也会快。”

孟子说：“君子对于万物，爱惜它，却不对它实行仁德；对于百姓，对他实行仁德，却不亲爱他。君子亲爱亲人，因而仁爱百姓；仁爱百姓，因而爱惜万物。”

尽心下（节选一）

原文

孟子曰：“有人曰：‘我善为陈①，我善为战。’大罪也。国君好仁，天下无敌焉。南面而征，北狄②怨；东面而征，西夷怨，曰：‘奚为后我？’武王之伐殷也，革车三百两，虎贲③三千人。王曰：‘无畏！宁尔也，非敌百姓也。’若崩厥角稽首④。征之为言正也，各欲正己也，焉用战？”

注释

①陈：通“阵”，战阵。 ②北狄（dí）：古代泛称中国北方各族。后文的“夷”古代泛称东方各族。 ③虎贲（bēn）：古代勇士。“贲”：同“奔”。④厥角稽首：古代两种礼仪。厥角：顿首。厥：同“蹶”，顿。角：额角。稽首：屈膝下跪，拱手至地，头也至地，并稍停。

今译

孟子说：“有人说：‘我善于摆战阵，我善于作战。’这是大罪恶。一国的君主如果喜爱仁德，天下便不会有敌手。（商汤）向南方征讨，北方便怨恨；向东方征讨，西方便怨恨，说：‘为什么不先到我这里来？’周武王讨伐殷商，兵车三百辆，勇士三千人。周武王对百姓说：‘不要害怕！我是来安定你们的，不是与百姓为敌的。’百姓便将额角触地叩起头来，声响好像山陵崩塌一样。征的意思是正，每个人都希望端正自己，哪里用得着战争呢？”

尽心下（节选二）

原文

孟子曰：“民为贵，社稷①次之，君为轻。是故得乎丘民②而为天子，得乎天子为诸侯，得乎诸侯为大夫。诸侯危社稷，则变置。牺牲③既成，粢盛④既洁，祭祀以时，然而旱干水溢，则变置社稷。”

注释

①社稷：土地神和谷神，后来用以代指国家。 ②丘民：百姓。丘：众。 ③牺牲：古代祭祀用的牲畜的总称。 ④粢盛（zī chéng）：盛于祭器内供祭祀的谷物。粢：这里是谷物的总称。

今译

孟子说：“百姓最重要，土地神和谷神其次重要，君主与前两者相比是轻的。因此赢得百姓的欢心就能做天子，赢得天子的欢心就能做诸侯，赢得诸侯的欢心就能做大夫。诸侯危害国家，就改立。牺牲已经备好，谷物已经洗净，按照时候祭祀土地神和谷神，但国家还遭受旱灾、水灾，就改立土地神和谷神。”

二、知识朋友圈

1. 孟子民本思想的冲击力。

早在战国时期，孟子就提出“民为贵，社稷次之，君为轻”的思想，甚至批评不听臣子劝谏、不施恩于百姓的君主为“寇雠”，如果“反复之而不听，则易位”（《万章下》）。儒家思想一般被认为重在维护社会秩序，而孟子的这类思想极为大胆且有冲击力。在其后的千年历史中被反复争论甚至被删除，有着跌宕起伏的命运。这里仅举两例。

朱元璋读《孟子》，就曾不满于其中对君主之不恭敬的言论，有“使此老在今日，宁得免耶”（《明史·太祖本纪》）之言，一度将孟子牌位移出孔庙，并且昭告臣子，有敢进谏者即定以大不敬之罪。大臣钱唐冒死进谏，据说以“袒胸受箭”的激烈方式打动朱元璋，维护了孟子的地位。到洪武二十七年（1394 年），朱元璋命刘三吾删掉《孟子》中不利于君主统治的内容，涉及“民贵君轻”的章节被全部删除，成《孟子节文》二卷。

明末谢肇淛在其随笔《五杂组》中记载了如下传闻：“倭奴亦重儒书，信佛法，凡中国经书，皆以重价购之，独无《孟子》。云‘有携其书往者，舟辄覆溺’。此亦一奇事也。”虽为传闻，可见孟子思想在日本的接受的确与其他儒家经典不同。有学者指出，日本进入江户时代以后，《孟子》中的“易姓革命”、民本思想等常常被人提出来，成为江户时代诸学派争论的导火索。在日本江户时代，《孟子》几起几落，甚至出现了各个学派之间或同一学派内部“尊孟”“非孟”争论不休的特殊现象。

2. 语言积累。

民。甲骨文写作。金文写作。小篆写作。甲骨文和金文中，“民”的上面是“目”，下面是“十”，象以一种尖利的武器刺人眼之形；上古有把抓获的战俘刺瞎眼睛，使之成为顺从的奴隶的习俗，故“民”的本义为奴隶。许慎《说文解字》云：“民，众萌也。从古文之象。”后来引申为平民百姓的含义。

三、文心点点通

孟子的民本思想。

本节围绕孟子的仁政理想展开，尤其突出孟子的民本思想。孟子提倡“性善”，认为君主皆有“不忍人之心”，因而可以施行“不忍人之政”。依照孟子的王霸之辩，王者“以德行仁”或“以德服人”，而霸者“以力假仁”或“以力服人”，这就是说，王者之德令人心悦诚服，而王之为王，凭借其道德威望而推行仁政。

推行仁政的基础是得民心者得天下。对于国家来说，首先宝贵的是民，其次是社稷，最后是君。“得乎丘民而为天子”。为什么“民为贵，社稷次之，君为轻”？因为没有民就没有社稷，没有社稷何来君主？对一个国家而言，其他的都可以“改立”，只有百姓不能，由此可见百姓的重要性。战国时期诸侯杀伐，一个大问题就是战争频繁、民不聊生。不嗜杀人、反对战争，是得民心的大事，因此孟子奔走疾呼，极力反对战争的“杀人”“食人”之害，以“大罪”评说“善为陈”“善为战”者。同时，他主张“黎民不饥不寒”(《梁惠王上》)，通过省刑罚、薄税敛，通过征用百姓而“不违农时”，使得百姓拥有一定的财富。百姓维持基本的生存后才能有“恒心”，才能进一步发展教育、施行教化。

同时，孟子指出，臣子如何对待君主，百姓如何对待官员，根本上取决于君主如何对待臣子，官员如何对待百姓。孟子在这里提出的君臣关系是：互亲互信、忠恕为本。臣子应当忠于君主，但有一个前提是：君主应当尊重臣子，“视臣如手足”。倘若君主无道，臣子可以直谏，如遇到暴虐君主，也可以像汤伐桀、武王伐纣一样诛“一夫”，为民除害。而在君民关系上有一个重要原则，即强调君要“乐民之乐”“忧民之忧”，与民同忧同乐、利害相连。

孟子自况：“一齐人傅之，众楚人咻之。”(《滕文公下》）他并非不知自己的仁政理想和民本思想有着不切实际、不为君主所接纳的现实困境，但他仍然坚持站在百姓的立场上，充满了对底层弱者的悲悯。尼采在《瓦格纳事件》中写道：“一个哲学家对自己的起码要求和最高要求是什么？在自己身上克服他的时代，成为‘无时代的人’。”孟子在那样一个时代提出了一个注定不能实现的政治理想，尽管如此，这样的主张依然闪耀着光辉。因为饥饿、受苦、死亡与不公永远刺痛着人类的心，理想的光辉不因与某个特定的历史走向相背而有丝毫黯淡。

四、思想会客厅

孟子的民本是不是民主？

孟子的仁政学说，强调“贵民”“以民为本”，反对轻民、贱民、残民。论君道，高呼的是“保民而王”“为民父母”“与民同乐”；谈天下大一统，声称“不嗜杀人者能一之”(《梁惠王上》)；讲治世之要，首先是“民事不可缓也”。不失为中华传统文化语境中的民本思想的巅峰之音。吕思勉在《先秦学术概论》中写道：“盖立君所以为民，一人不容肆于民上之义，实赖孟子而大昌。数千年来，专制淫威，受其限制不少。”

与此同时，孟子对君主的个人品行提出极高要求，要求君主像尧、舜一样成为道德的楷模，以仁德治理天下。在孟子心中，君臣之间的关系并非纯粹的上下统属关系，而是充满了理想主义的、相亲互信的良性关系。这些都为中国古代的君臣、君民关系带来了积极的影响，并极为超前地反思了君主权力的来源及权力行使的合法性与正当性。不过，这种民本与民主是一回事吗？

显然不是。亚里士多德在《政治学》中写道：“统治者和被统治者的品德虽属相异，但好公民必须修习这两方面的才识，他应该懂得作为统治者，怎样治理自由的人们，而作为自由人之一又须知道怎样接受他人的统治——这就是一个好公民的品德。”这段话中有两个重要的前提：第一，无论是统治者还是被统治者，其身份都是自由人，所以公民观念的核心是自由和平等，统治者和被统治者之间无尊卑差别；第二，公民“忠”的对象是公民共同体，也就是城邦。所有公民都是城邦的主人，政治权力属于公共权力，每个人都有参政权。

五、练习步步高

（一）知识识记

1. 填空。

（1）乐民之乐者，________________；忧民之忧者，________________。（《梁惠王下》）

（2）民之为道也，有恒产者有恒心，无恒产者无恒心。________________，________________，无不为已。(《滕文公上》)

（3）天下之本在国，国之本在家，________________。(《离娄上》)

（4）君仁，________________；君义，莫不义；君正，莫不正。(《离娄上》)

（5）君之视臣如手足，________________；君之视臣如犬马，________________

______；君之视臣如土芥，______。（《离娄下》）

（6）善政，______；善教，民爱之。（《尽心上》）

2. 解释下列加点的字词。

（1）道在迩而求诸远（　　　　）

（2）人不足与適也（　　　　）

（3）政不足间也（　　　　）

（4）则君搏执之（　　　　）

（5）无所不已（　　　　）

（6）我善为陈（　　　　）

（7）粢盛既洁（　　　　）

3. 将下列句子翻译成现代汉语。

（1）乐以天下，忧以天下，然而不王者，未之有也。

______

（2）民之为道也，有恒产者有恒心，无恒产者无恒心。

______

（3）善政得民财，善教得民心。

______

（4）亲亲而仁民，仁民而爱物。

______

（5）无畏！宁尔也，非敌百姓也。

______

（二）文心体悟

请你结合本节选文，谈谈孟子的民本思想有哪些内涵，对历史有何影响。

______

______

______

______

（三）思想碰撞

唐太宗李世民与谏臣魏徵是中国历史上践行君臣之道的佳话。王方庆《魏郑公谏录》中说：“君臣相须，事同鱼水。”请你谈谈这和孟子的思想有何关联。

（魏春露　黄荣华　编）

第二单元

《左传》选读

单元概说

《左传》是春秋时期鲁国史官左丘明为国史《春秋》所作的传书，与《公羊传》《穀梁传》并称为“春秋三传”。孔子删定《春秋》，微言精义，意旨深远，弘扬仁、义、礼、智，“而乱臣贼子惧”(《孟子·滕文公下》)。人们时常称《春秋》大义，也有人认为《春秋》包含小义。“《春秋》大义兼小义，正义兼余义者多矣。”(程端学《程氏春秋或问》)《春秋》大义主要涉及礼秩纲常方面，如尊王攘夷、尊君抑臣、贵王贱霸、防微慎始、忠孝仁义等，小义则是其他方面的道义，如讥讽权贵、外交失礼等。无论是“春秋三传”，还是各家注释《春秋》，评价的标准就是能否令人信服地阐释这些大义。如果只看到了小义，忽略了大义，就是本末倒置。朱熹赞扬胡安国的《春秋传》“大义正”(《朱子语类》)，这是极高的评价了。所以元明时期胡氏《春秋传》成为官方的教科书，科举考试的参考版本。甚至有人视其为“春秋四传”之一，这反映了大义的重要性。

左丘明查考诸家史籍加以阐述，梳理本末，详撰人物言行，以隐含的褒贬展现儒家精神，其宗经明道的主旨自然不必多言。而《左传》内容包罗万象，涉猎广博，为先秦时期一部微型百科全书。成语、典章、风俗、神话、地理、婚姻、娱乐无所不包，从贵族时代的伦理准则到各色人物的阴谋阳策，再到乱世枭雄的权力纷争、大国争锋、国家草创，栩栩如生。

本单元从《春秋》大义、王霸之辩、公私史心、史才兵书、铁血王座五个方面选取部分章节来进行学习。

(1)《春秋》大义。

《左传》明大义的意图非常明显，如忠、孝、仁、义。弃疾在忠孝不能两全的夹缝中痛苦挣扎，最后以君命为重，间接促成了大义灭亲，之后自缢而亡。这自然符合尊君抑臣的宗旨。但与申叔豫对薳子冯的讽谏相比，弃疾的做法是否不够灵活聪明呢？在后世学者看来，这不符合亲亲相隐的儒家圣贤之道。

(2)王霸之辩。

孔子认为：“天下有道，则礼乐征伐自天子出；天下无道，则礼乐征伐自诸侯出。”(《论语·季氏》)既然诸侯作为霸主，可以乱政夺权，亦可顺治维权，那么这两者之间的分寸，取舍的道理，全在霸主一心，亦取决于当时诸多势力的制衡。这就引申出王道与霸道两种思路。按照孔子的理解，如果礼乐征伐的命令从天子那里发出，诸侯代为征讨，那就是王道；如果诸侯凭借个人的利益、喜好来确定礼乐征伐，或假天子之名，或罔顾天子威严，那就是霸道。

（3）公私史心。

史书以史笔书写史学家的道义原则、历史观念。要剖析文本背后的“史心”，感受作者的微言大义，评判褒贬。私人的旨趣与公义的表达，往往在文字的矛盾处、婉曲处有所展露。可读“赵盾弑君”的记载，了解一段历史公案背后的隐情，感受史官的立场，或坚定，或暧昧，或左右为难。

（4）史才兵书。

《左传》叙史，写战争，独具史家慧眼。史才与兵书，相得益彰，水乳交融。西晋大将杜预自称有“《左传》癖”；关云长好《左传》，手不释卷。兵家爱兵书，兵略寓史材，这真是绝好的例证。《左传》中大战小役，兵法含量极高。例如《桓公五年》中的鱼丽之阵。

（5）铁血王座。

司马迁评春秋乱世：“弑君三十六，亡国五十二，诸侯奔走不得保其社稷者，不可胜数。”（《史记·太史公自序》）象征最高权力的天子、诸侯王座，成为野心家施展阴谋的试验田。作为宗法制度的核心，王位继承制度本应牢不可破，无奈周王室式微，礼法废弛，加上诸侯权力竞争，相互牵掣干涉，强权最早染指其间。《昭公二十六年》：“昔先王之命曰：‘王后无适，则择立长。年钧以德，德钧以卜。’王不立爱，公卿无私，古之制也。”这里所说的周王继承惯例是立嫡子（正宫王后所生）为君，没有嫡子，就立长子。年龄相仿就看德行，如果德行差不多再通过占卜的形式来确定。这样的制度，其根本目的是避免争斗，维护稳定。对此，王国维解释道：“盖天下之利莫如定，其大害莫如争。任天者定，任人者争。定之以天，争乃不生。故天子诸侯之传世也，继统法之立子与立嫡也，后世用人之以资格也，皆任天而不参以人，所以求定而息争也。”（《殷周制度论》）对国家来说，稳定压倒一切，是所有利益的核心，无论阴谋阳策，为了王位起纷争，势必刀光血刃，硝烟弥漫。

于是乎，有了公子的群体流亡；有了个人的进取和隐忍，信义与狡猾；还催生了无数英雄豪杰的纵横捭阖，前仆后继；还有不幸的失败者，例如郑昭公（公子忽）为了个人的志气和原则，不愿以婚姻为自己谋权，换得了尊严，也造就其悲剧的命运，引来不识时务的非议。

除上述方面，我们还可以关注《左传》中的世态人心、纵横权谋、文有奇气，限于篇幅，本单元不做展开。

《春秋》大义：弃疾“灭亲”合乎大义吗

一、原典选读

襄公二十二年（节选）

楚观起有宠于令尹[①]子南，未益禄而有马数十乘。楚人患之，王将讨焉。子南之子弃疾为王御士，王每见之，必泣。弃疾曰：“君三泣臣矣，敢问谁之罪也？”王曰：“令尹之不能，尔所知也。国将讨焉，尔其居乎[②]？”对曰：“父戮子居，君焉用之？泄命重刑，臣亦不为。”王遂杀子南于朝，轘[③]观起于四竟。

子南之臣谓弃疾：“请徙子尸于朝。”曰：“君臣有礼，唯二三子。”三日，弃疾请尸，王许之。既葬，其徒曰：“行乎？”曰：“吾与杀吾父，行将焉入？”曰：“然则臣王乎？”曰：“弃父事仇，吾弗忍也。”遂缢而死。

复使薳子冯为令尹，公子齮为司马，屈建为莫敖[④]。有宠于薳子者八人，皆无禄而多马。他日朝，与申叔豫言，弗应而退。从之，入于人中。又从之，遂归。退朝，见之，曰：“子三困我于朝，吾惧，不敢不见。吾过，子姑告我，何疾我也？”对曰：“吾不免是惧，何敢告子？”曰：“何故？”对曰：“昔观起有宠于子南，子南得罪，观起车裂，何故不惧？”自御而归，不能当道。至，谓八人者曰：“吾见申叔，夫子所谓生死而肉骨也。知我者，如夫子则可。不然，请止。”辞八人者，而后王安之。

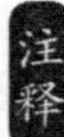

①令尹：楚国官名。楚国当时的最高官职，集军政大权于一身。 ②尔其居乎：你难道还要（继续）待在朝廷上不逃走吗？其：副词，表反问。居：处。 ③轘：车裂。 ④莫敖：楚国诸敖之一，原指酋长、王族，后指楚国官职，原是最高官职，后位居左司马之下。

楚国的观起受到令尹子南的宠信，没有增加俸禄却拥有能驾几十辆车子的马匹。楚国人担心这种情况，楚康王打算诛戮他们。子南的儿子弃疾做楚康王的车夫，楚康王每次见到他，一定哭泣。弃疾说："国君三次在下臣面前哭泣了，请问是谁的罪过？"楚康王说："令尹的不善，这是你所知道的。国家打算诛戮他，你难道还要（继续）待在朝廷上不逃走吗？"弃疾答道："父亲被诛戮，儿子不逃走，国君哪里还能加以任用？泄露命令而加重刑罚，下臣也不会这么做的。"楚康王就把子南杀死在朝廷上，把观起车裂，并把尸体在国内四方示众。

子南的家臣对弃疾说："请允许我们把令尹的尸体搬出朝廷。"弃疾说："君臣之间有规定的礼仪，这只有看诸位大臣怎么办了。"过了三天，弃疾请求收尸，楚康王答应了。安葬完毕后，他的手下人说："出走吗？"弃疾说："我参与杀我父亲的预谋，出走，什么地方会收留我这种人？"手下人说："那么还是继续效忠国君吗？"弃疾说："舍弃父亲侍奉仇人，我不能忍受这么做。"弃疾就上吊死了。

楚康王再次派薳子冯做令尹，公子齮做司马，屈建做莫敖。受到薳子冯宠信的有八个人，都没有俸禄却马匹很多。过了些日子，薳子冯上朝，和申叔豫说话，申叔豫不理睬他却退走。薳子冯跟着他走，申叔豫走进人群中。薳子冯又跟着他走，申叔豫就回家了。薳子冯退朝，进见申叔豫，说："您在朝廷上三次不理我，我害怕，不敢不来见您。我有过错，您不妨告诉我，为什么嫌弃我呢？"申叔豫答道："我害怕的是不能免于罪，哪里敢告诉您？"薳子冯说："什么缘故？"申叔豫答道："从前观起受子南的宠信，子南有了罪过，观起被车裂，为什么不害怕？"薳子冯自己驾车回家，因为匆忙，马匹不能稳定在大路上。到家，对那八个人说："我进见申叔豫，这个人就是所谓的能使死者复生，使白骨长肉的人啊。你们谁能够像他这样了解我，谁就留下。否则，请离开。"辞退了这八个人，楚康王才对他放心。

二、知识朋友圈

1. 莫敖：楚国独特的官爵。

楚国历史神秘莫测、众说纷纭，一个集中体现就是对诸敖的解释。若敖、莫敖、霄敖、堵敖、郏敖、訾敖、共敖，乍一看这些词属同一家族，但具体所指又不同。有人认为，敖最初是官名，莫敖相当于大司马，即统帅，后来演变为宗族名。也有人（岑仲勉等）认为敖是火崇拜的祭士，有点像巫师。杨伯峻将其解释为酋长。王廷洽认为，敖相当于部落酋长和部落联盟的盟主，西周时期的楚王熊仪在江汉流域诸侯间树立了霸权，能够影响诸国，但他没有胆量称王，害怕周王室的讨伐，所以姑且称敖，类似江汉部落联盟的盟主，敖是江汉地区共尊，中原人却不肯承认的尊称。后来，敖的一支成为王，世袭下去，其他支脉就成为王族。楚国完善君主国家制以后，这些王族的影响力还很大，形成诸敖，可能也有了具体的职责分工。王族就以诸敖为宗族名了。但这些宗族还有分裂，如若敖氏，分裂为斗氏和成氏。斗氏长期世袭或几乎掌控令尹职位，对司马等要职也有晋升的资格，势力非常强大。日本学者谷口满认为，斗氏家族的族长还有一项更为神圣的权力，就是掌控云梦地区的祭祀权。

2. 语言积累。

（1）泣。小篆写作。本义为低声或不出声地哭。杜甫《石壕吏》“如闻泣幽咽”，就非常符合泣的特点。“君三泣臣”，意思是楚康王三次在车夫弃疾面前哭泣，楚康王用他的伤心暗示弃疾之父子南的大罪和处境。

（2）御。甲骨文写作。金文写作。甲骨文、金文象人持马鞭之形。本义为驾驭车马。引申为治理、与皇帝有关的事物、抵挡。薳子冯“自御而归”，都不等待车夫，“不能当道”，车子一路摇摇晃晃，都不能稳定在大路上，说明他非常着急，要赶回家辞退那八个小人，从侧面反映申叔豫劝谏的成功。“御”字非常形象地暗示了人物的心理，生动而耐人寻味。

三、文心点点通

本节选文中有一处耐人寻味的地方，堪称文心、文眼。“王每见之，必泣。”令尹子南与小人观起勾结，引起楚国上下怨恨，楚康王要杀子南，完全可以采用雷霆手段，除之后快，为何要在子南的儿子面前哭泣，泄露杀机呢？或许楚康王念旧，对子南和弃疾不忍心，他想暗示弃疾，子南应当自首谢罪，自除小人，或交出权力，离开楚国避免一死。然而，楚康王多次哭泣，多次暗示，弃疾不理解。在他的心中，君命如山，父亲必须以死谢罪，他不能通风报信。但作为儿子，见死不救，属于不孝，自己的结局也只有一死。弃疾这样做，在后人看来，多少有些迂腐。

凌稚隆《春秋左传注评测义》提出了这样的观点：“弃疾之为臣子过矣，夫父果无罪，而君欲杀之，则号泣而请，不得则奉父而逃，孝也，亦不害为忠。父果有罪，而君已杀之，则敬共其职，以盖父愆，而中实隐痛焉，忠也，亦不失为孝。”[1]大意是弃疾可以先向楚康王求情，再带着父亲逃跑，前者算是尽忠，后者也是尽孝。哪怕君主杀了父亲，自己也不应寻死，而是要努力工作，恪尽职守，为父亲赎罪，这也是尽忠。心里强忍痛楚，这也算是尽孝。他倒好，没有救父亲，一死了之，也没有尽臣子的职责，可谓不忠不孝。一句话，弃疾是事后作为，结果很被动，还不如事前干预。

对比之下，申叔豫是一个非常聪明的人。他看到薳子冯做得比子南还要过分，一下子宠信了八个小人。他就躲避，不和他说话。薳子冯察觉到申叔豫的反常，退朝后，进见申叔豫，问清缘故，于是“自御而归，不能当道”。到了家里，赶紧辞退了那八个惹是生非的小人。楚康王这才安心。薳子冯的处理给子南做了很好的示范。一个聪明的朋友，救了一个聪明的权臣。而一个迂腐的儿子，间接害了一个昏聩的父亲。

弃疾为了忠孝两全，选择自缢而亡，从形式上是符合大义的。但从与申叔豫劝谏薳子冯的对比来看，弃疾不劝、不谏父亲的行为，是不近人情的。所以本质上，弃疾违背了孔子亲亲相隐、尊讳亲隐的理念。《左传》微言中暗含了讽喻。亲情、人伦和君命法度不应该是割裂的，不近人情的大义是僵化虚伪的。真正的忠孝大义，应该是推己及人，符合忠恕之道的。

四、思想会客厅

1. 儒家如何看待大义灭亲。

楚康王要杀子南，弃疾出于忠诚，没有向父亲通风报信，还以君臣之礼为理由拒绝立刻为父亲收尸。对弃疾这种类似大义灭亲的行为，《左传》所代表的儒家传统是如何看待的呢？

《论语·子路》中记载：“叶公语孔子曰：‘吾党有直躬者，其父攘羊，而子证之。’孔子曰：‘吾党之直者异于是，父为子隐，子为父隐，直在其中矣。’”叶公说自己家乡有个正直的人，父亲偷羊，他去举报。孔子说自己家乡的人也很正直，

[1] 李卫军：《左传集评》，北京：北京大学出版社，2016 年，第 1272 页。

却是父亲为儿子隐瞒罪责，儿子包庇父亲。亲人之间相互庇护的行为和检举揭发、大义灭亲的举动，哪一个更合乎正义？对于这样的道德困境，圣人孔子的立场很坚定，他站在亲亲相隐这一边。

《昭公十四年》中有叔向灭亲的故事。雍子和邢侯争地，雍子把女儿嫁给处理案件的法官叔鱼，以此来贿赂叔鱼，叔鱼因此包庇雍子。邢侯气不过，当堂杀死了两人。作为叔鱼的亲戚，叔向下令将徇私舞弊的叔鱼暴尸于市，称其为贪墨者，可谓是大义灭亲的极致了。对于叔向的做法，杜预、孔颖达等人都提出了反对。杜预注曰：“于义未安，直则有之。”意思是这样做或许合乎原则性，但不符合道义。孔颖达疏曰：“人皆曰叔向是‘义’，妄也。”孔子对此的评价则是：“杀亲益荣，犹义也夫！”对这句话的理解，历来有不同的说法。有人认为，这是贬义，意思是：杀死父亲，增加自己的荣耀，这还能算得上义吗？

受儒家思想影响的帝王，也通过政令对尊讳亲隐予以支持。汉宣帝曾经下诏：“自今子首匿父母，妻匿夫，孙匿大父母，皆勿坐。其父母匿子，夫匿妻，大父母匿孙，罪殊死，皆上请廷尉以闻。”（《汉书·宣帝纪》）意思是父母子孙相互包庇，是可以免连坐，免死罪的。

2. 在大义与情理之间。

弃疾遵从大义（君命、民心、国法），不救父亲，《左传》以亲亲相隐的理念，不完全认同他的做法。但综观中西方文化史、思想史，亲情与公理的矛盾，引发了无数智者的讨论。

《孟子·尽心上》记载：“桃应问曰：‘舜为天子，皋陶为士，瞽瞍杀人，则如之何？’”意思是，舜的父亲犯了杀人罪，作为天子，他该怎么办。孟子的意思是舜应该让皋陶秉公执法，把瞽瞍抓起来。桃应问，舜作为儿子就会承担不孝之名，该怎么办？孟子说，那就放弃君主之位，背着父亲逃跑，找一个偏僻安全的地方，过快乐的日子。孟子采取的方式或许正是楚康王希望和暗示弃疾采取的措施。一方面尊重国法和公义，但最终还是为了孝顺和亲情放弃君主的职责。孟子所理解的义，绝不是将自己与他人割裂开来，不通人情地执法，法也就失去了义。换句话说，义的执行，要推己及人，强恕而行。另外，如果大义灭亲成为风气，人伦秩序被破坏，人心败坏，大义也就没有了践行的基础。

西方古典精神也主张情理与正义的调和。古希腊剧作家索福克勒斯的经典名作《安提戈涅》就呈现了合乎人情的自然法则与不近人情的世俗法令之间的冲突。

安提戈涅的哥哥背叛城邦而战死，国王克瑞翁下令不准收尸，安提戈涅为了兄妹之情，为了神圣的自然法则突破禁令，最终被下令处死。得知噩耗后，安提戈涅的未婚夫（也就是国王克瑞翁的儿子）、王后相继死去。在这个故事中，亲情和血缘所代表的正义与国家、民族的正义无法调和。黑格尔认为，人物的牺牲和毁灭，目的就是让这两种正义和解。

古希腊哲人克里克勒提出了法有良善之分，合乎情理的自然法，是良法。亚里士多德认为："实行得良好的法律提出这类要求是出于良好的意图，任意的法律提出这种要求的意图则不那么良好。"[1] 法律背后有良好的道德动机，则会实行得好，但如果是不公道的恶法，意图并不良好，则会没有公信力。他还补充说："法律制定一条规则，就会有一种例外。当法律的规定过于简单而有缺陷和错误时，由例外来纠正这种缺陷和错误……公道的性质就是这样，它是对法律由于其一般性而带来的缺陷的纠正。"[2] 启蒙思想家孟德斯鸠也继承了这一观点，他将公道与法律类比为半径和圆，前者决定后者的范围，正如公道关系是法律存在的前提。法律条文、政令规则可以修改，但公道人心必须尊重和维护。

五、练习步步高

（一）知识识记

1. 填空。

《春秋三传》包括____________________三部作品。《春秋》"大义"主要涉及礼秩纲常方面，例如______、______、______、______、忠孝仁义等。

2. 解释下列加点的字。

（1）弃疾请尸（　　　　　　　）

（2）吾与杀吾父（　　　　　　　）

（3）弗应而退（　　　　　　　）

[1]［古希腊］亚里士多德：《尼各马可伦理学》，廖申白译，北京：商务印书馆，2011 年，第 142 页。

[2] 同上，第 175—176 页。

（4）子姑告我（　　　　　　　　）

（5）自御而归（　　　　　　　　）

（6）而后王安之（　　　　　　　　）

3. 与“君焉用之”中的“焉”字用法相同的一项是（　　）

A. 青麻头伏焉（《促织》）

B. 焉用亡郑以陪邻（《烛之武退秦师》）

C. 或师焉，或否焉（《师说》）

D. 三人行，必有我师焉（《论语·述而》）

4. 将句子翻译成现代汉语。

王遂杀子南于朝，轘观起于四竟。

（二）文心体悟

本节选文善用衬托手法。王源说：“以子冯衬子南，以八人衬观起，明也，章法易见。以申叔豫衬弃疾，暗也，不易见。”（李卫军《左传集评》）请你结合这一段话，加以解释。

（三）思想碰撞

弃疾拒绝泄露君主要杀父亲子南的意图，后又自缢而死，有人认为是忠孝两全，有人指责其不忠不孝。凌稚隆《春秋左传注评测义》中说：“弃疾之为臣子过矣。”你赞同哪一种观点？请说说理由。

王霸之辩：管仲有三代气象

一、原典选读

僖公七年（节选）

秋，盟于甯母，谋郑故也。

管仲言于齐侯曰："臣闻之，招携以礼，怀①远以德。德、礼不易，无人不怀。"齐侯修礼于诸侯，诸侯官受方物②。

郑伯使大子华听命于会，言于齐侯曰："泄氏、孔氏、子人氏三族，实违君命。君若去之以为成，我以郑为内臣，君亦无所不利焉。"齐侯将许之。管仲曰："君以礼与信属诸侯，而以奸终之，无乃不可乎？子父不奸之谓礼，守命共时之谓信。违此二者，奸莫大焉。"公曰："诸侯有讨于郑，未捷；今苟有衅，从之，不亦可乎？"对曰："君若绥③之以德，加之以训，辞，而帅诸侯以讨郑。郑将覆亡之不暇，岂敢不惧？若总其罪人以临之，郑有辞④矣，何惧？且夫合诸侯，以崇德也。会而列奸，何以示后嗣？夫诸侯之会，其德、刑、礼、义，无国不记。记奸之位，君盟替矣。作而不记，非盛德也。君其勿许！郑必受盟。夫子华既为大子，而求介于大国以弱其国，亦必不免。郑有叔詹、堵叔、师叔三良⑤为政，未可间也。"齐侯辞焉。子华由是得罪于郑。

①怀：怀柔。 ②方物：土特产。 ③绥：安抚。 ④辞：说辞，借口。 ⑤三良：三个贤明的人。

秋季，鲁僖公和齐桓公、宋桓公、陈国的世子款、郑国的世子华在甯母结盟，策划进攻郑国。

管仲对齐桓公说："臣听说，招抚有二心的国家，用礼；怀柔疏远的国家，用德。凡事不违背德和礼，没有人不归附的。"齐桓公就以礼对待诸侯，诸侯的官员接受了齐国赏的土特产。

郑文公派遣太子华接受盟会的命令，对齐桓公说："泄氏、孔氏、子人氏三族，违背您的命令。您如果除掉他们而和敝国讲和，我国作为您的内臣，这对您也没有什么不利。"齐桓公准备答应他。管仲说："君主用礼和信会合诸侯，却用邪恶来结束，未免不行吧。儿子和父亲不相违背叫作礼，见机行事完成君命叫作信。违背这两点，没有比这更大的邪恶了。”齐桓公说：“诸侯进攻郑国，没有得胜；现在幸而有机可乘，利用这点，不也行吗？”管仲答道：“君主如果用德来安抚，加上教训，他们不接受，然后率领诸侯讨伐郑国。郑国挽救危亡还来不及，哪敢不害怕？如果领着他的罪人以兵进攻郑国，郑国就有说辞了，还害怕什么？而且会合诸侯，这是为了尊崇德行。会合而让奸邪之人列于国君，怎么能向后代交代？诸侯的会见，他们的德行、刑罚、礼仪、道义，没有一个国家不加以记载。如果记载了让邪恶的人居于君位，君主的盟约就要废弃了。事情做了而不能见于记载，这就不是崇高的道德。君主还是不同意为好！郑国一定会接受盟约。子华既然做了太子，却要求凭借大国来削弱他的国家，也一定不能免于祸患。郑国有叔詹、堵叔、师叔三个贤明的人执政，还不能去钻它的空子。”齐桓公于是向子华辞谢。子华因此得罪了郑国。

二、知识朋友圈

1. 霸主是怎样的存在？

春秋时期诸侯联盟的首领——霸，原为殷周时期的诸侯之长——方伯。周王室分封四方，土地的委托管理者就是方伯。他的任务是代表周王室征讨异己，巩固四方，维护秩序。霸主，其实是政治秩序的巩固者和捍卫者，是周王室权威的守门人。这样的角色，贪图私利，强权掠夺是不行的，只会造成局面的混乱。武力只是一种以暴制暴的手段，不能确保霸主地位的合法性。德和礼，信和义，还有周王室赋予的权力和地位，才能决定霸主的威慑力。强人可以有一群，但霸主只能有一个。韩范认为，霸道与王道不同。“其大旨皆规利而动者也。然而不可有贪利之形，予人以辞。故无择利之心者王，择利而能禁奸者霸，贪利不止，就奸如骛，则后世之师矣。”（李卫军《左传集评》）圣王很崇高，不在乎利益，霸主是要获利的。但霸主有利而不贪，懂得维护利与义的统一。后来的霸主成为谋利至上的强权者，那是霸主的堕落，后代人的狭隘误解。这样看来，管仲的主张，其实属于霸道接近王道的部分。“其义固已进于王。”（李卫军《左传集评》之孙琮总评）齐桓公有图利之心，但不贪利，也已经达到了霸主的原旨，至少能够克制私欲。这一对君臣，一个崇高而务实，一个庸凡却进取，形成了霸业的楷模。

2.《左传》中与战争有关的几个动词。

“诸侯有讨于郑”，“讨”的意思是宣布罪行征讨。《左传》秉承并运用《春秋》对战争术语的微言精义，每个词的定称都有讲究。例如：“克”[“郑伯克段于鄢”(《隐公元年》)]，不是战胜，而是铲除，务必将威胁除之殆尽。“败绩”[“齐师败绩”(《庄公十年》)]，不是大败，而是完全溃败。“败某师”[“敌未陈曰败某师”(《庄公十一年》)]，指的是在对方还没有摆好阵列之时与之交战，战胜对方。“侵”是不宣而战，“无钟鼓曰侵”(《庄公二十九年》)。齐桓公入侵蔡国，是因为自己的姬妾蔡姬被逐回蔡国后又嫁给楚成王，这样的战争名不正言不顺，就用“侵”。“有钟鼓曰伐”(《庄公二十九年》)。齐桓公伐楚，是代周王室问罪楚国，鸣锣敲鼓，所以用“伐”。战胜一个国家，就用“灭”，并不是吞并它、灭亡它，而是占领或征服。攻取一个国家大的城池，就用“入”。国君放弃国家逃亡了，就用“逃”。百姓和臣子成为难民，四处流亡，就用“溃”。

3. 语言积累。

（1）怀。小篆写作[illegible]。从心，褱声。本义为思念，怀念。引申为归向、依恋的含义，如“怀与安，实败名”(《僖公二十三年》)。

（2）盟。甲骨文写作[illegible]。本义为人在公开场合，杀牲歃血，缔结誓约，昭告神明。许慎《说文解字》云：“盟，《周礼》曰：‘国有疑则盟。’诸侯再相与会，十二岁一盟。”并将“盟”解读为：“杀牲歃血，朱盘玉敦，以立牛耳。”“盟”和“誓”的不同在于：“约信曰誓，莅牲曰盟。”(《礼记·曲礼》)“盟”要宰杀牲畜，因此更正式。后引申为发誓、集团或国家之间的联合体、结拜。

三、文心点点通

管仲的气象体现在他对礼和德的坚持。作为实力强大的霸主，齐桓公对此是无可无不可的。但管仲提醒他，对待诸侯盟友，我们得靠这两样思想武器去维系。他对待同一战线的诸侯，用的是礼。会盟商讨，师出有名，还有必要的赏赐，这就是礼。后来晋惠公不赏不偿中大夫，失去民心被俘，分公田赏赐，感动公卿被救回国，就说明礼的重要性。而面对郑国的讨价还价，他的一番话体现的就是德。

郑国太子子华恨透了郑国的三位贤明的执政者，想以铲除他们为条件，再和齐国讲和。齐桓公苦于战争上没能占便宜，再加上郑国本身反复无常，不可依赖，心想如果答应了子华，自己没有损失，还能削弱郑国，何乐而不为？管仲的反对理由是，如果答应子华的要求，铲除郑国三位贤明的执政者，郑国执政者将是子华那样的小人，助纣为虐，把一件光明正大的好事办成了不义之事，霸主的威信就会丧失，历史的记载也会不光彩。另外，如果郑国以齐桓公包庇子华为罪名，奋起反击，原本齐国的道德优势也会丧失。毕竟子华所为，是背叛郑国，结党营私之举。没有了信义和团结，本来郑国也没什么优势，现在就可以理直气壮地和齐国抗衡了。子华这样的心胸，恐怕在郑国不长久，一旦被清算，郑国即位者势必加速向楚国靠拢。相反，齐国有以郑国为内臣的机会而不用，一片是非公心，郑国执政者势必尊重齐国，反思自己先前的背信弃义，归附之意自然会油然而生。

管仲的礼和德不是空洞的假仁假义，而是他为齐桓公规划的政治蓝图。换句话说，他以三代之德为契机，有意借助三代的政治生态来制衡天下。他们的目光早已盯向周王，以周王室作为平衡政局的重要棋子。郑国为何会投靠楚国，这本身是周惠王的授意。周都地处楚国北上的门户，名义上是诸侯拱卫的中心，其实是楚国人与周人交锋的前线，楚国人的威逼利诱让周人苦不堪言。周、楚之间各有所需，后者需要前者给予其正统地位，前者则需要对方给予自己安全感。楚国是蛮夷，又和齐国作对，周王室怎么敢随随便便给予他们名位，周惠王偷偷使了一招权谋，让和齐国有过节的郑国背弃盟约，联络楚国，向其示好。把礼和德的大位夺回来，就是让周王不要有非分之想，你的权威未必能左右正统话语权，话语权在礼义上，礼义在我这里，你也得听我的。除此以外，齐桓公早已联合好周王太子郑，要利用他与周惠王的矛盾（周惠王爱太叔带，太子郑嗣位堪忧），为自己将来影响周王室做准备。没过多久，周惠王崩，太子郑没有为其安葬，而是向齐桓公求助，并最终顺利登上王位。

刘继庄《左传快评》认为《左传》对晋国记述多，而对齐国记述简略，管仲霸齐这么重大的历史事件，也只有为数不多的文字。不过，浓缩未必不是精华，对比一下《史记》，《左传》笔下的管仲格局似乎更大，形象、气象更了不得。《史记》中的管仲有治国强邦之策。“桓公既得管仲，与鲍叔、隰朋、高傒修齐国政，连五家之兵，设轻重鱼盐之利，以赡贫穷，禄贤能，齐人皆说。”（《史记・齐太公世家》）还有以信义分曹沫地于诸侯等大手笔，可谓是佐霸之才。《左传》在刻画管仲时，突出其以礼治国的特色，偏重管仲仁、礼、德、信的一面。

四、思想会客厅

霸主：在大义与利益之间。

在伐郑会盟这件事上，管仲展现了自己对礼和德的坚持，辅佐齐桓公兼顾义和利，是不是说齐桓公与管仲的霸业，已然秉承了王道的遗风呢？历史上对此主要有三种观点。

有一派无视这一点。如孟子。他说："管仲得君，如彼其专也；行乎国政，如彼其久也；功烈，如彼其卑也。"（《孟子·公孙丑上》）意思是管仲专政那么久，得君主信任如此深刻，齐国霸业和功劳也就那样（论影响的时间和空间，与晋国、楚国相比）。在孟子眼里，管仲就是功利霸道的推行者，道德追求不是其目的。正如《管子》主要还是坚持法家学说。另一派承认管仲对霸主有道德要求，但没有坚持下去，半途而废。苏轼在《论管仲》中说，管仲相齐桓公，辞子华这件事，是"盛德之事"，"齐可以王矣"，但恨管仲"不学道，不自诚意正心以刑其国"，使得自己的生活奢华，国家产生奸佞，没有实现王道。第三派似乎更公允、客观，认为把管仲单纯看作法家做派，有失公允，王道的境界能否达到且不论，至少在伐郑会盟这件事情上，体现出了三代气象。

对于霸主与圣王的关系，霸道与王道的联系，诸子观点如下：孟子认为霸主的境界再高，也不能弥补圣王消失的遗憾，但这些霸主已经是"后世难以企及的典范"[1]。孟子说："今之诸侯，五霸之罪人也。"（《孟子·告子下》）意思是现在的诸侯，道义责任比春秋五霸差得远。荀子没有把王道与霸道截然分开，他认为两者都有道德追求，但前者重视义，后者重视信。"故用国者，义立而王，信立而霸，权谋立而亡。"（《荀子·王霸》）韩非子推崇的是霸道，几乎否定了王道的独立性，认为所谓合格的君主就是称霸和重刑。他认为"五霸以法正诸侯"（《商君书·修权》）。《左传》对霸道中礼义与利益的平衡的看法，似乎非常暧昧。"霸"字有时候带有道德不高尚的贬义，有时候则是恢复秩序的重要力量。美国学者李惠仪认为，《左传》中霸主所提倡的仁义和信用，并不是真正的王道遗风，而是为了权谋而展开的道德说辞。大国国君利用这一说辞为自己扩张势力，小国借助其劝说大国保护自己。

---

[1] [美]李惠仪：《〈左传〉的书写与解读》，文韬、徐明德译，南京：江苏人民出版社，2016年，第253页。

五、练习步步高

（一）知识识记

1. 填空。

《左传》中有许多意义丰富且微妙的战争术语。如“克”的意思是________，“入”的意思是________，“伐”的意思是________，“侵”的意思是________。

2. 解释下列加点的字。

（1）谋郑故也（　　　　　　）

（2）怀远以德（　　　　　　）

（3）今苟有衅（　　　　　　）

（4）君其勿许（　　　　　　）

3. 与“无乃不可乎”中“无乃”用法相同的一项是（　　）

A. 得无教我猎虫所耶（《促织》）

B. 然则又何以兵为（《荀子·议兵》）

C. 学而时习之，不亦说乎（《论语·学而》）

D. 庸知其年之先后生于吾乎（《师说》）

4. 将句子翻译成现代汉语。

且夫合诸侯，以崇德也。会而列奸，何以示后嗣？

____

（二）文心体悟

冯李华、陆浩《春秋左绣》评价本节选文以“德礼”为主，“德礼”二字是一篇的枢纽，而开篇却以“谋郑”起笔。请你赏析本节选文思路的特点及妙处。

____

____

____

____

（三）思想碰撞

林纾认为，管仲之言“‘招携以礼，怀远以德’八字，已足以镇子华之奸心，尤足以息桓公之欲念”（《左传撷华》）。请你结合本节选文加以解释。

公私史心：谁在同情赵盾

一、原典选读

宣公二年（节选）

晋灵公不君：厚敛以雕墙①；从台上弹人，而观其辟丸也；宰夫②胹熊蹯不熟，杀之，置诸畚③，使妇人载以过朝。赵盾、士季见其手，问其故，而患之。将谏，士季曰：“谏而不入，则莫之继也。会请先，不入，则子继之。”三进，及溜，而后视之。曰：“吾知所过矣，将改之。”稽首而对曰：“人谁无过，过而能改，善莫大焉。《诗》曰：‘靡不有初，鲜克有终。’夫如是，则能补过者鲜矣。君能有终，则社稷之固也，岂惟群臣赖之。又曰：‘衮职有阙，惟仲山甫补之④。’能补过也。君能补过，衮⑤不废矣。”

犹不改。宣子骤谏，公患之，使鉏麑贼之。晨往，寝门辟矣，盛服将朝。尚早，坐而假寐。麑退，叹而言曰：“不忘恭敬，民之主也。贼民之主，不忠；弃君之命，不信。有一于此，不如死也。”触槐而死。

秋九月，晋侯饮赵盾酒，伏甲，将攻之。其右⑥提弥明知之，趋登，曰：“臣侍君宴，过三爵，非礼也。”遂扶以下。公嗾夫獒⑦焉，明搏而杀之。盾曰：“弃人用犬，虽猛何为！”斗且出。提弥明死之。

初，宣子田[8]于首山，舍于翳桑，见灵辄饿，问其病。曰：“不食三日矣。”食之，舍其半。问之。曰：“宦三年矣，未知母之存否，今近焉，请以遗之。”使尽之，而为之箪食与肉，置诸橐以与之。既而与为公介[9]，倒戟[10]以御公徒，而免之。问何故。对曰：“翳桑之饿人也。”问其名居，不告而退，遂自亡也。

乙丑，赵穿杀灵公于桃园。宣子未出山[11]而复。大史书曰：“赵盾弑其君。”以示于朝。宣子曰：“不然。”对曰：“子为正卿，亡不越竟，反不讨贼，非子而谁？”宣子曰：“呜呼！《诗》曰：‘我之怀矣，自诒伊戚[12]。’其我之谓矣。”孔子曰：“董狐，古之良史也，书法不隐。赵宣子，古之良大夫也，为法受恶[13]。惜也，越竟乃免。”

注释

①雕墙：为墙壁涂彩。 ②宰夫：厨师。 ③畚：用蒲草或竹篾编织的盛物器具。 ④惟仲山甫补之：指君主有过失，只有仲山甫来弥补。仲山甫是周宣王时的重臣。 ⑤衮：也作“衮”，古代君主所穿的礼服，多用于重要场合。这里指国君的职责、君位不被废除。 ⑥右：车右。 ⑦獒：獒犬，大型犬类。 ⑧田：打猎，狩猎。 ⑨介：侍卫。 ⑩倒戟：把矛戟倒转过来，表示倒戈。 ⑪未出山：未走出国境。 ⑫我之怀矣，自诒伊戚：出自《诗经·小雅·小明》，指因为我对晋国的依恋，给自己带来了麻烦。 ⑬为法受恶：（赵盾）因为历史书写的法度而蒙受恶名。

晋灵公做事不符合为君之道：重重地收税用来彩画墙壁；从高台上用弹丸打人，却看他们躲避弹丸的情形；有一次，厨师烧煮熊掌不熟，晋灵公杀死他，放在畚箕里，让女人用头顶着走过朝廷。赵盾和士会看到死人的手，问起杀人的缘故，感到担心。准备进谏，士会对赵盾说：“您劝谏如果听不进去，就没有人继续劝谏了。请让士会先去，不听，您再接着劝谏。”士会前去三次，到达屋檐下，晋灵公才转眼看他。晋灵公说：“我知道错了，打算改正。”士会叩头答道：“一个人谁没有过错，有了过错能够改正，就没有比这更好的事情了。《诗经》说：‘事情不难有个好开始，很少能有个好结果。’如果像这样，能够弥补过错的人就很少了。君主能够有好结果，那就是国家的保障了，哪里仅仅是臣子依靠它。《诗经》又说：‘周宣王有了过失，只有仲山甫来弥补。’这说的是能够弥补错误。君主能够弥补错误，礼服就不会丢弃了。”

晋灵公尽管口头上说要改正，行动上还是不改正。赵盾屡次进谏，晋灵公很讨厌，派遣鉏麑去刺杀他。（鉏麑）清早前往，赵盾的卧室门已经打开了，（他）穿得整整齐齐，准备入朝。时间还早，赵盾正坐着打瞌睡。鉏麑退出来，叹气说："不忘记恭敬，真是百姓的主人。刺杀百姓的主人，就是不忠；放弃国君的使命，就是不信。两件事情有了一件，不如死了好。"（鉏麑）撞在槐树上死了。

秋季九月，晋灵公请赵盾喝酒，埋伏了甲士，准备攻击杀死赵盾。赵盾的车右提弥明察觉了，快步登上殿堂，说："臣子侍奉君主喝酒，超过三杯，就不合礼了。"就扶了赵盾下殿堂。晋灵公嗾使恶狗扑过去，提弥明上前搏斗，把狗杀了。赵盾说："不用人却利用狗，虽然凶猛，又有什么用！"赵盾一边搏斗一边退了出去。提弥明被伏兵杀死。

当初，赵盾在首阳山打猎，住在翳桑，看见灵辄饿倒在地上，问他有什么病。灵辄说："已经三天没吃东西了。"赵盾给他食物，他留下一半。问他为什么。他说："在外学习做官已经三年了，不知道母亲还在不在，现在快到家了，请让我把这个留给她。"赵盾让他吃完，并且准备了一筐饭和一些肉，放在袋子里给了他。后来灵辄做了晋灵公的侍卫，在这次事件中，倒过戟来抵御晋灵公的其他侍卫，使赵盾免于祸难。赵盾问他为什么这样做。他答道："我就是翳桑那个饿倒在地上的人。"问他的姓名、住处，他不回答却退了出去，就自己逃亡了。

九月二十六日，赵穿在桃园杀死了晋灵公。赵盾没有走出晋国国境就回来再度做卿。太史记载，说："赵盾弑其君。"在朝廷上公布。赵盾说："不是这样。"太史答道："您是正卿，逃亡而没有走出国境，回来不惩罚凶手，弑君的人不是您还是谁？"赵盾说："哎呀！《诗经·小雅·小明》说：'因为我对晋国的依恋，给自己带来了麻烦。'恐怕就是说的我了。"孔子说："董狐，是古代的好史官，据事直书而不加隐讳。赵盾，是古代的好大夫，因为历史书写的法度而蒙受恶名。太可惜了，要是走出了国境，就可以避免背上弑君的罪名了。"

二、知识朋友圈

1. 先秦时期服饰的分类与等级。

君主以服饰作为礼物赐予臣子，是对其德行、功劳的认可。《诗经·小雅·采菽》中写君子接到君主召见的命令，在路上，他思忖君主会赏赐他什么。到了朝廷以后，才发现原来是车、马和衣服。什么样的衣服呢？"又何予之？玄衮及黼。""玄"是黑色，"衮"是龙纹礼服，"黼"是花纹黑白相间的礼服。在周代，红色是最高贵的颜色，黑色直到秦代才作为帝王袍色，所以当时可以赐予臣子。红与黑的色彩和天、地有一定的关联，黑为苍天，红为土地。龙纹也可以为贵族使用，但它的特点是变化万端，与其相对的是山纹，象征稳重。“黼”是斧形花纹，左黑右白，寓意黑白分明，英明果断。

不仅如此，君主还赏赐了这位君子“奢侈”的下衣。“赤芾在股，邪幅在下。彼交匪纾，天子所予。乐只君子，天子命之。乐只君子，福禄申之。”“芾”是古代祭服上的蔽膝。“幅”是布帛的宽度，这里指布。“邪”通“斜”，即从膝盖到脚交叉斜裹着的布，可以理解为绑腿。有了这样的赏赐，君子就感到舒心愉悦了（“纾”“乐”），君主以这样的方式表达对君子的赏识。上文中提到的“芾”，并不是贵族独有的衣饰，而是从上古时期延续到元明时期，被社会各个阶层普遍使用。“芾”是从腰延伸至膝的遮蔽物。其实是腰间束上一条带子，下面连着一块布。“芾”从实用性上看，主要是古人下跪时用来遮蔽膝盖，避免摩擦和污损，也可以用来御寒。从文明史的角度，“芾”是道德与审美合一的产物。“古者田渔而食，因衣其皮，先知蔽前，后知蔽后，后王易之以布帛而犹存其蔽前者，重古道不忘本。”（孔颖达援引郑玄《易乾凿度》注）意思是古人以兽皮为衣，先是遮蔽前身来遮羞，后来也开始遮蔽后身。后来的圣王下令用布帛遮体，却仍保留前面一块上窄下宽的斧形布，表示不忘先祖。“芾”是红色和绿色的，用料做工考究，是身份高贵的体现。据说新朝皇帝王莽的妻子迎接客人，因为穿了布做的“芾”，且衣袍未能曳地，被人当作仆人，闹了笑话。

2. 语言积累。

（1）戟。金文写作，长柄之上有尖刃，两边还有横刃，左下方类似“肉”，说明能杀伤肉体。“戟”是古代重要的兵器，横刃可以用来抵挡、招架别的兵器的砍杀，两边横刃中弯钩的部分可以刺伤、啄伤敌人的耳目或肢体（《襄公二十三年》曰：“或以戟钩之，断肘而死。”），而横刃中直锋的部分可以刺破咽喉。“戟”具有刺击和钩杀双重功能。“戟手”一词意思是伸出食指和中指，似戟，来指点人、怒骂人。

（2）史。甲骨文写作，象手持一种原始的猎具之形。本义为捕获野兽。引申为做事、古代负责记载史实的文职官员、历史、记载历史的书籍。许慎《说文解字》云：“史，记事者也。从又持中；中，正也。凡史之属皆从史。”这里的“持中”可以理解为中正的原则，不偏不倚，良史要保持公正，书写的方法不隐藏。还可以理解为左史、右史不同功能的转换。左史记事，右史记言。

三、文心点点通

“晋灵公不君”，左丘明一句话指出了晋灵公的过错。君主犯错，臣子当然要劝谏。劝谏的方法和时机，大家却犯难。这是由晋灵公错误的性质、其脾性和处境决定的。晋灵公在高台上用弹丸打人，看人躲避弹丸的情形，这是君主的恶趣味。厨师没有煮熟熊掌，君主就下令将其杀死，这个性质就很严重了。但君主杀死奴仆，春秋时期也不是个案，更何况晋灵公的做法也有其愧惧，把尸体放在畚箕里，让女人用头顶着走过朝廷。吴闿生《左传微》评价：“见其并无大过，非不可谏诲。”但赵盾和士会正好看到畚箕外面露出一只手，知道君主的恶行，就想要进谏。士会对赵盾说，我先试试，如果不听，再由您进谏。班固《白虎通·谏诤》中对“五谏”有这样的界定，依据效果的好坏，依次为讽谏、顺谏、窥谏、指谏、陷谏（犯颜直谏）。士会采用的方法是窥谏，在君主心情顺畅，愿意搭理人的时候才凑上去，所以去了三次，到了屋檐下，没有得到召见就回去了，直到晋灵公敢于面对他了，装作才看见他，他才进言。见了面，士会又用指谏法，即就事论事，您的过错就是这一件，知错能改就行了。问题不大，但怕您现在承认，后面不能坚持。士会可谓用心良苦，晋灵公知道自己有过错，如果一群人冲上来揭他的短，他肯定有逆反心理，给他一点时间，有助于接受。但士会的另一句话，可不属于《白虎通·谏诤》《礼记》“五谏”中的任何一种了。“衮职有阙，惟仲山甫补之。”这句话有典故，指周宣王犯错，只有仲山甫来进言，弥补错误。“衮职”指的是君主的职责。后面一句是关键。“衮不废”！什么意思？您若是不改过，君主的职责就可能荒废。这句话换一个角度理解，什么叫作荒废？是不是可以理解为罢黜、废除。您若是不改过，恐怕有人会废除了您。“玩‘衮不废’三字，明明以不改必废告灵矣。”（沈钦韩《左传补义》）士会的这一句话算是警告，这恐怕算是警谏、吓谏了。谁有这么大的权力让君主“易位”呢？当然是士会的上级赵盾了。赵盾就是孟子口中那个能够废立君主的谏臣——贵戚之卿。

《左传》记载，赵穿在桃园围攻晋灵公，将其杀死。赵盾没有离开晋国国境（未出逃避嫌），直接回国都，迎立新君。太史董狐就写“赵盾弑其君”，还张榜公示。赵盾很不满意，赵穿杀人，我不知情啊，您怎么能说是我干的。董狐反驳说，您是正卿啊，您如果不知情，应该逃离国境，与赵穿撇清关系。您如果知情，就应该回来后惩罚凶手。可是您现在回来了，准备迎立新君，好像什么事都没发生，这不是包庇赵穿吗？董狐的言外之意是，您包庇赵穿，就是知情，并且暗中参与谋划，这个嫌疑怕是很难避开。赵盾大呼冤枉，说我其实是因为留恋晋国，故而没有离开晋国，这却成为我的罪状了。

《左传》记载了孔子对这件事情的看法，意思是董狐说得没错，赵盾有弑君之罪，但赵盾不是真心弑君，他是因为触动了史家道义的书法规则，所以承受恶名，挺可惜的。要是离开了国境，就能避免背上弑君的罪名了。左丘明的一番记述，引起了轩然大波。后世文人纷纷站出来质疑左丘明对孔子的记述。参照《春秋》，孔子并没有同情赵盾，更无意为他开脱。似乎是左丘明曲解了孔子的意思，以为孔子视赵盾无罪。

“金履祥氏曰：‘此非夫子之言也。……而赵穿攻灵公于后，穿何怨于公而为此？是必有所受命矣。盾非果奔也，故未出山。实使穿也，故不讨贼。夫子书法因董狐之旧，岂又为是言乎，而反为赵盾谋也？’”（凌稚隆《春秋左传注评测义》）程颐认为，赵穿弑君，无人不知，要不是《春秋》引用董狐的话，说是赵盾弑君，后世人谁会想到可能是赵盾指使的，孔子就是在宣告，赵盾不是善茬。李渔也认为这绝非夫子本意。他认为，赵盾不逃离国境，不惩罚凶手就是因为自己是主谋，孔子的《春秋》取材于哪里？当然是董狐的记载，他采纳、认同董狐的话，就不应该为赵盾说话了。张昆崖认为孔子对赵盾“惜也，越境乃免”的说法未必是假的，但孔子不是真的惋惜，而是为了反衬赵盾未逃离国境的可疑。

按照这样的说法，左丘明未必是替弑君者赵盾开脱，而是以开脱之言，激发读者对其欲盖弥彰的重视。在叙述完赵穿弑君，赵盾未逃离国境之后，《左传》别有一笔，“宣子使赵穿逆公子黑臀于周而立之”（林纾《左传撷华》），赵盾让赵穿去迎立新君，这样的行为无疑坐实了他与赵穿串通，左丘明既然有如此之笔，无疑是在暴露赵盾的狼子野心。左丘明的叙述，达到了一种近似于反讽的效果，字面上越是替赵盾开脱，越是暴露赵盾的罪恶和心机。“后引孔子之言，看去似为出脱，实则老吏断狱，愈松愈紧，令他摆脱不开。……司马昭之心路人皆知，左氏未尝被他瞒过。读是文者，正当会其微意所在。”（周大璋《左传翼》）这样看，孔子的那一番话就有另一种理解：张隧认为，所谓“惜也，越境乃免”不是惋惜赵盾，而是可惜董狐的那番话不该说，不得体，弑君者即使逃离国境了，也是罪无可恕，董狐的话太软了。“惜也者，惜董狐之言也。”林纾云，“‘越境乃免’，是惜董狐立言之失体，不是为宣子宽其罪名。”（《左传撷华》）董狐开了个“越境乃免”的口子，让赵盾有一番辩解，这是不应该的，更是扰乱人心。所以孔子是委婉地批评董狐。再回看整个故事，赵盾得人心也好，那么多人为其卖命也罢，这正是其弑君的舆论基础和心理准备，左丘明的文字，几乎是明褒实贬，暗讽赵盾之奸恶。

比较后世学者的观点，似乎认为《左传》暗讽赵盾，与孔子保持一致的观点更多。从这一点看，欧阳修等人的左丘明曲解孔子，替赵盾开脱的说法恐怕不准确。无论有没有人真正同情赵盾，其行为已然触犯了“弑君者诛其心”的《春秋》铁律。一部《春秋》经文，定义弑君者，只要你有动机，甚至是对弑君行为有内心的认可和宽容，都属于犯罪，而且是主谋。

正因为如此，《春秋》才能让“乱臣贼子惧”（《孟子·滕文公下》）。不读《春秋》，后世臣子或许犯了弑君的恶行还不自知。这样一部经书，以近于道德洁癖的姿态，设定了一条避免那些自以为是的臣子人设崩塌的警戒线。

四、思想会客厅

史笔寄史心。

左丘明以“诛心”的方式，揭示赵盾在整件弑君事件中的“暧昧”，彰显《春秋》大义。其实这样婉曲的史笔在文中还有很多细节能体现。鉏麑杀赵盾的想法和遭遇，旁人能证明，颇为可疑。吴曾祺《左传菁华录》云：“鉏麑之言，孰从而听之？或赵盾自以计杀麑，而托言其自杀，以逭己罪。又谬为麑言，以明己之忠。然其弑君之机，已伏于此。”而灵辄，或许正是赵盾笼络的一个门客，此人带着特殊使命，埋伏在晋灵公身边，伺机内应，帮助赵盾，之后灵辄逃亡，了无踪迹。沈钦韩《左传补义》云：“灵辄之为公介，必非无心，皆赵氏豫为安顿，不告自亡，亦盾之文饰其辞乎！”这些多少都在暗示赵盾的心机。历史书写中隐藏着史学家的视角，体现着史学家的理念和价值判断，这一点哪怕在极端崇拜“信史”原则的中国，也不难为人所承认。所谓“通古今之变，成一家之言”（司马迁《报任安书》）。

西方学界对历史叙述背后的主观性和寄托性当然也有很丰富的论述。古希腊历史之父希罗多德曾强调：“我是按照我自己所相信的来讲的。”（《历史》）他记载的历史，是有个人的判断的。提出“一切历史都是思想史”（《历史的观念》）的科林伍德，曾打了一个比方来说明读者想象对于理解历史的作用——如果恺撒今天在罗马，明天在高卢，我们就会猜想他刚刚经历了一次旅行。真实的历史是他没有旅行，但这是读者合乎逻辑的想象。后现代主义历史学家海登·怀特认为：“什么是历史经验？在你问这个问题的时候，你能够经验历史，那是一个很奇怪的想法。你并没有经验历史。你经验的是洪水、战斗、战争……那么，人们所经验的'历史'是什么呢？那只能是一种想象性的创造物，却是真实不妄的。"[1]意思是作者在叙述时一定要融入自己的主观推论、经验和想象，才能把历史说清楚。在后现代主义历史学家看来，传统的历史书写，文学性和科学性、主观性与客观性，两者并没有那么严格的区分，把历史看作纯然实证的科学，这是西方启蒙思想兴起及科学主义兴盛之后的观念，是文明发展后不断"祛魅"的结果。

后现代主义思想的先驱，哲学家尼采，用他的透视主义（视角主义）富有个性地诠释了什么是真实客观的世界。"我反对实证主义……而我要说：不，恰恰没有事实，而只有解释。我们不能确定任何事实'本身'……你们说：'一切皆为主观的。'但是，这已经是在解释，'主体'不是给定之物，而是某种额外编造出来的东西……世界……背后没有任何意义，只有无穷的'透视主义的'意义。"[2]这里的透视，就是个人视角的投射。这句话当然也适用于像《左传》这样的历史（文学）作品。

五、练习步步高

（一）知识识记

1. 填空。

班固《白虎通・谏诤》提出的五种进谏方式为________、________、________、________、________。

2. 解释下列加点的字。

（1）而观其辟丸也（　　　　　　　）

（2）使鉏麑贼之（　　　　　　　）

（3）趋登，曰："臣侍君宴"（　　　　　　　）

（4）提弥明死之（　　　　　　　）

（5）置诸橐以与之（　　　　　　　）

（6）亡不越竟（　　　　　　　）

---

[1]［波兰］埃娃・多曼斯卡：《邂逅：后现代主义之后的历史哲学》，彭刚译，北京：北京大学出版社，2007 年，第 41 页。

[2]［德］维布莱希特・里斯：《尼采》，王彤译，北京：中国人民大学出版社，2010 年，第 132 页。

3. 与“其我之谓矣”句式相同的一项是（　　）

A. 求人可使报秦者（《史记·廉颇蔺相如列传》）

B. 慈父见背（《陈情表》）

C. 相与枕藉乎舟中（《前赤壁赋》）

D. 又试之鸡（《促织》）

4. 将句子翻译成现代汉语。

夫如是，则能补过者鲜矣。君能有终，则社稷之固也，岂唯群臣赖之。

（二）文心体悟

阅读材料，回答问题。

宣公二年（节选）

《左传》

初，宣子田于首山，舍于翳桑，见灵辄饿，问其病。曰：“不食三日矣。”食之，舍其半。问之。曰：“宦三年矣，未知母之存否，今近焉，请以遗之。”使尽之，而为之箪食与肉，置诸橐以与之。

请你赏析这段选文在叙述手法上的特点及效果。

（三）思想碰撞

沈钦韩《左传补义》云：“灵辄之为公介，必非无心。”你是否认同这一观点，请说明理由。

史才兵书：箭射周天子

一、原典选读

桓公五年（节选）

夏，齐侯、郑伯朝于纪，欲以袭之。纪人知之。

王夺郑伯政，郑伯不朝。秋，王以诸侯伐郑，郑伯御之。

王为中军；虢公林父将右军，蔡人、卫人属焉；周公黑肩将左军，陈人属焉。

郑子元请为左拒①，以当蔡人、卫人；为右拒，以当陈人，曰："陈乱，民莫有斗心。若先犯之，必奔。王卒顾之，必乱。蔡、卫不枝，固将先奔。既而萃于王卒，可以集事。"从之。曼伯为右拒，祭仲足为左拒，原繁、高渠弥以中军奉公，为鱼丽之陈。先偏后伍②，伍承弥缝。

战于繻葛。命二拒曰："旝③动而鼓！"蔡、卫、陈皆奔，王卒乱，郑师合以攻之，王卒大败。祝聃射王中肩，王亦能军。祝聃请从之。公曰："君子不欲多上人，况敢陵天子乎？苟自救也，社稷无陨，多矣。"

夜，郑伯使祭足劳王，且问左右。

①拒：军队方阵。 ②先偏后伍：偏、伍，春秋战国时期车战的编制单位。以二十五乘为偏，五人为伍。 ③旝：作战指挥用的旗子。

夏季，齐僖公、郑庄公去纪国访问，想要乘机袭击纪国。纪国人发觉了。

周桓王夺去了郑庄公的政权，郑庄公不再朝觐。秋季，周桓王带领诸侯讨伐郑国，郑庄公出兵抵御。

周桓王率领中军；虢公林父率领右军，蔡军、卫军隶属于右军；周公黑肩率左军，陈军隶属于左军。

郑国的子元建议使用左方阵，来对付蔡军和卫军；使用右方阵来对付陈军，说："陈国动乱，百姓缺乏战斗意志。如果先攻击陈军，他们必定奔逃。周天子的军队看到这种情形，又一定会发生混乱。蔡国和卫国的军队支撑不住，也一定会争先奔逃。这时我们可集中兵力对付周天子的中军，我们就可以获得成功。”郑庄公听从了。曼伯担任右方阵的指挥，祭仲足担任左方阵的指挥，原繁、高渠弥带领中军护卫郑庄公，摆开了叫作鱼丽的阵势。前有偏，后有伍，伍弥补偏的空隙。

双方在繻葛交战。郑庄公命令左右两边方阵说：“大旗一挥，就击鼓进军。”郑国的军队发起进攻，蔡、卫、陈军一起奔逃，周军因此混乱，郑国的军队从两边合拢来进攻，周军终于大败。祝聃射中周桓王的肩膀，周桓王还能指挥军队。祝聃请求前去追赶。郑庄公说：“君子不希望欺人太甚，哪里敢欺凌天子呢？只要能挽救自己，国家免于危亡，这就足够了。”

夜间，郑庄公派遣祭仲足去慰问周桓王，同时问候他的左右随从。

二、知识朋友圈

1. 何谓“鱼丽之陈”。

春秋时期，战斗的基本阵容是方阵，往往依托于开阔的平原。郑国有“鱼丽之陈”，杀伤力不一般。杜预注引《司马法》：“车战，二十五乘为偏。以车居前，以伍次之，承偏之隙，而弥缝阙漏也。五人为伍，此盖鱼丽阵法。”意思是二十五辆战车在前，五人组成的步兵小队若干跟在后面，战车队形之间留有空隙，步兵一边行进，一边弥补空隙，机动穿插。这样的战队一共有五个，一起冲锋，样子看上去像是穿梭的鱼队，华丽整饬、灵活自如。一方面配合起来比较方便，一方面重点进攻时有助于各个击破。左拒、右拒是左矩、右矩，即左、右翼的方阵，以中军为核心，在旗鼓的号令之下，向前进攻。

2. 左、中、右三军。

春秋时期，战争方阵一般分左、中、右三军。三军不是平列组合，而是有机结合，有锋有后，形成参差纵深。《孙膑兵法·八阵》云：“用八阵战者，因地之利，用八阵之宜。用阵三分，诲阵有锋，诲锋有后，皆待令而动。”这里的“三分”，就是中军靠前，像锋线尖刀。左、右军在后方侧翼，作为中军的坚强后盾。孙膑所谓“斗一，守二”，就是用中军之锋去攻击战斗，而侧翼两军始终掩护守卫，机动运用。所以在历次大型战斗中，避开对方的锋线（中军），或者找机会直接摧毁它，就是战斗的不二法门，而完成这一任务的，一般都是自己的中军。在郑庄公抵御周桓王军队的战斗中，作为两翼的蔡国、卫国、陈国军队率先崩溃，没有起到后盾和护卫中军的作用，被敌人攻破，导致周桓王的军队失利。

3. 语言积累。

（1）袭。本义为死者穿的衣襟在左边的衣袍。引申为加穿衣服、量词（衣服一套叫一袭）、重复、继承、熏染、乘人不备偷偷进攻。“棺椁数袭。”（《吕氏春秋·节丧》）“凡师有钟鼓曰伐，无曰侵，轻曰袭。”（《庄公二十九年》）

（2）奔。金文写作[illegible]，象前后摆臂飞跑的人形，下从三止，止即脚趾，以众多脚趾表示快速跑动。本义为快跑，读作 bēn。引申为打了败仗而逃跑、女子私自与男子结合。也可以读作 bèn，引申为直接前往、接近、为某种目的尽力去做。“走”和“奔”不一样。“中庭谓之走，大路谓之奔。”（《尔雅·释宫》）

三、文心点点通

春秋时期，枭雄遍地，郑庄公是其中之一。从才智、潜力、影响力等综合判断，他的成就不亚于齐桓晋文等霸主，但他最终口碑不太好。客观上说，《左传》对郑庄公很不友好，其间大量的笔墨都在渲染其奸诈、卑劣和虚伪。郑庄公最大的“奸行”，怕是要数“箭射周王”。这一行为扯下了周王室用以维护脆弱自尊的遮羞布，让左丘明恨得咬牙切齿。在左丘明笔下，郑庄公坏得令人发指，短短几百字，可谓是罪行累累，恶迹昭昭。

首先是“其谋之毒”。郑庄公访问纪国，这看似是正常的外事活动。但注意措辞——“朝”，郑国的姿态应该是比较恭敬的，但就是这种恭敬的姿态令人胆寒。韩范云：“凡大国施礼于小，其中必有机祸。”（李卫军《左传集评》）大国来访问小国，难道是联络感情吗？而且突如其来，更显得“礼多必诈”。“黄鼠狼拜年的意图”，“纪人知之”，他们赶紧向周王室求救。这一方面说明周王室在当时名义上的权威还是有的，但另一方面，也不得不让人感慨，只有小国才会寻求周王室的援助。周王室还是很有气概的，马上就夺了郑国的政权，没想到，郑国干脆就不来朝见。周王室与诸侯最基本的，也是最明确的法理关联，就是朝贡制度。若干年后，齐桓公讨伐楚国，来势汹汹，其中一个核心理由是楚国长期不向周王室纳贡。对比之下，郑庄公居然可以扭头就走，完全无视周王室的威严，从道义上看，太猖狂了。

其次是“其事之悖”。周王室讨伐郑国，郑国完全可以大事化小，承认一下错误，或者进行危机公关。然而，郑庄公像一只高傲的斗鸡，得意扬扬地抵御周桓王的军队。而他的谋略，招招见血，处处攻击周桓王军队的软肋，非常狠毒。周桓王亲征，对将领来说，为了保护周桓王，很多冒险的战术就无法展开。这是郑庄公军队的心理优势。郑庄公还利用了第二个心理战策略，他知道陈国这样的小国，作为附庸国，其狐假虎威的意图很明显，斗志不强，先攻击陈国的军队，可以让王卒分心、混乱，为了保护周桓王的安全，蔡国、卫国的军队自然就会被动，形成多米诺效应。春秋时期的战法，有很多相似点，郑庄公的策略，就是找出对方的软肋，逐个击破。魏禧《左传经世钞》用了很形象的比喻："攻瑕则坚者皆瑕也。"意思是一块玉璧，你敲击它有瑕疵的地方，其他坚固的地方也会露出瑕疵。

除了招数的阴狠致命，还有阵法的从容。分工越是明确，阵形越华丽整饬，郑国的无礼悖逆就越明显。他们从容不迫、游刃有余，实际上是在羞辱周桓王的军队，完全没有敬畏心。

最大的悖逆是不择手段向周桓王发出致命威胁。祝聃竟然用箭射中周桓王的肩膀。在危急的形势下，没有人会相信祝聃是用射伤周桓王来进行警告，他的攻击全然不顾及周桓王的生死。而当他看见周桓王还能够指挥军队，非但没有愧疚心虚，还要求继续追杀。

最后，还有一番轻佻戏弄。夜间，郑庄公派人去慰问周桓王，这就好比打了人还要问人疼不疼。明代艾南英说："所谓刃人而复煦煦以手，无他，奸人多伪礼如此。"（张昆崖《左传评林》）"陵天子"三字，显然是左丘明所界定的郑庄公的罪状，却偏偏从郑庄公嘴里说出来，极具讽刺性。

郑庄公不是只懂得权谋诈术的小人。从历史功绩看，他算是有雄才的。在齐桓公出现之前，他两次驱逐北戎，攘夷之功甚巨。但他的道德污点太明显。不亲亲，不尊王，而且伪善。驱逐自己的弟弟共叔段，纵容对方犯错，再加以惩罚。射伤周桓王之后却自诩为君子，装出一副谦让的样子。和齐桓公、晋文公相比，术多于道，诡频于谋，难怪后人评价郑庄公为乱世之奸雄第一人。

四、思想会客厅

战争：贵族的气质与风度。

吴曾祺《左传菁华录》说："'王亦能军'四字，极为分外写照，丧败之余，尚略有生气。"周桓王面不改色，指挥军队，引领大家撤退。一方面，是因为《左传》

对这场失败“修饰”得很完美。按照《春秋》尊讳亲隐的原则，周桓王的难堪是不能直说的。另一方面，却也是王族气质与风度的真实体现。

周桓王不是没有缺点，但他能够在战败时最大限度地表现自身的尊严。这正体现了春秋时期战争中王族、贵族的气质与风度。“春秋时代的车战，是一种贵族式的战争，有时彼此都以竞技的方式看待，布阵有一定的程序，交战也有公认的原则，也就是仍不离开‘礼’的约束。‘不为已甚’是当时的一般趋势。根据原则，在某种情形之下，不追击敌人。”[1]从这一点看，郑庄公不让手下去追击，也是合乎礼的。既是尊重对手，也是维护自身的荣誉。“这些态度与欧洲中古的骑士精神很相仿。”[2]

这种战场上的荣誉感和尊严感，在骑士精神中也有展现。翻阅古希腊文学，了解古希腊、古罗马时代真实的战争、社会状况，也能找到相应的理论和实践。M. I. 芬利这样评价荷马笔下的英雄人物：“每一种价值观，每一次判断，每一个行为，所有的技能和天分，其作用都在于表明或者实现荣誉。……荷马史诗中的英雄们狂热地热爱生命，带着激情去做每一件事，感受每一件事……但即使是生命，也必须给荣誉让步。……他们成为英雄，并不是因为他们在责任的召唤下，昂然走向死亡，高唱神明或者国家的颂歌——恰恰相反，他们公开抱怨自己的命运，而且到了冥府之后也没少怨言……而是因为，在荣誉的召唤下，他们毫不动摇、毫不质疑地遵循了英雄的行为准则。”[3]所以我们看到阿喀琉斯为了被抢的女奴和统帅阿伽门农决裂，擅自离开战场，又为了给战死的兄弟复仇，重新回到战场。女奴是自己的财物，财物被抢，一定要公开表示愤怒。兄弟是自己保护的对象，兄弟被杀，则是对自己的冒犯，一定要复仇。这就是英雄（贵族）的荣誉心。同样，在英雄的葬礼上，当其生前的财物无法处置的时候，就要通过体育竞技来决出胜者，由胜者继承。其目的有二：第一，英雄的荣誉决定了只有英雄才配继承其遗产；第二，这个获得其遗产的人，出于道义和责任，一定要把财物的主人——死去的英雄——的荣誉宣扬给别人听。

---

[1][2] [美]黄仁宇：《赫逊河畔谈中国历史》，北京：九州出版社，2020 年，第 4 页。

[3] [英]M. I. 芬利：《奥德修斯的世界》，刘淳、曾毅译，北京：北京大学出版社，2019 年，第 119 页。

五、练习步步高

（一）知识识记

1. 填空。

偏、伍指的是春秋战国时期的________单位。________为偏，________为伍。

2. 解释下列加点的字。

（1）郑伯御之（　　　　　　）

（2）卫人属焉（　　　　　　）

（3）可以集事（　　　　　　）

（4）旝动而鼓（　　　　　　）

（5）况敢陵天子乎（　　　　　　）

（6）社稷无陨（　　　　　　）

3. 与“固将先奔”中的“固”字用法相同的一项是（　　）

A. 我固当亨（《史记·淮阴侯列传》）

B. 名我固当（《种树郭橐驼传》）

C. 固将愁苦而终穷（《九章·涉江》）

D. 君臣固守以窥周室（《过秦论》）

4. 将句子翻译成现代汉语。

陈乱，民莫有斗心。若先犯之，必奔。王卒顾之，必乱。

（二）文心体悟

冯李华、陆浩的《春秋左绣》云：“此篇传王伐郑，却详写郑伯御王，是反客为主矣。”请你鉴赏《桓公五年》这一手法的表达效果。

（三）思想碰撞

有人认为，周天子伐郑国，虽然师出有名，却有不妥之处。你如何看待这一问题？

铁血王座：郑国公子的婚姻自主

一、原典选读

桓公六年（节选）

北戎伐齐，齐使乞师于郑。郑大子忽帅师救齐。六月，大败戎师，获其二帅大良、少良，甲首①三百，以献于齐。于是，诸侯之大夫戍齐，齐人馈之饩②，使鲁为其班。后郑。郑忽以其有功也，怒，故有郎③之师。

公之未昏于齐也，齐侯欲以文姜妻郑大子忽。大子忽辞。人问其故。大子曰：“人各有耦，齐大，非吾耦也。《诗》云：‘自求多福。’在我而已，大国何为？”君子曰：“善自为谋。”及其败戎师也，齐侯又请妻之。固辞。人问其故。大子曰：“无事于齐，吾犹不敢。今以君命奔齐之急，而受室以归，是以师昏也。民其谓我何？”遂辞诸郑伯。

①甲首：带甲戎兵的首级。 ②饩：给养，军粮。 ③郎：地名。

北戎进攻齐国，齐国派人到郑国求援。郑国的太子忽率领军队救援齐国。六月，大败戎军，俘虏了它的两个主帅大良、少良，砍了带甲戎兵三百人的首级，献给齐国。当时，诸侯的大夫在齐国防守边境，齐国人馈送他们食物，让鲁国来确定馈送各国军队的先后次序。鲁国依照周王室所定的次序，把郑国排在后面。郑太子忽认为自己有功劳，很恼怒，所以四年之后就有郎地的战役。

在齐桓公没有向齐国求婚时，齐僖公想把文姜嫁给太子忽。太子忽辞谢。别人问为什么。太子忽说：“人人都有合适的配偶，齐国强大，不是我的配偶。《诗经》说：‘求于自己，多受福德。’靠我自己就是了，要大国干什么？”君子说：“太子忽善于为自己打算。”等到他打败了戎军，齐僖公又请求把别的女子嫁给他。太子忽坚决辞谢。别人问为什么。太子忽说：“我没为齐国做什么事情，尚且不敢娶他们的女子。现在由于国君的命令急忙地到齐国救援，反而娶了妻子回国，这是利用战争而成婚。百姓将会对我有什么议论呢？”于是就用郑庄公的名义辞谢了。

桓公十一年（节选）

原文

郑昭公之败北戎也，齐人将妻之。昭公辞。祭仲曰：“必取之。君多内宠，子无大援，将不立。三公子皆君也。”弗从。

今译

郑昭公打败北戎的时候，齐侯打算把女儿嫁给他。郑昭公辞谢了。祭仲说：“您一定要娶她。国君姬妾很多，您如果没有有力的外援，将不能继承君位。其他三位公子都可能做国君的。”郑昭公不同意。

二、知识朋友圈

1.《左传》中的“君子曰”。

有学者统计，《左传》中借“君子曰”共发论八十六次，并出现了四种形式——“君子曰”“君子谓”“君子是以”和“君子以为”。此外还出现了“仲尼曰”这种特殊的评论模式，有学者认为“仲尼曰”和“君子曰”一致，都是作者对时事与人物所做的评价，意在借《春秋》所阐发的义理，起惩恶劝善、明是非的作用。其作用大致有四种：第一种是解释、阐发《春秋》的微言大义。第二种是预言将要发生的事情。确切地说，根据已有事件的征兆，对其作出是否顺应天理和人情的判断，再依次作出后续发展的推断。例如，齐女出姜嫁到鲁国，鲁国派大夫来迎亲，这是不合乎礼法的，所以君子就预言“出姜之不允于鲁”。后来出姜之子被杀，出姜回到齐国，就应验了预言。第三种是品评人物。第四种是评论政事。[1]

但也有人质疑“君子曰”的评判价值。姜希辙在《左传统笺》中表示“君子曰”有不少浅陋之语，不能折之以正大之理。例如评颍考叔劝导郑庄公与母亲重归于好，君子赞其为“纯孝”。有人质疑他不能劝导郑庄公反省过错，进一步礼敬天伦，只是在皮毛上敷衍，认为君子所言，未必公允、深刻。本节选文中君子赞扬郑国太子忽善自为谋，当然可以采纳，但能否等同于《左传》中出现的“仲尼曰”，是否可以成为《春秋》大义的阐发者，恐怕还需要再做探究。

2. 语言积累

（1）自求多福。出自《诗经 · 大雅 · 文王》，原句为：“无念尔祖，聿修厥德。永言配命，自求多福。”意思是感念祖先的意旨，修养自身的德行。长久修德顺应天命，自己求得多种福分。这句话的潜台词是：商以前合乎天道，所以曾被天命庇佑。商的堕落证明天命是不断变化的，周一定要自强不息，靠自己的努力来求得幸福和发展。自求多福因此就有靠自己的努力，不依靠他人（特别是先祖）谋求幸福和发展的意思。

（2）善自为谋。《桓公六年》：“君子曰：‘善自为谋。’”意思是君子善于为自己的未来谋划，不依赖大国，有主见。《南齐书 · 王僧虔传》记载：“太祖善书，及即位，笃好不已。与僧虔赌书毕，谓僧虔曰：‘谁为第一？’僧虔曰：‘臣书第一，陛下亦第一。’上笑曰：‘卿可谓善自为谋矣。’”王僧虔担心说自己书法超过皇帝会惹祸，说自己书法不及皇帝会被视作虚伪，于是采用了折中法。皇帝认为他善于为自己谋划，懂得明哲保身。

三、文心点点通

齐僖公想把妹妹文姜嫁给郑国太子忽，太子忽却主动推辞了。有人问他原因，他回答说，齐国是大国，自己配不上。这是太子忽第一次拒婚。后来，北戎攻打齐

[1] 白玉玮：《〈左传〉“君子曰”探微》，见《河北北方学院学报（社会科学版）》，2019 年第 1 期，第 6—10 页。

国，郑国太子忽率军救援，将带甲戎兵三百人的首级献给齐国。在馈送军粮的时候，由鲁国确定馈送各国军队的先后次序，鲁国依照周王室所定的次序，把郑国排在后面。这激怒了年轻气盛的太子忽，四年之后太子忽率军在郎这个地方狠狠地教训了一下鲁国。这下齐国人算是领教了小国强人的厉害，主动第二次提出联姻。太子忽又拒绝了。这次他说的话——我是为了救援齐国才出兵，如果娶了齐国女子，人家会觉得我是利用战争而成婚，百姓会看不起我的——令无数君子称赞。太子忽真的是有志气！

“齐大非耦”——这个成语出自《桓公六年》，其长久地影响着中国人的婚姻观念。太子忽仪表堂堂，战功卓著。齐僖公将文姜嫁给他又有何妨？他连着拒绝了两次，或许有他的顾虑。

其一，齐国是大国，大国女子下嫁，到时候指手画脚起来，自己麻烦。魏禧说：“衰族而取巨室，贫士而取富家，不为妇女所陵者，鲜矣。”（《左传经世钞》）司马光也赞成郑国太子忽的观点。他说：“‘嫁女嫁胜己者，取妇取不如己者。’此真老于世故之言。”（魏禧《左传经世钞》）其二，文姜的名声可能不太好，太子忽不想蹚浑水。文姜后来因为与齐襄公有私情，导致齐襄公杀死鲁桓公，齐、鲁两国大乱。郑国太子忽的预见还是有一定道理的。其三，或许是郑国太子忽的自尊心强，不希望靠着齐国这样的大国给自己带来好处。其四，郑国太子忽或许是迫于舆论压力。自己出征，两败戎狄，劳民伤财，也没捞到什么好处，如果这个时候娶了个齐国女子，百姓难免会说他“劳众自利”（魏禧《左传经世钞》）。他说的那句“民其谓我何”，是一句真心话。其五，明代钟惺认为郑国太子忽沽名钓誉，矫情虚荣，完全是做给别人看。他的理由是郑国太子忽根本不是一个安守本分的人。“乃于北戎侥幸获捷，辄妄自尊大。鲁为之班而后郑，盖守王制也。郑固伯爵，而欲以微功紊之耶？一怒至于兴兵构怨，所谓自求在我者，何在哉？”（刘继庄《左传快评》）他不过是侥幸赢了北戎，就飘飘然要为郑国争不属于自己的位次，这样张狂和轻浮，怎么可能是出于本分拒婚，一定是矫情。刘继庄认为，郑国太子忽的推辞其实是冲动性格和自负的体现，他不想借助强援，其实是自以为是，自负其勇，后来他即位以后遭遇驱逐、弑杀，都是这种刚愎自用性格的恶果，性格决定命运。

后世很多人不赞同郑国太子忽拒娶齐女，认为他的志气、宣言虽然感人但意义不大。首先，小国娶大国女子不违礼。刘继庄《左传快评》云：“夫小国之不可昏于大国也，从未闻有此制。若此，则王姬不当下嫁公侯矣。……夫昏于齐，有益于己，有利于国，而无害于义者，却偏有许多辞让。……他日失土出奔，未可专罪祭封人也。嗟乎！郑庄一世枭雄，而有子若此，亦奈之何哉？”人们把他后来政治上的失势归结为缺乏内援。

年轻气盛的郑国太子忽后来成为短命诸侯郑昭公。当年，郑国太子忽的母亲是祭仲推荐给他的父亲郑庄公的。后来郑庄公娶了雍氏女，生了公子突，郑庄公宠幸雍氏女，公子突显然比太子忽更有竞争优势。郑庄公死后，太子忽即位，为郑昭公。在局势的逼迫下，祭仲拥立公子突即位，为郑厉公，郑昭公出逃。后来郑厉公要杀祭仲，祭仲反攻，赶走了郑厉公，重新拥立郑昭公。但没过多久，郑国大夫高渠弥因之前与太子忽有嫌隙，担心他清算自己，就将郑昭公杀害。

综观公子忽的一生，他个人的努力和进取，并没有换来应得的安全和成就。耐人寻味的是，郑昭公回国复位以后，其英明勇武的形象不复存在。他屡屡错判良机，在政治上高度依赖权臣祭仲，全然没有什么拿得出手的政绩。流亡生涯没有让他更坚强，却让他在困苦中意识到当初的幼稚，骨感的生活教会了他向当时的政治环境妥协，消磨了他的意志。更令人唏嘘的是，高渠弥趁着郑昭公出猎的时候将其射杀，正是利用祭仲不在国内，郑昭公失去保护伞的时机。祭仲为何不在国内呢？因为他要去游说齐国铲除流亡在外的郑厉公，消除郑昭公的政治威胁。如果当初，太子忽娶了齐国的女子，会有这样曲折的游说吗？郑厉公后来会得到齐国的暧昧支持吗？……可惜，历史没有假设。

四、思想会客厅

政治诉求：婚姻文化的重要维度。

王公贵族的联姻不是一个人的事情，关系到国计民生，需要有全面的政治考量。婚姻有其实用性、功利性，这一观念也深刻地影响着中国人的文化观、历史观。《史记·外戚世家》云：“礼之用，唯婚姻为兢兢。”意思是，婚姻之礼仪是所有“礼”中最应该谨慎讲究的。因为它关系到家庭、宗族、社会、国家的稳定与和谐。司马迁在《史记·外戚世家》中还认为，自古帝王能承王统、地位稳固的，不只是靠德才，“盖亦有外戚之助焉”。司马迁列举了因为配偶的德才而导致兴国、亡国的几位君主，并且认为《易》以乾坤为基础，孔子将《诗》的第一篇定为《关雎》都是暗示外戚的影响。

五、练习步步高

（一）知识识记

1. 填空。

从本节选文中可以找到三个成语，它们分别是：________、________、________。

2. 解释下列加点的字。

（1）诸侯之大夫戍齐（　　　　　　　　　）

（2）齐人馈之饩（　　　　　　　　　）

（3）使鲁为其班（　　　　　　　　　）

（4）人各有耦（　　　　　　　　　）

（5）固辞（　　　　　　　　　）

（6）无事于齐（　　　　　　　　　）

3. 与“人问其故”中的“故”字用法相同的一项是（　　）

A. 是故弟子不必不如师（《师说》）

B. 大人故嫌迟（《孔雀东南飞》）

C. 君安与项伯有故（《鸿门宴》）

D. 暮去朝来颜色故（《琵琶行》）

4. 将句子翻译成现代汉语。

今以君命奔齐之急，而受室以归，是以师昏也。民其谓我何？

____

（二）文心体悟

日本学者竹添光鸿评价本节选文：“及齐侯再请妻之，则其意甚诚，取之未为不可，而忽固执前义，是硁硁自好者所为。”[1]请你具体解释郑国太子忽“自好”的表现。

____

____

____

____

[1] 转引自翁其斌：《〈左传〉精读》，上海：上海古籍出版社，2012 年，第 27 页。

（三）思想碰撞

阅读下列材料，回答问题。

材料一：许多后世学者认为，《有女同车》这首诗是讽刺郑国太子忽辞谢齐国婚约一事。

有女同车

《诗经 · 郑风》

有女同车，颜如舜华①。
将翱将翔，佩玉琼琚。
彼美孟姜，洵②美且都③。

有女同行，颜如舜英。
将翱将翔，佩玉将将④。
彼美孟姜，德音不忘。

注释 ① 舜：芙蓉花，又名木槿。华：花。 ② 洵：确实。 ③ 都：娴雅。 ④ 将将：即锵锵，象声词。

材料二：“《有女同车》，刺忽也。郑人刺忽之不昏于齐。”（《毛诗序》）

材料三：清代钱澄之认为：“此言忽之亲迎于陈也。有女同车，指忽所取者陈女也。彼美孟姜，指忽所辞者齐女也。言同车之女，色如木槿之华，朝华暮落，不足恃也。虽威仪服饰固亦可观，岂若齐姜之美且都乎！”（《田间诗学》）

请你分析郑人是如何借诗来表达对太子忽拒娶齐女文姜的看法的。

（朱浩真　编）

第三单元

《史记》选读

单元概说

《史记》是中国第一部纪传体通史，被人们称为“信史”，由西汉司马迁花十三年时间写成。全书共一百三十篇，记载了上起中国上古传说中的黄帝时代（约前3000年）下至汉武帝元狩元年（前122年）共三千年左右的历史，翔实地记录了政治、经济、军事、文化等方面的内容。它包罗万象，融会贯通，脉络清晰，“王迹所兴，原始察终，见盛观衰，论考之行事”(《太史公自序》)，所谓“究天人之际，通古今之变，成一家之言”(《报任安书》)。

不同于前代史书所采用的以时间为次序的编年体，或以地域为划分的国别体，它以人物传记为中心来反映历史内容。自此以后，从东汉班固的《汉书》到民国初期的《清史稿》，近两千年间历代所修正史，尽管在个别名目上有某些增改，但都无一例外地沿袭了《史记》的本纪和列传两个部分。《史记》还被认为是一部优秀的文学著作，在中国文学史上有重要的地位，具有极高的文学价值，被鲁迅誉为“史家之绝唱，无韵之《离骚》”(《汉文学史纲要》)。

《史记》包括十二本纪（记历代帝王政绩）、三十世家（记诸侯国和汉代诸侯、勋贵兴亡）、七十列传（记重要人物的言行事迹，主要叙人臣，其中最后一篇为自序）、十表（大事年表）、八书（记各种典章制度，记礼、乐、音律、历法、天文、封禅、水利、财用）。《史记》被列为“二十四史”之首，与《汉书》《后汉书》《三国志》合称“前四史”，对后世史学和文学的发展产生了深远的影响。

本纪篇

一、原典选读

项羽本纪（节选一）

项梁起东阿，西，比①至定陶，再破秦军，项羽等又斩李由，益轻秦，有骄色。宋义乃谏项梁曰："战胜而将骄卒惰者败。今卒少惰矣，秦兵日益，臣为君畏之。"项梁弗听。乃使宋义使于齐。道遇齐使者高陵君显，曰："公将见武信君乎?"曰："然。"曰："臣论武信君军必败。公徐行即免死，疾行则及祸。"秦果悉起兵益章邯，击楚军，大破之定陶，项梁死。沛公、项羽去外黄攻陈留，陈留坚守不能下。沛公、项羽相与谋曰："今项梁军破，士卒恐。"乃与吕臣军俱引兵而东。吕臣军彭城东，项羽军彭城西，沛公军砀。

章邯已破项梁军，则以为楚地兵不足忧，乃渡河击赵，大破之。当此时，赵歇为王，陈馀为将，张耳为相，皆走入钜鹿城。章邯令王离、涉间围钜鹿，章邯军其南，筑甬道而输之粟②。陈馀为将，将卒数万人而军钜鹿之北，此所谓河北之军也。

楚兵已破于定陶，怀王恐，从盱台之彭城，并项羽、吕臣军自将之。以吕臣为司徒，以其父吕青为令尹。以沛公为砀郡长，封为武安侯，将砀郡兵。

初，宋义所遇齐使者高陵君显在楚军，见楚王曰："宋义论武信君之军必败，居数日，军果败。兵未战而先见败征，此可谓知兵矣。"王召宋义与计事而大说之，因置以为上将军；项羽为鲁公，为次将；范增为末将，救赵。诸别将皆属宋义，号为卿子冠军③。行至安阳，留四十六日不进。项羽曰："吾闻秦军围赵王钜鹿，疾引兵渡河，楚击其外，赵应其内，破秦军必矣。"宋义曰："不然。夫搏牛之虻不可以破虮虱④。今秦攻赵，战胜则兵罢⑤，我承其敝；不胜，则我引兵鼓行而西，必举秦矣。故不如先斗秦、赵。夫被坚执锐⑥，义不如公；坐而运策，公不如义。"因下令军中曰："猛如虎，很⑦如羊，贪如狼，强不可使者，皆斩之。"乃遣其子宋襄相齐，身送之至无盐，饮酒高会。天寒大雨，士卒冻饥。项羽曰："将戮力⑧而攻秦，久留不行。今岁饥民贫，士卒食芋菽，军无见⑨粮，乃饮酒高会，不引兵渡河因赵食，与赵并力攻秦，乃曰'承其敝'。夫以秦之强，攻新造之赵，其势必举赵。赵举而秦强，何敝之承！且国兵新破，王坐不安席，扫境内而专属于将军⑩，国家安危，在此一举。今不恤士卒而徇其私，非社稷之臣。"项羽晨朝上将军宋义，即其帐中斩宋义头，出令军中曰："宋义与齐谋反楚，楚王阴令羽诛之。"当是时，诸将皆慑服⑪，莫敢枝梧⑫。皆曰："首立楚者，将军家也。今将军诛乱。"乃相与共立羽为假上将军。使人追宋义子，及之齐，杀之。使桓楚报命于怀王。怀王因使项羽为上将军，当阳君、蒲将军皆属项羽。

项羽已杀卿子冠军，威震楚国，名闻诸侯。乃遣当阳君、蒲将军将卒二万渡河，救钜鹿。战少利，陈馀复请兵。项羽乃悉引兵渡河，皆沉船，破釜甑⑬，烧庐舍，持三日粮，以示士卒必死，无一还心。于是至则围王离，与秦军遇，九战，绝其甬道，大破之，杀苏角，虏王离。涉间不降楚，自烧杀。当是时，楚兵冠诸侯。诸侯军救钜鹿下者十余壁，莫敢纵兵⑭。及楚击秦，诸将皆从壁上观。楚战士无不一以当十，楚兵呼声动天，诸侯军无不人人惴恐。于是已破秦军，项羽召见诸侯将，入辕门⑮，无不膝行而前，莫敢仰视。项羽由是始为诸侯上将军，诸侯皆属焉。

①比：等到。 ②甬道：两边筑有夹墙的通道。输之粟：给王离、涉间输送粮草。 ③卿子：当时对男子的敬称。冠军：冠于诸军，列于诸军之首。 ④夫搏牛之虻不可以破虮虱：能够叮咬大牛的牛虻并不能破牛身上小小的虱子，比喻巨鹿城虽小，但很坚固，秦兵不能马上攻破它。搏：抓取，指叮咬。虻：牛虻。虮：虱卵。 ⑤罢：同“疲”。 ⑥被：同“披”。坚：指坚固的铠甲。锐：指锐利的兵器。 ⑦很：不听从，执拗。 ⑧戮力：合力，并力。戮，通“勠”。 ⑨见：同“现”，现成的，原有的。 ⑩扫：尽。专属（zhǔ）于将军：都托付给将军了。 ⑪慑（shè）服：因畏惧而屈服。 ⑫枝梧：本指架屋的小柱与斜柱，引申为抵御、抗拒之义。 ⑬釜：锅。甑（zèng）：蒸饭用的瓦罐。 ⑭纵兵：出动军队。 ⑮辕门：古代帝王外出止宿时，以车为屏藩，使辕相对为门，称辕门。后指军营之门或官方衙署。

项梁自东阿出发，向西进，等来到定陶时，又一次打败秦军，项羽等也杀了李由，就更加轻视秦军，显露出骄傲的神色。宋义于是向项梁进谏说：“打了胜仗，将领就骄傲，士兵就怠惰，这样的军队就要失败。如今士兵有点怠惰了，秦军在一天天地增加，我替您担心啊。”项梁不听。于是派宋义出使齐国。宋义在路上遇见了齐国使者高陵君显，说：“您是要去见武信君吧？”（高陵君显）说：“是的。”（宋义）说：“依我看，武信君的军队一定会失败。您慢点儿走就可以免于一死，走快了就会遇到灾难。”秦果然征调全部兵力来增援章邯，攻击楚军，在定陶大败楚军，项梁战死。沛公、项羽离开外黄去攻打陈留，陈留坚守攻不下来。沛公和项羽一起商量说：“现在项梁的军队被打败了，士兵恐惧不安。”于是他们和吕臣的军队一起向东撤退。吕臣的军队驻扎在彭城东边，项羽的军队驻扎在彭城西边，沛公的军队驻扎在砀县。

章邯打败项梁的军队以后，认为楚地的军队用不着担心了，于是渡过黄河北进攻赵，大败赵军。这时候，赵歇是赵王，陈馀为大将，张耳是国相，都退进了巨鹿城。章邯命令王离、涉间包围巨鹿，自己的军队驻扎在巨鹿的南边，筑起两边有夹墙的通道给王离、涉间输送粮草。陈馀是赵国的大将，率领几万名士兵驻扎在巨鹿的北边，这就是当时所说的河北军。

楚军在定陶战败以后，楚怀王心里害怕，从盱眙前往彭城，合并项羽、吕臣的军队自己统率。他任命吕臣为司徒，任命吕臣的父亲吕青为令尹。任命沛公为砀郡长，封他为武安侯，统率砀郡的军队。

先前，宋义在路上遇见的那位齐国使者高陵君显这时正在楚军中，他求见楚怀王说："宋义曾预言武信君的军队一定会失败，没过几天，武信君的军队果然失败了。在军队没有打仗的时候，就能事先看出失败的征兆，这可以称得上是懂得用兵之道了。"楚怀王召见宋义和他谋划军中大事，非常喜欢他，因而任命他为上将军；封项羽为鲁公，任次将；任命范增为末将，派他们去援救赵国。其他的将领都托付给宋义统领，宋义号称卿子冠军。军队出发抵达安阳，停留四十六天没有前进。项羽（对宋义）说："我听说秦军把赵王包围在巨鹿城内，我们赶快率兵渡过黄河，楚军从外面攻打，赵军在里面接应，一定可以打败秦军。"宋义说："并非如此。牛虻是要叮咬大牛而不是为了对付小小的虮虱。现在秦军攻打赵国，打赢了，士兵就会疲惫，我们就可以利用他们疲惫时攻击他们；打败了，我们就率领军队擂鼓西进，一定能歼灭秦军。所以不如先让秦、赵两方互相争斗。披坚固的铠甲执锐利的兵器，勇战前线，我宋义比不上您；坐在军帐中，运筹决策，您比不上我宋义。"因而通令全军："凶猛如虎，执拗如羊，贪婪如狼，倔强不听指挥的，一律斩杀。"（宋义）派儿子宋襄去齐国做国相，亲自送到无盐，置备酒宴，大会宾客。当时天气寒冷，下着大雨，士兵一个个又冷又饿。项羽对将士说："现在应该齐心合力攻打秦军，我们却长期停留不前进。如今赶上荒年，百姓贫困，将士吃的是芋艿豆子，军中没有存粮，他竟然置备酒宴，大会宾客，不率领军队渡河去从赵国取得粮食，跟赵军合力攻打秦军，却说'利用秦军的疲惫'。现在秦国那样强大，去攻打刚刚建立的赵国，那肯定会把赵国攻打下来。赵国被攻占，秦国就更加强大，到那时，还有什么疲惫的机会可以利用！再说我们的军队刚刚打了败仗，楚怀王坐立不安，把楚国的军队集中起来交给上将军一个人，国家的安危，就取决于这次行动。可是上将军不体恤士兵，却派自己的儿子去齐国做国相，谋取私利，他不是国家真正的贤良之臣。"项羽早晨去参见上将军宋义，就在军帐中，斩下了他的头，出来向军中发令说："宋义和齐国共同谋反楚国，楚怀王密令我杀掉他。"

这时候，将领都因畏惧而屈服于项羽，没有谁敢抗拒，都说：“当初拥立楚怀王的，就是项将军家。现在您为楚国诛灭了叛乱之臣。”于是大家一起立项羽为代理上将军。项羽派人追赶宋义的儿子，追到齐国境内，把他杀了。项羽派桓楚去向楚怀王报告。楚怀王无奈，只好让项羽任上将军，让当阳君、蒲将军都归项羽统率。

项羽杀了宋义，威震楚国，名扬诸侯。于是他派遣当阳君、蒲将军率领两万将领、士兵渡河，援救巨鹿。两人取得了一些小的胜利，陈馀又来请求增援。项羽就率领全部军队渡河，把船只全部弄沉，把锅碗全部砸破，把军营全部烧毁，只带三天的粮食，以此向士兵表示拼命战斗、绝不后退的决心。军队抵达前线，就包围了王离的军队，与秦军遭遇，交战多次，阻断了秦军所筑的两边有夹墙的通道，大败秦军，杀了苏角，俘虏了王离。涉间不肯投降，自焚而死。这时，楚军强大居诸侯各军之首，前来援救巨鹿的诸侯各军筑有十几座营垒，没有一支军队敢出动与秦军作战。等到楚军攻击秦军时，他们的将领都站在营垒上观望。楚军战士无不以一当十，士兵的喊杀声震天，诸侯的军队人人胆战心惊。楚军打败秦军以后，项羽召见诸侯将领，他们进入辕门时，没有一个不是跪着用膝盖向前走，谁也不敢抬头向上看。自此，项羽成为诸侯的上将军，各路诸侯都隶属于他。

原文

项羽本纪（节选二）

项王军壁垓下，兵少食尽，汉军及诸侯兵围之数重。夜闻汉军四面皆楚歌，项王乃大惊曰：“汉皆已得楚乎？是何楚人之多也！”项王则夜起，饮帐中。有美人名虞，常幸从；骏马名骓①，常骑之。于是项王乃悲歌忼慨，自为诗曰：“力拔山兮气盖世，时不利兮骓不逝。骓不逝兮可奈何，虞兮虞兮奈若何！”歌数阕②，美人和之。项王泣数行下，左右皆泣，莫能仰视。

于是项王乃上马骑，麾下壮士骑从者八百余人，直夜③溃围南出，驰走。平明，汉军乃觉之，令骑将灌婴以五千骑追之。项王渡淮，骑能属者百余人耳。项王至阴陵，迷失道，问一田父，田父绐曰“左”。左，乃陷大泽中。以故汉追及之。项王乃复引兵而东，至东城，乃有二十八骑。汉骑追者数千人。项王自度不得脱。谓其骑曰：“吾起兵至今八岁矣，身七十余战，所当者破，所击者服，未尝败北，遂霸有天下。然今卒困于此，此天之亡我，非战之罪也。今日固决死，愿为诸君快战，必三胜之，为诸君溃围，斩将，刈旗④，令诸君知天亡我，非战之罪也。”乃分其骑以为四队，四向。汉军围之数重。项王谓其骑曰：“吾为公取彼一将。”令四面骑驰下，期山东为三处。于是项王大呼驰下，汉军皆披靡⑤，遂斩汉一将。是时，赤泉侯为骑将，追项王，项王瞋目而叱之，赤泉侯人马俱惊，辟易⑥数里。与其骑会为三处。汉军不知项王所在，乃分军为三，复围之。项王乃驰，复斩汉一都尉，杀数十百人，复聚其骑，亡其两骑耳。乃谓其骑曰：“何如？”骑皆伏⑦曰：“如大王言。”

于是项王乃欲东渡乌江。乌江亭长檥⑧船待，谓项王曰：“江东虽小，地方千里，众数十万人，亦足王也。愿大王急渡。今独臣有船，汉军至，无以渡。”项王笑曰：“天之亡我，我何渡为！且籍与江东子弟八千人渡江而西，今无一人还，纵江东父兄怜而王我，我何面目见之？纵彼不言，籍独不愧于心乎？”乃谓亭长曰：“吾知公长者。吾骑此马五岁，所当无敌，尝一日行千里，不忍杀之，以赐公。”乃令骑皆下马步行，持短兵接战。独籍所杀汉军数百人。项王身亦被十余创。顾见汉骑司马吕马童，曰：“若非吾故人乎？”马童面之⑨，指王翳⑩曰：“此项王也。”项王乃曰：“吾闻汉购我头千金，邑万户，吾为若德。”乃自刎而死。……

……

太史公曰：吾闻之周生曰“舜目盖重瞳子”，又闻项羽亦重瞳子。羽岂其苗裔邪？何兴之暴⑪也！夫秦失其政，陈涉首难，豪杰蜂起，相与并争，不可胜数。然羽非有尺寸，乘势起陇亩之中，三年，遂将五诸侯灭秦，分裂天下，而封王侯，政由羽出，号为“霸王”，位虽不终，近古以来未尝有也。及羽背关怀楚，放逐义帝而自立，怨王侯叛己，难矣。自矜功伐，奋其私智而不师古，谓霸王之业，欲以力征经营天下，五年卒亡其国，身死东城，尚不觉寤而不自责，过矣。乃引“天亡我，非用兵之罪也”，岂不谬哉！

注释

①骓：毛色青白相间的马。②歌数阕：唱了几遍。③直夜：半夜，中夜。④刈旗：砍倒对方的军旗。⑤披靡：四散逃避的样子。⑥辟易：因畏惧而退避。辟：通“避”。⑦伏：通“服”。⑧檥：通“舣”。⑨面之：正面直视。⑩指王翳：指项羽给王翳看。⑪暴：突然。

今译

项王的军队在垓下修筑了营垒，兵力少，粮食吃光了，汉军和诸侯军把他们围了好几层。深夜听到汉军在四面唱着楚地的歌谣，项王大为吃惊，说：“汉军已经完全占有楚国了吗？怎么他们军中楚国人这么多！”项王深夜起来，在帐中饮酒。有一个名叫虞的美人，一直受宠跟在项王身边；有一匹名叫骓的骏马，项王一直骑着。这时候项王不禁慷慨悲歌，自己作歌唱道：“力量能拔山啊，英雄气概举世无双，时运不济呀骓马不再往前闯。骓马不再往前闯啊可怎么办，虞姬呀虞姬，怎么安排你呀才妥善！”项王唱了几遍，美人虞姬在一旁应和。项王眼泪一道道流下来，左右将士都跟着落泪，没有一个人能抬起头来看他。

于是项王骑上马，帐下跟随他的骑兵有八百多人，半夜突破重围，向南冲出，飞驰而逃。天快亮的时候，汉军才发觉，汉王命令骑将灌婴带领五千骑兵去追赶。项王渡过淮河，跟随他的骑兵只剩下一百多人了。项王到达阴陵，迷了路，他问一个农民，农民骗他说“往左边走”。项王带人往左边走，陷进了大沼泽。因此汉军追上了他们。项王又带着骑兵往东，到达东城，这时只剩下骑兵二十八人。汉军骑兵追赶上来的有几千人。项王自己估计不能逃脱了。他对他的骑兵说：“我带兵起义至今已经八年，自己打了七十多仗，抵挡我的敌人都被打败，我所攻击的敌人没有不降服的，从来没有失败过，因而能够称霸，据有天下。可是如今竟然被困在这里，这是天要灭亡我，不是我打仗不行。今天肯定得一决生死，我愿意为诸位打个痛痛快快的仗，一定要连续战胜他们，为诸位冲破重围，斩杀汉将，砍倒汉军的军旗，让诸位知道的确是天要灭亡我，不是我打仗不行。”于是把这二十八名骑兵分成四队，分别朝着四个方向。汉军把他们围了好几层。项王对他的骑兵说：“我来给你们拿下一名汉将。”命令四面的骑士驱马飞奔而下，约定冲到山的东边，分三处集合。于是项王高声呼喊着冲了下去，汉军像草木随风倒伏一样四散逃避了，于是项王杀掉了一名汉将。当时，赤泉侯杨喜是汉军骑将，在后面追赶项王，项王瞪大眼睛呵斥他，赤泉侯连人带马都吓坏了，退避了好几里。项王与他的骑兵在三处会合了。汉军不知项王的去向，就把军队分为三路，再次包围他们。项王驱马冲了上去，又斩了一名汉军都尉，杀死了近百名汉军士兵，再把自己的骑兵聚拢起来，仅损失了两名。项王问他的骑兵：“怎么样？”骑兵都敬佩地说：“正像大王说的那样。”

这时候项王想要向东渡过乌江。乌江亭的亭长停船靠岸等在那里，对项王说：“江东虽然小，但土地纵横上千里，民众几十万，也足够称王啦。希望您快快渡江。现在只有我有船，汉军到了，他们无船没法渡过去。”项王笑了笑说："天要灭亡我，我还渡江干什么！再说我和江东子弟八千人渡江西征，如今他们没有一个人生还，纵使江东父老兄弟爱戴我让我做王，我又有什么脸面去见他们呢？纵使他们不说什么，难道我心中没有愧疚吗？"于是对亭长说："我知道您是一位忠厚长者，这匹马我骑了五年，所向无敌，曾经一日行千里，我不忍心杀掉它，把它送给您吧。"于是命令骑兵都下马步行，手持短兵器与追兵交战。光项王一个人就杀掉汉军几百人。项王身上也有十几处伤。项王回头看见汉军骑司马吕马童，说："你不是我的老相识吗？"吕马童正面直视项王，指着他对王翳说："这就是项王。"项王说："我听说汉王用黄金千斤，封邑万户来求取我的头颅，我就把这份好处送给你们。"说完自刎而死。……

……

太史公说：我听周生说"舜的眼睛可能有两个瞳孔"，又听说项羽也是两个瞳孔。项羽难道是舜的后代吗？不然他的兴起怎么那么突然啊！秦朝暴虐无道，陈涉首先发难，各路豪杰蜂拥而起，你争我夺，数也数不清。而项羽并没有尺寸的封地作为根基，他是乘秦末大乱之势以一介平民的身份兴起于民间，只三年的时间，就率领原战国时的齐、赵、韩、魏、燕五国诸侯灭掉了秦朝，划分天下的土地，封王封侯，政令全都由项羽发出，自称"霸王"，他的势位虽然没能保持长久，但近古以来像他这样的人还不曾有过。至于项羽舍弃关中之地，思念楚地建都彭城，放逐义帝，自立为王，而又埋怨诸侯背叛自己，想成大事可就难了。他自夸战功，竭力施展个人的聪明，却不肯师法古人吸取历史经验，认为霸王的功业，要靠武力征伐诸侯来治理天下，结果五年内丢了国家，自己死去，仍不悔悟，也不自责，这是错误的。而他竟然拿"天要灭亡我，不是我打仗不行"这句话来为自己解脱，这就太荒谬了！

二、知识朋友圈

1. 纪传体。

纪传体，是我国史书的一种形式，是通过记叙人物活动反映历史事件的体裁，以为人物立传记的方式记叙史实。纪传体史书的突出特点是以大量人物传记为中心内容，是记言、记事的进一步结合，能够更好地表现人物性格。本纪，基本上是编年体，兼述帝王本人的事迹。列传，是各方面代表人物的传记。所谓"二十五史”，都是纪传体。明代嘉靖时，人们把《史记》《汉书》《后汉书》《三国志》《晋书》《宋书》《南齐书》《梁书》《陈书》《魏书》《北齐书》《周书》《隋书》《南史》《北史》《新唐书》《新五代史》《宋史》《辽史》《金史》《元史》合称“二十一史”。到了清代乾隆年间，《明史》定稿，人们就把它与“二十一史”合称“二十二史”。此后，人们又把《旧唐书》并入其中，合称“二十三史”。史书中有一个很有名也很有价值的《旧五代史》，已经散失了。在乾隆年间，学者主要依据《永乐大典》，又把《旧五代史》辑录整理成书，经乾隆皇帝钦定，与“二十三史”合称“二十四史”，成为过去传统史学领域中的“正史”。这样，我们所熟悉的“二十四史”就正式形成了。1920 年，柯劭忞撰《新元史》脱稿。1921 年，徐世昌以北洋政府大总统的名义下令将《新元史》列入正史，与“二十四史”合称“二十五史”。但很多人不将《新元史》列入，而改列《清史稿》。或者，将两书都列入“正史”，则形成“二十六史”。

2.《项羽本纪》。

秦朝末年，秦二世的残暴腐朽，给百姓造成了无穷无尽的灾难。大泽乡陈胜揭竿而起，各地纷纷响应，我国历史上第一次大规模农民起义的烈火迅猛地燃遍全国。项羽，就是在这场轰轰烈烈的农民起义中涌现出来的一位悲剧式的英雄。他勇猛善战，叱咤风云，显赫一时，在击败秦军、推翻秦朝的过程中建立了巨大的功绩。但在推翻秦朝统治以后，他目光短浅，策略错误，企图恢复春秋战国时期的贵族政治，加之烧杀破坏，最终丧失民心，军败身亡。《项羽本纪》就是通过秦末农民起义和楚汉之争的宏阔历史场面，生动而又深刻地记述了项羽的一生。他既是一个“力拔山兮气盖世”“近古以来未尝有”的英雄，又是一个性情暴戾、优柔寡断、只知用武不谙计谋的匹夫。司马迁巧妙地把项羽性格中矛盾的各个侧面，有机地统一于这一鸿篇巨制之中，虽然不乏深刻的鞭挞，但更多的是由衷的惋惜和同情。

三、文心点点通

《项羽本纪》以描绘项羽这一人物的形象、刻画项羽这一人物的性格为主，同时生动地叙写了秦末农民起义。披卷读之，既可以闻到战场上的血腥味，听到战马的嘶鸣和勇士的猛吼，又可以看见项羽披甲持戟，“瞋目而叱”，“大呼驰下”，“溃围，斩将，刈旗”的神态与身影。《项羽本纪》在广阔的历史背景下写人，在写人的过程中写战争，两者相得益彰。战争因人物而生动、壮观，人物因战争而更显生动、奇伟。《项羽本纪》在刻画人物性格方面，运用了多种表现手法。项羽少时的粗疏学浅，长大以后的勇力过人，只是略略几笔带过。直到消灭秦军主力、扭转战局的巨鹿大战，破釜沉舟，威震诸侯，也还只是从侧面用笔，通过写诸侯军的观望、恐惧、畏服，把一个铁骨铮铮的八尺大汉顶天立地地展现在读者眼前。在进行粗线条的勾勒、有意的夸张之后，司马迁便抓住了几个点睛之处，工笔细描，刻意求精。鸿门宴场面的极力铺排，垓下之围悲剧气氛的纵笔渲染，乌江自刎时神态的精雕细刻……作者写得活灵活现，有形有神，有言有情，使形与神、言、情融为一体。《项羽本纪》是本纪中精彩的一篇，达到了思想和艺术的高度统一。它犹如一幅逼真传神的英雄肖像画，色彩鲜明；又像一幅秦汉之际的政治军事形势图，错综有序。文章气势磅礴，情节起伏，场面壮阔，脉络清晰，疏密相间，语言生动，成为我国文学史上的一篇不朽佳作。文中《破釜沉舟》《鸿门宴》《四面楚歌》《乌江自刎》等故事，早已家喻户晓，历代传诵。

四、思想会客厅

关于项羽是否应该被列入本纪，历来学者众说纷纭，例如在下列材料中就有截然不同的观点：

（1）“项羽崛起，争雄一朝，假号西楚，竟未践天子之位，而身首别离，斯亦不可称本纪，宜降为世家。”（司马贞《史记索隐》）

（2）“作史之大纲在明统。周有天下，秦灭之而统在秦；秦有天下，楚项羽灭之而统在楚；楚灭而天下之统乃归汉耳。……当是时，羽灭秦，立沛公为汉王，是汉为楚所立也。汉之为汉，君天下而一统者且四百年，然卒遵羽是封之名，以为有天下之号而不敢易，犹谓汉不承统于楚，得乎！则项羽宜登本纪，宜列于汉高之前，统在则然，亦作史之例则然。”（冯景《解舂堂文钞》）

（3）“史迁列羽纪也，班氏列羽传也，各有当焉。迁通史前代，虽秦、楚弗容贬也；班独史当代，虽唐、虞不得详也。”（胡应麟《少室山房笔丛》）

其中，司马贞认为项羽应该降为世家，冯景认为项羽理应列入本纪，胡应麟则认为两者皆可。其实，司马迁在“通古今之变”的《史记》中把项羽列入本纪是完全正当的。项羽诛灭暴秦，立有盖世功勋。在诛灭暴秦之后，项羽虽未称帝，但是自号西楚霸王，俨然以正统自居，实际上发挥着帝王的作用，其分封十八路诸侯一事，就已证明其正统地位，只不过西楚在历史上存在的时间并不长，在楚汉之争中迅速瓦解和灭亡。司马迁并未因其成败而不予承认，不以成败论英雄，堪称史学大家风范。

五、练习步步高

（一）知识识记

1. 解释下列加点的字。

（1）公徐行即免死（　　　　　　　　）

（2）皆走入钜鹿城（　　　　　　　　）

（3）诸别将皆属宋义（　　　　　　　　）

（4）今秦攻赵，战胜则兵罢（　　　　　　　　）

（5）项王渡淮，骑能属者百余人耳（　　　　　　　　）

（6）令四面骑驰下，期山东为三处（　　　　　　　　）

（7）纵江东父兄怜而王我，我何面目见之（　　　　　　　　）

（8）项王身亦被十余创（　　　　　　　　）

2. 将下列句子翻译成现代汉语。

（1）夫以秦之强，攻新造之赵，其势必举赵。赵举而秦强，何敝之承！

（2）项羽乃悉引兵渡河，皆沉船，破釜甑，烧庐舍，持三日粮，以示士卒必死，无一还心。

（3）吾起兵至今八岁矣，身七十余战，所当者破，所击者服，未尝败北，遂霸有天下。然今卒困于此，此天之亡我，非战之罪也。

（4）然羽非有尺寸，乘势起陇亩之中，三年，遂将五诸侯灭秦，分裂天下，而封王侯，政由羽出，号为“霸王”，位虽不终，近古以来未尝有也。

（二）文心体悟

清代学者郭嵩焘说：“项王自叙七十余战，史公所记独钜鹿、垓下两战为详。钜鹿之战全用烘托法，不一及战事；而于垓下显出项羽兵法及其斩将搴旗之功。项羽英雄，史公自是心折，亦由其好奇，于势穷力尽处自显神通。钜鹿、鸿门、垓下三段，自是史公《项羽本纪》中聚精会神，极得意文字。”（《史记札记》）请你结合这段话思考本节选文对垓下之战的描写有何特色。

（三）思想碰撞

阅读下列材料，回答问题。

材料一：

宿迁项羽庙

苏　辙

尺棰西来垅亩中，驱驰力尽众兵冲。
旧封独守君臣义，故国长修俎豆容。
平日军声同破竹，少年心事喜摧锋。
锦衣眷恋多乡思，肯顾田家社酒酞？

材料二：

项羽庙

曾　棨

百战休论盖世功，鸿门宴罢霸图空。

虞歌慷慨孤灯下，楚业消沉一炬中。
露湿古墙秋藓碧，霜含老树夕阳红。
英魂若到彭城路，忍听高台唱大风？

请你分析这两首诗的尾联在诗中的表达作用。

列传篇

一、原典选读

李将军列传（节选一）

李将军广者，陇西成纪人也。其先曰李信，秦时为将，逐得燕太子丹者也。故槐里，徙成纪。广家世世受射。孝文帝十四年，匈奴大入萧关，而广以良家子①从军击胡，用②善骑射，杀首虏③多，为汉中郎。广从弟李蔡亦为郎。皆为武骑常侍，秩八百石。尝从行，有所冲陷折关④及格猛兽，而文帝曰：“惜乎，子不遇时！如令子当高帝时，万户侯岂足道哉！”

及孝景初立，广为陇西都尉，徙为骑郎将。吴楚军时⑤，广为骁骑都尉，从太尉亚夫击吴楚军，取旗，显功名昌邑下。以梁王授广将军印，还，赏不行。徙为上谷太守，匈奴日以合战。典属国公孙昆邪为上泣曰：“李广才气，天下无双，自负其能，数与虏敌战，恐亡之。”于是乃徙为上郡太守。后广转为边郡太守，徙上郡。尝为陇西、北地、雁门、代郡、云中太守，皆以力战为名。

匈奴大入上郡，天子使中贵人从广勒⑥习兵击匈奴。中贵人将骑数十纵，见匈奴三人，与战。三人还射，伤中贵人，杀其骑且尽。中贵人走广。广曰："是必射雕者也。"广乃遂从百骑往驰三人。三人亡马步行，行数十里。广令其骑张左右翼，而广身自射彼三人者，杀其二人，生得一人，果匈奴射雕者也。已缚之上马，望匈奴有数千骑，见广，以为诱骑，皆惊，上山陈⑦。广之百骑皆大恐，欲驰还走。广曰："吾去大军数十里，今如此以百骑走，匈奴追射我立尽。今我留，匈奴必以我为大军之诱，必不敢击我。"广令诸骑曰："前！"前未到匈奴陈二里所，止，令曰："皆下马解鞍！"其骑曰："虏多且近，即有急，奈何？"广曰："彼虏以我为走，今皆解鞍以示不走，用坚其意。"于是胡骑遂不敢击。有白马将出护其兵，李广上马与十余骑奔射杀胡白马将，而复还至其骑中，解鞍，令士皆纵马卧。是时会暮，胡兵终怪之，不敢击。夜半时，胡兵亦以为汉有伏军于旁欲夜取之，胡皆引兵而去。平旦⑧，李广乃归其大军。大军不知广所之，故弗从。

居久之，孝景崩，武帝立，左右以为广名将也，于是广以上郡太守为未央卫尉，而程不识亦为长乐卫尉。程不识故与李广俱以边太守将军屯。及出击胡，而广行无部伍行陈⑨，就善水草屯，舍止，人人自便，不击刀斗⑩以自卫，莫府省约文书籍事⑪，然亦远斥候⑫，未尝遇害。程不识正部曲行伍营陈⑬，击刀斗，士吏治军簿至明，军不得休息，然亦未尝遇害。不识曰："李广军极简易，然虏卒犯之，无以禁也；而其士卒亦佚⑭乐，咸乐为之死。我军虽烦扰，然虏亦不得犯我。"是时汉边郡李广、程不识皆为名将，然匈奴畏李广之略，士卒亦多乐从李广而苦程不识。程不识孝景时以数直谏为太中大夫，为人廉，谨于文法。

后汉以马邑城诱单于，使大军伏马邑旁谷，而广为骁骑将军，领属护军将军⑮。是时单于觉之，去，汉军皆无功。其后四岁，广以卫尉为将军，出雁门击匈奴。匈奴兵多，破败广军，生得广。单于素闻广贤，令曰："得李广必生致之。"胡骑得广，广时伤病，置广两马间，络而盛⑯卧广。行十余里，广详⑰死，睨其旁有一胡儿骑善马，广暂⑱腾而上胡儿马，因推堕儿，取其弓，鞭马南驰数十里，复得其余军，因引而入塞。匈奴捕者骑数百追之，广行取胡儿弓，射杀追骑，以故得脱。于是至汉，汉下广吏。吏当广所失亡多，为虏所生得，当斩，赎为庶人。

顷之，家居数岁。广家与故颍阴侯孙屏野⑲居蓝田南山中射猎。尝夜从一骑出，从人田间饮。还至霸陵亭，霸陵尉醉，呵止广。广骑曰："故李将军。"尉曰："今将军尚不得夜行，何乃故也！"止广宿亭下。居无何，匈奴入杀辽西太守，败韩将军⑳，后韩将军徙右北平。于是天子乃召拜广为右北平太守。广即请霸陵尉与俱，至军而斩之。

广居右北平，匈奴闻之，号曰"汉之飞将军"，避之数岁，不敢入右北平。广出猎，见草中石，以为虎而射之，中石没镞㉑，视之石也。

因复更射之，终不能复入石矣。广所居郡闻有虎，尝自射之。及居右北平，射虎，虎腾伤广，广亦竟射杀之。

注释

①良家子：家世清白人家的子弟。 ②用：由于，因为。 ③杀首：斩杀首级。虏：俘虏。 ④折关：抵御、拦阻。指抵挡敌人。 ⑤吴楚军时：指汉景帝三年吴、楚等七国起兵叛乱。 ⑥中贵人：指宦官中受皇帝宠信者。勒：受约束。 ⑦陈：同“阵”，摆开阵势。 ⑧平旦：清晨，天刚亮。 ⑨部伍：军队编制的单位。行陈：行列，阵势。 ⑩刀斗：即刁斗。古时行军的铜制用具，白天用它煮饭，夜里敲它巡逻。 ⑪莫府：即幕府。古代军队出征驻屯时，将帅的办公机构设在帐幕中，称为幕府。省约：简化。籍：考勤或记载功过之类的簿册。 ⑫斥候：侦察瞭望的士兵。 ⑬部曲：古代军队编制，将军率领的军队，下有部，部下有曲，曲下有屯。行伍：古代军队的基层编制，五人为伍，二十五人为行。营陈：即营阵，营地和军队的阵势。 ⑭佚：通“逸”，安逸，安闲。 ⑮领属：受统领节制。护军将军：即韩安国。 ⑯络：用绳子编结的网兜。盛：放，装。 ⑰详：通“佯”，假装。 ⑱暂：骤然。 ⑲颍阴侯孙：指颍阴侯灌婴之孙灌强。屏野：退隐田野。 ⑳韩将军：指韩安国。 ㉑镞：箭头。

今译

将军李广，是陇西郡成纪县人。他的先祖叫李信，秦朝时任将军，就是灭掉燕国后获得燕太子丹首级的那个人。他的家原来在槐里县，后来迁到成纪。李广家世代传习射箭之术。孝文帝十四年，匈奴人大肆举兵侵入萧关，李广作为良家子弟参军抗击匈奴，因为他善于骑马和射箭，斩杀、俘获的敌人众多，所以被任命为汉朝中郎。李广的堂弟李蔡，也被任命为皇帝身边的郎官。两人都任武骑常侍，官阶是八百石。李广曾跟随皇帝外出射猎，在冲锋陷阵和与猛兽格斗中表现突出，孝文帝说：“可惜啊，你没遇到好时机！如果让你生在高祖打天下的时代，封万户侯那不在话下！”

汉景帝即位后，李广任陇西都尉，又改任骑郎将。吴、楚等七国叛乱时，李广任骁骑都尉，跟随太尉周亚夫反击吴、楚等七国的叛军，在昌邑一战中夺取了敌军的军旗，立功扬名。由于梁孝王私自把将军印授给李广，回朝后，汉景帝没有对他进行封赏。调他任上谷太守，匈奴每天和他交战。典属国公孙昆邪哭着对皇帝说：“李广的本事，天下无双，他自恃有本事，屡次和敌军交战，我真怕失去这名良将。”于是汉景帝调他任上郡太守。后来李广转任边境几个郡的太守。他曾任陇西、北地、雁门、代郡、云中诸郡的太守，都以奋力作战而出名。

匈奴大举入侵上郡，汉景帝派一名受宠的宦官来上郡跟随李广学习带兵，抗击匈奴。这名宦官带领几十名骑兵，纵马驰骋，遇到三个匈奴人，就与他们交锋。三个匈奴人回身放箭，射伤了宦官，几乎杀光了他的那些骑兵。宦官逃回到李广那里。李广说："这一定是匈奴的射雕能手。"李广于是带上一百多名骑兵前去追赶那三个匈奴人。那三个匈奴人没有马，徒步前行，走了几十里。李广命令他的骑兵左右散开，他自己去射杀那三个匈奴人，射死了两个，活捉了一个，一审问，果然是匈奴的射雕能手。他们把俘虏捆绑上马之后，远远望见几千名匈奴骑兵，匈奴骑兵看到李广，以为是汉军派来诱引他们的骑兵，都很吃惊，跑上山去摆好了阵势。李广的一百多名骑兵都大为惊恐，想飞马往回逃跑。李广说："我们离开大军几十里，按照现在这样的情况，我们这一百多名骑兵往回逃跑，匈奴就要来追击射杀，我们会立刻被杀光。如果我们停留下来不逃跑，匈奴一定以为我们是汉军派来诱敌的，一定不敢攻击我们。"李广向骑兵下令："前进！"骑兵向前进发，到了离匈奴阵地还有大约二里的地方，停下来，李广下令说："全体下马解下马鞍！"骑兵说："敌人那么多，并且又离得近，如果有了紧急情况，怎么办？"李广说："那些敌人原以为我们会逃跑，现在我们都下马解鞍表示不逃跑，这样就能使他们更坚定地相信我们是诱敌之兵。"于是匈奴骑兵终于不敢来攻击。有一名骑白马的匈奴将领出阵来监护他的士兵，李广立即上马和十几名骑兵一起奔跑，射死了那名骑白马的匈奴将领，之后又回到自己的骑兵队里，解下马鞍，让士兵都放开马，随便躺卧。这时正值日暮黄昏，匈奴兵始终觉得奇怪，不敢进攻。到了半夜，匈奴兵又以为汉军有伏兵在附近，想夜晚偷袭他们，因而匈奴就领兵撤离了。第二天清晨，李广才回到他的军营中，大军不知道李广的去向，所以无法随后接应。

过了好几年，汉景帝去世，汉武帝即位。左右大臣都认为李广是名将，于是李广由上郡太守调任未央宫的禁卫军长官，程不识也任长乐宫的禁卫军长官。程不识和李广从前都任边郡太守兼管军队驻防。每当出兵攻打匈奴的时候，李广行军没有严格的队列和阵势，靠近水丰草茂的地方驻扎军队，驻扎的地方人人都感到便利，夜里也不打更巡逻，幕府简化各种文书簿册，但他远远地布置了哨兵，所以不曾遭到过偷袭。程不识对队伍的编制、行军队列、驻营阵势等要求很严格，夜里打更，文书军吏处理考绩等文书簿册到天明，军队得不到休息，但也不曾遇到过偷袭。程不识说："李广治兵简便易行，然而敌人如果突然进犯，他们就无法阻挡了；而他的士兵倒也安逸快乐，都甘心为他拼死。我的军队虽然军务纷繁忙碌，但敌人也不敢侵犯我。"这时汉朝边郡的李广、程不识都是名将，但匈奴人害怕李广的谋略，士兵也大多愿意跟随李广而以跟随程不识为苦。程不识在汉景帝时由于屡次直言进谏被封为太中大夫，为人清廉，谨守朝廷文书法令。

后来汉朝用马邑城引诱单于，派大军埋伏在马邑周围的山谷中，李广任骁骑将军，受护军将军韩安国统领节制。这时单于发觉了汉军的计谋，就逃跑了，汉军无功而返。四年以后，李广由卫尉被任为将军，出雁门关进攻匈奴。匈奴兵多，打败了李广的军队，并生擒了李广。单于平时就听说李广很有才能，下令说：“捉李广一定要捉活的。”匈奴骑兵抓住了李广，当时李广身负重伤，匈奴人就在两匹马中间用绳编了一个网床让李广躺在上面。走了十几里，李广假装死去，斜眼看到他旁边的一个匈奴少年骑着一匹好马，李广突然纵身跳上匈奴少年的马，趁势把少年推下去，夺了他的弓，打马向南飞驰数十里，又遇到了他的残余部队，带领他们返回关内。匈奴出动几百名追捕的骑兵来追赶他，李广一边跑一边用他夺来的匈奴少年的弓，射杀追来的骑兵，因此才能逃脱。李广回到汉朝，朝廷把李广交给司法官审判。司法官判决李广损失士兵太多，他自己又被敌人活捉，应该斩首，但允许李广用钱财赎死罪，削职成为平民百姓。

转眼间，李广在家已闲居数年。李广在家和已故颍阴侯灌婴的孙子灌强一起隐居在长安以南的蓝田山打猎。（李广）曾在一天夜里带着一名骑马的随从外出，和别人一起在田野间饮酒。回来时走到霸陵亭，霸陵尉喝醉了，大声呵斥，禁止李广通行。李广骑马的随从说：“这是前任李将军。”霸陵尉说：“现任将军尚且不许夜行，何况是前任的将军呢！”便扣留了李广，让他停宿在霸陵亭下。没过多久，匈奴入侵杀死辽西太守，打败了韩安国的守军，后来韩安国迁调右北平。于是皇帝就任李广为右北平太守。李广随即请求派霸陵尉和他一起赴任，到了军中就把他杀了。

李广驻守右北平，匈奴听说后，称他为“汉朝的飞将军”，躲避他好几年，不敢入侵右北平。李广有一次外出打猎，看见草丛里的一块石头，以为是老虎，就向它射去，射中了石头，箭头都射进去了，过去一看原来是石头。李广接着重新再射，始终不能再次射进石头。李广在诸郡任太守时，听说有老虎，曾经自己去射杀。到驻守右北平时，一次射杀老虎，老虎跳起来伤了李广，李广也最终射死了老虎。

原文

李将军列传（节选二）

广廉，得赏赐辄分其麾下，饮食与士共之。终广之身，为二千石四十余年，家无余财，终不言家产事。广为人长，猿臂，其善射亦天性也，虽其子孙他人学者，莫能及广。广讷口①少言，与人居则画地为军陈，射阔狭以饮②。专以射为戏，竟死。广之将兵，乏绝之处，见水，士卒不尽饮，广不近水，士卒不尽食，广不尝食。宽缓不苛，士以此爱乐为用。其射，见敌急，非在数十步之内，度不中不发，发即应弦而倒。用此，其将兵数困辱，其射猛兽亦为所伤云。

居顷之，石建卒，于是上召广代建为郎中令。元朔六年③，广复为后将军，从大将军④军出定襄，击匈奴。诸将多中首虏率⑤，以功为侯者，而广军无功。后二岁，广以郎中令将四千骑出右北平，博望侯张骞将万骑与广俱，异道。行可数百里，匈奴左贤王将四万骑围广。广军士皆恐，广乃使其子敢往驰之。敢独与数十骑驰，直贯胡骑，出其左右而还，告广曰："胡虏易与⑥耳。"军士乃安。广为圜陈⑦外向，胡急击之，矢下如雨。汉兵死者过半，汉矢且尽。广乃令士持满毋发，而广身自以大黄射其裨将⑧，杀数人，胡虏益解。会日暮，吏士皆无人色，而广意气自如，益治军。军中自是服其勇也。明日，复力战，而博望侯军亦至，匈奴军乃解去。汉军罢，弗能追。是时广军几没，罢归。汉法，博望侯留迟后期，当死，赎为庶人。广军功自如⑨，无赏。

初，广之从弟李蔡与广俱事孝文帝。景帝时，蔡积功劳至二千石。孝武帝时，至代相。以元朔五年为轻车将军，从大将军击右贤王，有功中率，封为乐安侯。元狩二年⑩中，代公孙弘为丞相。蔡为人在下中，名声出广下甚远，然广不得爵邑，官不过九卿，而蔡为列侯，位至三公。诸广之军吏及士卒或取封侯。广尝与望气⑪王朔燕语，曰："自汉击匈奴而广未尝不在其中，而诸部校尉以下，才能不及中人，然以击胡军功取侯者数十人，而广不为后人，然无尺寸之功以得封邑者，何也？岂吾相不当侯邪？且固命也？"朔曰："将军自念，岂尝有所恨乎？"广曰："吾尝为陇西守，羌尝反，吾诱而降，降者八百余人，吾诈而同日杀之。至今大恨独此耳。"朔曰："祸莫大于杀已降，此乃将军所以不得侯者也。"

后二岁，大将军、骠骑将军⑫大出击匈奴，广数自请行。天子以为老，弗许；良久乃许之，以为前将军。是岁，元狩四年也。

广既从大将军青击匈奴，既出塞，青捕虏知单于所居，乃自以精兵走之，而令广并于右将军⑬军，出东道。东道少回远，而大军行水草少，其势不屯行。广自请曰：“臣部为前将军，今大将军乃徙令臣出东道，且臣结发[14]而与匈奴战，今乃一得当单于，臣愿居前，先死单于。”大将军青亦阴受上诫，以为李广老，数奇[15]，毋令当单于，恐不得所欲。而是时公孙敖新失侯，为中将军从大将军，大将军亦欲使敖与俱当单于，故徙前将军广。广时知之，固自辞于大将军。大将军不听，令长史封书[16]与广之莫府，曰：“急诣[17]部，如书。”广不谢大将军而起行，意甚愠怒而就部，引兵与右将军食其合军出东道。军亡导，或失道，后大将军。大将军与单于接战，单于遁走，弗能得而还。南绝幕[18]，遇前将军、右将军。广已见大将军，还入军。大将军使长史持糒醪[19]遗广，因问广、食其失道状，青欲上书报天子军曲折。广未对，大将军使长史急责广之幕府对簿[20]。广曰：“诸校尉无罪，乃我自失道。吾今自上簿。”

至莫府，广谓其麾下曰：“广结发与匈奴大小七十余战，今幸从大将军出接单于兵，而大将军又徙广部行回远，而又迷失道，岂非天哉！且广年六十余矣，终不能复对刀笔之吏[21]。”遂引刀自刭[22]。广军士大夫一军皆哭，百姓闻之，知与不知，无老壮皆为垂涕。而右将军独下吏，当死，赎为庶人。

注释

①讷口：说话迟钝，口拙。 ②射阔狭以饮：比赛射军阵图，射中窄的行列为胜，射中宽的行列及不中都为负，负者罚酒。 ③元朔六年：前123年。 ④大将军：卫青。 ⑤首虏率：斩杀敌人首级和俘获敌兵的数量标准。 ⑥易与：容易对付。 ⑦圜陈：圆形的兵阵。圜：通“圆”。 ⑧大黄：弩弓名，用兽角制成，色黄，体大，是当时射程最远的武器。裨（pí）将：副将。 ⑨军功自如：指功过相当。 ⑩元狩二年：前121年。 ⑪望气：古代一种通过观察云气的形态变化来预测吉凶的占卜术。 ⑫骠骑将军：霍去病。 ⑬右将军：赵食其。 ⑭结发：束发。古代男子二十岁束发而冠，女子十五岁束发而笄，算作成年。 ⑮数奇：命数逢单，命运不好。数：命运。奇：单数，不逢时。古代占卜以得偶为吉，得奇为不吉。 ⑯长史：官名，指大将军的秘书。封书：写好文书加封。 ⑰诣：到……去。 ⑱绝：横渡，横穿。幕：通“漠”，沙漠。 ⑲糒（bèi）：干饭。醪：浓酒。 ⑳对簿：按簿册上的记载对质，即受审。 ㉑刀笔之吏：指古代掌管文书、案牍的文职人员。此指执法官、审判官。 ㉒引刀：拔刀。自刭：自刎。

李广为官清廉，得到赏赐就分给他的部下，吃的喝的与士兵在一起。李广一生到死，做二千石俸禄的官共四十多年，家中没有多余的财物，也从来不谈及家产方面的事。李广身材高大，两臂如猿，他善于射箭也是天赋，即便是他的子孙以及其他跟他学习射箭的人，没人能赶上他。李广言语迟钝，说话不多，与别人在一起就在地上画军阵，比赛射箭，按射中较密集的行列还是较宽疏的行列来确定罚谁喝酒。他以射箭为消遣的习惯，一直保持到死。李广带兵，遇到缺粮断水的地方，见到水，士兵还没有全喝到水，李广一口水也不喝；士兵还没有全吃上饭，李广一口饭也不吃。李广对士兵宽厚和缓不苛刻，士兵因此爱戴他，乐于为他所用。李广射箭的方法是，看见敌人逼近，如果不在数十步之内，估量着射不中，就不发射，只要一发射，敌人立即随弓弦之声倒地。因此，他领兵作战有几次被困受辱，射猛兽也曾被猛兽所伤。

没过多久，石建死了，于是汉武帝召回李广，让他接替石建任郎中令。元朔六年，李广又任后将军，跟随大将军卫青的军队从定襄出塞，征讨匈奴。许多将领因斩杀敌人首级和俘获敌兵符合规定数量，靠战功封了侯，李广的军队却没有战功。过了两年，李广以郎中令官职率领四千名骑兵从右北平出塞讨伐匈奴，博望侯张骞率领一万名骑兵与李广一同出征，分行两条路。李广的军队行进了约几百里，被匈奴左贤王率领的四万名骑兵包围。李广的士兵都很害怕，李广就派他的儿子李敢骑马往匈奴军中奔驰。李敢独自带领几十名骑兵飞奔，直穿匈奴骑兵阵，又从其左右两翼突出，回来向李广报告说："匈奴敌兵容易对付。"士兵这才安心。李广布成圆形兵阵，面向外，匈奴猛攻，箭如雨下。汉军死了一半多，箭也快用光了。李广就命令士兵拉满弓，不要放箭，李广自己用大黄弩弓射匈奴的副将，杀死了好几个，匈奴军才渐渐散开。这时天色已晚，军吏士兵都吓得面无人色，李广却神态自若，更加精神抖擞地整顿军队，准备继续战斗。军中从此都很佩服他的勇敢。第二天，又去奋力作战，博望侯张骞的军队也赶到了，匈奴军才撤军离去。汉军非常疲惫，也不能去追击。这时李广的军队几乎全军覆没，只好收兵回朝。按汉朝法律，博望侯张骞行军迟缓未能按时到达，应处死刑，张骞用钱财赎罪，革职为平民百姓。李广功过相抵，没有封赏。

当初，李广的堂弟李蔡和李广一起侍奉汉文帝。到汉景帝时，李蔡累积功劳已得到年俸二千石的官职。汉武帝时，李蔡做到代国的国相。元朔五年李蔡任轻车将军，跟随大将军卫青攻打匈奴右贤王有功，斩杀敌人首级和俘获敌兵符合规定数量，被封为乐安侯。元狩二年间，接替公孙弘任丞相。李蔡的才干在下等之中，声名比李广差得很远，然而李广一生也没有得到爵位和封地，官职没超过九卿，李蔡却被封为列侯，官职到了三公。李广属下的军官和士兵，也有人封了侯。李广曾和星象家王朔私下闲谈，说："自从汉朝攻打匈奴以来，我没有一次战斗不参加，可是各军队校尉以下的军官，有的才能还达不到中等，然而由于攻打匈奴有军功被封侯的有几十人，我李广不比别人差，但没有一点军功可以让我得到封地，这是什么原因呢？难道是我的面相不该封侯吗？还是本来就命该如此呢？”王朔说：“将军自己回想一下，难道您曾经有过值得悔恨的事吗？”李广说：“我曾经做过陇西太守，羌人有一次反叛，我诱骗他们投降，投降的有八百多人，我用欺诈手段在当天把他们都杀了。直到今天我特别悔恨的只有这件事。”王朔说：“能使人受祸的事，没有比杀死已投降的人更大的了，这就是将军不能封侯的原因。”

过了两年，大将军卫青、骠骑将军霍去病率军大举出征匈奴，李广自己多次请求参战。汉武帝认为他已年老，开始时没有答应；过了好久才准许他前去，让他任前将军。这一年是元狩四年。

李广跟随大将军卫青出征匈奴，出边塞以后，卫青抓到敌兵，知道了单于居住的地方，就自己带领精兵去追逐单于，而命令李广带领军队和右将军的队伍合并，从东路出击。东路有些迂回绕远，而且大军走在缺少水草的地方，势必不能并队行进。李广就自己请求说：“我的职务是前将军，如今大将军却命令我改从东路出击，况且我从二十岁时就与匈奴作战，到今天才得到一次与单于对敌的机会，我愿做前锋，先和单于决一死战。”大将军卫青曾暗中受到汉武帝的警告，认为李广年老，命运不好，不要让他与单于对阵，否则恐怕不能实现俘获单于的愿望。那时公孙敖刚刚丢掉了侯爵，任中将军，随大将军卫青出征，大将军卫青也想让公孙敖跟自己一起与单于对阵，故意把前将军李广调开。李广当时知道内情，坚决要求大将军卫青收回调令。大将军卫青不答应他的请求，命令长史写文书发到李广的幕府，并对他说：“赶快到右将军部队中去，照文书上写的办。”李广不向大将军卫青告辞就起程了，心中非常恼怒地前往军部，领兵与右将军赵食其合兵后从东路出发。右路军没有向导，有时迷失道路，结果落在大将军卫青之后。大将军卫青与单于交战，单于逃跑了，卫青没有抓到单于只好回来。大将军卫青向南行横渡沙漠，遇到了前将军李广和右将军赵食其。李广谒见大将军卫青之后，回到自己军中。大将军卫青派长史带着干粮和浓酒送给李广，顺便询问李广和赵食其军队迷失道路的情况，要给汉武帝上书报告详细的军情。李广没有回答，大将军卫青派长史急切责令李广幕府的人员前去受审对质。李广说：“校尉没有错，是我自己迷失道路。我现在自己回军部写报告接受审问。”

到了大将军幕府，李广对他的部下说：“我从二十岁起与匈奴打过大小七十多仗，如今有幸跟随大将军卫青出征同单于军队交战，可是大将军又调我的军队去走迂回绕远的路，偏又迷失道路，难道不是天意吗！况且我已经六十多岁了，无论如何不能再去与那些刀笔吏对质争辩。”于是就拔刀自刎了。李广军中的将士都为之痛哭，百姓听到这个消息，不论认识的不认识的，也不论老的少的，都为李广落泪。右将军赵食其接受了审讯，应判为死刑，自己用钱财赎罪，革职为平民百姓。

二、知识朋友圈

1. 李广难封。

李广一生经历了汉文帝、汉景帝、汉武帝三朝。汉文帝时李广因为与匈奴力战有功，迁中郎。汉文帝务在与民休息，不愿轻动干戈，因此虽然称赞李广的才干，但又惋惜他“不遇时”。汉景帝时，李广参与平定吴、楚七国叛乱，屡建战功，却因曾受了梁孝王的将军印，战功被取消。汉武帝时，李广参与大规模征讨匈奴，按理说，李广可以大有作为，但汉武帝重用外戚，别的将领威名再高也不被信任。何况李广性格正直刚强，汉武帝和卫青都不喜欢他。再加上李广为人忠厚，每次战胜，他都功归部下，每次战败，他主动承担罪责，论功行赏，自然显不着他。李广搏战一生，未能封侯，是各种因素造成的。汉武帝说他“数奇”，不过是为自己不肯重用李广找借口。在征讨匈奴的战争中，封侯的人数毕竟很少。《建元以来侯者年表》总共列出七十多个，在当时出动的数十万将士中仅占万分之一。绝大多数将士或者战死了，或者像李广一样得不到公正的待遇。对于封侯者，司马迁除了用表的形式加以记载，还选择卫青、霍去病作为代表人物立传；对于未封侯者，司马迁认为更应该选择代表人物立传。李广由于他的不幸遭遇而成为司马迁看中的最佳人选。司马迁欣赏李广身上所具备的广大普通将士的优良品行，又同情李广所遭受的带有普遍性的不幸。为李广立传就是为广大普通将士立传，因为他确实很有代表性。这是司马迁的匠心安排。

2. “数奇”。

“数奇”是指有志不展，命途多舛。古人迷信，认为偶数吉利，单数不吉利，故将命运不佳、凡事无法偶合者称为“数奇”。说到“数奇”，首先让人想到飞将军李广。王维在《老将行》中云：“卫青不败由天幸，李广无功缘数奇。”李广是汉代著名的将军，一生戍边，抗击匈奴，屡立战功，却未能封侯，他的手下很多人都在官阶军衔上超越了他，而他一生都不得志，最后还因为贻误战机被迫拔刀自刎。后人同情其遭遇，归因于“数奇”，也就是俗话所说的运气不佳。

比李广还要“数奇”的当属明代的徐渭。徐渭一生坎坷，考功名不录，有大志不展，富才华不名，运气差到了极点。但不幸中的万幸，徐渭有两个知己。一个是生前所遇的著名抗倭名将胡宗宪，一个是在徐渭死后受其影响的著名文学家袁宏道。胡宗宪任浙江督抚的时候，延请徐渭为幕僚。徐渭自负才略，纵谈天下事，旁若无人，又好奇计，谈兵多中。胡宗宪对其言听计从，信任有加。也就是这段时间，徐渭过得有尊严、有价值，但给人做幕僚毕竟不是自己主政，对徐渭这样的大才来说，终究意难平。此后他游历天下，生活窘迫，又得奇病怪症，身陷囹圄，后曾一度发狂，更为怨愤，最后郁郁而终。

徐渭生前其名不扬，死后诗集流落，偶为文坛大家袁宏道所得，大为惊叹，自云：“灯影下，读复叫，叫复读，僮仆睡者皆惊起。”（《徐文长传》）袁宏道像发现了稀世珍宝一样，兴奋得不能自已，于是重新编印，广为宣扬，并亲撰《徐文长传》。徐渭之名终于得彰。

徐渭的朋友梅国桢曾说：“文长吾老友，病奇于人，人奇于诗，诗奇于字，字奇于文，文奇于画。”（《徐文长传》）意思是说徐渭病、人、诗、字、文、画都特立出奇。袁宏道认为：“余谓文长无之而不奇者也。无之而不奇，斯无之而不奇也哉！”（《徐文长传》）正是因为徐渭什么都奇特，所以命运才“数奇”。

三、文心点点通

本节选文记述汉代将领李广的生平事迹，描述了李广的杰出才能和高尚品行，也写出了李广一生不幸的遭遇。文章选择上郡遭遇战、雁门出击战、右北平之战，以及随大将军卫青击匈奴四个具有典型意义的战例，按时间顺序来写，突出李广的性格、才能、遭遇和当时的社会现实。李广骁勇善战，机智勇敢，胆略过人，从容镇定，临危不惧，使匈奴闻风丧胆；他轻财爱士，身先士卒，忠实诚信，深受广大将士敬重；虽屡建奇功，但处境坎坷，蒙受委屈，然仍忠于职守，辗转疆场。通过这些描述，文章表现了李广战绩卓著，却长期受压抑，最终被迫拔刀自刎的遭遇，表达了作者对李广才略、人品的钦佩，对李广不幸遭遇的同情，也揭露出朝廷的赏罚不公，刻薄寡恩。同时，文章写出了汉武帝时期征讨匈奴的广大将士的英雄气概和忠魂毅魄，因此千载以下读此传时还有“英风如在”之感。

司马迁在塑造李广形象时综合运用了多种表现手法，其艺术特色主要有两个方面。

一是从把握特征入手进行艺术概括。李广的特殊技能是“善射”。司马迁把握住这一个别现象来进行艺术概括。首先，写他能够根据“善射”的经验来判断敌情，做到料敌如神。如“中贵人”被三个匈奴人射伤后逃回来向李广报告，李广立即判断道：“是必射雕者也。”追击的结果，一如李广所料。其次，写他能以“善射”稳住阵脚，做到指挥若定。如李广率四千骑出征，被敌骑四万所包围，情况极其危急。李广命令士兵“为圜陈外向”，“持满毋发”，并自己用大黄弩连续射杀敌人的裨将，挫伤敌方锐气，使之不敢接近，终于坚持到援军到来。再次，写他能以“善射”脱险，表现出超凡绝伦的机智和勇敢。如他受伤被俘后，夺马逃跑，依仗箭法高强射杀追敌，平安归队。最后，《李将军列传》中所写射石没镞之事，更是采用夸张其特长的方法来增强人物的传奇色彩，十分精彩。料敌如神、指挥若定、机智勇敢等都是名将所共有的，但在李广身上有其特殊的表现方式——都是伴随“善射”这一具体特征渲染出来的。

李广的个性有其独特之处。最突出的一点是不屈服于命运的压力。汉文帝说他“不遇时”，他却偏偏要牢牢抓住一切可以建功立业的时机来奋斗，希望改变自己的命运。在担任上谷太守期间，他“自负其能，数与虏敌战”。后为陇西、北地等郡太守，“皆以力战为名”。元狩四年（前 119 年），李广已经年老，他听说朝廷要“大出击匈奴”，便“数自请行”，并且要求“居前，先死单于”，即作为先锋，与单于决一死战。由于汉武帝另有打算，不让李广与单于正面交战，卫青又假公济私，把立功的机会留给了自己的将领公孙敖，调李广出东道。李广得知自己受了排挤，不肯屈服，“固自辞于大将军”。后来由于迷路耽误了进军的时间，卫青乘机对他施加压力。李广仍不屈服，以拔刀自刎来表示抗议。李广的一生非常顽强。他一次次遭受挫折、失败，而又一次次倔强地站起来，精神抖擞地投入新的战斗。他只知道进，不知道退。

二是用对比手法把人物写活。《李将军列传》涉及的人物较多，其中有一部分人物是作者有意用来与传主做对比的。人物之间的对比，可以从各个不同的侧面烘托主人公的形象，使其富有立体感。

文章首先是把李广与匈奴射雕者对比。《李将军列传》中所写的三个匈奴射雕者箭法特别高强，曾一气射杀汉军数十骑。但李广一出马，立即射死其中两个匈奴射雕者，活捉一个匈奴射雕者。像李广这样的神箭手，非射雕者不足以跟他对比，而且只有让他战胜射雕者，才能使他神箭手的形象树立起来。

其次是把李广与程不识对比。程不识与李广的地位、人品有相同之处：他们都当过边郡太守，又都调任宫廷卫尉，都正直廉洁，为一时名将。但两人的治军方法完全不同。程不识"正部曲行伍营陈，击刀斗，士吏治军簿至明，军不得休息"。李广则"无部伍行陈，就善水草屯，舍止，人人自便"，"不击刀斗"，"省约文书籍事"。对于这两种截然不同的治军方法，后人有不少评论。明末清初思想家王夫之说："不识之正行伍，击刁斗，治军簿，守兵之将也。广之简易，人人自便，攻兵之将也。""太史公之右广而左不识，为汉之出塞击匈奴言也。"(《读通鉴论》) 这是说，程不识是防守型的，李广是进攻型的；而在对付匈奴骑兵的战争中，进攻型比防守型更为有效。可见，李广的治军作风是在与匈奴的长期作战过程中逐渐优选出来的。与程不识对比，说明李广能够活用兵法，既得到士兵拥护，又使敌人敬畏，因此更显得才气无双。

再次把李广与李蔡对比。司马迁一开始写李蔡与李广同为郎官，侍奉汉文帝，接着就单叙李广的事迹。一方面把李广的智勇、才气、功劳和威重写足，另一方面又把李广迭遭不幸的情况罗列出来。然后又插入李蔡的事迹，并同样从两个方面去写：一方面写李蔡才气较差，"为人在下中，名声出广下甚远"；另一方面写李蔡仕途十分顺利，汉景帝时官至二千石，汉武帝时"有功中率，封为乐安侯"，"代公孙弘为丞相"。这就构成了强烈的对比，显示出李广所受的待遇十分不公平。司马迁虽然不便直斥汉武帝赏罚不明，但字里行间已经包含了这一层意思。《李将军列传》中第三次提到李蔡，是这样的："广死明年，李蔡以丞相坐侵孝景园壖地，当下吏治，蔡亦自杀，不对狱。"这段话初看似乎与李广无关，实际上很有联系。李广"引刀自刭"，"蔡亦自杀"；李广"不能复对刀笔之吏"，李蔡则"不对狱"。这两个堂兄弟一生的穷达虽然不同，但结局是一样的。司马迁故意把这段话与李广几个儿子的不幸遭遇写在一起，暗示读者：在汉武帝好恶无常、酷吏横行的政治环境里，李广即使封侯，结局也未必好。这就为李广形象的悲剧色彩抹上了更浓重的一笔。

司马迁写人物传记往往笔端含情，在《李将军列传》中更是倾注了其对李广的深切同情，也流露出其对当权者的愤慨。司马迁的这些感情主要是在叙事中体现出来的。如写李蔡才气、名声远不如李广却能封侯拜相，写卫青徇私情而排挤李广，都体现出司马迁的愤愤不平之情。李广愤而引刀自刭的消息传出后，“广军士大夫一军皆哭，百姓闻之，知与不知，无老壮皆为垂涕”。写全军与百姓的悲哭，自然也包含了司马迁个人的悲痛。

四、思想会客厅

历史上对李广带兵风格的讨论，众说纷纭，如明代学者黄淳耀曾说：“李广非大将才也，行无部伍，人人自便，此以逐利乘便可也，遇大敌则覆矣。太史公叙广得意处，在为上郡以百骑御匈奴数千骑，射杀其将，解鞍纵卧，此固裨将之器也。若夫堂堂之阵，正正之旗，进如风雨，退如山岳，广岂足以与乎此哉？淮南王谋反，只惮卫青与汲黯，而不闻及广。太史公以孤愤之故，叙广不啻出口，而传卫青若不值一钱，然随文读之，广与青之优劣终不掩。”（《太史公知意》引）

又如宋代学者何去非在《李广论》中认为：“今广之治军，欲其人人之自安利也。至于部曲、顿舍、警严、管摄，一切弛略，以便其私，而专为恩。所谓军之纪律者，未尝用也。故当时称其宽缓不苛，士皆爱乐。而程不识乃谓：‘士虽佚，乐为之死敌，然敌卒犯之，无以禁也。’此其恩不加令，而功之难必也。士诚乐死之矣，然其纪律之不戒也，亦所以取败也。故曰：‘厚而不能令，譬如骄子，不可用也。’”

两位学者对李广的分析颇为得当，李广堪称裨将之才，以其“善射”，足以攻城拔寨、冲锋陷阵，但作为指挥百万大军的帅才，还数卫青这样的人才。司马迁因为深陷李陵一案，对于李广一门的遭遇颇为同情，因此在笔端流露出对李广的无限同情，以及对卫青的不屑，但这并不能掩盖卫青的军功。李广的治军风格确实不适合指挥大规模的军团作战，不过，李广仍不失为一位杰出的将才。

五、练习步步高

（一）知识识记

1. 解释下列加点的字。

（1）皆为武骑常侍，秩八百石（　　　　　　　　　　）

（2）然虏卒犯之，无以禁也（　　　　　　　　）

（3）得李广必生致之（　　　　　　　　）

（4）虎腾伤广，广亦竟射杀之（　　　　　　　　）

（5）汉军罢，弗能追（　　　　　　　　）

（6）诸广之军吏及士卒或取封侯（　　　　　　　　）

（7）岂尝有所恨乎（　　　　　　　　）

（8）东道少回远（　　　　　　　　）

2. 将下列句子翻译成现代汉语。

（1）惜乎，子不遇时！如令子当高帝时，万户侯岂足道哉！

（2）吏当广所失亡多，为虏所生得，当斩，赎为庶人。

（3）广讷口少言，与人居则画地为军陈，射阔狭以饮。专以射为戏，竟死。

（4）然无尺寸之功以得封邑者，何也？岂吾相不当侯邪？且固命也？

（二）文心体悟

清代学者牛运震说：“一篇感慨悲愤，全在李广数奇不遇时一事……而太史公操笔谋篇时，所为激昂不平者也。”（《史记评注》）请你通观本节选文，思考牛运震对文章主旨的分析有没有道理，结合原文做简要论述。

（三）思想碰撞

阅读下列材料，回答问题。

材料一：

塞　下

沈　彬

月冷榆关过雁行，将军寒笛老思乡。
贰师骨恨千夫壮，李广魂飞一剑长。
戍角就沙催落日，阴云分碛护飞霜。
谁知汉武轻中国，闲夺天山草木荒。

材料二：

枕上作

陆　游

萧萧白发卧扁舟，死尽中朝旧辈流。
万里关河孤枕梦，五更风雨四山秋。
郑虔自笑穷耽酒，李广何妨老不侯。
犹有少年风味在，吴笺着句写清愁。

这两首诗都运用了李广的典故，请你分析其表达作用有何不同。

（王召强　编）

第四单元

《韩非子》选读

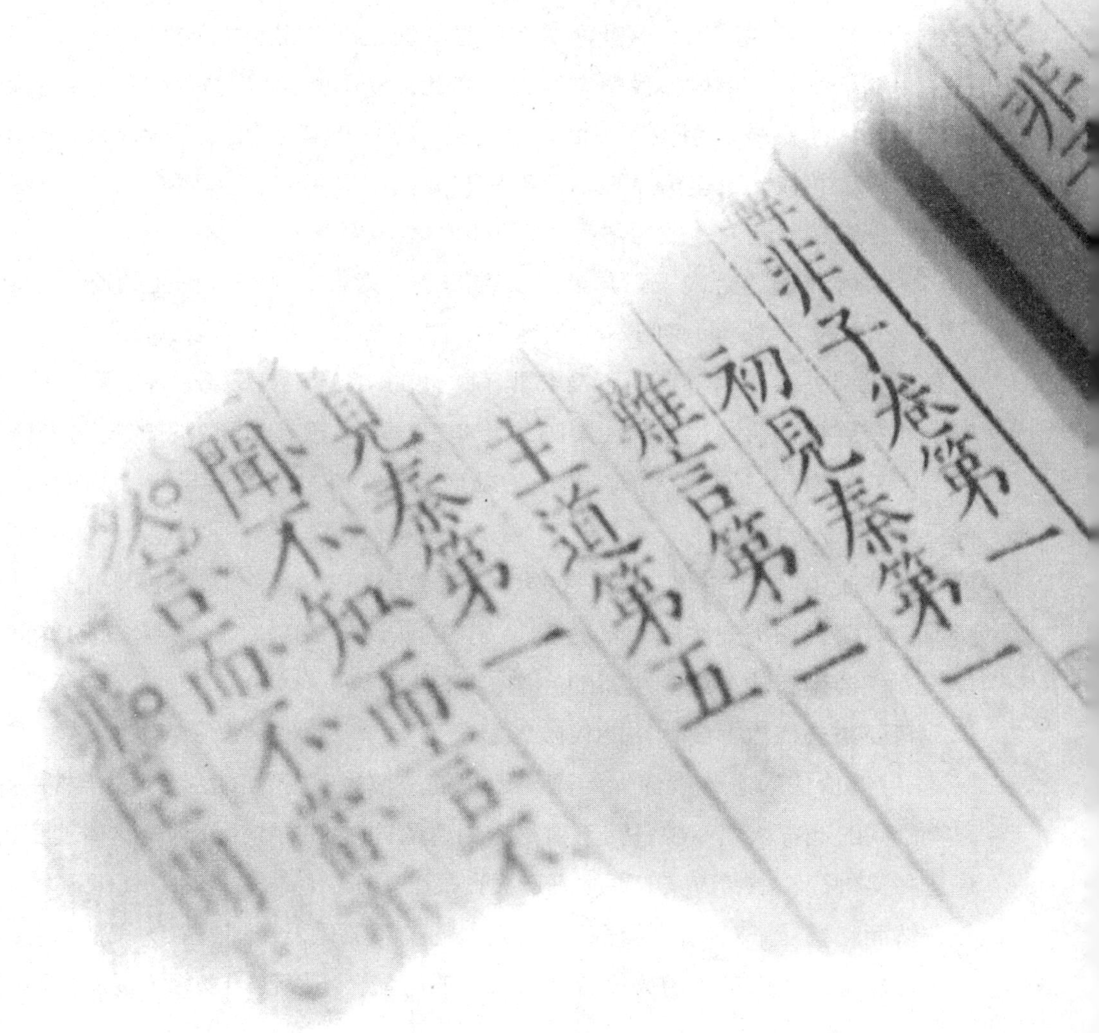

单元概说

先秦时期的法家思想可以概括为尊君权、任法术，对诸贤及其流派的观点有所承继、创新。学者萧公权认为，先秦时期法家思想的几位代表人物分工不同。尸子、慎子、管子将这一思想具体化，而商鞅将其系统化为严格的法治思想。到了韩非子，则是“综集大成，为法家学术之总汇”(《中国政治思想史》)，是最重要的人物。韩非子思想观念的核心是“法、术、势”，这是历史环境发展的产物，同时由其个人的天赋和经历塑造而成。

先看时势与环境的影响。牟宗三认为，东周时期，周文疲弊，天下大乱，诸子思想多为救世应时而生。这就为法家思想的诞生创造了两个条件。第一，天子权威丧失，纲纪废弛，诸侯征伐争夺势力，为此，富国强兵成为掌权者的共同诉求，法家的治国之术高效实用，有用武之地。第二，旧的诸侯权力逐渐为大夫家臣侵夺，篡权者希望将权力高度集中在自己手里，如何中央集权、驾驭群臣，如何逆势夺取权力，并维持其活力，成为孕育法家思想的意志温床。

再看韩非子的个人天赋与遭际。韩非子本为韩国公子，天生口吃，学问渊博，“喜刑名法术之学，而其归本于黄老”，“善著书”(《史记·老子韩非列传》)，和李斯是师兄弟关系，后者自认不及韩非子。他的《孤愤》《五蠹》等文章传到了秦国，秦王非常欣赏，召留了正出使秦国的韩非子，却介意其韩国公子的身份未任用。后来李斯劝说秦王以过错诛杀韩非子，以绝后患。韩非子想要自辩，却被李斯毒杀，秦王后悔，为时已晚。

韩非子的思想与儒、墨等家的思想有着明显的差异，具有鲜明的功利主义的特点，对时代和历史发展有着清醒、公正的认识。他的《守株待兔》的寓言，就是提醒人们要用新的方法解决新的问题，“不法常可”，顺应潮流，变革突破。他提倡执政者要秉公执法，要让法的权威彰显于天下，反对“私议”害法，这一点有助于“公正”的价值理念继续深入中国人思想的土壤，对近代的法治观念传播有积极的影响。同时他不认同商鞅重罚不重赏的刻薄精神，提倡赏罚分明，这体现了进步性。通过名实相符、循名责实的原则来选拔官员，对于清除繁政庸才，可谓是药到病除。

然而，韩非子对人性的理解、对人本的关怀又是极端和狭隘的。他和商鞅一样，认为人性重利，仁义和道德没有感化人心的可能，所以他的思想容易滋生暴政强权，激化社会矛盾。他反对任何私人化道德和诉求的存在权利，儒家所谓“独善其身”的权利和高尚，在他看来没有存在的必要，只要不能为君主和国家所用，都是要清除的。“术”原本是为法和君主的权势服务的，后期则容易蜕变为野心家和专制者操纵的工具，失去其原本的正当性。此外，韩非子强调靠制度而非个人才能来治理国家，实际的主张却多少暗示君主得有非凡的驾驭能力和智谋，显得自相矛盾。和儒家的理想主义、道家的浪漫主义相比，现实的法家思想反而缺乏维系人心的价值。从历史上看，纯粹的韩非子思想很难被不折不扣地推行，这不能不说是一种讽刺。

本单元将从这几个方面展现韩非子思想的特点和意义。

（1）立法为公。法理的公共权威不能受私人关系、道德的挑战。所谓“背私谓之公，公私之相背也”（《五蠹》）。

（2）任法必专。“法已定矣，不以善言害法。”（《饬令》）要坚决维护赏罚的权威性和公正。

（3）以术治臣。君主以法治民，以术治臣。其术有二，其一是驾驭群臣的“七术”，其二是防止群臣窥伺夺权的心术。

（4）尊君抑民。君主凭借权势和制度，以中等才能即可安天下。君主是否有道并不重要，臣民都必须无条件服从。

（5）变法立新。“圣人不期修古，不法常可，论世之事，因为之备。”（《五蠹》）历史不断变化，不能依靠惯例治理国家，每个时代的变化都有其原因，法家主张用现实主义的眼光来看问题。

立法为公

一、原典选读

五蠹（节选）

古者苍颉之作书也，自环[①]者谓之私，背私谓之公，公私之相背也，乃苍颉固以知之矣。今以为同利者，不察之患也。然则为匹夫[②]

计者，莫如修行义而习文学。行义修则见信，见信则受事；文学习则为明师，为明师则显荣：此匹夫之美也。然则无功而受事，无爵而显荣，为有政如此，则国必乱，主必危矣。故不相容之事，不两立也。斩敌者受赏，而高慈惠之行；拔城者受爵禄，而信廉爱③之说；坚甲厉兵以备难，而美荐绅之饰；富国以农，距敌恃卒，而贵文学之士；废敬上畏法之民，而养游侠私剑之属。举行如此，治强不可得也。国平养儒侠，难至用介士，所利非所用，所用非所利。是故服事④者简其业，而游学者日众，是世之所以乱也。

……

今人主之于言也，说其辩而不求其当焉，其用于行也，美其声而不责其功。是以天下之众，其谈言者务为辩而不周⑤于用，故举先王言仁义者盈廷，而政不免于乱……今境内之民皆言治，藏商、管之法者家有之，而国愈贫，言耕者众，执耒者寡也；境内皆言兵，藏孙、吴之书者家有之，而兵愈弱，言战者多，被甲者少也。……

故明主之国，无书简之文，以法为教；无先王之语，以吏为师；无私剑之捍⑥，以斩首为勇。是境内之民，其言谈者必轨于法，动作者归之于功，为勇者尽之于军。

① 环：围绕。 ② 匹夫：普通人，平民百姓。 ③ 廉爱：墨子的兼爱理论。 ④ 服事：从事耕战之事务。 ⑤ 周：考虑。 ⑥ 捍：通“悍”，勇猛，强悍。

今译

古时候仓颉创造文字，把围绕自己的叫作“私”，与“私”相反的叫作“公”，公和私相互对立，是仓颉本来就知道的。现在认为公私的利益相同，这是没有仔细考察的过错。那么为普通人打算，没有什么比修行仁义、熟悉文献典籍的办法更好了。修行仁义就会得到君主的信任，得到君主的信任就可以做官；熟悉文献典籍就可以成为高明的老师，成为高明的老师就会显贵荣耀。对普通人来说，这是最美的事了。然而没有功劳却能做官，没有爵位却能显耀，这样处理政事，国家一定会陷入混乱，君主一定会面临危险。所以互不相容的事情，是不能并存的。杀敌有功的人受赏，（君主）却崇尚仁爱慈惠的行为；攻城拔寨的人受爵禄，（君主）却信奉兼爱的学说；采用坚固的铠甲、锋利的兵器来防备战乱，却推崇宽袍大袖的服饰；国家富足靠农民，打击敌人靠士兵，却看重从事学问的儒生；不用那些尊君守法的人，却供养游侠刺客之类的人。像这样做，想要使国家强盛是不可能的。国家太平的时候供养儒生和游侠，危难来临的时候要用披坚执锐的士兵，国家给予好处的人不是国家要用的人，国家要用的人却得不到国家的好处。因此从事耕战的人荒废了他们的事务，游侠和儒生却一天天多起来，这就是社会陷入混乱的原因。

……

现在的君主对于臣子的言论，喜欢他们的巧言善辩而不管道理是否恰当，对于臣子的举动，喜欢他们的名声而不责求他们的功效。因此天下的民众，那些擅长辞令的人致力于巧言善辩，却不考虑是否实用，结果导致称颂先王、高谈仁义的人充斥朝廷，而国家的政事难免不混乱……现在全国的民众都在谈论如何治国，每家每户都藏有商鞅和管仲的法典，国家却越来越穷，原因就是空谈耕作的人太多，拿起农具种地的人太少；全国的民众都在谈论如何打仗，每家每户都藏有孙子和吴起的兵书，国家的兵力却越来越弱，原因就是空谈打仗的人太多，穿起铠甲上战场的人太少。……

因此，在英明君主的国家里，不用文献典籍，而以法令为教材；禁绝先王的言论，而以官吏为老师；没有游侠刺客的凶悍，而以杀敌立功为勇敢。这样国内的百姓，擅长言谈的人必须遵循法令，一切行动必须归于立功，一切勇力必须用到打仗上。

二、知识朋友圈

1. 游侠是怎样的存在？

韩非子将学者、言谈者、带剑者、患御者、商工之民视作腐蚀国家的五种蠹虫。其中带剑者主要是指游侠。他认为“儒以文乱法，侠以武犯禁”(《五蠹》)，侠是违法乱纪之徒，以私害公。先秦时期的游侠是怎样的一群人呢？他们的起源和特点有哪些，影响何在？

有学者认为，游侠产生于士阶层的兴起和分化。士无官无田，是介于平民和贵族之间的过渡阶层，一般接受过儒家“六艺”(礼、乐、射、御、书、数)的熏陶教化，所以既有学问，又掌握武力。春秋时期，士在和平阶段可以充当卿大夫的家臣，战争阶段可以冲锋陷阵，充当将领。而到了战国时期，士出现了分化，“好文者为游士，尚武者为游侠”(吕思勉《秦汉史》)。这些人为了个人的前途和利益，四处游走，各显才华，迎合主上，力图建功立业。

就游侠的精神是什么，有不同的解读。《淮南子 · 说山训》曰：“喜武非侠也，喜文非儒也。”意思是尚武只是游侠的较低境界。很多人认为游侠的真正精神是义。唐代李德裕将做事情不符合道义的游侠视作盗贼。《豪侠论》曰：“夫侠者，盖非常之人也。虽以然诺许人，必以节气为本。义非侠不立，侠非义不成。”这里的义可以是维护国家安危的大义，也可以是个人的承诺和周济。为了这些道德准则，可以不顾个人性命，赴汤蹈火。“然其言必信，其行必果，已诺必诚，不爱其躯，赴士之厄困。”（《史记 · 游侠列传》）所以，在司马迁看来，游侠可以是贵族，如战国时期左右天下局势的“四公子”，也可以是被埋没的布衣。

韩非子并不关注游侠个体的道德性，他将这一群体视作动乱的隐患，根本性质上就是有害的。他认为游侠具有以下特点：第一，“而养游侠私剑之属”，“私剑”意味着拥有私人武装，不受国家管控，可以挑战君主的统治。第二，“聚徒属，立节操，以显其名”，聚集群体，有号召力，挑战君主的权威。第三，“弃官宠交”“肆意陈欲”“离于私勇”，他们行事的原则是以私人手段凌驾公法之上。法家主张治法于显，治法于公，这样以私害公的群体，无论有没有道德上的正当性，在法家看来都是有害的。

2. 管仲之法有何面貌？

本节选文提出“藏商、管之法者家有之”，言外之意，商鞅、管仲之法其实是治国的良方。商鞅大家比较熟悉，而管仲这位法家的先驱人物有何重要的思想，此处略作解释。

管仲认为，君主的尊严全在赏罚，国家的进步有赖于法治。“是故国之所以为国者，民体以为国；君之所以为君者，赏罚以为君。”（《管子 · 君臣下》）管仲所说的法治，有两个方面，一个是立法，另一个是行法。立法权在君主，但君主不能凭借一己之好恶立法，而要依据人性需要、人情好恶来立法。立法要有一定的限度，符合民众的能力。“非夫人能之也，不可以为大功。”（《管子 · 乘马》）但是，立法也不能脱离自然天地，毕竟人是天地间的一分子。“圣王务时而寄政”（《管子 · 四时》），要依据春、夏、秋、冬不同时令来制定，还要考虑不同的地域民情，所谓一方水土养一方人，对轻疾易死、生性有些憨直莽撞的燕人，就不好有太具体的要求。

行法的要求，则是要开导民众，不能强推法令，要让民众心服口服。“厚爱利，足以亲之。明智礼，足以教之。”（《管子 · 权修》）在行法过程中，一定要有合理的态度，其中最重要，也是最难的一点，就是“无私”，这一点为韩非子所继承。君主本人行法不能偏私，如果君主徇私舞弊，下面的人就会跟着投机取巧。“为人上者释法而行私，则为人臣者援私以为公。”（《管子·君臣上》）一定要看清楚这四种人的嘴脸，他们的虚伪和逢迎，是执法无私最大的敌人。一是富人，以钱财贿赂；二是贱人，以卑躬屈膝的姿态来博得怜悯；三是近者，以宠幸和熟悉来诱导君主；四是美色者，以巧言令色来蛊惑君主。君主要做到执法无私，就要自律，克制私心，端正威仪。

3. 语言积累

（1）轨。小篆写作軌，从車，九声。本义为车迹、车辙。引申为车轮之间的距离、车、轨道、规矩或办法。在法家的论述中，“轨”是频频出现的词，可以看作法在生活中的具体化、实践化。例如，管子曰：“田有轨，人有轨，用有轨，人事有轨，币有轨，乡有轨，县有轨，国有轨。”（《管子·山国轨》）

（2）吏。甲骨文写作。甲骨文、金文中“吏”“事”为一个字，后分化。本义为官员。先秦为百官的通称，汉代以后多指职位低微的官员。先秦时期，吏是治民的关键，特别受法家思想的影响，吏是统治者维护其统治的权威工具。管子曰：“吏者，民之所悬命也。”（《管子·明法解》）

三、文心点点通

本节选文的核心思想，可以概括为“立法为公”四个字。“是境内之民，其言谈者必轨于法，动作者归之于功，为勇者尽之于军。”这里的“公”有两层含义。第一，法律是通行、唯一的准则，不允许有法律之外的原则来左右臣民的行为，特别是私人的爱好和利益。第二，推行法度一定要公平，赏罚一定要名实相符，不允许不合理、不能公开或自相矛盾的赏罚出现。概括来说，“公”既是一种态度，也是在实践和推行的过程、程序中必须遵守的。

文章开篇先设立一个大前提——公私不两立。为了佐证这一观点，韩非子引用了仓颉对私的解读。文字创造的鼻祖，能够权威地解释文字的意义，以此成为运用者的准绳，这一论证有一定的说服力。再由这一观点，批驳公私利益相同的观念，并揭示这一现象的具体体现，有哪些出于私人目的的臣子行为，引出其后果，指出受害的是君主。这里采用的是归谬法，进一步证明公私不两立。再由此引申出君主公法赏罚和私情照顾同时施行，与上述观点形成对比。在对比中，反复将君主矛盾的行为进行比较，最后落实到对国家和社会的危害上。从私之得利引申到公之损害，又进一步证明公私不两立。

第二段揭示了以私害公的种种表现，其核心有三点：为己的风气遍布朝野，贤能之士被打压；奖励与国家利益无关的私人行为（文士）；诱导民众弃公为私。这一段通过形式化的法治与实际效果的（“藏商、管之法者家有之，而国愈贫”）对比，归结出原因——以私害公。

由这两段的铺垫，引申出第三段的结论，必须去除一切私治的条件，用公法统摄一切。废私文立法令，诛游侠赏战功，去先王从吏师。从而证明观点：“是境内之民，其言谈者必轨于法，动作者归之于功，为勇者尽之于军。”

韩非子对法理至公的论述，反复围绕“去私”来谈，不给任何私人的诉求以践行的自由。这体现了他特殊的人性观。即人天生是利己的，利己的需求一定优先追求，这样必然害公。而对于法理之外的道德，韩非子也表现出排斥。“故举先王言仁义者盈廷，而政不免于乱。”这是因为他不相信利己的个人能够有足够的道义心、责任心去克服利益的诱惑。所以仁义终将为利益所利用，或被后者吞没。换句话说，韩非子不反对仁义本身，甚至认为在特定语境下，仁义有其价值，但他认为在应当弘扬法理权威的时刻，践行仁义会助私废公，遵从道德的名义，会损害法理的权威。

四、思想会客厅

法治与德治。

韩非子将公法与私德对立起来，前者是对后者“缺陷”的弥补，后者则会扰乱前者。法治与德治一定是对立的吗？

韩非子的老师是荀子，但荀子看待人性与法的态度与自己的弟子有着巨大的差异。从表面上看，荀子认为人性本恶，这一点颇似韩非子对人性自私趋利的判断。“人之性恶，其善者伪也。”（《荀子・性恶》）荀子也相信习法对于克制人性欲望的作用：“明礼义以化之，起法正以治之，重刑罚以禁之，使天下皆出于治，合于善也。”（《荀子・性恶》）但荀子相信法对于人性的感化，认为法治与德治是可以融会的，最终目的是完善个体生命的境界。“君子之学也以美其身。”（《荀子・劝学》）韩非子不相信人性中的善可以被法提升，他更不关心个人道德提升的意义，他只关心国家秩序和富强，“并不寄希望于把大众改造成新人”（冯友兰《中国哲学简史》）。韩非子所说的“以吏为师”，这里的师不是教育者，而是生活功能、行为举止的引领和指导者，管理和控制是其核心目标，教化与之无关。

韩非子基于人性自私的特点，把法律视作最可信赖的治国工具，因为后者可以有效限制前者。“背私谓之公，公私之相背也。”这一思想类似西方哲学家、法学家对自然法的认识。沃尔夫认为，“自然法是理性对人和万物本质的认识”。最初的法是为了纠正、调解人性的需求而采取的一种理性手段。哈特认为，原始人类为了满足自己最基本的生存需求，必须依赖原始的、基本的自然法，否则会在争斗中受损，而人类必须依靠法来规范各自的权利和义务。“必须以某种形式包含对滥用暴力、偷窃，以及欺骗之限制。人类是会被这些行为所诱惑的，但他们大体上必须抑制这些行为，如果人类想要紧密地生活在一起。”（《法律的概念》）哈特认为，这些自然法规则有不确定、低效率、僵化的特点，随着时代的发展，更公开、完整、具体的法规会将其升级完善，这是时代的需求。韩非子强调“以吏为师”，加强法治的权威性和控制力，这在某种程度上也适应了文明发展的需求。

五、练习步步高

（一）知识识记

1. 填空。

（1）先秦时期法家思想的代表人物有＿＿＿＿、＿＿＿＿、＿＿＿＿、＿＿＿＿、＿＿＿＿等，其中，韩非子堪称诸贤思想的＿＿＿＿。

（2）韩非子思想的核心可以概括为“＿＿＿＿、＿＿＿＿、＿＿＿＿”。他的代表作＿＿＿＿＿＿等传到秦国，深得秦王赏识。

（3）韩非子反对以圣人为师，而主张以＿＿＿＿为师。

2. 解释下列加点的字。

（1）距敌恃卒（　　　　　　　）

（2）难至用介士（　　　　　　　）

（3）说其辩而不求其当焉（　　　　　　　）

（4）被甲者少也（　　　　　　　）

3. 将句子翻译成现代汉语。

故明主之国，无书简之文，以法为教；无先王之语，以吏为师。

（二）文心体悟

本节选文中，韩非子认为社会陷入混乱的原因有哪些？请你加以概括。

（三）思想碰撞

韩非子在《定法》中提出“循名而责实”的主张，本节选文是否体现了这一精神？请谈谈你的理解。王安石在《答司马谏议书》中云：“盖儒者所争，尤在于名实。”王安石也主张名实相符，他与韩非子所说的名实关系是否相同，为什么？

任法必专

一、原典选读

饬令（节选）

饬[①]令，则法不迁；法平，则吏无奸。法已定矣，不以善言害[②]法。任功，则民少言；任善，则民多言。行法曲[③]断，以五里[④]断者王，以九里断者强，宿治[⑤]者削。

以刑治，以赏战，厚禄以用术。行都之过，则都无奸市。物多末众，农弛奸胜，则国必削。民有余食，使以粟出爵，必以其力，则农不怠。三寸之管毋当⑥，不可满也。授官爵出利禄不以功，是无当也。国以功授官与爵，此谓以成智谋，以威勇战，其国无敌。国以功授官与爵，则治者省，言有塞，此谓以治去治，以言去言。以功与爵者也，故国多力，而天下莫之能侵也。兵出必取，取必能有之；案兵不攻必富。朝廷之事，小者不毁，效功取官爵，廷虽有辟言⑦，不得以相干也，是谓以数⑧治。以力攻者，出一取十；以言攻者，出十丧百。国好力，此谓以难攻；国好言，此谓以易攻。

重刑少赏，上爱民，民死赏；多赏轻刑，上不爱民，民不死赏。利出一空者，其国无敌；利出二空者，其兵半用；利出十空者，民不守。重刑明民，大制使人，则上利。行刑，重其轻者，轻者不至，重者不来，此谓以刑去刑。罪重而刑轻，刑轻则事生，此谓以刑致刑，其国必削。

注释

①饬：整饬。②害：损害。③曲：乡里，泛指乡村下层单位。④五里：行走五里。和后面的九里比较，体现断案的速迟。⑤宿治：处理政事拖延。⑥毋当：没有底子。⑦辟言：说坏话。⑧数：策略，权谋。

今译

整饬法令，法令就不会随意改变；法令公正，官吏就不会有奸邪的行为。法令已经确定，就不能用仁义道德的言论来损害法令。按功劳来驱使民众，民众就会沉默实干；依照善良言论来任用民众，民众就会崇尚空谈。执行法令，实行乡里断案制度，行走五里（考察）就可以断案的能够使国家称王天下，行走九里（考察）就可以断案的能够使国家强盛起来，案子得不到及时处理的国家就会削弱。

用刑罚来治理国家，用赏赐来鼓励作战，实行厚禄制度，注意策略和手段。巡查都邑中的违法行为，都邑中就没有违法的买卖了。物品繁多，工商业者多，农事放松，奸邪势盛，国家就一定被削弱。民众有了多余的粮食，就让他们用粮食捐取官爵，官爵的取得一定得凭自己的力量，农事就不会懈怠了。三寸长的管子没有底子，是装不满的。授给官职、爵位和俸禄如果不根据功劳，也就像没有底子的管子一样。国家根据功劳授予官职和爵位，这叫作用官职、爵位来集中智谋，用威势来鼓励勇敢作战，这样的国家是无敌的。国家根据功劳授予官职和爵位，治理国家就能省事，空话就被杜绝，这叫作以简明法治排除烦琐人治，以法律条文排除无用言论。因为是按功劳授予官职和爵位，所以国家实力雄厚，天下就没有哪个能侵犯了。出兵一定有所攻取，攻取以后一定能够占有；按兵不动的国家一定富强。朝廷上的政事，小的方面不准诽谤，立功就能取得官职和爵位，朝廷上即使有人说坏话，也不能干扰这种做法，这叫作用规章制度治国。国家凭实力进攻敌人，出一分力量取得十分的成效；国家凭空谈进攻敌人，出十分力量遭受百分的损失。国家崇尚实力，这叫作从难处入手准备进攻；国家崇尚空谈，这叫作从易处入手准备进攻。

刑罚重，赏赐轻，这是君主爱护臣民，臣民就拼死立功求赏；赏赐重，刑罚轻，这是君主不爱护臣民，臣民就不会拼死立功求赏。赏赐的唯一来源是君主，这个国家就无敌于天下；赏赐的来源是两个人，军队就只有半数供君主用；赏赐出于十个人，民众就不会守护自己的君主了。用重刑促使民众明白法制，用重大的法制驱使人们，对君主就有利。执行刑罚时，对轻罪用重罚，这样人们轻罪就不敢犯，重罪更不敢犯，这叫作用刑法去掉刑法。对重罪用轻刑，刑罚轻了，犯法的事就容易发生，这叫作用刑罚招致刑罚，这样的国家一定被削弱。

二、知识朋友圈

1. 法家理想中的军功赏罚制度。

法家主张用赏赐来鼓励作战。那么理想的军功赏罚制度是怎样的？以《商君书》为例，可以概括为逐级赐爵、逐级赐田。商鞅规定，斩一个敌人的首级，加一级爵位，加封五十石俸禄的官职。斩两个敌人的首级，加两级爵位，加封一百石俸禄的官职，依次类推。从最低一级的公士到最高级别的大良造，一共有十七级，凭本事获得官爵，畅通无阻。此外，商鞅变法还规定：“能得甲首一者，赏爵一级，益田一顷，益宅九亩。”（《商君书·境内》）斩杀敌人首级，除了赏爵一级，可以增加一顷田，还可以获得九亩的宅基地。商鞅主政时，一亩地的面积从方一百步扩展到了方二百四十步，秦国肥沃的土地对百姓的激励是极大的。不过，这种理想的军功赏罚制度在实施过程中难免要打折扣。秦国长期实行的是公爵、民爵分开的制度，百姓获得的民爵最高是第八级，不可能和公卿王侯的爵位待遇一致，超过第八级的爵位要转给兄弟和子侄。

2. 语言积累。

（1）平。金文写作乎，象古代称重量的天平形。本义为天平。引申为均等、公平、物体表面无凹凸、安定、平常、平声。许慎《说文解字》云："平，语平舒也。"所谓"法平"就是赏罚不偏不倚，没有倾斜性，这样做是为了维护法律的权威和稳定。

（2）当。小篆写作。许慎《说文解字》云："当，田相值也。从田，尚声。"本义为田与田相对着。引申为相当于、对等、阻挡、担任、主持、应该、介词（正在那时候、那地方）。如"必当其位"(《吕氏春秋·孟夏纪》)。

三、文心点点通

《饬令》的核心思想是提倡执法的严格和彻底，其背后是法家的功利思想——人性自私，以利诱之。

文章第一段提出观点"饬令，则法不迁"，强调法律的制定和执行不可动摇。分别从按照功劳奖励、乡里断案、厚禄制度、巡查制度等几个方面来谈如何整饬法令，达到"王天下""强国"的目的。

第二段从两个方面进一步申明"整饬"的道理。其一是唯功劳论，强调功劳对百姓的激励。其二是否定干扰功劳奖励的因素，如"以治去治""以言去言"，意思是去除"人治""无用的言论"。再进一步强调这样做的好处，并强调如何以制度的权威来维护。可以说，这是以功劳激励这一集中、专一的制度来表达整饬法令的要义，是上一段的深化。

第三段以赏罚来深化功劳激励的具体措施。提出赏罚平衡，权柄在君，轻罪重罚的观点。可以说是上一段内容的措施化，赋予其现实性与针对性。

韩非子的行文，往往是先表达观点、谈具体措施，再分析其结果，其中夹杂着对反面例子的批判。他的文字，体现了直截了当、峻峭严厉的语言风格，咄咄逼人、不容辩驳的语言特点。其视角居高临下，着眼点却在细节。本节选文有非常鲜明的特色。韩非子善用数字，有的数字用于效果的比较，如"五里""九里""利出二空""利出十空"；有的在比喻、类比中增强形象性，如"三寸之管"。与诸子以数字渲染场面、烘托、夸张不同，韩非子的数字准确而具体，有很强的可信度，体现了治理国家的精细与严谨，体现了中国古代政治、法治文明中独特且有价值的一面。

四、思想会客厅

由人治到法治。

韩非子提出以公正、稳固的法律来维护国家的统治，其核心措施是赏罚分明，以简明的法治来取代烦琐的人治，从而激励百姓建功，达到“强国”的目的。而赏罚的权力要牢牢掌握在君主的手里，不可分权。“利出一空者，其国无敌。”

韩非子的思想与柏拉图的法治理念高度相似。柏拉图认为统治者需要借助法律去治理和净化城邦，其中的核心问题是能否让公民凭借自己的能力、天性获得荣耀。“对高尚的人要授予较大的荣耀，而对与之相反的人则要授予与其相对应的荣耀。”（柏拉图《理想国·法律篇》）君主应该“以自己的行为做标准，奖励一种值得赞美的优秀行为，惩罚不值得赞美的行为，羞辱那些倔强地不服从管教的行为”（柏拉图《理想国·法律篇》）。这一点类似法家所主张的论功行赏。柏拉图希望“法律支配着权力，权力成为律法驯服的奴仆”（柏拉图《理想国·法律篇》），这一点虽然和法家主张君主专制有本质区别，但在这个方面仍有相同点：人治不如法治可靠、合理。

不过，柏拉图的立足点并不是“强国”，这一点不同于韩非子。他希望借助公正的赏罚，净化和升华人的灵魂，培养和锻炼有理智的人。他说：“仅靠执行法令、审理案件或为城邦建立基础，不可能使某项事业达到终点。”“需要国家或政制并不仅仅是为了身体的健康和存活，而且是为了在灵魂中向法律表示忠诚，或者宁可说是为了恪守灵魂的法律。”（柏拉图《理想国·法律篇》）同时，他不希望法律成为增加权势和独裁的工具，而是将其看作使城邦秩序趋向和谐、合理、适度、文明的重要环节。神灵崇拜、法律义务、民众教育要相互配合，不能过分强调其中任意一点的重要性。

五、练习步步高

（一）知识识记

1. 填空。

（1）《饬令》中提出有四个因素必然导致国家削弱，分别是：________、________、________、________。

（2）用自己的话解释韩非子“以刑去刑”的意思：________________________________。

（3）韩非子用“三寸之管毋当，不可满也”这一生活常识来类比________________________________。

2. 解释下列加点的字。

（1）则农不怠（　　　　　　　）

（2）效功取官爵（　　　　　　　）

（3）民死赏（　　　　　　　）

3. 将句子翻译成现代汉语。

以功与爵者也，故国多力，而天下莫之能侵也。

____

（二）文心体悟

请你概括韩非子主张从哪些方面来整饬法令。

____

____

____

____

（三）思想碰撞

阅读材料，回答问题。

功利主义（节选）[1]

约翰·穆勒

把“功利”或“最大幸福原理”当作道德基础的信条主张，行为的对错，与它们增进幸福或造成不幸的倾向成正比。所谓幸福，是指快乐和免除痛苦；所谓不幸，是指痛苦和丧失快乐。

……

[1]［英］约翰·穆勒：《功利主义》，徐大建译，北京：商务印书馆，2014年，第8页、第45页。

> 正是权力和名声与我们的一切欲求目标之间由此而产生的牢固关联，使得我们强烈地直接欲求权力和名声……在这些情况下，手段已经成为目的的一部分，而且比它们所追求的目的更重要。

有人认为韩非子的法治思想带有浓重的功利主义色彩。请你结合约翰 · 穆勒对功利主义的见解，分析本节选文中所蕴含的功利思想有何特点。

以术治臣

一、原典选读

内储说上七术（节选一）

主之所用也七术，所察也六微①。七术：一曰众端参观②，二曰必罚明威，三曰信赏尽能，四曰一听③责下，五曰疑诏诡使④，六曰挟知而问，七曰倒言反事。此七者，主之所用也。

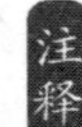

①六微：六种隐秘的情况。 ②参观：参验，观察。 ③一听：逐一听取。 ④诡使：诡诈地驱使。

君主用来控制臣子的方法有七种，君主需要明察的隐秘情况有六种。君主控制臣子的七种方法：一是从各个方面参验，观察；二是对犯罪者坚决施加惩罚以显示君主的威严；三是对尽力效忠的臣子一定信任奖赏；四是逐一听取意见，督促他们行动；五是传出可疑的诏令，诡诈地驱使臣子；六是明明知晓实情反而询问臣子；七是故意说反话，做反常的事来刺探臣子。这七种方法是君主所使用的。

内储说上七术（节选二）

卫灵公之时，弥子瑕有宠，专于卫国。侏儒有见公者曰："臣之梦践①矣。"公曰："何梦？"对曰："梦见灶，为见公也。"公怒曰："吾闻见人主者梦见日，奚为见寡人而梦见灶？"对曰："夫日兼烛②天下，一物不能当③也；人君兼烛一国人，一人不能拥④也。故将见人主者梦见日。夫灶，一人炀⑤焉，则后人无从见矣。今或者一人有炀君者乎？则臣虽梦见灶，不亦可乎！"

①践：应验。②兼烛：普照。③当：遮挡。④拥：蒙蔽。⑤炀：火旺，引申为烤火。

卫灵公的时候，弥子瑕受到宠信，在卫国掌权。有个谒见卫灵公的侏儒说："我的梦应验了。"卫灵公问："什么梦？"侏儒回答："梦见灶，结果见到了您。"卫灵公发怒，说："我听说将要见君主的人会梦见太阳，为什么你将要见我却梦见灶呢？"侏儒回答："太阳普照天下，一件东西遮挡不了它；君主普照全国人，任何一个人蒙蔽不了他。所以将要见君主的人会梦见太阳。至于灶，一个人对着灶门烤火，后面的人就无法看见火光了。现在或许就有一个人挡住君主的光辉了吧？那么即使我梦见灶，不也是可以的吗！"

内储说上七术（节选三）

殷之法，刑弃灰于街者。子贡以为重，问之仲尼。仲尼曰："知治之道也。夫弃灰于街必掩人①，掩人，人必怒，怒则斗，斗必三族相残也，此残三族之道也，虽刑之可也。且夫重罚者，人之所恶也；而无弃灰，人之所易也。使人行之所易，而无离所恶，此治之道。"

①掩人：蒙蔽人的眼睛。

商朝的法律，对在街上倒灰的人处以刑罚。子贡认为这个处罚重了，就拿此事问孔子。孔子说："商朝的人懂得治理百姓的方法。在街上倒灰一定会蒙蔽人的眼睛，蒙蔽了人的眼睛，人一定会发怒，一发怒就会发生争斗，争斗起来就会引起许多家族相互残杀，既然这会造成许多家族相互残杀的情形，那么对他们处以刑罚也是可行的。再说严重的刑罚，是人们所厌恶的；而不去街上倒灰，是人们容易办到的。让人们做容易办到的事情，而不去遭受他们所厌恶的刑罚，这是治理百姓的方法。”

内储说上七术（节选四）

原文

越王勾践见怒蛙而式[①]之。御者曰：“何为式？”王曰：“蛙有气如此，可无为式乎？”士人闻之曰：“蛙有气，王犹为式，况士人有勇者乎！”是岁，人有自刭死以其头献者。故越王将复吴而试其教：燔[②]台而鼓之，使民赴火者，赏在火也；临江而鼓[③]之，使人赴水者，赏在水也；临战而使人绝头刳腹而无顾心者，赏在兵也。又况据法而进贤，其劝甚此矣。

注释

① 式：通“轼”，伏轼致敬。 ② 燔：烧。 ③ 鼓：击鼓。

今译

越王勾践看见一只气鼓鼓的青蛙，就向它伏轼致敬。车夫说：“为什么要伏轼致敬？”越王说：“青蛙这般气势汹汹，怎么可以不向它伏轼致敬呢？”士人听到后说：“青蛙气势汹汹，越王尚且向它伏轼致敬，何况士人中勇敢的呢！”这一年，有人自刎后将头献给越王。所以越王准备向吴国复仇，就试行这样的教育：放火焚烧高台后，击鼓令人前进，使人冲到火里的原因，是进火有赏；靠近江边后，击鼓令人前进，使人冲向水中的原因，是进水有赏；临近作战时，使人断头剖腹而义无反顾的原因，是作战有赏。又何况根据法制提拔贤人，它的鼓舞作用比这些更进一层了。

内储说上七术（节选五）

原文

齐宣王使人吹竽，必三百人。南郭处士请为王吹竽，宣王说之，廪食[①]以数百人。宣王死，湣王立，好一一听之，处士逃。

注释

① 廪食：供给官家的口粮。

今译

齐宣王让人吹竽，一定要三百个人同时演奏。有一位南郭先生请求为齐宣王吹竽，齐宣王高兴地答应了，以数百公差所享受的官家口粮来供给他。齐宣王死后，齐湣王继位，他喜欢听乐手一个一个地吹竽，南郭先生便逃跑了。

原文

内储说上七术（节选六）

庞敬，县令也。遣市者行，而召公大夫而还之。立有间①，无以诏之，卒遣行。市者以为令与公大夫有言，不相②信，以至无奸。

注释

① 有间：一会儿。　② 相：指代性副词，指自己。

今译

庞敬是县令。他派遣一位管理市场的人员去巡视，又召回另一位管理市场的官员。站了一会儿，庞敬没有什么可告诫的，最后还是让他走了。管理市场的人员以为县令对管理市场的官员有所指示，而对管理市场的人员不信任，因此再不敢作奸犯科。

原文

内储说上七术（节选七）

周主下令索曲杖①，吏求之数日不能得。周主私使人求之，不移日而得之。乃谓吏曰："吾知吏不事事也。曲杖甚易也，而吏不能得，我令人求之，不移日而得之，岂可谓忠哉！"吏乃皆悚惧其所，以君为神明。

注释

① 曲杖：弯曲的手杖。

今译

周朝的君主下令寻找弯曲的手杖，官吏找了几天没能找到。周朝的君主私下派人去找，不到一天就找到了。周朝的君主就对官吏说："我知道你们这些官吏不认真做事。弯曲的手杖很容易找，你们这些官吏却没能找到，我派别人寻找，不到一天就找到了，你们怎么能说对君主忠诚啊！"官吏于是都惶恐小心地对待自己的职守，认为君主英明。

原文

内储说上七术（节选八）

子之相燕，坐而佯言①曰："走出门者何，白马也？"左右皆言不见。有一人走追之，报曰："有。"子之以此知左右之不诚信。

注释

① 佯言：说假话。

今译

子之做燕国的相，坐堂办公，故意骗下属说："从门口跑出去的是什么，是白马吗？"他身边的人都说没看见。有一个人跑出去追赶，回来报告说："有白马。”子之通过这种方法了解身边的人对自己不诚实。

二、知识朋友圈

1. 先秦时期的市场官员。

庞敬派遣“市者”“公大夫”管理市场，折射出先秦时期市场管理秩序的成熟。以西周时期集市运作为例，从时间看，朝市时间在早晨，主要是富商大贾之间的交易；大市在日中，主要是平民百姓间的消费；夕市在傍晚，多为贩夫走卒间的交易。从空间规划看，每个货摊有固定的区域，排列整齐，接受官员的监督检验。货物准入的规定非常严格，如兵器、礼器不能买卖，服饰、器具、车辆等货物的颜色、尺寸等受到严格限定，食用的鱼、鳖等必须符合猎杀的时机才能进行买卖。

这一系列的严格规定需要很多职能官员的监督管理。如质人掌管市场上的交易凭证。“掌稽市之书契，同其度量，壹其淳制，巡而考之，犯禁者举而罚之。”(《周礼 · 地官 · 质人》) 贾师负责合理评估市场货物的价格。胥师负责颁布政令、检查违法作假现象、审判纠纷案件等。这些官员都受司市的领导。“司市掌市之治教、政刑、量度禁令。以次叙分地而经市，以陈肆辨物而平市，以政令禁物靡而均市，以商贾阜货而行布。”(《周礼 · 地官 · 司市》)

2. 春秋时期的解梦文化。

卫灵公碰到的侏儒以梦境讽谏，看似荒诞，却很有效，反映出当时的人有很强烈的占梦、解梦意识。周王专门设立了占梦官，负责解析君主的梦，依据日月星辰的位置、阴阳之气的变化，得出凶吉预言。如果是吉梦，就要昭告四方；如果是凶梦，就要送梦驱邪。《周礼 · 春官 · 占梦》记载周人对梦境的具体分类：“占梦掌其岁时，观天地之会，辨阴阳之气，以日月星辰占六梦之吉凶。一曰正梦，二曰噩梦，三曰思梦，四曰寤梦，五曰喜梦，六曰惧梦。”这体现了完整、系统的占梦思想。

从文学经典的记载中也可以看到梦的重要性。有人统计，《左传》共记载了 28 个梦[1]，每个梦几乎都得到了应验，成为影响甚至左右政策的重要依据。如《左

[1] 杨伯峻:《春秋左传注》，北京：中华书局，2009 年，第 3—4 页。

传·僖公二十八年》中，城濮之战前，信心不足的晋文公梦见楚成王伏在自己身上吸食脑髓，非常害怕。身边人将其解读为楚成王伏地受降，以此安慰晋文公。《左传·成公十年》中，晋景公梦见从他的病中跳出来两个小人，说要躲到他身体的膏肓之间，巫师将此解读为病入膏肓，大限将至。就在晋景公死的那天，身边的一个宦官早上梦见自己背着晋景公上了天，到了中午，他真的把晋景公从厕所中背了出来，于是他被勒令为晋景公殉葬。梦在古代被看作现实的反映、天命的折射。

3. 语言积累。

（1）罚。金文写作。清代段玉裁《说文解字注》曰："罚为犯法之小者。"持刀骂人较杀人者罪轻，故"罚"的本义为小的过错，与刑所代表的重罪相区别。引申为罪行、对过错进行处罚的含义。"罚"还有出钱赎罪的含义。"五刑不简，正于五罚。"（《尚书·吕刑》）

（2）佯。形声字。左边，人侧身站立，有遮掩、躲藏的意味；"羊"表声，羊性柔顺，有假装温顺使人上当的含义。"佯"作状语，后面跟动词表示假装做某事。如"子之相燕，坐而佯言"中的"佯言"就是说假话，隐藏其真实目的，借助白马来试探身边的人是否诚实。

三、文心点点通

韩非子的"七术"，本质上是君主对臣子运用的七种心理制约措施，它们之间有鲜明的逻辑关联，也有不同的侧重角度。第一条，"参观"是基础，也是根本，如果没有对臣子进行全面、客观的考察，所有的驾驭手段是无的放矢。从侏儒的比喻来看，君主应当对臣子分权、分宠，这样有助于多角度考察。第二条，"必罚"和"信赏"是笼络人心的手段，用于建立臣子与君主之间的信任，"使人行之所易，而无离所恶"，而向气鼓鼓的青蛙伏轼致敬，激励武士，则是满足人的荣誉心、好胜心，这两条措施都是顺应、释放臣民心中的欲望，从而控制他们。

而"一听""诡使""挟知""倒言"都是利用自身的地位、权力的优势，对臣民施加心理压力。"一听"是督责，"诡使"是分化和监督，"挟知"是刺激官员的心虚和自卑心，"倒言"则是欲擒故纵，诱骗犯错。这些方法都利用了臣民心中的"怯""惧"，扰乱其寻常的思维，使其疲于奔命。无论是"欲"的激发，还是"惧"

的利用、“乱”的制造，都是君主“势”的体现，本质上是弱臣尊君，是权力强势一方的游戏。这些“术”的使用虽然部分带有公平、公正的色彩，但总体上体现了极为阴暗的价值观，即为了自身权力，不择手段，以欺骗、煽动、恐吓替代诚信、仁爱、宽容。“术”的背后没有光明正大的道，更不用说彰显天地之德、对百姓的文明教化。

从语言特点看，韩非子行文善用排比，营造雄辩的气势。排比句可以通过多个字数相当、形式相似或相同的句子（一般为三句及三句以上）渲染文势，表达作者强烈的情感，让作者的态度鲜明，有助于论辩和说服。韩非子文章中排比句的特点之一是信息量大，内容丰富密集，让人目不暇接。“燔台而鼓之，使民赴火者，赏在火也；临江而鼓之，使人赴水者，赏在水也；临战而使人绝头刳腹而无顾心者，赏在兵也。”韩非子文章中的排比句为何有如此特点？法家善于以事实说服对方，证明法治的权威，注重治国的方方面面、制度的周全和完备，所以排比句中涉及的事物、道理非常多。此外，顶真句的使用，如“夫弃灰于街必掩人，掩人，人必怒，怒则斗，斗必三族相残也，此残三族之道也”，生动的对话、强烈的对比效果，也为其论述增色不少。

四、思想会客厅

是督责还是分享荣誉？

韩非子所主张的驭臣“七术”，后世效仿者、发扬者大有人在。有人以思想阐发对话，有人则以实际行动践行。

例如其中的“必罚”与李斯的“督责”之术相呼应。李斯为了迎合秦二世专断恣睢的喜好，上《督责书》，谈及君主驭臣之术。他认为，唯有英明的君主才能够做到对轻罪进行重罚。如果轻罪都要重罚，那么臣民自然就不敢犯重罪了。“夫罪轻且督深，而况有重罪乎？故民不敢犯也。”（《史记·李斯列传》）这一点非常像韩非子所援引的弃灰之刑。

“倒言”是以诱导臣子犯错的方式来审查、惩罚臣子。唐太宗也使用过这一方法。《资治通鉴》记载：“上患吏多受赇，密使左右试赂之。有司门令史受绢一匹。上欲杀之。民部尚书裴矩谏曰：‘为吏受赂，罪诚当死；但陛下使人遗之而受，乃陷人于法也，恐非所谓“道之以德，齐之以礼”。’上悦。”唐太宗为了揪出受贿者，故意让手下人行贿引诱，再予以惩罚。裴矩反对这种做法，认为这是用非法手段来惩治非法，本质上是欺骗，不符合道德准则。

“诡使”意在分化臣子，利用他们各自的“假想敌”来相互牵制。如宋太祖时，大将李崇矩和宰相赵普结为亲家，宋太祖非常担心将相势力结盟，想要警醒李崇矩。当时有一个叫郑伸的小人诬告李崇矩图谋不轨。宋太祖一方面没有追究李崇矩，另一方面没有惩罚郑伸，反而赐郑伸同进士出身，做酸枣县的县官，赏赐大量财物。

对法家驭臣民的“七术”，儒家自然是看不惯的。如汉代的桓宽著《盐铁论》，对“督责”一说表示反对。“故民乱反之政，政乱反之身，身正而天下定。”意思是通过轻罪重罚来让臣民恐惧起不到教化的作用，不能从根本上维护统治。君主以身作则，政体方能稳固。学者萧公权这样解读其说：“为人上者当先自正其身，不当督责民之过失。”（《中国政治思想史》）

在处理君臣关系方面，意大利思想家尼科洛·马基雅维里有与韩非子相似的见解。他在《君主论》一书中写道：“为了使大臣保持忠贞不渝，君主必须常常想着大臣，尊敬他，使他富贵，使他感恩戴德，让他分享荣誉，分担职责；使得他知道如果没有自己，他就站不住，而且他已有许多荣誉使他更无所求。”[1]其理念类似韩非子所说的“信赏”，赏赐不是关键，关键是对臣民士气和精神的激励。在越王勾践那里是激励勇气，在《君主论》中则是分享荣誉。《君主论》中还提出怎样避开谄媚者：“对于他不征询意见的任何事情，他应该使每一个人都没有提意见的勇气。但是，他必须是一位经常不断的征询意见者，而且关于他征询意见的一切事情，他必须是一位耐心倾听真话的聆听者。如果他了解到任何人不论出于任何原因，不把真话告诉他，他应该赫然震怒。”[2]尼科洛·马基雅维里也鼓吹君主的气势，以己之心独断专行，让人不敢提意见；但另一方面，他强调君主了解信息不能单一、狭隘，应当有全面的信息来源，并要有个人的取舍。

---

[1]［意］尼科洛·马基雅维里：《君主论》，潘汉典译，北京：商务印书馆，2017年，第112页。

[2] 同上，第114页。

五、练习步步高

（一）知识识记

1. 填空。

（1）主之所用也七术，____________。七术：一曰____________，二曰____________，三曰____________，四曰____________，五曰____________，六曰____________，七曰____________。（《内储说上七术》）

（2）先秦时期官方设立的掌管市场交易凭证的官职是____________，评估市场货物价格的官职是____________。

（3）桓宽反对君主以威势督责臣民，对此，他在《盐铁论》中提出“故民乱反之政，____________，____________”的观点。

2. 解释下列加点的字词。

（1）此残三族之道也（　　　　　　）

（2）又况据法而进贤（　　　　　　）

（3）周主下令索曲杖（　　　　　　）

（4）左右皆言不见（　　　　　　）

3. 将句子翻译成现代汉语。

市者以为令与公大夫有言，不相信，以至无奸。

____

（二）文心体悟

法国社会学家古斯塔夫·勒庞在著作《乌合之众：大众心理研究》中提出：“当领袖们打算用观念和信念——例如利用现代的各种社会学说来影响群体的头脑时”，“其中有三种手段最为重要，也十分明确，即断言法、重复法和传染法”。参照这一观点，本节选文中君主驾驭臣子、统治民众的“七术”是否也暗合上述途径？请你展开分析。

____

____

____

____

（三）思想碰撞

阅读下列材料，回答问题。

材料一：

内储说上七术（节选）

韩非子

殷之法，刑弃灰于街者。子贡以为重，问之仲尼。仲尼曰："知治之道也。夫弃灰于街必掩人，掩人，人必怒，怒则斗，斗必三族相残也，此残三族之道也，虽刑之可也。且夫重罚者，人之所恶也；而无弃灰，人之所易也。使人行之所易，而无离所恶，此治之道。"

材料二：

师说（节选）

韩 愈

古之学者必有师。师者，所以传道受业解惑也。人非生而知之者，孰能无惑？惑而不从师，其为惑也，终不解矣。生乎吾前，其闻道也固先乎吾，吾从而师之；生乎吾后，其闻道也亦先乎吾，吾从而师之。吾师道也，夫庸知其年之先后生于吾乎？是故无贵无贱，无长无少，道之所存，师之所存也。

请你比较两段文字在表达效果上的异同。

尊君抑民

一、原典选读

二柄（节选）

人主将欲禁奸，则审合①刑名；刑名者，言与事也。为人臣者陈而言，君以其言授之事，专以其事责其功。功当②其事，事当其言，则赏；功不当其事，事不当其言，则罚。故群臣其言大而功小者则罚，非罚小功也，罚功不当名也；群臣其言小而功大者亦罚，非不说于大功也，以为不当名也害甚③于有大功，故罚。昔者韩昭侯醉而寝，典冠者见君之寒也，故加衣于君之上，觉寝而说，问左右曰：“谁加衣者？”左右对曰：“典冠④。”君因兼罪典衣与典冠。其罪典衣，以为失其事也；其罪典冠，以为越其职也。非不恶寒也，以为侵官之害甚于寒。故明主之畜臣⑤，臣不得越官而有功，不得陈言而不当。越官则死，不当则罪。守业其官，所言者贞也，则群臣不得朋党相为矣。

人主有二患：任贤，则臣将乘于贤以劫⑥其君；妄举，则事沮不胜。故人主好贤，则群臣饰行以要君欲，则是群臣之情不效；群臣之情不效，则人主无以异其臣矣。故越王好勇而民多轻死；楚灵王好细腰而国中多饿人；齐桓公妒而好内，故竖刁自宫以治内；桓公好味，易牙蒸其子首而进之；燕子哙好贤，故子之明不受国。故君见恶，则群臣匿端；君见好，则群臣诬能。人主欲见，则群臣之情态得其资矣。故子之托于贤以夺其君者也，竖刁、易牙，因君之欲以侵其君者也。其卒，子哙以乱死，桓公虫流出户而不葬。此其故何也？人君以情借⑦臣之患也。人臣之情非必能爱其君也，为重利之故也。今人主不掩其情，不匿其端，而使人臣有缘⑧以侵其主，则群臣为子之、田常不难矣。故曰：“去好去恶，群臣见素⑨。”群臣见素，则大君不蔽矣。

①审合：审查验证。 ②当：符合，相称。 ③甚：大于。 ④典冠：掌管君主帽子的官员。 ⑤畜臣：畜养臣子。 ⑥劫：胁迫，威逼。 ⑦借：使……依托，借助。 ⑧缘：凭借。 ⑨素：本性，本色。

君主想要禁止奸邪，就要审查验证形和名是否相合；形和名，就是说的话和做的事。做臣子的发表一定的言论，君主根据他们的言论授予相应的职事，

根据他们的职事来责求他们的绩效。绩效符合职事，职事符合言论，就奖赏他们；绩效不符合职事，职事不符合言论，就惩罚他们。所以臣子的言论大绩效小的要惩罚他们，不是惩罚他们绩效小，是惩罚他们的绩效不符合他们的言论；臣子的言论小绩效大的也要惩罚，不是对臣子建立的绩效不喜欢，而是认为绩效不符合言论的危害超过了臣子建立的绩效，所以要惩罚他们。从前韩昭侯喝醉酒睡着了，掌管君主帽子的官员见他冷，就给他身上盖上衣服，韩昭侯睡醒后很高兴，问身边的侍从说："是谁为我盖上的衣服？"身边的侍从回答："掌管帽子的官员。"韩昭侯便同时处罚了掌管衣服的官员和掌管帽子的官员。韩昭侯处罚掌管衣服的官员，是认为他失职；韩昭侯处罚掌管帽子的官员，是认为他越权。韩昭侯不是不厌恶寒冷，而是认为违反官员职责的危害超过了寒冷。所以英明的君主畜养臣子，臣子不能超越自己的职权去立功，不能说话不恰当。超越职权就该处死，言论不恰当就要治罪。臣子恪守本职，他们的言论与事实相符，那么臣子就不能结成朋党营私舞弊了。

君主有两种祸患：任用贤人，臣子就会凭借贤能来威逼君主；随意推举人才，就会败坏事情而不能成功。所以君主喜好贤能的人，那么臣子就会修饰行为来迎合君主的心愿，这样臣子真实的心意便不会显露；臣子真实的心意不显露，君主就无法区分臣子的差异了。所以越王勾践喜好勇敢而民众大都轻视死亡；楚灵王喜爱细腰，结果国内有许多甘愿挨饿的人；齐桓公心性妒忌而喜好女色，所以竖刁自行阉割以便掌管宫内的事。齐桓公爱好美味，易牙蒸了自己儿子的脑袋去进献；燕王子哙喜爱贤才准备将王位让贤，子之就表面上不接受燕王的位置。所以君主流露出厌恶情绪的，臣子就会迅速掩盖；君主流露出喜好情绪的，臣子就会假装自己有这方面的能力。君主的欲望表现出来，臣子的情感态度就有了逢迎的依据。所以子之假托贤名来篡夺君位，竖刁、易牙借着君主的欲望来侵害君主。其终于导致燕王子哙因让位子之的混乱而死亡，齐桓公尸体的蛆虫爬到门外而得不到安葬。这是什么原因呢？是君主把真情显露给臣子所导致的祸害。臣子流露出真情不一定是因为爱戴他们的君主，而只是看重利益的缘故。如果君主不掩饰自己的真情，不隐藏自己的意图，而使臣子可以借机来侵害他们的君主，那么臣子充当子之、田常这样的角色就不难了。所以说："君主不表现出自己的喜好厌恶，臣子就会显露本性。"臣子显露本性，君主就不会受到蒙蔽了。

说疑（节选）

凡治之大者，非谓其赏罚之当也。赏无功之人，罚不辜[①]之民，非所谓明也。赏有功，罚有罪，而不失其人，方[②]在于人者也，非能生功止过者也。是故禁奸之法，太上禁其心，其次禁其言，其次禁其事。今世皆曰“尊主安国者，必以仁义智能”，而不知卑主危国者之必以仁义智能也。故有道之主，远仁义，去智能，服之以法。是以誉广而名威，民治而国安，知用民之法也。凡术也者，主之所执也；法也者，官之所师也。然使郎中[③]日闻道于郎门[④]之外，以至于境内日见法，又非其难者也。

①不辜：无辜。 ②方：仅仅，只。 ③郎中：宫廷中的侍卫官。 ④郎门：廊门。

治理国家重要的事，并不是说它的赏罚得当。赏没有功的人，罚没有罪的人，不能叫作明察。赏有功的人，罚有罪的人，且全无遗漏，其作用仅仅局限在个别人身上，并不能起到鼓励立功和禁止犯罪的作用。因此，禁止奸邪的办法，最重要的是禁止奸邪的思想，其次是禁止奸邪的言论，再次是禁止奸邪的行为。现在世人都说“尊重君主安定国家，一定要靠仁义智能”，却不知道导致君主卑下、国家危险的，一定是仁义智能。所以懂得治国之道的君主，远离仁义，废除智能，用法来使奸邪的人服从。因此君主的声誉远播而名震四海，百姓太平而国家安定，君主懂得了驱使民众的方法。一般说来术是君主应该掌握的；法是官吏应该遵循的。既然这样，那么君主派遣侍从官员每天在廊门之外宣传法治，甚至让国境内的民众每天都看到国家新颁布的法令，也不是很困难的。

八说（节选）

为故人行私谓之“不弃”，以公财分施谓之“仁人”，轻禄重身谓之“君子”，枉法曲[①]亲谓之“有行”，弃官宠交谓之“有侠”，离世遁上谓之“高傲[②]”，交争逆令谓之“刚材”，行惠取众谓之“得民”。不弃者，吏有奸也；仁人者，公财损也；君子者，民难使也；有行者，法制毁也；有侠者，官职旷也；高傲者，民不事[③]也；刚材者，令不行也；得民者，君上孤也。此八者，匹夫之私誉，人主之大败也。反此八者，匹夫之私毁，人主之公利也。

①曲：逢迎，偏袒。 ②高傲：清高傲世。 ③事：侍奉君主。

今译

为朋友谋私利被称为“不忘旧交”，把公家财产分送给人被称为“仁爱的人”，轻视利禄看重自身被称为“君子”，违背法律偏袒亲属被称为“品行好”，为讨好朋友放弃官职被称为“侠义”，逃避现实避开君主被称为“清高傲世”，竞相争斗而违抗禁令被称为“刚直忠介之士”，施行恩惠收买民众被称为“得民心”。不忘旧交者，如果是官吏就会行奸；做仁爱的人，国家财富就会有损失；倡导做君子，民众就不听使唤；为了品行好，法制就会受损；讲侠义，官职就会空缺；清高傲世，民众就不侍奉君主；做刚直忠介之士，法令就不能推行；得民心，君主就会被孤立。这八种名声，是个人的私誉，君主的大祸。与这八种相反的，则是个人的私利受损，却符合君主的公利。

二、知识朋友圈

1. 郎中、郎门——秦汉宿卫制度。

《说疑》中提到的郎门是宫门，而郎中是宫廷中的侍卫官。秦汉时期，郎官和宦官共同宿卫宫廷。《汉书·百官公卿表》云：“郎中令……属官有大夫、郎、谒者，皆秦官。”说明这一制度从秦代沿袭到汉代。郎中令下属的官员，有议郎、中郎、侍郎、郎中。其中，中郎地位最高，与君主关系最亲近，一般常任。什么人可以做郎官？当然要经过严格的政治审查。其提拔方式有訾选、荫任、军功特拜三种。有资格晋升的多为权贵、富家子弟，或者有特殊技艺才能的人。如西汉时期的东方朔，凭借文学才华充任中郎。卜式是布衣出身，却凭借财富捐款得到中郎这一职务。这些郎官中，除了议郎，多数都要拿着武器在殿门口或宫殿里面的走廊上值守，如果外人非法进入，拦阻不力，他们就会有“失阑”之罪，要受罚。

2. 刑名与形名。

先秦文献中经常能见到“刑名”“形名”这样的概念。有人认为“形”与“刑”为通假字，是一个意思。但严格地说，形名侧重逻辑理论，思考概念和所指、符号与现实之间的对应关系。如惠施认为“子非鱼，安知鱼之乐”（《庄子·秋水》），“鱼之乐”从概念上看是对的，但不符合现实。公孙龙思辨白马是不是马也是如此。而刑名之学更侧重法家等学派在律法、政治伦理方面的思想应用。同样是处理概念与实际的关系，刑名之学侧重用法律条文来判罪和辩护，实用性更强。如郑国的子产，帮百姓打官司，依据雇主的需要，用言语解释法律，以期胜诉。“以非为是，以是为非……所欲胜因胜，所欲罪因罪。”（《吕氏春秋·离谓》）有点类似法律顾问和职业律师，将逻辑学的知识方法运用于法律实践。学者王沛这样说：“‘刑’之含义承自西周，泛指规则法度，而‘名’之含义，则指对规则法度的概括与命名，刑名学本义，正是由此衍生，指研究立法原理和立法技术的学说。”[1]而本节选文中的“刑名”是政治领域内领导者对下属职责和业绩的审查核实。“刑名者，言与事也。”意思是考查官员的职责与其对官职的理解陈述、实践行动是否相符。

3. 语言积累。

（1）典。甲骨文写作[illegible]，象两只手捧着书册之形。本义为经典，尊为典范的简册。引申为后世效法的标准、准则和制度。如《尚书·五子之歌》云：“有典有则，贻厥子孙。”在金文中，两只手被改为“丌”，把书册摆放在几案上，有尊贵、隆重的意味。作为动词，引申为主持、掌管的含义。典衣官就是管理君主衣服的官员。

（2）刑。小篆写作[illegible]，从刀，井声。本义为法、法度。引申为依法对犯罪人加以处罚。法家将刑赏看作重要的法治手段，刑为重、罚为轻。班固《白虎通·五刑》云：“五刑者，五常之鞭策也。”所谓五刑，即大辟、宫、墨、劓、膑，五种轻重不同的刑罚。

三、文心点点通

本节选文从不同方面凸显了法家尊君抑民的专制思想。《二柄》提出以“循名而责实”（《定法》）的监督方式控制臣子，突出君权；《说疑》展现了弱民、禁民的几种方法；《八说》提出了弱民有利于君主的观点。

《二柄》从三个方面谈尊君抑臣之道。一是强化官员职责的界限，防止“侵官”，其实是避免官员的权力过大，影响君主的权势，同时避免官员因为交流、合作形成朋党，威胁君主的权威。二是君主要通过打压贤臣来控制群臣，这是釜底抽

---

[1] 王沛：《刑名学与中国古代法典的形成——以清华简、〈黄帝书〉资料为线索》，见《历史研究》，2013 年第 4 期，第 17 页。

薪的办法。三是君主要维护自身的神秘性，避免臣子揣测其心思，反制君主。

《说疑》提出弱民的核心方法是愚民，让民众失去思考的能力。思想被禁止之后，言论趋向单一，行动就不可能出现“祸乱”。韩非子禁止思想的观点，核心是弱化民众的道德判断的能力，否定仁义智能，相信君主的意志必须无条件服从。一切不符合君主的意志，遵从一定道德标准的独立意志都必须否定。这里提到的术和法，都是服从于君主与国家之“势”的工具。所谓禁民的上、中、下三策，就是治术的运用，而“法”作为“师”的原则，就是用来统一思想的教条。

《八说》中的弱民不是损民，《八说》并不强调夺取民众的物质利益，禁止其合理的欲望。因为法家秉承人性自私的观点，主张合理诱导欲望，这样反而有利于统治。《八说》反对的是民众获取独立于君主赏罚的名声和势力，其基础是任何民众的权威的建立都会有损于君主的权威。“匹夫之私誉，人主之大败也。”这种将君民对立起来的非此即彼的思维，导致君主唯一可以依赖的就是法律，而道德不能作为治理国家的依据，因为后者会使统治局面出现不确定性。有超出绝对统治的个人自由的存在，这一点是法家不能容忍的。

通观这些措施，能看到韩非子对于道德主义的不信任。他将君主抽象为超越道德人情的纯粹功利与权势的化身。他认为国家与君主的职责只在于建功立业、张扬霸权，不对民众的利益和尊严负责，这呈现出极端的功利主义。对比先秦时期其他利己主义、功利主义思想，其特点非常鲜明。例如《列子》中记载的杨朱，他主张“拔一毛而利天下，不为也”(《孟子・尽心上》)，不愿意为天下人损害自己的一丝一毫。但他的思想中有对个体生命权利的重视，主张在诸侯争战、人命朝夕难保的时代，以相对自私的方式维护民命，这与道家思想有关。而在韩非子的学说中，民众个体的需要毫无实效性，只有权力的效率才是国家富强的根本，而权力最大的保障就是君主权威的循环和升级。

四、思想会客厅

尊君一定要抑民吗？

韩非子将尊君与抑民（臣）等同起来，这一思想在战国乃至秦汉时期不是没有人质疑。《吕氏春秋》堪称其中的代表。《吕氏春秋》也谈顺民（使民归顺、服从），但认为顺民的根本在于君主先要顺应民心，一定要爱护百姓，特别不能以己心为天下人之心，刚愎恣睢。“亡国之主，必自骄，必自智，必轻物。自骄则简士，自智则专独，轻物则无备。无备召祸，专独位危，简士壅塞。”（《吕氏春秋·骄恣》）所以吕不韦完全反对李斯所谓君主以天下自适的想法。吕不韦赞成：“正名审分以治吏。”（《吕氏春秋·先己》）意思是明确官员的职责和使命。这一点和韩非子审核官员的职责言行，考查绩效，明确官职界限有一致处，但下一步目标则完全不同。韩非子希望借此来强化赏罚，树立君主权威，让臣民在畏惧中服从，在激励中竭诚尽忠。吕不韦则主张以此来强化臣子在政治方面的主导性和能动性，将国家大事交给臣子去做，君主恪守无为之道。“无为成身而天下自治矣。”（《吕氏春秋·先己》）《吕氏春秋》的尊君，其实是尊国，国家治理得当，君主自然地位稳固。君主都有不足之处，取长避短的最好办法，就是虚己无为，放心大胆地让贤才去做。“君也者，以无当为当，以无得为得者也。当与得不在于君，而在于臣。”（《吕氏春秋·君守》）这个逻辑在韩非子那里是行不通的，韩非子认为君主权势是个人的、自我的，君心为国心，君利为国利，只要有贤臣分权、分势，就是君弱的体现。从秦朝后来历史的发展看，《吕氏春秋》在这一方面的思想最终没有被统治者采纳，吕不韦的失势是必然的，其不符合专制集权的需求。

西方思想史上以尊君抑臣（民）作为政治主张的观点、事例也不少。例如拜占庭帝国皇帝历来重视中央集权，强调君权神授，皇帝的权力高于一切。马其顿王朝是拜占庭帝国历史上最强大、时间最长的王朝之一，皇帝瓦西里二世是其中政治强人的杰出代表。他的政敌巴尔达斯·斯科莱鲁在被他俘虏后为了保命，向他上书，教他如何巩固权力。他这样说：“清理那些过于自负的官员，别让任何出征的将军掌控过大的权力。用不公的苛责耗竭他们，让他们忙于处理自己的事务。不要让妇女参与帝国朝政。平易近人不可取。你最机密的计划，知道的人越少越好。”[1]

五、练习步步高

（一）知识识记

1. 填空。

（1）有学者认为，形名侧重逻辑学，刑名多指向法律和政治，但两者的相同

[1] [英] 约翰·朱利叶斯·诺里奇：《拜占庭的巅峰》，李达译，北京：社会科学文献出版社，2020 年，第 292 页。

点是______________________。

（2）韩非子用燕国子之、齐国田常的例子来证明的观点是（用原文中的话）：“____。”

（3）郎官获得提拔的途径有：________、________、________。

2. 解释下列加点的字。

（1）不得陈言而不当（　　　　　　）

（2）则人主无以异其臣矣（　　　　　　）

（3）桓公虫流出户而不葬（　　　　　　）

（4）有侠者，官职旷也（　　　　　　）

3. 将句子翻译成现代汉语。

守业其官，所言者贞也，则群臣不得朋党相为矣。

____

（二）文心体悟

结合本节选文看，韩非子提出“卑主危国者之必以仁义智能也”这一观点的理由有哪些？

____

____

____

____

（三）思想碰撞

阅读下列材料，回答问题。

材料一：

老子（第三章）

老　子

不尚贤，使民不争；不贵难得之货，使民不为盗；不见可欲，使民心不乱。是以圣人之治，虚其心，实其腹，弱其志，强其骨。常使民无知无欲，使夫知者不敢为也。为无为，则无不治。

材料二：

群魔（节选）

陀思妥耶夫斯基

西塞罗要被割去舌头，哥白尼要被挖掉眼睛，莎士比亚要被乱石砸死——这就是希加廖夫学说！奴隶应该是平等的：还不曾有过没有专制主义的自由和平等，然而在牲畜当中却必须有平等，这就是希加廖夫学说！[1]

韩非子将任用贤才看作君主之大患，并且提出了对臣民禁心、禁言、禁事的观点。其与老子的“不尚贤”、陀思妥耶夫斯基笔下的“希加廖夫学说”有何异同？

变法立新

一、原典选读

原文

五蠹（节选）

上古之世，人民少而禽兽众，人民不胜禽兽虫蛇。有圣人作①，构木为巢以避群害，而民悦之，使王天下，号曰有巢氏。民食果蓏②蚌蛤，腥臊恶臭而伤害腹胃，民多疾病。有圣人作，钻燧取火以化腥臊，而民说之，使王天下，号之曰燧人氏。中古之世，天下大水，而鲧、禹决渎。

[1] 朱宪生主编：《外国小说鉴赏辞典②》（19 世纪下半期卷），上海：上海辞书出版社，2009 年，第 212 页。

近古之世，桀、纣暴乱，而汤、武征伐。今有构木钻燧于夏后氏之世者，必为鲧、禹笑矣；有决渎于殷、周之世者，必为汤、武笑矣。然则今有美尧、舜、汤、武、禹之道于当今之世者，必为新圣笑矣。是以圣人不期③修古，不法常可④，论世之事，因为之备。宋人有耕田者，田中有株，兔走触株，折颈而死，因释其耒而守株，冀复得兔。兔不可复得，而身为宋国笑。今欲以先王之政，治当世之民，皆守株之类也。

古者丈夫不耕，草木之实足食也；妇人不织，禽兽之皮足衣也。不事力而养足，人民少而财有余，故民不争。是以厚赏不行，重罚不用，而民自治。今人有五子不为多，子又有五子，大父未死而有二十五孙。是以人民众而货财寡，事力劳而供养薄，故民争，虽倍赏累罚而不免于乱。

尧之王天下也，茅茨⑤不翦，采椽⑥不斫；粝粢之食，藜藿之羹；冬日麑裘⑦，夏日葛衣；虽监门⑧之服养，不亏于此矣。禹之王天下也，身执耒臿以为民先，股无胈⑨，胫⑩不生毛，虽臣虏之劳，不苦于此矣。以是言之，夫古之让天子者，是去监门之养，而离臣虏之劳也，古传天下而不足多也。今之县令，一日身死，子孙累世絜驾⑪，故人重之。是以人之于让也，轻辞古之天子，难去今之县令者，薄厚之实异也。夫山居而谷汲者，膢腊⑫而相遗以水；泽居苦水者，买庸而决窦⑬。故饥岁之春，幼弟不饷；穰岁⑭之秋，疏客必食。非疏骨肉爱过客也，多少之实异也。是以古之易财，非仁也，财多也；今之争夺，非鄙也，财寡也。轻辞天子，非高也，势薄也；争士橐，非下也，权重也。故圣人议多少、论薄厚为之政。故罚薄不为慈，诛严不为戾，称俗而行也。故事因于世，而备适于事。

古者文王处丰、镐之间，地方百里，行仁义而怀西戎，遂王天下。徐偃王处汉东，地方五百里，行仁义，割地而朝者三十有六国。荆文王恐其害己也，举兵伐徐，遂灭之。故文王行仁义而王天下，偃王行仁义而丧其国，是仁义用于古不用于今也。故曰：世异则事异。当舜之时，有苗不服，禹将伐之。舜曰："不可。上德不厚而行武，非道也。"乃修教三年，执干戚⑮舞，有苗乃服。共工之战，铁铦⑯短者及乎敌，铠甲不坚者伤乎体。是干戚用于古不用于今也。故曰：事异则备变。上古竞于道德，中世逐于智谋，当今争于气力。齐将攻鲁，鲁使子贡说之。齐人曰："子言非不辩也，吾所欲者土地也，非斯言所谓也。"遂举兵伐鲁，去门十里以为界。故偃王仁义而徐亡，子贡辩智而鲁削。以是言之，夫仁义辩智，非所以持国也。去偃王之仁，息子贡之智，循徐、鲁之力使敌万乘，则齐、荆之欲不得行于二国矣。

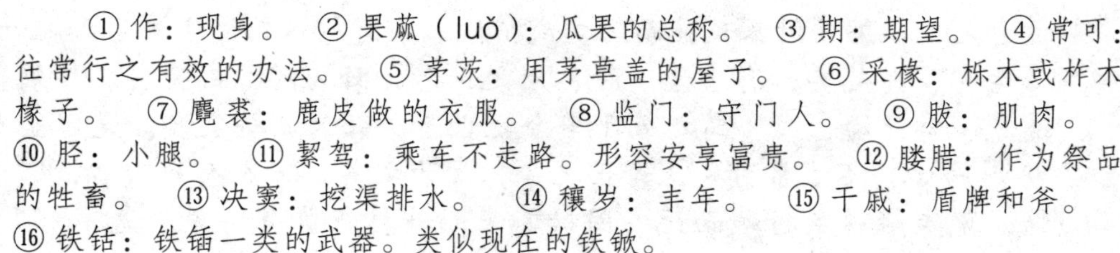

注释

①作：现身。 ②果蓏（luǒ）：瓜果的总称。 ③期：期望。 ④常可：往常行之有效的办法。 ⑤茅茨：用茅草盖的屋子。 ⑥采椽：栎木或柞木椽子。 ⑦麑裘：鹿皮做的衣服。 ⑧监门：守门人。 ⑨胈：肌肉。 ⑩胫：小腿。 ⑪絜驾：乘车不走路。形容安享富贵。 ⑫膢腊：作为祭品的牲畜。 ⑬决窦：挖渠排水。 ⑭穰岁：丰年。 ⑮干戚：盾牌和斧。 ⑯铁铦：铁锸一类的武器。类似现在的铁锹。

今译

上古时期，人口稀少，鸟兽众多，人们无法忍受禽兽虫蛇的侵害。这时候出现了一位圣人，他发明在树上搭窝棚的办法来避免遭到各种侵害，人们因此爱戴他，推举他治理天下，号称有巢氏。当时人们吃的是野生的瓜果和河里的蚌蛤，腥臊腐臭，伤害肠胃，许多人得了疾病。这时候出现了一位圣人，他发明钻木取火的办法烧烤食物，去除腥臊臭味，人们因此爱戴他，推举他治理天下，称他为燧人氏。中古时期，天下洪水泛滥，鲧和他的儿子禹先后负责疏通河道，排洪治灾。近古时期，夏桀和殷纣的统治残暴昏乱，于是商汤和周武王起兵讨伐。如果到了夏朝，还有人在树上搭窝棚居住和用钻木取火的办法生活，那一定会被鲧、禹嘲笑；如果到了殷周时期，还有人把挖河排洪作为要务的话，那一定会被商汤、周武王嘲笑。既然如此，那么在今天要是有推崇尧、舜、汤、武王、禹的政治并加以实行的人，一定会被现在的圣人嘲笑。因此，圣人不期望照搬古法，不死守陈规旧俗，而是讨论当前社会的实际情况，依据它制定相应的政治措施。宋国有一个种田的人，看到田中有一个树桩，一只兔子奔跑时撞在树桩上碰断了脖子死了，这个人便放下手中的农具，守在树桩旁边，希望再得到兔子。他当然不可能再得到兔子，自己倒成为宋国的一个笑话。现在假使用先王的政治来治理现在的民众，那就无疑属于守株待兔之类了。

在古代，男人不耕种，野生的果实足够吃；妇女不纺织，禽兽的皮足够穿。不费力气供养充足，人口少财物有余，所以人们之间不争夺。因而不实行厚赏，不实行重罚，民众自然安定无事。现在人们有五个儿子不算多，每个儿子又各有五个儿子，祖父没有死就有二十五个孙子。因此，人口多了财物缺乏，费尽力气不够吃和用，所以人们互相争夺，即使加倍奖赏和不断惩罚仍然免不了发生混乱。

尧统治天下的时候，住的是没经修整的茅草屋，连栎木椽子都不曾刨光；吃的是粗粮，喝的是野菜汤；冬天披着质量差的鹿皮衣，夏天穿着麻布衣；即使是看门人的生活，也不比这差。禹统治天下的时候，自己拿着锹锄带领人们干活，累得大腿消瘦，小腿上的汗毛都磨没了，即使是奴隶的劳役，也不比这苦。这样说来，古代把天子的位置让给别人，不过是逃避看门人一样的生活，摆脱奴隶一样繁重的劳役罢了，所以把天下传给别人并不值得赞美。如今的县令，一旦死了，他的子孙世世代代有高车大马坐，所以人们都看重。因此，人们对于让位这件事，可以轻易地辞掉古代的天子，难以舍弃现在的县官，原因是其间实际利益的大小不一样。居住在山上要到谷底汲水的人，逢年过节用水作为礼品互相赠送；居住在洼地饱受水涝灾害的人，要雇人来挖渠排水。所以在荒年青黄不接的时候，就连自己的幼弟来了也不肯管饭；在丰年的收获季节，即使是来往很少的过客总要招待吃喝。不是有意疏远自己的骨肉而偏爱过路的客人，而是存粮多少的实际情况不同。因此，古人轻视财物，并不是因为仁义，而是由于财物多；现在的人互相争夺，并不是因为贪婪，而是由于财物少。古人轻易辞掉天子的职位，并不是什么风格高尚，而是因为权势很小；现在的人争夺官职或依附权势，并不是什么品德低下，而是因为权大势重。所以圣人要衡量财物多少、权势大小的实际情况制定政策。刑罚轻并不是仁慈，刑罚重并不是残暴，适合社会状况行动就是了。因此，政事要根据时代变化，措施要针对社会事务。

古代周文王地处丰、镐一带，方圆不过百里，他施行仁义的政策感化了西戎，进而统治了天下。徐偃王统治着汉水东面的地方，方圆有五百里，他施行仁义的政策，有三十六个国家向他割地朝贡。楚文王害怕徐国会危害自己，便出兵讨伐徐国，灭了徐国。所以周文王施行仁义得了天下，徐偃王施行仁义却亡了国，这证明仁义只适用于古代不适用于现在。所以说：时代不同了，政事就会随之不同。在舜当政的时候，三苗不驯服，禹主张用武力去讨伐。舜说：“不行。我们推行德政还不够深入就动用武力，不合乎道理。”于是便用三年时间强化德政，拿着盾牌和大斧跳舞，三苗终于归服了。到了共工打仗的时候，武器短的会被敌人击中，铠甲不坚固的会伤及身体。这表明拿着盾牌和大斧跳舞的德政方法只能用于古代而不能用于现在。所以说：情况变了，措施要跟着改变。上古时期人们在道德上竞争高下，中古时期人们在智谋上角逐优劣，现在社会人们在力量上较量输赢。齐国准备进攻鲁国，鲁国派子贡去劝说。齐人说：“你的话说得不是不巧妙，我想要的是土地，不是你所说的这套空话。”于是出兵攻打鲁国，把齐国的国界推进到距鲁国都城只有十里远的地方。所以徐偃王施行仁义而徐国亡了国，子贡机智善辩而鲁国失了地。由此说来，仁义道德、机智善辩之类，都不是用来保全国家的正道。如果当初抛弃徐偃王的仁义，不用子贡的巧辩，依靠徐、鲁两国的实力去抵抗有万辆兵车的强敌，那么齐国、楚国的野心就不会在这两个国家里得逞了。

二、知识朋友圈

1. 干戚之舞。

干，盾牌。戚，古兵器，像斧。舞蹈者挥舞着盾牌和斧表演舞蹈，这是上古时期一种著名的舞乐。这一舞乐象征着君主的威仪和武功，可以用来教化民众。《史记·五帝本纪》记载：“三苗在江淮、荆州数为乱。于是舜归而言于帝，请流共工于幽陵，以变北狄；放驩兜于崇山，以变南蛮；迁三苗于三危，以变西戎；殛鲧于羽山，以变东夷。四罪而天下咸服。”三苗所在的地区，民风彪悍，屡次作乱，舜成功招降他们，并将其迁到了西北甘肃一带。这不是一件容易的事，而舜招降三苗的方式是举重若轻的德化，即通过干戚之舞来实现对三苗的教化，使之臣服。“故当舜之时，有苗不服，于是舜修政偃兵，执干戚而舞之。”（《淮南子·齐俗训》）舞蹈者手持盾牌和斧表演舞蹈，不战而屈人之兵，缓和双方敌对的情绪。

先秦时期武乐是雅乐的重要组成部分。武乐象征已经有所成就的历史事迹和功业。在武乐中，盾牌、铎铃、长矛、斧都是常用的道具。舞蹈者手持盾牌不动如山，象征君主的威严。挥动武器，代表大军出征所向披靡。摇响铎铃，渲染大军的威势。而舞蹈者的动作体现出士兵必胜的信念。以上解释可以参照《礼记·乐记》中宾牟贾与孔子就《大武》之乐内涵的对话来理解。

2. 语言积累。

（1）戚。金文写作，象一把长柄的斧钺类兵器形。本义为斧钺类兵器。假借为亲近、忧愁、姓的含义。

（2）圣。金文写作，由人、耳、口三个部分组成。本义为听觉灵敏。引申为通达事理，无所不通。又引申为精通学问或技艺并有极高成就的人、道德高尚且富有智慧的人、帝王、神圣的、最崇高的。

三、文心点点通

韩非子关于变法立新的主张，在《五蠹》中有较为完整的论述。本节选文的核心观点是：“圣人不期修古，不法常可，论世之事，因为之备。”围绕这一句话，选文呈现出循序渐进、环环相扣的论证逻辑，情理交融，展现出很强的说服力。

韩非子首先重新界定了“圣人”。他采用的论证逻辑是归纳法。针对上古时期民众住和食的需求，有巢氏和燧人氏挺身而出。应对洪水泛滥，鲧和禹被人们拥护。面对桀、纣这些暴君的恶行，汤、武立下功勋。这些人都是能根据现实民众的需求，顺应时代的环境和条件，解决当下具体问题的杰出人物。为什么首先要从圣人谈起？一方面，变法是君主的职责和权力，而圣人是君主效仿的榜样。另一方面，儒、道、墨等诸子学派都在谈圣人，而法家所理解的圣人从根本上将这些学派所定义的圣人予以解构。儒家以为圣人是仁义者，道家以为圣人是自然无为者，墨家以为圣人是兼爱非攻者。在法家看来，这些都是拘泥于某个时代环境下的教条者，有各自时代的先进性，但如果以发展的眼光看，只有变法立新，才是圣人的根本。此时，韩非子提出“新圣”非“旧圣”的观点，令人耳目一新，可谓大胆至极，振聋发聩，却又合乎逻辑。

接下来，韩非子又转到他惯常的实用逻辑上，针对性地批评古人之法的僵化之处。第二自然段针对的是不厚赏、不重罚的无为之治，指出其原因是古时人口稀少，生存压力小，对资源的争夺不及当下激烈，所以不容易发生混乱。第三自然段针对的是古人淡泊权位的仁义之风，指出原因是当时官员的职责繁重，利益少。这两段分别将矛头指向了效仿古人的道家和儒家，认为他们的道德基础本身只是由社会环境决定的偶然事物，不能作为必然的原则来效仿，从而倒推出政事、治理措施要随时代变化而变革的主张。

第四自然段，他进一步通过对比、类比论证，证明同样的措施，在顺应与违逆时代的情况下会产生截然不同的结果，其间连用了五个事例。而徐偃王行仁义失国的例子，又起了串联这些对比的作用，先是与周文王对比，体现了仁义不可固守；接着与子贡的机智善变类比，证明机巧之术也不可拘泥；最后再度使人们相信古人的道德原则不能一味沿袭，从而使论证既丰富多样，又不失集中凝聚。

从第一自然段的立论，第二、三自然段的驳论，到第四自然段以大量事例组合、对照来完成的博论，韩非子一以贯之地强调立新法、除旧习。他所要推崇的新举措是什么呢？他已经数次点明，就是要赏罚分明，以严明公正的法度为根本。“故罚薄不为慈，诛严不为戾，称俗而行也。”“故民争，虽倍赏累罚而不免于乱。”

通观本节选文，“世”“事”二字的列举和强调贯穿始终，“世”决定“事”，“事”决定“备”，并由前世圣人来践行，为后世圣人所效仿。

四、思想会客厅

历史发展的逻辑。

韩非子主张“不期修古”的前提是每个时代的环境、人性都是不同的。他虽然有尊君抑民的主张，但以民情来判断历史的视角确实具有进步性。在这一点上，他的思想与后来的西汉道家淮南子刘安有相通之处。

刘安在《淮南子·俶真训》中认为，历史发展经历了五个阶段——混冥之世、伏羲氏之世、神农与黄帝之世、昆吾与夏后之世和周室之衰。其中，最淳朴、最美好的是第一个阶段，而后，世风日下，人性丧失最严重的是最后一个阶段。从顺道到乱道，是什么导致治道的偏差？主要原因是对礼义盲目崇拜，忽略了对民心、社会中自然之道的体认。儒家宣扬的礼义制度在特定情况下是为了顺应大势而制定出来的，道为本，礼为辅。而后世拘泥古法，使得礼教成为社会、民生发展的负累。只要符合民众天性的需求，根本就不必刻意寻求仁义礼法的约束。“心反其初而民性善，民性善而天地阴阳从而包之，则财足而人澹矣，贪鄙忿争不得生焉。由此观之，则仁义不用矣。”（《淮南子·本经训》）当民心复归初心，性情自然会和善，民性和善，天地阴阳就会与之相和谐。财物富足，人口众多，贪婪鄙俗的纷争就不会产生了。当然礼乐也不是完全无用，只要能够顺应时代，不断变化，有所损益，一样能够振兴天下。“故五帝异道而德覆天下，三王殊事而名施后世，此皆因时变而制礼乐者。”（《淮南子·氾论训》）

君主治国如何才能顺应道？要敢于顺时变法。刘安是反对泥古的。“是故世异则事变，时移则俗易。故圣人论世而立法，随时而举事。”（《淮南子·齐俗训》）这和韩非子学说的区别在哪里？在于后一句话——“是故不法其已成之法，而法其所以为法。所以为法者，与化推移者也。”（《淮南子·齐俗训》）变法的依据是找到法在不同时代的根基，就是“化”，其实就是道，或者说民心、民众对自然之性的需求。这就又回到了道家的本体。而韩非子《五蠹》依据民心谈变法，但民心、民生只是条件不是目标，其最终目标是王霸天下。

西方历史上主张顺应历史规律进行变革的思想家不在少数。其中对启蒙思想影响最大的学者之一是法国的孔多塞。孔多塞认为历史是不断进步的过程，因为人类大众的理性从蒙昧走向了清明，这个过程不可阻挡，所以历史文明一定会战胜野蛮和落后。而不同时代、地域的国家、政府、社会应当做的事情是通过科学、文化、制度上的创新来顺应人类理性的发展。他将人类历史的进步分为十个时代，每个时代的飞跃都有标志性的理性进步事件。最初的三个阶段是原始时代、牧畜时代及耕稼时代，人类理性尚未觉醒。第四与第五个阶段则分别为古希腊和古罗马时代，哲学和科学的发展标志着启蒙的开始。第六个阶段为黑暗时代，其时科学完全衰微，神学大行其道。第七个阶段为文艺复兴时代，从此人类文明史开始酝酿巨大的变革。因印刷术的发明而成就的革命使第八个阶段开始了。在笛卡尔演说影响下所发生的科学革命，又启发了一个新时代。第九个阶段随着法国大革命的爆发、法兰西共和国的成立而结束，标志着政治文明的变革与科学的变革相呼应。孔多塞认为前面九个时代已经过去了，而尚未到来的人类发展的第十个时代，将会是社会空前繁荣和幸福的时代。

五、练习步步高

（一）知识识记

1. 填空。

（1）韩非子用《守株待兔》这一则寓言来讽刺的现象是：________________________。

（2）干戚之舞的功能是象征天子的__________、__________，可以用来______________。

（3）韩非子对圣人的定义是：__________，__________，__________，__________。

2. 解释下列加点的字词。

（1）是以圣人不期修古（　　　　　　　　）

（2）大父未死而有二十五孙（　　　　　　　　）

（3）故事因于世（　　　　　　　　）

（4）上古竞于道德（　　　　　　　　）

3. 将句子翻译成现代汉语。

去偃王之仁，息子贡之智，循徐、鲁之力使敌万乘，则齐、荆之欲不得行于二国矣。

（二）文心体悟

请你联系本节选文分析徐偃王仁义失国的例子对于论证有怎样的作用。

（三）思想碰撞

英国保守主义政治思想家爱德蒙·伯克认为：“与我们的政治体系构成一种公正的对应与对称关系的，是世界的秩序以及颁赐给由变化着的各部分组成的永恒团体的生存模式；借着某种了不起的智慧的作用，人类得以被糅合进神秘伟大的社群组织之中，其中的整体在某个时间点上既绝不古旧，也绝非处于中年或青年时期，而是处于一种无可更易的稳定状态，趋向于各自不同的持久退化、衰落、更新与发展的进程。因此，通过在国家行为与我们所做的各种改进中保留自然的方式，我们永远都不会全部焕然一新。”[1]

爱德蒙·伯克的保守主义思想和韩非子的变法立新观念是完全矛盾的吗？请结合本节选文及上述材料，谈谈你的看法。

（朱浩真　编）

[1] 转引自［美］拉塞尔·柯克：《保守主义思想》，张大军译，南京：江苏凤凰文艺出版社，2019年，第61页。

第五单元

唐宋词选读

单元概说

宋词是一种相对于古体诗的新体诗歌之一，为宋代儒士文人智慧的精华，标志着宋代文学的最高成就。词是一种音乐文学，它的产生、发展，以及创作、流传都与音乐有直接关系。词所配合的音乐是燕乐，又叫宴乐，隋唐时主要用于娱乐和宴会的演奏，隋代已开始流行。而配合燕乐的词的起源，也可以上溯到隋代。

《全宋词》共收录词一千三百三十余家，一万九千九百余首，残篇五百三十余首。从这些数字可以推想当时创作的盛况。词的起源虽早，但词的发展高峰是在宋代，因此后人把词看作宋代最有代表性的文学形式，与唐代诗歌并列，而有了所谓“唐诗宋词”的说法。

曲子词源于民间，俚俗粗鄙是其天然倾向。由于敦煌石窟中大量曲子词被重新发现，词源于民间俗文学的观点得到广泛承认。隋唐之际发生、形成的曲子词，原是配合一种全新的音乐——燕乐歌唱的。“燕”通“宴”，燕乐即酒宴上流行的助兴音乐，演奏和歌唱者皆为乐工、歌伎。

唐代时，西域音乐大量流入，被称为“胡部”。《羯鼓录》记载一百三十一曲，其中十之六七是外来曲。后被用作词调的曲，许多据曲调名就可以断定其为外来曲，如《望月婆罗门》原是印度乐曲，《苏幕遮》原是龟兹乐曲，等等。唐代曲子也有很多原是民歌，任二北的《教坊记笺订》对教坊曲中那些来自民间的曲子逐一做过考察。

燕乐曲调的两种主要来源，奠定了燕乐及配合其演唱的歌词的俚俗浅易的文学特征。歌词在演唱、流传过程中，以及发挥其娱乐功能时，皆更加稳固了这一文学创作特征。歌词所具有的先天的俚俗特征，与以雅正为依归的审美传统大相径庭。广大歌词作者所接受的传统教育，历史和社会潜移默化赋予他们的审美观念，皆在他们欣赏、创作歌词时，发挥着自觉或不自觉的作用。努力摆脱俚俗粗鄙、复归于风雅之正途，便成为词人急迫而不懈的追求。

经过五代到两宋，词得到了很大发展，成为宋代主要的文学形式。宋词以描写艳情为主。宋词是中国文学发展史上第一种专门抒写艳思恋情的文体。“诗言志”“词言情”“词为艳科”都是宋词创作的主流倾向的归纳。宋词的题材集中在伤春悲秋、离愁别绪、风花雪月、男欢女爱等方面，与艳情有着直接或间接的关系。被后人尊为豪放词开山祖的苏轼，其绝大多数词仍属“艳科”范围。

苏轼应该可以说是文人抒情词传统的最终奠定者，而一些人认为，这也正是宋词历史发展走下坡路的开始，宋词只是一味地寄情山水，或者歌以明志。陈师道用“以诗为词”（《后山诗话》）评价苏轼词，言中苏轼词革新的本质。从整体上观照，词的雅化过程，某种意义上是词逐渐向诗靠拢的过程，是努力跨越“言志”与“言情”界限的过程。所以，陆辅之说：“然雅正为尚，仍诗之支流。不雅正不足言词矣。”（《词旨》）在苏轼之前，这个过程是渐进的，至苏轼，却是一种突飞猛进的演变。至此，词之雅化取得了本质性的突破。

唐五代词选

一、原典选读

忆秦娥

李　白

箫声咽①，秦娥②梦断秦楼月。秦楼月，年年柳色，霸陵③伤别。　乐游原④上清秋节，咸阳⑤古道音尘绝。音尘绝，西风残照，汉家陵阙⑥。

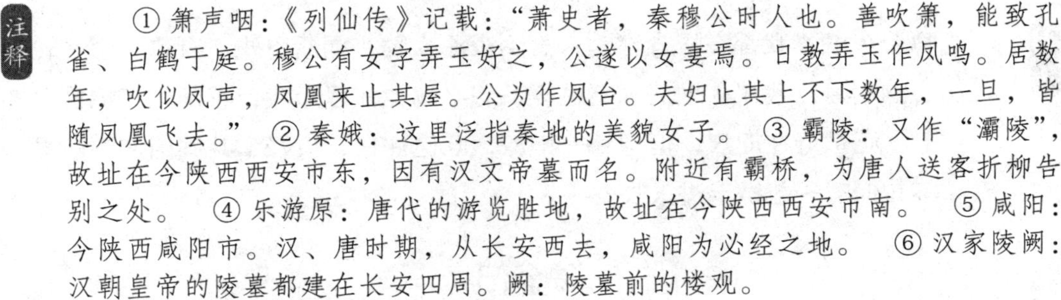

注释

①箫声咽：《列仙传》记载：“萧史者，秦穆公时人也。善吹箫，能致孔雀、白鹤于庭。穆公有女字弄玉好之，公遂以女妻焉。日教弄玉作凤鸣。居数年，吹似凤声，凤凰来止其屋。公为作凤台。夫妇止其上不下数年，一旦，皆随凤凰飞去。”　②秦娥：这里泛指秦地的美貌女子。　③霸陵：又作“灞陵”，故址在今陕西西安市东，因有汉文帝墓而名。附近有霸桥，为唐人送客折柳告别之处。　④乐游原：唐代的游览胜地，故址在今陕西西安市南。　⑤咸阳：今陕西咸阳市。汉、唐时期，从长安西去，咸阳为必经之地。　⑥汉家陵阙：汉朝皇帝的陵墓都建在长安四周。阙：陵墓前的楼观。

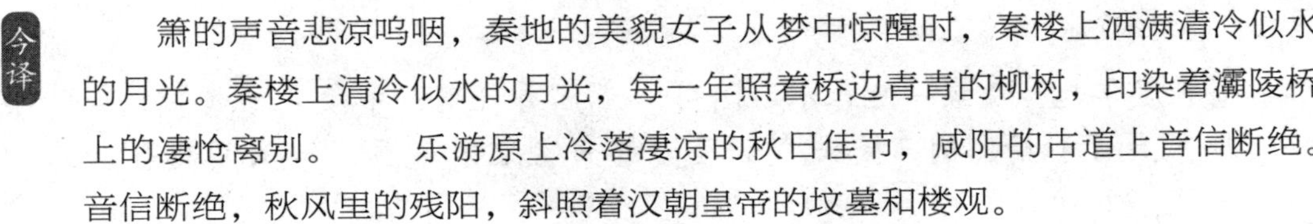

今译

箫的声音悲凉呜咽，秦地的美貌女子从梦中惊醒时，秦楼上洒满清冷似水的月光。秦楼上清冷似水的月光，每一年照着桥边青青的柳树，印染着灞陵桥上的凄怆离别。　乐游原上冷落凄凉的秋日佳节，咸阳的古道上音信断绝。音信断绝，秋风里的残阳，斜照着汉朝皇帝的坟墓和楼观。

原文

更漏子

温庭筠

玉炉香，红蜡泪，偏照画堂①秋思。眉翠②薄，鬓云③残，夜长衾枕寒。　　梧桐树，三更雨，不道离情正苦。一叶叶，一声声，空阶滴到明。

注释

①画堂：华丽的内室。 ②眉翠：专指女子用黛螺染的眉毛。 ③鬓云：鬓发如云。

今译

玉炉散发着香烟，红色的蜡烛滴着烛泪，摇曳的光影映照在华丽的内室中怀有秋思的人身上。她眉上的螺黛色非常淡，松软如云的鬓发凌乱不堪，在漫长的清冷秋夜里，被褥一片寒冷。　　窗外的梧桐树，三更的冷雨，也不管屋内的她正为别离伤心。一滴一滴的雨点，打在一片片的梧桐叶上，落在无人的石阶上，一直到天明。

原文

浣溪沙

韦　庄

夜夜相思更漏残，伤心明月凭栏干，想君思我锦衾①寒。　　咫尺②画堂深似海，忆来惟把旧书看，几时携手入长安③。

注释

①锦衾：丝绸被子。 ②咫尺：比喻距离很近。 ③长安：作者是长安杜陵人。

今译

每个夜晚，我都在思念你，一直到夜深人静，漏断更残，凝望着那一轮令人伤心的明月，我久久地倚靠着栏杆，想必你也在思念我，感受到了锦被的寒冷。　　画堂近在咫尺，但像海一样深，回忆往日，只好拿共同阅读的旧书翻看，不知何时一起携手进入长安。

原文

谒金门

冯延巳

风乍起，吹皱一池春水。闲引①鸳鸯香径里，手挼②红杏蕊。　　斗鸭③阑干独倚，碧玉搔头④斜坠。终日望君君不至，举头闻鹊喜。

注释

①闲引：无聊地逗引着玩。　②挼：揉搓。　③斗鸭：以鸭相斗为乐。斗鸭阑和斗鸡台，都是官僚显贵取乐的场所。　④碧玉搔头：即碧玉簪。

今译

春风乍起，吹皱了一池碧水。我在花间小径里无聊地逗引着池中的鸳鸯，手揉搓着红杏花蕊。　　独自倚靠在池边的栏杆上观看斗鸭，头上的碧玉簪斜垂着。我整日思念心上人，心上人却不见回来，（正在愁闷时）忽然听到喜鹊的叫声。

原文

摊破浣溪沙

李　璟

菡萏[①]香销翠叶残，西风愁起绿波间。还与韶光[②]共憔悴，不堪看。　　细雨梦回鸡塞[③]远，小楼吹彻玉笙寒。多少泪珠何限恨，倚栏干。

注释

①菡萏：荷花的别称。　②韶光：美好的时光。　③鸡塞：鸡鹿塞，古塞名，后亦泛指边塞。

今译

荷花落尽，香气消散，荷叶凋残，秋风从绿波之间吹起，使人愁绪满怀。美好的景致与美好的时光一起憔悴了，不忍心看。　　细雨蒙蒙，梦境中塞外风物邈远，吹到最后一曲，玉笙呜咽之声久久回荡在小楼中。想起故人旧事，含泪倚靠着栏杆，怀抱着无穷的幽怨。

原文

破阵子

李　煜

四十年[①]来家国，三千里地山河。凤阁龙楼连霄汉[②]，玉树琼枝作烟萝[③]。几曾识干戈[④]？　　一旦归为臣虏，沈腰潘鬓[⑤]消磨。最是仓皇辞庙[⑥]日，教坊犹奏别离歌。垂泪对宫娥。

注释

①四十年：南唐自建国至李煜作此词时，已三十八年。此为虚数。②凤阁龙楼：指帝王居所。霄汉：天河。　③玉树琼枝：形容树的美好。烟萝：形容树木枝叶繁茂，如同笼罩着雾气。　④识干戈：经历战争。　⑤沈腰潘鬓：沈指沈约，曾有“革带常应移孔……以此推算，岂能支久”之语。后用沈腰指人日渐消瘦。潘指潘岳，曾云：“余春秋三十二，始见二毛。”后用潘鬓指中年白发。　⑥庙：宗庙，古代帝王供奉祖先牌位的地方。

南唐开国近四十年，幅员辽阔。宫殿高大雄伟，可与天河相接，宫苑内草木茂盛，就像笼罩着烟雾。在这种奢华的生活里，我哪里知道有战争这回事呢？　　自从做了俘虏，我因为在忧虑伤心中度日而腰肢消瘦、鬓发斑白。最让我记忆深刻的是慌张地辞别宗庙的时候，教坊的乐工还奏起别离的歌曲。这种生离死别的情形，令我悲伤欲绝，只能对着宫女垂泪。

二、知识朋友圈

1. 词牌名。

词牌名是词的一种制式曲调的名称，即唐宋时期经常用以填词的大致固定的一部分乐曲的原名，有固定的格式与声律，决定词的节奏与音律。词牌数目，常用的约八百七十多个，连变体在内，达一千七百多个。最初的词，都是配合音乐歌唱，有的按词制调，有的依调填词，曲调的名称即词牌，一般根据词的内容而定。后来主要依调填词，曲调名和词的内容不一定有联系，而且大多数都已不再配乐歌唱。从北宋开始，词人在词牌之外，另加词题或词序以说明词意。至于词牌的出处，只有少数可以考证，绝大部分已无法弄清其来历。

关于词牌的来源，大约有下面三种情况：（1）乐曲的名称。如《菩萨蛮》，据说唐代大中初年，女蛮国进贡时，梳着高髻，戴着金冠，满身瓔珞（身上佩戴的珠宝），像菩萨，当时的教坊因此谱成《菩萨蛮曲》。（2）摘取一首词中的几个字作为词牌。如《忆秦娥》，因为依照这个格式写出的最初一首词开头两句是“箫声咽，秦娥梦断秦楼月”，所以词牌叫作《忆秦娥》，又叫作《秦楼月》。（3）词的题目。《踏歌词》咏舞蹈，《舞马词》咏舞马，《欸乃曲》咏泛舟，《渔歌子》咏打鱼，《浪淘沙》咏浪淘沙，《抛球乐》咏抛绣球，《更漏子》咏夜。这种情况很多。

2. 词的别称以及分类。

词最初称为曲、杂曲或曲子词，别称有长短句、乐府、乐章、琴趣、诗余等。词是曲子词的简称，就是歌词的意思（宋代也称词为歌词）。曲子词这个名称，清楚地表明词的性质、词与曲的关系。曲指音乐部分，词指文辞部分。这两者是乐曲歌词中不可分离的两个方面。诗余的名称是后来出现的，大约始于南宋。如南宋初林淳的词集名《定斋诗余》，廖行之的词集名《省斋诗余》。如果这些集名是后人所加，那么，至迟宋宁宗庆元年间编定的《草堂诗余》，表明诗余这个名称已经流行。

乐府本是汉武帝时设立的一个音乐机构，后来用来作为一种诗体的名称。汉魏六朝入乐的歌诗，包括采自民间的和文人创作的，都称为乐府。唐宋词也是配合音乐歌唱的歌诗。词和唐代近体诗在形式上显著的差别，就是词打破了旧有诗五言、七言的基本句式而采用长短句。

词大致分为三类：（1）小令（58 字以内）；（2）中调（59—90 字）；（3）长调（91 字以上）。这种分类法是明代强加的，并不十分科学。宋代将词分为令、引、近、慢四种，然而这种分类法并不十分清晰。简单地说，令即小令，引和近相当于中调，慢相当于长调。（《蝶恋花》60 字，《江城子》70 字，但在宋朝都属于令词。）敦煌曲子词中，已经有一些中调和长调。宋初柳永写了一些长调，苏轼、秦观、黄庭坚等人继起，长调迅速从萌芽到达鼎盛。长调的特点，除了字数较多，就是一般用韵较疏。

3.《花间集》。

《花间集》是五代后蜀文学家赵崇祚编选的晚唐至五代词总集，成书于后蜀广政三年（940 年）。全书共十卷，书前有蜀人欧阳炯所写序文，书中选录了温庭筠、皇甫松、韦庄等十八家词，五百首。由于花间派词人继承了温庭筠的词风，因此温庭筠的词收录最多，共计六十六首，并且放在全书开头。所选录的词多反映君臣花间尊前宴享娱乐的生活，风格偏于浓艳华丽、绮罗香泽，有一定的消极影响。但若干描写南方风土人情之作，语言优美，接近民歌风格。《花间集》是中国最早的文人词总集，在词史上占有重要的地位，对后世词风影响很大，被誉为“近世倚声填词之祖”（陈振孙《直斋书录解题》）。唐末五代词家之作因此得以流传后世，对研究词的产生、发展与演变具有重要的参考价值。

《花间集》是较早以描写女性为中心的文学作品。虽然是从男性的角度揣摩、表现女性心理，但它仍然表现出明显的女性化审美心理特征。词人的审美情感和意象均带有女性化的特点，词人对具有女性特征的事物表现出特殊的审美情趣。词人以女性的眼光或口吻观察事物，抒发情怀。《花间集》中所写女性，无论是神女仙子，还是古代名媛姝丽，抑或是现实生活中的女子，个个都是天生丽质、娇艳绝伦的美人。词人采用多角度、多层面的审视方法，从女性的容貌、体态、服饰和才能诸方面描绘、赞美女性的形体美和内心美。词人细致入微地描写女性的起居、环境、装束、容貌、体态、心理。词人同情男性权力下女性的不公平命运，赞美女性生命的绚丽多彩，哀悼女性的红颜易老。在《花间集》中，佳人几乎成为所有作品的主人公，作品的基本表现手法是尽量运用富有女性色彩的艳丽妩媚的词汇。词人一方面仔细揣摩和感受以歌伎为主体的女性的苦闷与寂寞、欢乐与愁怨；另一方面，则用充满女性色彩的语言去表现这些女性丰富而隐秘的内心世界。《花间集》中这种女性化审美心理及审美情趣的集中体现，使其带有一种特殊的女性文化特征。

三、诗心点点通

本节选文是唐五代的词。隋唐时期的音乐有三个系统。宋代沈括《梦溪笔谈 · 乐律》云："自唐天宝十三载始诏法曲与胡部合奏，自此乐奏全失古法。以先王之乐为雅乐，前世新声为清乐，合胡部者为宴乐。"雅乐是汉魏以前的古乐；清乐是清商曲的简称，大部分是汉魏六朝以来的"街陌讴谣"(《晋书 · 乐志》)；宴乐（或作谯乐、燕乐，是当时宴会时演奏的音乐）的主要成分是西域音乐，是中国西部各民族的音乐，以及中亚和南亚的音乐。

远在北魏、北周时期，西域音乐已陆续由南亚、中亚经新疆、甘肃传入中原一带。到了隋唐时期，由于国际贸易的畅通发达，文化交流的频繁和商业都市的繁荣兴盛，这种胡乐大量传入并普遍流行起来。燕乐就是以这种大量传入的胡乐为主体的新乐，其中自然包含一部分民间音乐的成分。它是中外音乐交融结合而成的一种新音乐。燕乐的传入和兴盛在中国音乐史上是一个巨大的进步，它划出了一个新的音乐时代。词是"胡夷、里巷之曲"(《旧唐书 · 音乐志》)，它所配合的音乐主要是燕乐。燕乐演奏的主要乐器是琵琶。

文人词在初唐、盛唐时偶有所作，如沈佺期作《回波乐》，唐玄宗作《好时光》，张志和作《渔歌》，戴叔伦作《转应曲》，韦应物作《调笑》，等等。但那时词刚刚由民间转到文人手中，所以创作极少。到了中唐，白居易、刘禹锡"依曲拍为句"，作《忆江南》等调，不少诗人亦间或作词，词开始在文学创作中占有一席之地，并且有了一些较为优秀的作品。晚唐、五代，文人词进一步确立，出现了词的专家与专集。如温庭筠是第一个大力填词的词人，《花间集》收录他的词六十六首。《花间集》是最早的一部词选集，选录晚唐、五代词十八家，五百首。从此在中国文学史上词独立成为一体，与诗并行发展。

四、思想会客厅

“诗庄词媚”是在宋初提出的，原本是一种通俗的说法。当时词正在发展，风格初步定型，文人能够体会到诗、词风格的区别，提出了这样的观点。不过它的原话没有这么简明。它后来成为文人的一种观念，并逐渐演化。

“诗庄”是说诗大都庄肃严整；“词媚”是说词相对婉约媚气。这种说法看似简单，实则一语道破诗与词的风格之异。

“诗庄词媚”取决于诗、词的格式、用途和历史原因。近体诗发展以来，人们在写诗时，必须遵从严格的平仄和字数要求，写出来的诗带有严谨的格式和韵律。词则不然。词是当时被人们传唱的流行歌曲，词牌也是多种多样的，所以并没有严格的平仄和字数要求。如此看来，诗工整，词自由，格式上的差异构成了“诗庄词媚”说法的一部分。

在中国古典文学的传统中，诗歌受到儒家思想的深远影响。从《诗经》开始，人们便强调“思无邪”(《论语·为政》)、“发乎情，止乎礼”(《毛诗序》)等须严格遵守的戒条，孔子、荀子等儒家巨匠也阐释过“诗言志”这一中心命题。经过几千年儒家思想的洗礼，诗歌始终遵循“经夫妇，成孝敬，厚人伦，美教化，移风俗”(《毛诗序》)的文学观，起着教化作用。相对而言，词不受任何限制，并没有历史的规定和局限，一直以通俗文学的身份存在并流传。正如张炎《词源·赋情》所说：“簸风弄月，陶写性情，词婉于诗。”

中国的诗、词传达了人类的美好情怀与精神境界。“诗庄词媚”，诗重庄肃蕴敛、雅正刚挺，词尚谐婉有致、豁朗纤艳，两者在中国古典文学中可谓“并蒂花开一树香”，它们不仅成为中华传统文化永远的经典，而且构成世界叹为观止的永恒遗存。

“诗庄词媚”是对诗、词总体特征的一种概括。这首先表现在诗、词的题材、内容上，诗多表达政治主题，以国家兴亡、民生疾苦、胸怀抱负、宦海沉浮为主，词多写男欢女爱、相思离别。其次体现在诗、词的风格上，即使是同样的题材，在诗、词中也会呈现不同的风格。如怀古题材的诗多沉郁苍凉，而词往往在历史沧桑中插入艳情。最后体现在诗、词的语言上，词的语言相比于诗显得更精美典雅、轻灵细巧、纤柔香艳。

五、练习步步高

（一）知识识记

填空。

（1）乐游原上清秋节，________________。（李白《忆秦娥》）

（2）梧桐树，三更雨，________________。（温庭筠《更漏子》）

（3）咫尺画堂深似海，________________。（韦庄《浣溪沙》）

（4）细雨梦回鸡塞远，________________。（李璟《摊破浣溪沙》）

（5）凤阁龙楼连霄汉，________________。（李煜《破阵子》）

（二）诗心体悟

唐圭璋在《唐宋词简释》中评价李煜《破阵子》：“‘最是’三句，忽忆当年临别时最惨痛之事。当年江南陷落之际，后主哭庙，宫娥哭主，哀乐声、悲歌声、哭声合成一片，直干云霄。宁复知人间何世耶！后主于此事，印象最深。故归汴以后，一念及之，辄为肠断。”请你结合这段话思考《破阵子》下阕的最后三句有什么样的表达作用。

____

____

____

____

（三）思想碰撞

阅读下列材料，回答问题。

材料一：

人间词话（节选）

王国维

温飞卿①之词，句秀也。韦端己②之词，骨秀也。李重光之词，神秀也。

词至李后主而眼界始大，感慨遂深，遂变伶工之词而为士大夫之词。周介存③置诸温、韦之下，可谓颠倒黑白矣。“自是人生长恨水长东。”“流水落花春去也，天上人间。”《金荃》《浣花》④能有此气象耶？

词人者，不失其赤子之心者也。故生于深宫之中，长于妇人之手，是后主为人君所短处，亦即为词人所长处。故后主之词，天真之词也。他人，人工之词也。

客观之诗人，不可不阅世。阅世愈深，则材料愈丰富、愈变化，《水浒传》《红楼梦》之作者是也。主观之诗人，不必多阅世，阅世愈浅，则性情愈真，李后主是也。

尼采谓“一切文学，余爱以血书者”。后主之词，真所谓以血书者也。宋道君皇帝⑤《燕山亭》词亦略似之。然道君不过自道身世之戚，后主则俨有释迦、基督担荷人类罪恶之意，其大小固不同矣。

注释

①温飞卿：温庭筠，字飞卿。　②韦端已：韦庄，字端已。　③周介存：周济，清代词论家，词人。字介存。著有《味隽斋词》《介存斋论词杂著》《晋略》。编有《宋四家词选》。　④《金荃》《浣花》：指温庭筠之《金荃词》与韦庄之《浣花集》。　⑤道君皇帝：指宋徽宗赵佶。

材料二：

燕山亭·北行见杏花

赵　佶

裁剪冰绡①，打叠数重，淡著燕脂②匀注。新样靓妆③，艳溢香融，羞杀蕊珠宫女④。易得凋零，更多少无情风雨。愁苦。闲院落凄凉，几番春暮。　凭寄⑤离恨重重，这双燕，何曾会人言语。天遥地远，万水千山，知他故宫何处。怎不思量，除梦里有时曾去。无据⑥。和⑦梦也新来不做。

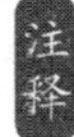

①冰绡：洁白的丝绸，比喻花瓣。　②燕脂：胭脂。　③靓妆：美丽的妆饰。　④蕊珠宫女：指仙女。蕊珠：道家指天上仙宫。　⑤凭寄：凭谁寄，托谁寄。　⑥无据：无所依凭。　⑦和：连。

请你结合王国维《人间词话》中的评论，对比赏析李煜《虞美人》与赵佶《燕山亭·北行见杏花》两首词，分析其表现手法有何不同。

北宋词选

一、原典选读

苏幕遮

范仲淹

碧云天，黄叶地，秋色连波，波上寒烟翠。山映斜阳天接水，芳草无情，更在斜阳外。　　黯乡魂①，追旅思②，夜夜除非，好梦留人睡。明月楼高休独倚，酒入愁肠，化作相思泪。

①黯乡魂：用江淹《别赋》“黯然销魂”语。黯：形容心情忧郁。②追：追随，可引申为纠缠。旅思：羁旅之思。

飘着白云的蓝天，黄叶纷飞的大地，秋天的景色映进江上的碧波，水波上笼罩着寒烟一片苍翠。远山沐浴着夕阳，天边连接着江水，岸边的芳草似是无情，又在西斜的残阳之外。　　默默思念故乡黯然神伤，缠人的羁旅愁思难以排遣，每天夜里只有做美梦，才能安然入睡。当明月照着高楼时不要独自倚靠，端起酒来洗涤愁肠，可是都化作相思的眼泪。

踏莎行

欧阳修

候馆梅残①，溪桥柳细，草薰风暖摇征辔②。离愁渐远渐无穷，迢迢不断如春水。　　寸寸柔肠，盈盈③粉泪，楼高莫近危阑倚。平芜尽处是春山，行人更在春山外。

①候馆：接待宾客的馆舍。暗用刘宋陆凯的《赠范晔诗》：“折梅逢驿使，寄与陇头人。江南无所有，聊赠一枝春。”驿路梅花正含有怀人之义。②薰：香气。辔：马缰，代指马。③盈盈：泪水满眼的样子。

客舍前的梅花凋零，溪桥旁细柳轻垂，草散发香气，春风和煦，远行人骑马扬鞭。走得越远离愁越没有穷尽，像迢迢不断的春江之水。　　寸寸柔肠痛断，泪水满眼，不要登高楼望远倚靠栏杆。平坦的草地尽头是重重春山，行人还在那重重春山之外。

原文

临江仙

晏幾道

梦后楼台高锁，酒醒帘幕低垂。去年春恨却来①时。落花人独立，微雨燕双飞。　　记得小蘋②初见，两重心字罗衣。琵琶弦上说相思。当时明月在，曾照彩云③归。

注释

①春恨：春日离别的情思。却来：又来。　②小蘋：是晏幾道朋友家歌伎的名字。　③彩云：这里指小蘋。

今译

深夜梦回楼台，朱门紧锁，宿酒醒后帘幕低垂。去年春日离别的情思又涌上心头。在落花纷飞中一个人站着，在微风细雨中燕子双双飞翔。　　记得与小蘋初次相见，她穿着绣有两重心字的丝织的衣服。琵琶轻弹，委委倾诉相思。当时的明月如今还在，曾照着她彩云般的身影回归。

原文

鹤冲天

柳　永

黄金榜①上，偶失龙头②望。明代③暂遗贤，如何向？未遂风云便④，争不恣⑤狂荡？何须论得丧。才子词人，自是白衣⑥卿相。　烟花⑦巷陌，依约丹青屏障⑧。幸有意中人，堪寻访。且恁偎红倚翠⑨，风流事，平生畅。青春都一饷⑩。忍把浮名，换了浅斟低唱！

注释

①黄金榜：黄榜，皇帝的文告用黄纸书写，故称。这里指会试后发放的进士题名榜。　②龙头：状元的别称。　③明代：政治清明的时代。古人对自己所处时代的谀辞。　④风云便：《易·乾·文言》曰："云从龙，风从虎，圣人作而万物睹。"比喻事业得意。这里指中进士。　⑤争：怎么。恣：放纵。　⑥白衣：古代平民穿白衣，指无功名的人。　⑦烟花：歌伎的代称。　⑧依约：隐约。丹青屏障：绘有彩画的屏风。　⑨恁：这样。偎：紧贴，挨着。红、翠：指穿红着绿的年轻女子，即歌伎。　⑩一饷：片刻，短暂的时间。

今译

在题名的黄榜上，我偶然失去取得状元的机会。即使在政治清明的时代，君主也会一时错失贤能之才，我今后该怎么办呢？既然没有好的机遇，怎么不随心所欲地游乐呢？何必为功名患得患失。才子为歌伎写词，即使身穿白衣，也不亚于公卿将相。　　在歌伎居住的街巷里，有隐约绘有彩画的屏风。幸运的是那里住着我的意中人，值得我细细地追寻。这样与她们依偎，享受潇洒的生活，才是我平生最大的欢乐。青春不过是片刻。我宁愿把功名，换成手中浅浅的一杯酒和耳畔低回婉转的歌唱。

原文

江城子 · 密州出猎

苏　轼

老夫聊发少年狂，左牵黄，右擎苍①，锦帽貂裘②，千骑卷平冈。为报倾城③随太守，亲射虎，看孙郎④。　　酒酣胸胆尚开张⑤，鬓微霜，又何妨。持节云中，何日遣冯唐⑥？会挽雕弓如满月，西北望，射天狼⑦。

注释

①左牵黄，右擎苍：古人打猎时用狗和鹰来捕捉猎物。左牵黄：左手牵着黄狗。右擎苍：右臂举着苍鹰。　②锦帽：头戴锦蒙帽。貂裘：身穿貂鼠皮衣。　③倾城：全城人。　④亲射虎，看孙郎：为“看孙郎，亲射虎”的倒句。孙郎：孙权。《三国志 · 吴书 · 吴主传》记载：“二十三年十月，权将如吴，亲乘马射虎于凌亭。马为虎所伤，权投以双戟，虎却废，常从张世击以戈，获之。”这里以孙权喻太守。　⑤酒酣胸胆尚开张：极兴畅饮，胸怀开阔，胆气横生。　⑥持节云中，何日遣冯唐：朝廷何日派遣冯唐去云中赦免魏尚的罪呢？典出《史记 · 张释之冯唐列传》。汉文帝时，魏尚为云中太守。因报功文书上所记载杀敌的数字与实际不符（虚报了六个），被削职。经冯唐代为辩白后，汉文帝派冯唐“持节”去赦免魏尚的罪，让魏尚仍然担任云中太守。节：古代使节用以取信的凭证。　⑦天狼：星名，一说犬星，旧说主侵略。这里隐喻侵犯北宋边境的辽与西夏。

今译

我姑且抒发一下少年郎的狂傲之气，左手牵着黄狗，右臂举着苍鹰，头戴华美艳丽的帽子，身穿貂鼠皮做的衣服，带着浩浩荡荡的部队像疾风一样席卷平坦的山冈。为我报知全城百姓，随我出猎，我一定要像孙权一样射杀一头老虎给大家看。　　喝酒喝到正高兴时，我的胸怀开阔，我的胆气横生，即使头发微白，又有什么关系。朝廷什么时候派人拿着符节来密州赦免我的罪呢？那时我定当拉开弓，使它呈现满月一样的形状，瞄准西北，把代表辽与西夏的天狼星射下来。

原文

水龙吟·次韵章质夫杨花词

苏 轼

似花还似非花，也无人惜从教坠。抛家傍路，思量却是，无情有思①。萦损柔肠，困酣娇眼，欲开还闭②。梦随风万里，寻郎去处，又还被、莺呼起。 不恨此花飞尽，恨西园、落红难缀。晓来雨过，遗踪何在，一池萍碎。春色三分，二分尘土，一分流水。细看来，不是杨花，点点是离人泪。

注释

①思量却是，无情有思：指杨花看似无情，实际却自有其愁思。思：愁思，思绪。 ②困酣娇眼，欲开还闭：用美女困倦时眼睛欲开还闭之态来形容杨花的忽飘忽坠、时起时落。娇眼：形容柳叶。柳叶初生时，如人睡眼初展，故称柳眼。

今译

像花又好像不是花，没有人怜惜任凭它坠地。把它抛弃在家乡路旁，细细思量，仿佛是无情，实际上饱含深情自有其愁思。受伤的柔肠婉曲，娇眼迷离，想要睁开却又紧紧闭上。混沌中随风去到远方，寻觅心上人，却又被黄莺无情叫起。 不恨这种花飘飞落尽，只愤恨西园里满地落红枯萎难再重缀。清晨雨后，落花在何处，飘入池中化作一池浮萍。如果把春色分三份，其中两份化作了尘土，一份坠入流水。仔细看来，那不是杨花，是那离人的眼泪。

原文

八六子

秦 观

倚危亭，恨如芳草，萋萋刬①尽还生。念柳外青骢②别后，水边红袂③分时，怆然暗惊。 无端天与娉婷④，夜月一帘幽梦，春风十里柔情。怎奈向、欢娱渐随流水，素弦声断，翠绡⑤香减，那堪片片飞花弄晚，蒙蒙残雨笼晴。正销凝，黄鹂又啼数声。

注释

①刬：铲除，消除。 ②青骢：黑色骏马。 ③红袂：犹红袖。 ④娉婷：形容女子姿态美好的样子。亦借指美人。 ⑤翠绡：绿色的薄绢。

今译

我倚靠着高耸的亭子，那怨情就像茂盛的春草，刚刚被铲除，又长出来。一想到在柳树边骑着黑色骏马分别的场景，一想到水边与那位红袖佳人分别的情形，我就伤感不已。 天赐予佳人如此的美貌，当年在夜月里，我们共同醉入那一帘美梦，温柔的春风吹拂着你我。真是无可奈何，往日的欢乐跟随着流水远去，再也听不到你悦耳的琴声，绿色薄绢上的香味渐渐淡去，如今已到暮春时节，片片残红在夜色中飞扬，点点细雨下着下着又晴了。雾气一片迷迷蒙蒙，我的愁思正浓，忽然传来黄鹂的啼叫声。

原文

满庭芳 · 夏日溧水无想山作

周邦彦

风老莺雏，雨肥梅子，午阴嘉树清圆。地卑山近，衣润费炉烟。人静乌鸢①自乐，小桥外、新绿溅溅。凭栏久，黄芦苦竹②，疑泛九江船。　年年，如社燕③，飘流瀚海④，来寄修椽⑤。且莫思身外，长近尊前。憔悴江南倦客，不堪听急管繁弦。歌筵畔，先安簟枕⑥，容我醉时眠。

注释

①乌鸢：乌鸦，老鹰。　②黄芦苦竹：语出白居易《琵琶行》：“住近湓江地低温，黄芦苦竹绕宅生。”　③社燕：燕子春社时飞来，秋社时归去，故称。　④瀚海：沙漠。这里泛指遥远、荒僻的地方。　⑤修椽：修长的椽子。这里指屋檐。　⑥簟枕：竹席和枕头。

今译

暖风中黄莺渐渐长大，雨让梅子一天天变得肥美，树荫在中午的阳光下清晰圆正。地势低洼靠近山，衣服潮湿靠炉火烘干。人寂静，乌鸦无忧自乐，小桥边，新涨的春水湍流激溅。久久倚靠着栏杆，遍地黄芦苦竹，仿佛我自己像遭贬的白居易泛舟九江边。　年复一年，我就像春社时飞来、秋社时归去的燕子，在遥远、荒僻的地方漂泊，暂时寄身在人家的屋檐下。还是别去思虑身外的功名，不如常常畅饮美酒。我这憔悴的江南游子，受不了宴会上激越的管弦，它使人更添愁绪。就在筵席边，预先为我安置好枕席，让我喝醉时随意安眠。

二、知识朋友圈

1. 婉约词派。

婉约派的词，内容多写儿女情长、离愁别绪，词风含蓄，隐喻曲折，寄情委婉，文辞绮丽。代表人物自温庭筠始，继之有欧阳修、晏殊、晏幾道、柳永、秦观、贺铸、李清照等。总体来说，唐五代文人词产生于歌舞享乐的社会环境下，多把视线聚焦在深闺绣房、秦楼楚馆，只留心身边花间月下浅斟低唱的生活，作词的目的多是娱宾遣兴、抒发情爱。与民间词相比，其社会内容、题材略逊一筹。但文人词毕竟使艺术上、体式上还比较稚嫩的民间词发展到一个成熟的阶段，使处于自由不定型状态的民间词上升为有严格体式要求的定型化词。需要说明的是，燕乐比起前代那类“中正和平”“乐而不淫”的雅乐、清乐，属于一种俗乐，而且多在酒宴上由乐工演奏（故也称宴乐），因而多属“艳歌”“艳曲”“女音”。配合燕乐歌唱的词，也就带着明显的俗气。花间派以来，词主艳情，柔媚婉约，实与“倚声填词”、协乐歌词的性质分不开。

在唐五代、宋初文人心中，词不过是流行于街头巷尾的俗曲子，与可以抒情言志的正统诗文不同。他们对填词多半都很轻蔑，认为文各有体，“诗庄词媚”，“词别是一家”，因而只把填词听歌当作一种赏心悦目的消遣性娱乐。宋仁宗以前，宋代词坛基本处于沉寂状态。稍后的晏殊、欧阳修等不过是承袭五代余绪，词调仍以小令为主，词风、词体均无新的成就。直到以柳永为代表的“市民词”兴起，慢词、长调登台亮相，宋词才真正进入繁荣发展的新时代。

2. 豪放词派。

豪放词派的特点大体是创作视野较为广阔，气象恢宏雄放，喜用诗文的手法、句法写词，语词宏博，用事较多，不拘守音律，然而有时失之平直，甚至涉于狂怪叫嚣。南渡之后，由于时代巨变，悲壮慷慨的高亢之调应运发展，陈与义、叶梦得、朱敦儒、张孝祥、张元幹、陈亮、刘过等人承流接响，蔚然成风。豪放词派不仅震烁宋代词坛，而且广泛地影响词林后学，从宋、金直到清代，历来都有标举豪放旗帜，大力学习苏轼、辛弃疾的词人。

豪放词派不仅描写花间月下、男欢女爱，而且喜摄取军情国事那样的重大题材入词，使词能像诗文一样反映生活，所谓“无言不可入，无事不可入”。它境界宏大、气势恢宏、不拘格律、汪洋恣意、崇尚直率，不以含蓄婉曲为能事。词论家对苏轼词所作的“横放杰出”（晁补之《能改斋漫录》）、“词气迈往”“书挟海上风涛之气”（王士禛《花草蒙拾》）之评，对辛弃疾词所作的“慷慨纵横”“不可一世”（《四库全书总目提要》）之评，可移向豪放词派。

豪放词派内部的分派较少，仅有苏派、辛派、叫嚣派三个阶段性的细支。其风格虽然总称豪放，但是各词人风格有细微差别：苏词清放，辛词雄放，南宋后期的某些豪放词则显粗放，明末清初的豪放词人如陈维崧等多寓雄于粗，以粗豪见长。

由于豪放派词人嗜于用典、追求散化、议论过多，某些豪放词遂有韵味不浓、词意晦涩、形象不明、格律欠精等缺点，这些是毋庸讳言的。

豪放词派虽以豪放为主体风格，但不乏清秀婉约之作，不名之家如此，名家亦如此。苏轼的《贺新郎・夏景》《水龙吟・次韵章质夫杨花词》、辛弃疾的《粉蝶儿・和赵晋臣敷文赋落花》《青玉案・元夕》等皆是可伯仲婉约词的名篇。

3.《东坡乐府》。

《东坡乐府》是北宋苏轼的词集。今存最早的版本是元代延祐年间括苍人叶曾云间（今松江）南阜书堂刻本，该本子曾于 1957 年由古典文学出版社影印出版。

苏轼一生共写了三百多首词。他以诗文革新运动的精神来填词，在柳永发展慢词的基础上进一步开拓了词的意境，这样就把歌者之词变成了诗人之词。这是中国文学史上一个十分重要的变化。

“以文为诗”，是从北宋初年起许多诗人继承唐代韩愈开辟的道路，共同努力的目标。到了苏轼，才将这一新的艺术手法提高到非常完美的程度。与此同时，苏轼又以其创作实践开创了“以诗为词”的风气，使得词这一文学样式在柳永之外又出现了一种更彻底的变革。这种变革，其意义在于词境空前扩大，作者个性更加鲜明呈现，语言、音律和风格得到解放。

在柳永之前，词人在填词时，总免不了要考虑什么样的生活、思想感情才能够用词这一样式来表现。柳永虽然在一定程度上打破了这种界限，在创作中反映了市民的生活情调和审美情趣，但是男女之间的悲欢离合仍然是柳永词中主要的生活画面，音律谐和、铺叙委婉仍然是柳永词主要的艺术特点。到了苏轼，才以歌词反映了以前词人所没有反映过的广阔的内容。凡是别人能够用诗来写的，他都勇敢地将其写入词中。这样，词不仅可以用来说爱言情、伤离念远，而且可以用来怀古、咏史、说理、谈禅，甚至还可以用来抒发怀乡爱国的感情，真正做到“无意不可入，无事不可言”（刘熙载《艺概・词曲概》）。词有词题，有词序，是从苏轼开始的。这也表明内容的开拓，有时非序不明。于是，以前因为词的题材和主题比较狭隘，词中所体现的作家个性不很完整或不很鲜明的问题，也就得到了解决。

与此相联系，苏轼还使用了自己独特的语言来填词，因而在一定程度上摆脱了音律的束缚，形成了前无古人的诗人之词。这种新型的词的出现，使得词这一样式不仅以音乐歌词的身份存在于艺坛，而且日益明确地以抒情诗的身份存在于诗坛。这在词的发展上无疑是非常大的突破。

苏轼这种“横放杰出”“以诗为词”的创作实践，是对晚唐、五代以来传统的否定，从相反的方向发展了词的内容和形式。苏轼的词不仅显示了词体解放的实绩，而且为南宋以辛弃疾为代表的爱国词人开辟了道路。苏轼词对于词的发展贡献巨大。《东坡乐府》中的三百多首词，成就绝对不在诗歌和散文之下。

三、诗心点点通

本节选文集中于北宋词作。在文学史上，宋词以其特有的抑扬顿挫的音乐美、错综变化的韵律、长短参差的句法以及所抒发的浓烈深挚的感情，成为一种深受人们喜爱的文学体裁。

词至宋，发展到鼎盛状态，成为一种完全独立并与诗相抗衡的文学形式。文学史上，词以宋称，体现了宋词的重要地位。北宋词的主流依然是沿袭晚唐五代，吟风弄月，注重词的抒情性与音乐性，如晏殊、晏幾道、张先等。他们刻意求精，使词的形制更加丰富、词的语言更加精练、词的意境更加深婉、词的风格更加细腻，特别是使词的音律更加精美、合乐。但北宋还有一些词人，如苏轼、柳永等，从词风、词境入手，着意词体变革。北宋初年，范仲淹的《渔家傲》和王安石的《桂枝香》，大笔淋漓，墨浓意酣，词调慷慨苍凉，境界开阔悲壮，感情沉郁，揭开了以苏轼、辛弃疾为代表的豪放派词的序幕。之后，苏轼有意利用词在语言形式上的某些特点而自由畅达地表现人生中各种各样的生活情趣、生活感慨，不仅把本来属于诗歌的“言志”内容写到词中，而且把诗中已经出现的散文句式、语词也用在词中，使词的内容更加丰富，使词的形式、技巧也发生了变化。另外，在苏轼之前，音乐是词的生命，词的音乐特性重于文学特性，因此协律合乐是填词的首要条件。苏轼第一次使词从重乐的束缚中解脱出来，使词与音乐初步分离，使词首先成为一种文学体裁而不仅仅是音乐的附庸，从而使词在文学史上有了独立的地位。

四、思想会客厅

“以诗为词”，即以写诗的态度来填词，将诗的题材、内容、手法、风格等引入词的领域并使之扩展，开拓词境，提高词的格调。苏轼“以诗为词”，是对词的狭隘题材的解放，是对词的表现功能的开拓，是对词境的大力拓展，给当时内容狭窄、柔软乏力的词风注入了诸多新的血液，使词的题材广泛，风格多样，艺术表现力增强，艺术风格焕然一新，因而极大地增强了词的活力。

“以诗为词”的手法是苏轼变革词风的主要武器。所谓“以诗为词”，是将诗的表现手法移植到词的创作中。苏轼词中较成功的表现手法有用词题、词序和用典故几个方面。

在苏轼之前，词大多是应歌而作的代言体，词有曲调名表明其唱法，所以绝大多数词作并无词题、词序。苏轼则把词变为缘事而发、因情而作的抒情言志体，所以词作所抒的是何种情志或因何事生发，必须有所交代和说明。然而词长于抒情，不宜叙事。为解决这一矛盾，苏轼在写词时与写诗一样大量采用词题和词序的形式，使词的词题、词序和词本文构成不可分割的有机统一体。与张先的词题仅交代创作的时间、地点相比，苏轼赋予词题、词序新的功能。苏轼有的词题、词序交代词作的创作动机和缘起，以确定词作中所抒情感的指向。如《水调歌头》的词序：“丙辰中秋，欢饮达旦，大醉。作此篇，兼怀子由。”不仅交代了创作的时间、缘由，而且规定了词末“但愿人长久，千里共婵娟”所怀念的对象是其弟苏辙。另有一些词题、词序与词本文在内容上是互补关系，如《满江红》(忧喜相寻)、《定风波》(莫听穿林打叶声)，词序用来纪事，词本文则侧重抒发由其事所引发的情感。有了词题和词序，既便于交代词的写作时间、地点和创作缘起，也可以丰富和深化词的审美内涵。

词中大量使事用典，也始于苏轼。词中使事用典，既是一种替代性、浓缩性的叙事方式，也是一种曲折深婉的抒情方式。《江城子·密州出猎》具有较浓厚的叙事性和纪事性，但写射猎打虎的过程非三言两语所能叙述，而作者用孙权射虎的典故来做替代性的概括描写，一笔写出了太守一马当先、亲身射虎的英姿。词的下阕用冯唐的故事，既表达了作者的壮志，又蕴含着历史人物和自身怀才不遇的隐痛，增强了词的历史感和现实感。苏轼词大量运用词题、词序和典故，丰富和发展了词的表现手法，对后世词的发展产生了重大的影响。

从本质上说，苏轼“以诗为词”是要突破音乐对词体的制约和束缚，把词从音乐的附属品变为一种独立的抒情诗体。苏轼写词，注重抒情言志的自由，虽遵守词的音律规范，但不为音律所拘束。正因为如此，苏轼作词时挥洒随意，即使偶尔不协音律也在所不顾。也正是如此，苏轼词像苏轼诗一样，表现出丰沛的激情和丰富的想象力，语言变化自如、多姿多彩。

五、练习步步高

（一）知识识记

填空。

（1）山映斜阳天接水，________________，________________。（范仲淹《苏幕遮》）

（2）离愁渐远渐无穷，________________。（欧阳修《踏莎行》）

（3）才子词人，________________。（柳永《鹤冲天》）

（4）会挽雕弓如满月，________________，________________。（苏轼《江城子·密州出猎》）

（5）人静乌鸢自乐，________________、________________。（周邦彦《满庭芳·夏日溧水无想山作》）

（二）诗心体悟

清代刘熙载《艺概》评价苏轼的《水龙吟·次韵章质夫杨花词》："东坡《水龙吟》起云：'似花还似非花。'此句可作全词评语，盖不离不即也。"请你结合这句话思考：《水龙吟·次韵章质夫杨花词》在艺术风格上有什么特点？其表达效果如何？

____

____

____

____

（三）思想碰撞

阅读材料，回答问题。

词论（节选）

李清照

乐府声诗并著，最盛于唐。开元、天宝间，有李八郎者，能歌擅天下。时新及第进士开宴曲江，榜中一名士先召李，使易服隐姓名，衣冠故敝，精神惨沮，与同之宴所，曰："表弟愿与坐末。"众皆不顾。既酒行，乐作，歌者进，时曹元谦、念奴为冠。歌罢，众皆咨嗟称赏。名士忽指李曰："请表弟歌。"众皆哂，或有怒者。及转喉发声，歌一曲，众皆泣下。罗拜曰：“此李八郎也。”

自后郑、卫之声①日炽，流靡②之变日烦，已有《菩萨蛮》《春光好》《莎鸡子》《更漏子》《浣溪沙》《梦江南》《渔父》等词，不可遍举。

五代干戈，四海瓜分豆剖，斯文道熄。独江南李氏君臣③尚文雅，故有“小楼吹彻玉笙寒”“吹皱一池春水”之词。语虽奇甚，所谓亡国之音哀以思者也。

逮至本朝，礼乐文武大备。又涵养百余年，始有柳屯田永者，变旧声作新声，出《乐章集》，大得声称于世。虽协音律，而词语尘下。又有张子野、宋子京兄弟④、沈唐、元绛、晁次膺辈继出，虽时时有妙语，而破碎何足名家。至晏元献、欧阳永叔、苏子瞻⑤，学际天人，作为小歌词，直如酌蠡水于大海，然皆句读不葺之诗⑥尔。又往往不协音律者何耶？盖诗文分平侧⑦，而歌词分五音，又分五声，又分六律，又分清浊轻重。且如近世所谓《声声慢》《雨中花》《喜迁莺》，既押平声韵，又押入声韵。《玉楼春》本押平声韵，又押上去声，又押入声。本押仄声韵，如押上声则协，如押入声，则不可歌矣。王介甫、曾子固⑧文章似西汉，若作一小歌词，则人必绝倒，不可读也。

乃知别是一家，知之者少。后晏叔原、贺方回、秦少游、黄鲁直⑨出，始能知之。又晏苦无铺叙；贺苦少重典；秦即专主情致，而少故实⑩，譬如贫家美女，虽极妍丽丰逸，而终乏富贵态；黄即尚故实，而多疵病，譬如良玉有瑕，价自减半矣。

①郑、卫之声：指春秋战国时期郑、卫等国的民间音乐。儒家认为其音淫，听之令人心浮。比喻浮靡的文风。 ②流靡：谓过分华美，萎靡不振。 ③江南李氏君臣：指南唐中主李璟、南唐后主李煜及其臣子冯延巳等。 ④张子野、宋子京兄弟：张子野即张先，善用“影”字，人称“张三影”。宋子京兄弟即宋庠、宋祁兄弟。宋祁，字子京，因《玉楼春》中有“红杏枝头春意闹”一句，世称“红杏尚书”。 ⑤晏元献、欧阳永叔、苏子瞻：晏元献即晏殊，字同叔，谥元献，故世称“晏元献”。欧阳永叔即欧阳修，字永叔。苏子瞻即苏轼，字子瞻。 ⑥句读不葺之诗：句子长短不齐的诗。 ⑦平侧：平仄。 ⑧王介甫、曾子固：分别指王安石和曾巩。王安石，字介甫。曾巩，字子固。 ⑨晏叔原、贺方回、秦少游、黄鲁直：分别指晏幾道、贺铸、秦观和黄庭坚。 ⑩故实：以往的有历史意义的事实。

请你思考：李清照认为“词别是一家”，词与诗主要的区别表现在哪些方面？

南宋词选

一、原典选读

摸鱼儿

辛弃疾

淳熙己亥，自湖北漕移湖南，同官王正之置酒小山亭，为赋。

更能消①、几番风雨？匆匆春又归去。惜春长怕花开早，何况落红无数。春且住。见说道，天涯芳草无归路。怨春不语。算只有殷勤，画檐蛛网，尽日惹飞絮②。　　长门事③，准拟佳期又误。蛾眉④曾有人妒。千金纵买相如赋⑤，脉脉此情谁诉？君莫舞，君不见、玉环飞燕⑥皆尘土！闲愁最苦。休去倚危栏，斜阳正在、烟柳断肠处。

①消：经受。　②算只有殷勤，画檐蛛网，尽日惹飞絮：想来只有檐下蛛网还殷勤地沾惹飞絮，留住春色。　③长门：汉代宫殿名，汉武帝皇后失宠后被幽闭于此。司马相如《长门赋序》曰："孝武陈皇后，时得幸，颇妒。别在长门宫，愁闷悲思。闻蜀郡成都司马相如天下工为文，奉黄金百万，为相如、文君取酒，因于解悲愁之辞，而相如为文以悟主上，陈皇后复得亲幸。"　④蛾眉：指美人，陈皇后。　⑤相如赋：司马相如的《长门赋》。　⑥玉环飞燕：杨玉环、赵飞燕，皆貌美善妒。

淳熙六年（1179年），从湖北转运使调湖南，和转运副使王正之在小山亭置备酒宴，作了这首词。

还经得起几回风雨？春天又将匆匆归去。爱惜春天，常害怕花开得太早，更不要说此时已花落无数。春天暂且留步。听说那无边的芳草一直连接到天涯，已经没有归路。真让人恨啊，春天就这样默默无语。看来殷勤的，只有雕梁画栋间的蛛网，为留住春天整天沾染飞絮。　　长门宫陈阿娇盼望重新被召幸，约定了佳期又一再延误。只因太美丽有人嫉妒。纵然用千金买了司马相如的赋，这一份深情向谁倾诉？奉劝你们不要得意忘形，难道没看见杨玉环、赵飞燕都化作了尘土！闲愁最让人苦闷。不要登楼凭栏眺望，一轮将要落下的夕阳正在那令人断肠的烟柳迷蒙的地方。

贺新郎

辛弃疾

邑中园亭，仆皆为赋此词。一日，独坐停云，水声山色竞来相娱。意溪山欲援例者，遂作数语，庶几仿佛渊明思亲友之意云。

甚矣吾衰矣①。怅平生、交游零落，只今余几！白发空垂三千丈②，一笑人间万事。问何物、能令公喜③？我见青山多妩媚，料青山见我应如是④。情与貌，略相似。　一尊搔首东窗里⑤。想渊明《停云》⑥诗就，此时风味。江左沉酣求名者⑦，岂识浊醪⑧妙理？回首叫、云飞风起。不恨古人吾不见，恨古人不见吾狂耳。知我者，二三子⑨。

①甚矣吾衰矣：语出《论语·述而》：“子曰：‘甚矣吾衰也！久矣吾不复梦见周公！’” ②白发空垂三千丈：化用李白《秋浦歌》“白发三千丈，缘愁似个长”诗句。 ③问何物、能令公喜：暗用《世说新语·宠礼》：“王珣、郗超并有奇才，为大司马所眷拔。珣为主簿，超为记室参军。超为人多髯，珣状短小，于时荆州为之语曰：‘髯参军，短主簿，能令公喜，能令公怒。’” ④我见青山多妩媚，料青山见我应如是：化用李白《敬亭独坐》“相看两不厌，只有敬亭山”诗句。 ⑤一尊搔首东窗里：化用陶渊明《停云》：“静寄东轩，春醪独抚。良朋悠悠，搔首延伫。”搔首：以手挠头，焦急或有所思貌。 ⑥《停云》指陶渊明的《停云》诗，为陶渊明“思亲友”所作。 ⑦江左沉酣求名者：化用苏轼《和陶饮酒二十首》(其三)：“江左风流人，醉中亦求名。”沉酣求名者：整日沉醉还渴求功名的人。 ⑧浊醪：浊酒。这里指简单粗糙的饮食。 ⑨二三子：那几个朋友。如好友陈亮等。

铅山期思渡的园、亭，我都为之作了词。一天，我独坐停云堂，流水声、山中景色都来娱乐我。溪山想援用铅山期思渡诸园、亭的先例，于是我作了这首《贺新郎》，大概仿陶渊明《停云》“思亲友”之意创作。

我很老了。惆怅这辈子交往的友人零落四方，现在还剩下多少！愁思染白了头发，人间万事都付之一笑。问还有什么能让我兴致增高？我见到青山就觉得亲切美好，料想青山见到我也一样。我们有大体相似的情感，还有大体相似的外表。　坐在东窗前，对着酒杯把头挠。想当年陶渊明写成《停云》时，也是这样的情调。南朝整日沉醉还渴求功名的人，怎会懂得酒的奇妙？我扭头长啸，云气翻飞，狂风骤起。不恨疏狂的古人我未能见到，恨古人见不到我的疏狂。理解我的，只有那几个朋友。

水调歌头·送章德茂大卿使虏

陈 亮

不见南师久，谩说北群空[①]。当场只手[②]，毕竟还我万夫雄。自笑堂堂汉使，得似洋洋河水，依旧只流东？且复穹庐[③]拜，会向藁街[④]逢！ 尧之都，舜之壤，禹之封[⑤]。于中应有，一个半个耻臣戎[⑥]！万里腥膻[⑦]如许，千古英灵安在？磅礴[⑧]几时通！胡运何须问，赫日[⑨]自当中。

①谩说北群空：借用韩愈《送温处士赴河阳军序》“伯乐一过冀北之野，而马群遂空”的语句，以骏马为喻，说明南宋大有人在。 ②只手：只手可了，即轻而易举地独当一面。 ③穹（qióng）庐：古代游牧民族居住的毡帐，这里指金廷。 ④藁（gǎo）街：汉代长安街名，少数民族聚居的地方。 ⑤封：疆界。 ⑥耻臣戎：以向金国称臣为耻。 ⑦腥膻：羊肉的腥味，借指金国统治区。 ⑧磅礴：指民族气概。 ⑨赫日：红日，比喻南宋国势强盛。

今译

请告诉金国统治者，不要以为许久不见南方军队北伐，便认为宋朝没有人才了。但愿您这次出使金国发挥才干魄力，只手擎天，终究会显示出万夫莫当的英雄气概。我们堂堂汉使一定能完成使命，哪能像河水永远东流那样，年年向金国求和？这次出使金国祝贺金国国君生辰，是因宋朝国势积弱暂且让一步，终须发愤图强，战而胜之，获彼国君之头悬于藁街。 那里本是我们的国土，尧、舜、禹那些先祖都生活在那里，那里应该有一个半个耻于向金国称臣的志士吧！万里河山充斥着金人的腥膻臭气，千年以来，英雄为国献身的精神在哪里？我们的民族气概何时能得到伸张！金国的气数已经无须再说，我们现在如日中天，必将获得最后胜利。

水调歌头·闻采石战胜

张孝祥

雪洗虏尘静，风约楚云[①]留。何人为写悲壮？吹角古城楼。湖海平生豪气[②]，关塞如今风景[③]，剪烛看吴钩[④]。剩喜燃犀[⑤]处，骇浪与天浮。 忆当年，周与谢[⑥]，富春秋。小乔初嫁[⑦]，香囊未解[⑧]，勋业故优游[⑨]。赤壁矶头落照，淝水桥边衰草，渺渺唤人愁。我欲乘风去[⑩]，击楫誓中流[⑪]。

①楚云：当时作者正往来于宣城、芜湖间，不能参战，故云。 ②湖海平生豪气：化用《三国志·魏书·陈登传》：“陈元龙湖海之士，豪气不除。” ③关塞如今风景：暗用《世说新语·言语》中“风景不殊，正自有山河之异”的典故。 ④吴钩：产于吴地的宝刀。李贺《南园十三首》（其五）：“男儿何不带吴钩，收取关山五十州。” ⑤燃犀：用温峤在采石矶燃犀的典故，含有把敌兵比作妖魔鬼怪之意。《晋书·温峤传》记载：“燃犀角而照之”，后用“燃犀”指照妖魔。 ⑥周：指三国时东吴的周瑜。谢：指晋朝的谢玄。 ⑦小乔初嫁：周瑜和小乔结婚的时候只有二十四岁。 ⑧香囊未解：《晋书·谢玄传》记载，谢玄少年时“好佩紫香囊”。 ⑨优游：从容不迫的样子。 ⑩我欲乘风去：典故出自《南史·宗悫传》，宗悫少有大志，曾对他的叔父宗炳说：“愿乘长风破万里浪。” ⑪击楫誓中流：典故出自《晋书·祖逖传》，化用祖逖“中流击楫而誓”的句意。

雪洗刷了金人掀起的战争的烟尘，大江已平静，寒风阻住了楚天的白云，自己却在后方羁留。什么人来替这次战斗谱写悲壮的凯歌？在古老的城楼吹响进军的号角。自己平生怀着豪迈的抗金志气，面对关河要塞烽火四起的风景，禁不住剪亮烛光，看一看锋利的吴钩。更加令人高兴的是，采石矶之处，掀起的惊涛骇浪连天涌动。　　回忆历史上的那年，三国的周瑜和东晋的小谢，年轻力壮谱写春秋。小乔刚刚出嫁周瑜，谢玄紫罗香囊还未焚解，不朽的功业已经建立，从容不迫。赤壁矶上落日映照，淝水桥边一片衰草，悠远缥缈地唤起人们的忧愁。我一定要乘长风破万里浪，效仿祖逖在江的中流击楫发誓。

钗头凤

陆　游

红酥手①，黄縢酒②。满城春色宫墙柳。东风恶，欢情薄。一怀愁绪，几年离索③。错，错，错！　　春如旧，人空瘦。泪痕红浥鲛绡④透。桃花落，闲池阁。山盟虽在，锦书⑤难托。莫，莫，莫！

①红酥手：形容女性的手柔软光滑细腻。 ②黄縢酒：宋时官酒上以黄纸封口，又称黄封酒。 ③离索：离群索居，分离也。 ④浥：沾湿。鲛绡：传说鲛人织的绡极薄，后泛指薄纱。 ⑤锦书：指书信。

红润、柔软、光滑、细腻的手上，捧着盛满黄縢酒的杯子。满城荡漾着春天的景色，你却像宫墙中的柳树那般遥不可及。春风多么可恶，将欢情吹得那样稀薄。满怀的忧愁，离别几年来的生活十分萧索。错，错，错！　　春天的景色依然像以前一样，只是人憔悴消瘦。泪水洗尽脸上的胭脂红，又湿透薄纱的手帕。桃花凋落，洒满寂静空旷的池塘楼阁。永远相爱的誓言还在，书信难以交付。莫，莫，莫！

凤凰台上忆吹箫

李清照

香冷金猊①，被翻红浪②，起来慵自梳头。任宝奁③尘满，日上帘钩。生怕离怀别苦，多少事、欲说还休。新来瘦，非干病酒，不是悲秋。　　休休！这回去也，千万遍《阳关》④，也则难留。念武陵人远⑤，烟锁秦楼⑥。惟有楼前流水，应念我、终日凝眸。凝眸处，从今又添，一段新愁。

①金猊：狮形铜香炉。　②红浪：红色被铺乱摊在床上，有如波浪。③宝奁：华贵的梳妆镜匣。　④《阳关》：《阳关三叠》，是唐宋时的送别曲。　⑤武陵人远：引用陶渊明《桃花源记》，武陵渔人误入桃花源，离开后再去找便找不到路径了。　⑥秦楼：即凤台，是秦穆公女儿弄玉与仙人萧史飞升前所住的地方。这里借指词人自己的居处，并与《凤凰台上忆吹箫》这一词调相扣合。

狮形铜香炉里，熏香已经冷了，红色的被铺乱摊在床上，像波浪一样，早晨起来，懒洋洋地不想梳头。任凭华贵的梳妆镜匣落满灰尘，任凭阳光照上帘钩。我怕想起离别的痛苦，有很多话要向他倾诉，可刚想说又开不了口。最近渐渐消瘦了，不是因为喝多了酒，不是因为秋天的忧愁。　　算了吧！算了吧！这次他要走，即使唱上千万遍《阳关》，也很难挽留他。心上人就要远去，剩下我独守空楼。只有楼前的流水，顾念着我，映照着我整天注目的样子。极目远眺的地方，从今往后，又增添一段日日盼归的新愁。

暗　香

姜　夔

辛亥之冬，予载雪诣石湖。止既月，授简索句，且征新声，作此两曲。石湖把玩不已，使工妓肄习之，音节谐婉，乃名之曰《暗香》《疏影》。

旧时月色，算几番照我，梅边吹笛？唤起玉人，不管清寒与攀摘。何逊①而今渐老，都忘却、春风词笔。但怪得②、竹外疏花，香冷入瑶席③。　　江国，正寂寂。叹寄与路遥，夜雪初积。翠尊④易泣，红萼无言耿相忆⑤。长记曾携手处，千树⑥压、西湖寒碧。又片片吹尽也，几时见得？

①何逊：南朝梁诗人，早年曾任南平王萧伟的记室。何逊任扬州法曹时，廨舍有梅花一株，何逊常吟咏其下。后居洛思之，请再往。抵扬州，花方盛开，何逊对树彷徨终日。杜甫《和裴迪登蜀州东亭送客逢早梅相忆见寄》曰：“东阁官梅动诗兴，还如何逊在扬州。”　②但怪得：惊异。　③瑶席：形容华美的席面。一说用瑶草编成的席子。　④翠尊：翠绿的酒杯，这里指酒。　⑤红萼：指梅花。耿：耿然于心，不能忘怀。　⑥千树：杭州西湖孤山的梅花成林。

今译

辛亥年冬天，我冒着雪拜访石湖居士。住了一个月，他要我创作词曲，我创作了两首。石湖居士不停地吟咏，让乐工歌伎练习演唱，音调节奏和谐婉转，于是命名为《暗香》《疏影》。

对着梅花吹着玉笛，声韵谐和。昔日的月色，曾经多少次映照着我？笛声让我想起佳人，跟我一道攀折梅花，不顾寒冷。如今我像何逊一样渐渐衰老，往日春风般绚丽的辞藻和文笔，全都已经忘记。但令人惊异的是，竹林外稀疏的梅花，将清冷的幽香袭入华美的席面。　　江南水乡，正是一片静寂。想折一枝梅花寄托情意，叹路途遥远，下了一晚上的雪，雪积起来了。手捧起翠绿的酒杯，禁不住流下伤心的泪，面对着红梅默默无语，昔日折梅的佳人浮上我的心头。总记得曾经携手游玩的地方，千株梅树上绽放着红梅，西湖上泛起寒波，一片澄碧。此刻又见片片梅花随风凋落，何时才能和你一起重赏梅花？

疏　影

姜　夔

苔枝缀玉①，有翠禽小小，枝上同宿②。客里相逢，篱角黄昏，无言自倚修竹。昭君不惯胡沙远，但暗忆、江南江北。想佩环、月夜归来，化作此花幽独③。　　犹记深宫旧事，那人正睡里，飞近蛾绿④。莫似春风，不管盈盈，早与安排金屋⑤。还教一片随波去，又却怨、玉龙哀曲⑥。等恁时、重觅幽香，已入小窗横幅⑦。

①苔枝缀玉：即苔梅。范成大《梅谱》说绍兴、吴兴一带的古梅“又有苔须，垂于枝间，或长数寸，风至，绿丝飘飘可玩”。　②有翠禽小小，枝上同宿：用罗浮之梦典故。旧题柳宗元《龙城录》记载，隋代赵师侠游罗浮山，

夜梦与一素妆女子共饭，女子芳香袭人。又有一绿衣童子，笑歌欢舞。赵醒来，发现自己躺在一株大梅花树下，树上有翠鸟欢鸣，见“月落参横，惆怅而已”。 ③昭君不惯胡沙远，但暗忆、江南江北。想佩环、月夜归来，化作此花幽独：杜甫《咏怀古迹五首》(其三)曰：“一去紫台连朔漠，独留青冢向黄昏。画图省识春风面，环佩空归月夜魂。”王建《塞上梅》曰：“天山路傍一株梅，年年花发黄云下。昭君已殁汉使回，前后征人谁系马？” ④犹记深宫旧事，那人正睡里，飞近蛾绿：化用宋武帝女寿阳公主的故事。 ⑤安排金屋：《汉武故事》记载，汉武帝年少时对其姑母（长公主）说：“若得阿娇，当作金屋贮之。” ⑥玉龙：玉笛。哀曲：指笛曲《梅花落》。 ⑦小窗横幅：陈与义《水墨梅》：“晴窗画出横斜枝，绝胜前村夜雪时。”这里翻用其意。

苔梅的枝上缀着梅花，像玉一样晶莹，两只小小的翠鸟，栖息在苔梅枝上。在客旅他乡时见到她，在夕阳斜照篱笆的黄昏中，她默默倚靠着修长的翠竹。就像王昭君远嫁匈奴，不习惯北方的荒漠，始终暗暗地怀念着江南江北的故土。我想，她戴着叮当作响的环佩玉饰，趁着月夜归来，化作了梅花的一缕幽魂。 我还记得深宫中的旧事，寿阳公主正卧在檐下，一朵梅花落在她的额头上。不要像无情的春风，不管梅花多么美丽轻盈，依旧将她风吹雨打去，应该早早地给她安排金屋。但这是白费功夫，她还是一片片地随波流去，只听到玉笛所奏的梅花飘落的哀曲。等那时，想要再去寻找梅的幽香，所见到的是梅花已落，横斜枝探出小窗外。

二、知识朋友圈

王国维境界说。

王国维在《人间词话》中，在探求历代词人创作得失的基础上，结合自己艺术鉴赏和艺术创作的切身经验，提出了境界说：“词以境界为最上。有境界则自成高格，自有名句。”王国维阐释说：“境非独谓景物也。喜怒哀乐，亦人心中之一境界。故能写真景物、真感情者，谓之有境界。否则谓之无境界。”有境界的词作，言情必沁人心脾，写景必豁人耳目，即形象鲜明，富有感染力。

王国维境界说所标举的境界有其特殊的含义。

第一，境界是情与景的统一。这与王国维于1906年在《文学小言》中所说的一致：“文学中有二原质焉：曰景，曰情。前者以描写自然及人生之事实为主，后者则吾人对此种事实之精神的态度也。故前者客观的，后者主观的也；前者知识的，后者感情的也。……要之，文学者，不外知识与感情交代之结果也。苟无锐敏之知识与深邃之感情者，不足与于文学之事。”1907 年，署名“樊志厚”的《人间词乙稿序》亦说：“文学之事，其内足以摅己，而外足以感人者，意与境二者而已。上焉者意与境浑，其次或以境胜，或以意胜，苟缺其一，不足以言文学。”总之，从作品的“原质”来说，必须具备景、情，且要“意与境浑”。

第二，情、景须真。崇尚真是王国维的一贯思想。他认为“真文学”当不受功利的干预，做到景真、情真，而情真尤为重要，因为“感情真者，其观物亦真”(《文学小言》)。屈原、陶渊明、杜甫、苏轼之所以伟大，就在于能“感自己之感，言自己之言”(《文学小言》)。总之，作品的“原质”不但有景有情，而且必须有“真景物、真感情”(《人间词话》)，这才可谓有境界。联系王国维词作来看，他所说的真不仅是真切的一己之情，而且是诗人对宇宙实底、人生本质、人类命运的终极关怀和体悟。

第三，“真景物、真感情”得以鲜明真切地表达。作者观物写景，须感情真挚，而若不能恰当表现，文不逮意，则亦不能有境界。这正如陆机《文赋》所说：“恒患意不称物，文不逮意，盖非知之难，能之难也。”而宋祁《玉楼春》“红杏枝头春意闹”中的“闹”字，生动地渲染了杏花怒放、大好春光的景象，传递了人们踏春的无限兴致；张先《天仙子》“云破月来花弄影”中的“弄”字，也写活了明月泻辉、花影摇曳的幽境和作者疏散闲适的情趣。能把“真景物、真感情”表达得极真、极活，故曰着此两字，“境界全出矣”(《人间词话》)。

总之，王国维标举的境界是指真切、鲜明地表现出来的情景交融的艺术形象。这主要是从作者的感受、作品表现的角度来强调表达“真景物、真感情”。综上所述，王国维标举的境界说使当时的词论跳出浙西、常州两派的窠臼，具有强烈的现实意义。

三、诗心点点通

南渡后的词人，在各自不同的创作道路上，以各自不同的态度与方法进行创作，为宋词的继续发展发挥了各自不同的作用。李清照的词是由北宋词向南宋词发展的过渡。李清照亲身经历了由北而南的社会变革，生活际遇、思想感情发生了巨变，相应地，词的内容、情调乃至色彩、音响也发生了变化，由明丽清新变为低回惆怅、深哀入骨，但词的本色未变。李清照的创作为南宋词人如何以旧形式表现新内容树立了榜样。中期之后，辛弃疾和姜夔等人，形成了宋词的又一个繁荣时期。尤其是辛弃疾，不仅代表了南宋词的最高成就，而且在整个中国文学史上占据相当重要的地位。开禧北伐的失败，是南宋词的一个转折点。这时词的创作题材以吟咏日常生活的情怀、流连自然风光为多，情调开始转向带有伤感的恬淡。但这并不是简单地对传统的归复。词经过长期的发展和许多词人在众多方向上的探索，在吸收了诗歌及散文的表现手法后，又面临一个总结的时机。南宋后期的词人在这方面起了很大的作用。他们虽然比较注重传统，但对过去各种词人的各种手法进行了筛选整理，在词的形式、语言技巧方面作出了新的总结。他们的作品虽然气势不够雄大、境界不够开阔，但他们对词的发展作出了重要的贡献。

四、思想会客厅

辛弃疾在苏轼词革新的基础上，进一步发展"以文为词"，具体表现为多用散文议论法、散文句式、经史子集语汇和典故等。辛弃疾急于用词服务于抗金斗争，需要在词中更为明白晓畅地抒发情感、表明政治主张，故又一次变革作词法。这种创作方法，深深地影响了辛派爱国词人。

辛弃疾的"以文为词"表现在：

（1）悲壮激烈的英雄主义色彩。辛弃疾词的基调是英雄主义，坚定的抗金决心，顽强的斗争精神，豪迈的英雄气概。辛弃疾善于创造多种生动的艺术形象，这是前代词人所没有的。这些形象大都体现了上述基调。如《破阵子·醉里挑灯看剑》的将军、《水龙吟·登建康赏心亭》的江南游子，历史上的英雄人物廉颇、孙权、刘裕，等等，也是词人奋发有为、雄姿英发的体现。即使是客观景物，在辛弃疾笔下也具有激情。词人在描绘自然景物时赋予它们英雄的性格和精神，如《沁园春·叠嶂西驰》写山："叠嶂西驰，万马回旋，众山欲东。"

（2）豪放而凄美的风格。稼轩词豪放之中蕴含着一种婉丽凄美的情致。如《永遇乐·京口北固亭怀古》《菩萨蛮·郁孤台下清江水》《摸鱼儿》等，悲壮激烈之情，洋溢纸上。豪放之中，又沉咽蕴藉，空灵缠绵，深得浑融深厚之妙。

（3）"以文为词"的形式解放。范开《稼轩词序》评价辛弃疾的词："果何意于歌词哉，直陶写之具耳。故其词之为体，如张乐洞庭之野，无首无尾，不主故常；

又如春云浮空，卷舒起灭，随所变态，无非可观。无他，意不在于作词，而其气之所充，蓄之所发，词自不能不尔也。”

辛弃疾的词在形式、格律、语言手法上大胆创新。第一，词换阕一般要换景、换意，辛弃疾的词不受分阕约束，如《破阵子·醉里挑灯看剑》前九句写军营生活，直贯而下，末句来了一个大转折，感慨现实。第二，手法上，有时大量运用典故，有时纯粹采取白描，不仅能抒情、写景，而且能叙事、议论。第三，语言上，取径甚广，将“六经”、《楚辞》、《庄子》，以及古诗中的语句，一齐融化在他的词中。用韵不限制，不讲雕琢，随意抒写，形成一种散文化的歌词形式。如《沁园春·将止酒，戒酒杯使勿近》：“况怨无大小，生于所爱；物无美恶，过则为灾。”又喜欢用通俗的民间俗语。如：“快斟呵。裁诗未稳，得酒良佳。”（《玉蝴蝶·叔高书来戒酒用韵》）

“以文为词”，既是方法的革新，也是语言的变革。前人作词，除了从现实生活中提炼语言，主要从前代诗赋中汲取语汇，而稼轩则独创性地用经史子集中的语汇入词，不仅赋予古代语言新的生命活力，而且空前地扩大和丰富了词的语汇。

五、练习步步高

（一）知识识记

填空。

（1）休去倚危栏，________________、________________。（辛弃疾《摸鱼儿》）

（2）湖海平生豪气，________________，________________。（张孝祥《水调歌头·闻采石战胜》）

（3）翠尊易泣，________________。（姜夔《暗香》）

（4）昭君不惯胡沙远，________________、________________。（姜夔《疏影》）

（二）诗心体悟

宋代岳珂在《桯史》（卷三）中评价辛弃疾的《贺新郎》：“稼轩以词名，每燕必命侍妓歌其所作。特好歌《贺新郎》一词，自诵其警句曰：‘我见青山多妩媚，料青山见我应如是。’又曰：‘不恨古人吾不见，恨古人不见吾狂耳。’每至此，辄拊髀自笑，顾问坐客何如，皆叹誉如出一口。”请你思考：《贺新郎》中这几句分别抒发了作者怎样的思想感情？

（三）思想碰撞

阅读材料，回答问题。

辛稼轩词序

刘辰翁

词至东坡，倾荡磊落，如诗如文，如天地奇观，岂与群儿雌声学语较工拙。然犹未至用经用史，牵《雅》《颂》入《郑》《卫》也。自辛稼轩前，用一语如此者必且掩口，及稼轩横竖烂漫，乃如禅宗棒喝，头头皆是；又如悲笳万鼓，平生不平事并巵酒，但觉宾主酣畅，谈不暇顾。词至此亦足矣！然陈同父①效之，则与左太冲②入群媪相似，亦无面而返。嗟乎！以稼轩为坡公少子，岂不痛快灵杰可爱哉！而愁髻龋齿，作折腰步者阉然③笑之。《敕勒》之歌拙矣，“风吹草低”之句与“大风起”句高下相应，知音者少。顾稼轩胸中今古止用资为词，非不能诗，不事此耳。

斯人北来，喑呜鸷悍，欲何为者？而谗摈销沮，白发横生，亦如刘越石④陷绝失望，花时中酒，托之陶写，淋漓慷慨，此意何可复道，而或者以流连光景，志业之终恨之，岂可向痴人说梦哉！“为我楚舞，吾为若楚歌”，英雄感怆有在常情之外，其难言者未必区区妇人孺子间也。世儒不知哀乐善刺人，及其自为，乃与陈后山⑤等。嗟哉！伟然二丈夫无异。吾怀此久矣，因宜春张清则取《稼轩词》刻之，复用吾请。清则少游杭浙，有奇志逸气，必能仿佛为此词者。

①陈同父：即陈亮，字同父，也作同甫，是南宋杰出的思想家、文学家。　②左太冲：即左思，字太冲，西晋著名文学家。　③阉然：曲意逢迎貌。　④刘越石：即刘琨。西晋将领、文学家。　⑤陈后山：即陈师道，字履常、无己，号后山居士，一生安贫乐道，闭门苦吟，有“闭门觅句陈无己”之称，其诗词存在内容狭窄、词意艰涩之病。

请你思考作者认为“词至此亦足矣”的主要理由有哪些。

（王召强　编）

第六单元

《文心雕龙》选读

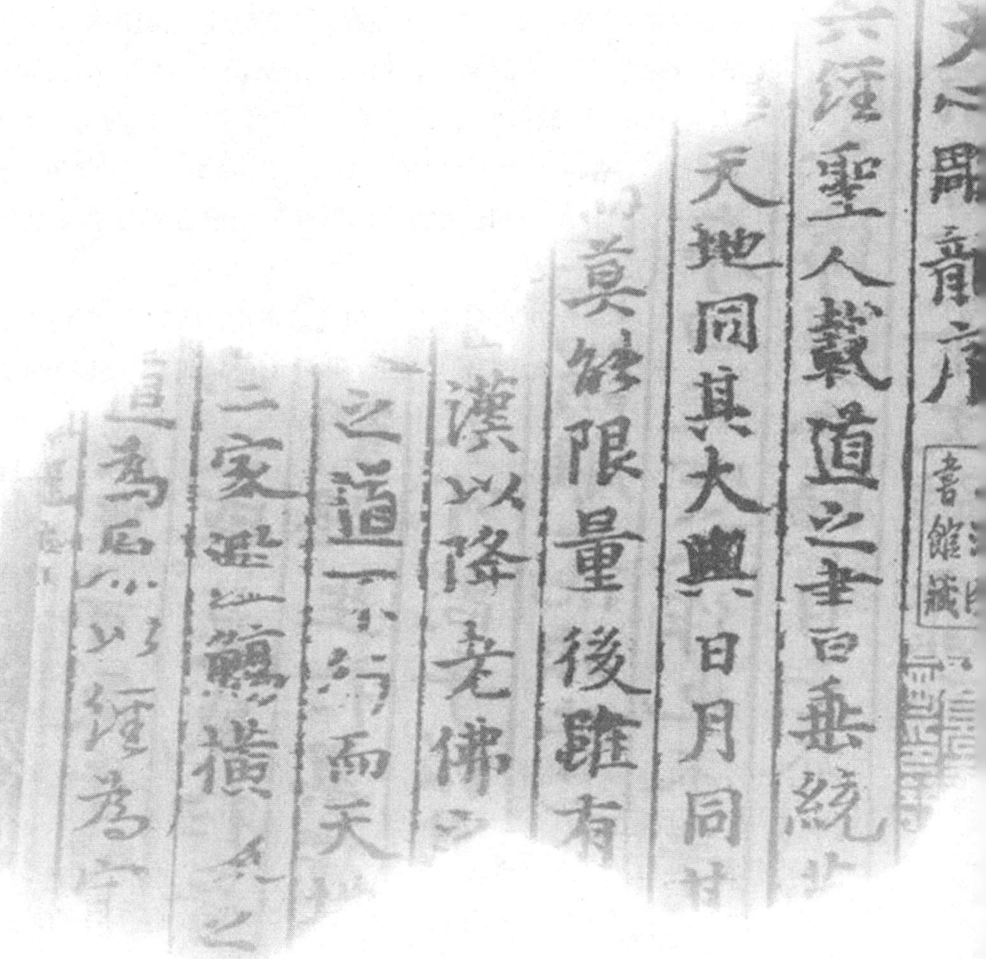

单元概说

《文心雕龙》是中国古代文学理论专著。南朝梁刘勰撰（在齐末写成）。全书十卷，五十篇三万七千多字，分上、下篇，概括了从先秦到晋宋千余年间的中国文学面貌，评论了两百多位作家，总结了三十五种文体，较全面地探讨了文学创作、文学批评的一些基本原理和艺术方法，体大精深，对后世产生了深远的影响。

刘勰，字彦和，原籍东莞莒县（今属山东）人，世居京口（时称南徐州，今江苏镇江市），大约出生于宋明帝泰始元年（465 年）。父亲刘尚曾做过越骑校尉（低级军职），很早就去世了。刘勰早年孤贫，依于佛寺。《梁书 · 刘勰传》说：“勰早孤，笃志好学。家贫不婚娶，依沙门僧祐，与之居处，积十余年，遂博通经论。”多年儒、道、释的积淀，使刘勰《文心雕龙》的思想底蕴深厚博大。从文学地位上看，刘勰的文学才能深受当时文坛领袖沈约的赏识，也曾与南朝梁昭明太子有过交集。“昭明太子好文学，深接爱之。”（《梁书 · 刘勰传》）然而从仕历上看，刘勰只做过一些地位不高的小官，政治上始终不得志，造成他“穷则独善以垂文”（《文心雕龙 · 程器》）的人生理想。这让他最终选择在完成修经的使命之后皈依佛门，潜心论著。

《文心雕龙》可以分为四个部分：总论，“文之枢纽”，“论文叙笔”，“剖情析采”，分别对应总论、文体论、创作论、批评论。总论包括《原道》《征圣》《宗经》《正纬》《辨骚》五篇，确立文学写作的总体原则，即“本乎道，师乎圣，体乎经，酌乎纬，变乎《骚》”（《序志》），以纠正浮靡的文风。文体论包括从《明诗》到《书记》二十篇，文体论的写作思路是“原始以表末，释名以章义，选文以定篇，敷理以举统”（《序志》），即梳理文体的源流、发展，解释确立文体特征的含义，选取代表作品加以评论，总结确立该类文体的规范体式。从《神思》到《总术》十五篇属于创作论，讨论文章的构思技巧、写作风格、文质关系、创作个性等，是《文心雕龙》艺术思想的精华部分。《知音》《才略》等九篇为批评论，集魏晋文学各家理论之大成而有独特的见解和创新。最后一篇为《序志》，解释该书写作的动机和意义。五十篇辐辏于“文心”本原，形成一个庞大的体系，清代章学诚称其“体大而虑周”“笼罩群言”（《文史通义 · 诗话》）。

本单元选读，首先以《原道》《征圣》《宗经》为核心，把握刘勰对文学本原的认识和文学观的形成；然后选取创作论中被誉为中国文学理论史上“罕见的杰作”的《神思》篇，将其作为管窥、欣赏刘勰文学理论的钥匙，理解其核心的审美范畴和思想蕴意。《文心雕龙》以骈文写成，不仅理论成就高，而且文辞之美也难有作品与之匹敌，非常值得品读。

原道第一

一、原典选读

原道第一（节选一）

文之为德[①]也大矣，与天地并生者，何哉？夫玄黄色杂[②]，方圆[③]体分，日月叠璧[④]，以垂丽[⑤]天之象；山川焕绮[⑥]，以铺理[⑦]地之形：此盖道之文[⑧]也。仰观吐曜[⑨]，俯察含章[⑩]，高卑[⑪]定位，故两仪[⑫]既生矣。惟人参[⑬]之，性灵所钟[⑭]，是谓三才[⑮]。为五行[⑯]之秀，实天地之心[⑰]。心生而言立，言立而文明，自然之道也。傍及万品[⑱]，动植皆文。龙凤以藻绘[⑲]呈瑞，虎豹以炳蔚[⑳]凝姿；云霞雕色，有逾画工之妙；草木贲华[㉑]，无待锦匠之奇。夫岂外饰？盖自然耳。至于林籁[㉒]结响，调如竽瑟[㉓]；泉石激韵，和若球锽[㉔]。故形立则章[㉕]成矣，声发则文[㉖]生矣。夫以无识之物，郁然[㉗]有彩，有心之器，其无文欤？

①文：《文心雕龙》中单独用“文”字共三百三十七处，一般指文学或文章，但有时指广义的文化、学术，有时指作品的修辞、藻饰，有时指花纹、色彩，等等。这里泛指上述一切。德：这里指文所独有的特点、意义。
②玄黄：指天、地。玄：黑赤色，天的颜色。黄：地的颜色。色杂：指天、地未分时的情形。　③方圆：指天、地。古人认为天是圆的，地是方的。
④璧：正中有孔的圆形的玉。　⑤垂：示，传布，这里是表现的意思。丽：附着，指日月附着在天上。　⑥焕绮：焕发光彩。绮：一种有花纹的丝织品。　⑦铺：陈列。理：整理得有条有理。　⑧道之文：即“自然之道之文”，自然规律形成的文采。“道”即下文的“自然之道”，指万物具有的规律。
⑨吐曜（yào）：发出光辉。曜：光明照耀。　⑩含章：蕴藏着美。章：文

采。 ⑪ 高卑：天高地卑。 ⑫ 两仪：天和地。古人认为天和地是构成宇宙的两种基本物体。 ⑬ 参：三。 ⑭ 性灵：指人的智慧。钟：聚积。 ⑮ 三才：《易》中称天道、地道、人道为三才，后泛指天、地、人。 ⑯ 五行：金、木、水、火、土。古代认为五行是构成物质的五种基本元素。 ⑰ 实：是。心：古人认为人处在天、地的中间，犹如人体中的心，是起主宰作用的重要机构。下文“心生而言立”中的“心”，是指人的思想感情。 ⑱ 傍：旁，广。万品：万类。 ⑲ 藻绘：指华美的外貌。藻：文采。绘：彩画。 ⑳ 炳：光亮。蔚：繁盛。 ㉑ 贲（bì）：装饰。华：通“花”。 ㉒ 籁（lài）：风吹孔窍发出的声音。 ㉓ 竽：笙一类的簧乐器，有三十六簧。瑟：类似琴的一种弦乐器，有五十弦或二十五弦。 ㉔ 球：玉磬。锽：钟声。 ㉕ 章：花纹。 ㉖ 文：错杂而有节奏。 ㉗ 郁然：草木茂盛的样子。这里形容很有文采。

文的意义很大，它和天、地一起诞生的原因是什么呢？从宇宙混沌到天、地分判，日月重叠着像圆玉，显示出天上光辉灿烂的景象；山河焕发锦绣似的光彩，展示出大地条理分明的形状：这些大概就是自然规律形成的文采。仰头看到日月发出光辉，低头发现万物蕴含文采，天高地低的位置确定了，所以构成宇宙的两种基本物体——天和地就诞生了。后来出现与天、地相配的人，聚积着聪明才智，这就叫作天、地、人“三才”。人是万物中最特异的，是天、地的中心。人的思想感情产生了，语言就会出现，语言出现了文章就会显明，这是自然的道理。将这种思想推及万物，无论是动物或植物，就可以明白一切都有文采。龙和凤以绚丽如画的鳞羽表现出吉祥的征兆，虎和豹以斑斓的皮毛形成壮丽的雄姿；云霞形成的景色，超过了画师的妙笔；草木盛开的花朵，不依靠织匠的奇巧。这些哪里是外加的装饰？是事物本身自然形成的罢了。还有林木的孔窍被风吹过产生声响，音调好像竽瑟相鸣；泉水流过石上激起的音韵，和声相应好像钟磬齐奏。所以，形体产生了文采就形成了，声音发出了韵律就出现了。这些没有智识的自然物体，都有丰富的文采，富有思想感情的人，怎能没有文章呢？

原道第一（节选二）

人文之元①，肇自太极②。幽赞神明③，《易》象④惟先。庖牺⑤画其始，仲尼翼⑥其终；而《乾》《坤》⑦两位，独制《文言》⑧。言之文也，天地之心⑨哉！若乃《河图》⑩孕乎八卦，《洛书》韫乎九畴⑪，玉版⑫金镂之实，丹文绿牒⑬之华，谁其尸⑭之？亦神理⑮而已。

自鸟迹代绳⑯，文字始炳⑰。炎皞⑱遗事，纪在《三坟》⑲；而年世渺邈，声采靡⑳追。唐虞㉑文章，则焕乎始盛。元首载歌㉒，既发吟咏之志；益、稷陈谟㉓，亦垂敷奏㉔之风。夏后㉕氏兴，业峻鸿绩，九序㉖惟歌，勋德弥缛。逮及商、周，文胜其质㉗，《雅》《颂》所被㉘，英华㉙日新。文王患忧㉚，《繇辞》㉛炳曜；符采复隐㉜，精义坚深。重以公旦㉝多材，振其徽烈㉞，剬诗缉颂㉟，斧藻㊱群言。至夫子继圣，独秀前哲㊲；镕钧六经㊳，必金声而玉振㊴；雕琢情性，组织辞令㊵，木铎㊶起而千里应，席珍㊷流而万世响，写天地之辉光，晓生民之耳目矣。

注释

①元：始。　②肇（zhào）：开始。太极：指天、地混沌的时候。　③幽：深。赞：陈说。神明：指精微神妙的事物。　④《易》象：《易》的卦象，说明每卦吉凶的文句。　⑤庖牺：即伏羲，传说中的三皇之一。传说伏羲始作八卦。　⑥仲尼：孔子的字。翼：相传孔子为了阐明《易》的道理，曾写了《彖（tuàn）辞》上下、《象辞》上下、《系辞》上下、《文言》、《说卦》、《序卦》和《杂卦》，共十篇，称为《十翼》。　⑦《乾》《坤》：《易》中代表天和地的两卦。　⑧《文言》：刘勰认为是孔子在《十翼》中专门解释《乾》《坤》两卦的篇章。　⑨天地之心：与前文的"天地之心"不同。这里的"心"指本性，即指天、地本来有"文"这一特性。　⑩《河图》：相传伏羲时黄河中有龙浮出献图，伏羲仿效而画八卦。　⑪《洛书》：相传大禹治水时洛水中有龟浮出献书。韫：藏在里边。九畴：九类，指治理天下的各类大法。相传天曾赐给夏禹大法九畴。　⑫玉版：相传尧在水边得到玉版，上面刻有天、地图形。　⑬丹文绿牒：相传黄河出图、洛水出书，是赤文绿字。牒：竹简。　⑭尸：主宰。　⑮神理：自然之理。刘勰认为自然之理很深奥，只有圣人才能掌握。　⑯鸟迹代绳：相传文字产生前，人们结绳记事；后来仓颉（jié）看见鸟兽形迹，得到启发，创造文字。　⑰炳：明。这里指文字的作用日益显著。　⑱炎：炎帝神农。皞（hào）：太皞伏羲。　⑲《三坟》：相传为伏羲、神农、黄帝时的书。坟：大道。　⑳靡：没有，不能。　㉑唐虞：即尧舜，又称唐尧虞舜。　㉒元首：指舜。歌：相传舜作的歌。　㉓益、稷：舜的两个臣子，伯益和后稷。谟：计谋，谋议。　㉔敷奏：指臣子对君主提出建议。　㉕夏后：禹即帝位，国号夏后。　㉖九序：指治理天下的各种工作都有了秩序。　㉗文胜其质：指商周时期的作品比以前有所发展。文：文采丰富。质：质朴。　㉘被：及，影响所及。　㉙英华：即精华。　㉚文王：周文王。患忧：周文王为西伯时，曾被殷纣王囚于羑（yǒu）里。　㉛《繇（zhòu）辞》：指《易》中的《卦辞》和《爻辞》，相传是周文王被囚于羑里时所作。　㉜符采：玉的横纹，这里借指作品的文采。复隐：指含蓄地表达丰富的内容。　㉝公旦：周公，名旦，周文王之子，周武王之弟。周公旦辅佐周文王、周武王、周成王，平定三监之乱，为周朝的建立与巩固立下了卓著的功勋。相传他作《周官》（《周礼》），是

礼乐制度的倡导者及践行者。 ㉞振：振兴，发扬。徽：美。烈：功业。㉟剬：通“制”，创作。缉：通“辑”，辑录。 ㊱斧藻：斧削藻饰，修改加工。 ㊲前哲：前代贤人。 ㊳镕钧：整理。镕：铸器的模子。钧：制陶的转轮。六经：《诗》《书》《礼》《乐》《易》《春秋》六种儒家经典。 ㊴金声而玉振：古代奏乐时，开始击钟（金），结束击磬（玉），指始、终有条理。《孟子·万章下》说：“孔子之谓集大成。集大成也者，金声而玉振之也。”这里以音乐上集钟、磬声音之大成，比喻孔子集历代圣贤著作之大成。 ㊵辞令：动听的语言。 ㊶木铎（duó）：古代施政教时用的器具，这里借指孔子所施的教化。铎：大铃。 ㊷席珍：儒者在讲席上传布的道德学问。《礼记·儒行》记载孔子的话：“儒有席上之珍以待聘。”席：坐具，这里指施教者的讲席。

人类文化的发端，自宇宙起源的时候开始。深刻地阐明这个精微神妙的事理的，最早是《易》中的卦象。伏羲首先画了八卦，孔子最后写了《十翼》；对《乾》《坤》两卦，孔子特地创作了《文言》来阐释。言论有文采，这是天、地本来就有的特性！至于《河图》中孕育出八卦，《洛书》中蕴藏着九畴，尧在水边得到的玉版上刻有天、地图形，《河图》《洛书》上写着赤文绿字，这些有着实在内容与华美形式的东西，是谁主宰的呢？也不过是自然之理罢了。自从用模仿鸟兽形迹的文字代替了结绳记事，文字便发挥着重要的作用。神农、伏羲的事迹，记载在《三坟》里边；但因年代久远，那些文章无法追寻了。唐尧虞舜时候的文章，就开始多起来。舜自己作歌，就是抒写自己的情志；伯益和后稷陈述谋略，也开了臣子向君主奏章的风气。夏朝兴起，事业宏伟，一切井井有条，受到歌颂，文章的功德更加巨大。到了商代和周代，文章的文采更加丰富，由于《诗经》的影响所及，精华之作逐日增多。周文王被殷纣王囚于羑里的时候，写成了光耀千秋的《易》的《卦辞》与《爻辞》；如玉石的纹理含蓄而丰富，精确的内容坚实而深刻。加上周公多才多艺，发扬周文王的美好功业，自己写诗，辑录《周颂》，修改润色各种作品。到了孔子，继承往昔圣人的事业，且独自超过前贤；整理六经，正如在奏乐时必定金声玉振，集各种乐器声音之大成一样；提炼自己的思想感情，创作美妙的文字，教化声起，千里之外有回应，珍贵的道德学问流传到万代之后有回响，刻画天、地间的光辉事物，启发百姓的聪明才智。

原道第一（节选三）

爰自风姓①，暨②于孔氏，玄圣创典③，素王④述训，莫不原道心以敷章⑤，研神理而设教。取象乎《河》《洛》，问数乎蓍龟⑥，观天文以极⑦变，察人文以成化⑧；然后能经纬区宇⑨，弥纶彝宪⑩，发挥事业，彪炳⑪辞义。故知道沿圣以垂文，圣因文而明道，旁通而无滞，日用而不匮。《易》曰：“鼓天下之动者存乎辞⑫。”辞之所以能鼓天下者，乃道之文也。

注释

①爰（yuán）：发语词。风姓：这里指伏羲。　②暨（jì）：及。　③玄圣：远古的圣人，这里指伏羲。典：常法，基本法则，指传说中的伏羲所作的八卦。　④素王：空王，指孔子有帝王之德而无帝王之位。　⑤原：本于，遵循。道心：指自然之道的基本精神。敷：陈述。　⑥问数：占卜。数：命运。蓍（shī）龟：占卜用的蓍草和龟甲。　⑦极：追究到底。　⑧人文：指上文所述各种古籍。化：教化。　⑨经纬：经线和纬线纵横交织，这里指治理。区宇：疆域，这里指国家。　⑩弥纶：补合经纶，这里有经过综合组织、整理阐明而创制的意思。彝：永久的、经常的。宪：法度。　⑪彪炳：光彩鲜明。彪：虎纹。　⑫鼓天下之动者存乎辞：语出《易·系辞上》。辞：指《卦辞》《爻辞》，这里借指一般的文辞。

今译

从伏羲到孔子，远古的圣人创制法度，有德无位的素王阐明发挥，没有谁不是根据自然之道的基本精神来陈述，钻研自然之理来设计教育。他们效法《河图》《洛书》用蓍草和龟甲来占卜，观察天文来穷究各种变化，研究先王的典籍来完成教化；然后才能治理国家，创制出恒久的根本大法，发展各种事业，使文辞义理光彩鲜明（发挥巨大的作用）。所以知道自然之道依靠圣人来表达在文章里，圣人通过文章来阐明自然之道，无所不通没有阻碍，天天可以运用，不觉得贫乏。《易·系辞上》里说：“能够鼓动天下的力量就存在于文辞中。”文辞所以能够鼓动天下，是因为符合自然之道。

原道第一（节选四）

赞①曰：道心惟微②，神理设教。光采玄圣③，炳耀仁孝④。龙《图》献体⑤，龟《书》呈貌。天文斯⑥观，民胥以效⑦。

①赞：说明，有总括的意思。《文心雕龙》各篇最后都有“赞”，说明（总括）全篇大意。　②微：精妙。　③光采：指自然之道的光芒。玄圣：指

阐明自然之道的古代圣贤，主要是孔子。 ④仁孝：泛指古代圣贤提出的伦理道德。 ⑤体：指《河图》。后文的“貌”指《洛书》。 ⑥斯：语助词。 ⑦胥：全都。效：模仿，学习。

总括起来说：自然之道的基本精神非常精妙，应根据这种精妙的自然之道来设置教化。使这些古代圣人发出自然之道的光芒，使他们提出的伦理道德光彩鲜明。黄河里的龙负《河图》献出八卦的形体，神龟负《洛书》呈现九畴的治道。观察天体探究变化之理，人们全都学习效仿。

二、知识朋友圈

自然之道的来源。

“道”是中国文学与哲学的核心概念，也是刘勰文学理论的原点。“道”字本义为道路，引申为一种抽象的道理、准则、道义、规律。儒家所论的道是人伦之道，是一种最高的道德原则。孟子曰：“天下有道，以道殉身；天下无道，以身殉道。”（《孟子·尽心上》）道家之道，为自然之道，老子主张“道法自然”[《老子》(第二十五章)]。《韩非子·解老》谓：“道者，万物之所然也，万理之所稽也。”在道家哲学中，道已经具有了本体论的色彩，是宇宙万物的精神本体。

先秦老庄的道，只有“道法自然”的提法，“自然之道”的概念在魏晋时期才出现。魏晋时期玄学兴起，以道家为中心，对儒、道、释三家思想进行了新的融合和阐释。这一时期士人“越名教而任自然”(嵇康《释私论》)，自然主义蔚然成风，追求个体的自由和精神的逍遥。刘勰的《文心雕龙》就是孕育在这样的时代哲学之上的，他所标举的自然之道，首先具有鲜明的道家色彩，但他不排斥儒家之道，他认为道在人文领域的承载，代表着天、地之心的圣心，其实他是以孔子等儒家圣贤先王举例。因此，刘勰的自然之道在思想来源上有多重意蕴，是兼容儒、道而偏重自然。在《原道》中，他所论证的道，贯通天、地、自然与人文社会，是将宇宙、社会和心灵统一起来的美学精神。

三、文心点点通

《原道》是《文心雕龙》的第一篇，论述文原于道的观点，是全书的逻辑起点。

“原”是本，“道”是自然之道；“原道”，是指文本于自然之道，“原道心以敷章”。所谓自然之道，是指宇宙间万事万物的自然规律。日月山川、龙凤虎豹、云霞草木，从物到人，有其物必有其形，有其形必有其自然形成之美。这种自然美，叫作“道之文”。“文”是事物美的特征，这就确立了文章的审美属性。文之美就是表现这种“道之文”。

全篇分三部分。第一部分论自然之道：从宇宙万物都有文采，说到人必然有文。万物的文采不是人为的、外加的，而是事物的自然属性。《庄子·知北游》曾将道解释为一种“不得不”的客观规律：“天不得不高，地不得不广，日月不得不行，万物不得不昌，此其道欤？”也就是自然的运行和变化有其自在的必然性。同时，这一部分在讲述自然之道时并不排斥人的作为，刘勰强调人的精神与人文的重要，“文之为德也大矣”，“夫以无识之物，郁然有彩，有心之器，其无文欤”，人作为万物之灵，自然能感知“道之文”、道之美，通过言语而形成文章。从根本上说，天、地、自然是文章的生命之源。

第二部分用文章事实印证文原于道的观点。这又分为两层。第一层从“人文”的起源，讲到孔子的集文化之大成，在讲“文”的发展的同时，讲“文”的意义。第二层讲自然之道和“圣”的关系：“原道心以敷章，研神理而设教。”古代圣人根据自然之道的基本精神来写文章，自然之道通过古代圣人的文章得到阐明。最后指出，只有这样的文章，才能起到鼓动天下的巨大作用。第一层叙述是第二层议论的基础。这一部分明确了人文发展源自天、地之心，而圣心即道心，圣人之文即自然之文，以此作为文章最高境界的原则。

第三部分是“赞”：讲“设教”应本于自然之道，从自然之道中获得启迪。

四、思想会客厅

刘勰文原于道（“原道心以敷章”）的观点尤其值得重视的有三个方面：

（1）“文”是自然规律的显现，“夫岂外饰？盖自然耳”。因此，为“文”就要发现、表现自然规律，“心生而言立，言立而文明”，不矫揉造作。“原道心以敷章”，这是真理。在刘勰之前，人们多讲文本于志：《尚书》说“诗言志”，《毛诗序》说“诗者，志之所之也。在心为志，发言为诗”，司马迁在《史记·太史公自序》中说“夫《诗》《书》隐约者，欲遂其志之思也。……《诗》三百篇，大抵贤圣发愤之所为作也。此人皆意有所郁结，不得通其道也，故述往事，思来者”。刘勰这里说的“原道心以敷章”，既包含了前人所说的“诗言志”，又超越了“诗言志”。“诗言志”更多指向人生的社会理想、社会价值，即人与社会的关系，而“原道心以敷章”还包含人与宇宙万物的关系，只要是人的自然发现就都可以“敷章”成文，且只有这样的发现才能表现为文，这样才谓之自然、真诚，否则就是“穿凿取新”“失体成怪”(《定势》) 而显伪讹。

（2）万物有“文”，人一定有“文”。文章是包括人在内的万物之“文”的表现，因此，文章须有“文”，否则就不能称之为文章或文学。刘勰主张文章自然、真诚而有文采，即文道合一，这也是真理。

（3）“原道心以敷章”之“道”虽说是自然之道，但从全文所举文章事实来看，这里的“道”最终指向儒、道的天人合一：天、地之“文”→人类之“文”→圣人之“文”，最终为“道沿圣以垂文，圣因文而明道”。应当说，刘勰确实将他之前的中国文学的规律揭示出来了，此后中国文学也没有逸出这一规律。唐代韩愈、柳宗元倡导的古文运动，直陈“文者，贯道之器也”(李汉《昌黎先生集序》)、“文者以明道”(柳宗元《答韦中立论师道书》)；宋代的周敦颐也说“文所以载道也”(《通书·文辞》)。当然，刘勰将《河图》《洛书》等远古传说作为确凿的证据，显然有他的局限性。

关于文学的产生，对刘勰的文原于道（“原道心以敷章”）的观点当然也会有争论。因为文学的起源是文艺理论研究中的重要问题之一。中外关于文学起源的理论有许多，主要观点有以下几种：①模仿说，即艺术起源于人类对自然的模仿。②神示说，即把诗歌的产生解释为神的灵感在诗人身上的凭附。③游戏说，认为艺术和游戏的本质是人们发泄过剩精力的自由模仿活动。④巫术说，认为原始艺术实际上是巫术的一种，目的是祈求狩猎成功。⑤心灵表现说，即把艺术看作人类心灵（包括思想、情感等）的一种表现。⑥劳动说，认为艺术起源于劳动，劳动、音乐和诗歌最初三位一体地联系着，它们的基础是劳动。

如果再细读一下刘勰的《原道》，我们会发现，刘勰关于文学产生的论述，其实包含了下面这些因素：模仿（“原道心以敷章”）、神示（“《河图》孕乎八卦，《洛书》韫乎九畴”“自鸟迹代绳，文字始炳”“取象乎《河》《洛》，问数乎蓍龟”）、心灵表现（“心生而言立”）。

五、练习步步高

（一）知识识记

1. 填空。

（1）心生而言立，＿＿＿＿＿＿＿＿，自然之道也。（《原道》）

（2）云霞雕色，＿＿＿＿＿＿＿＿；草木贲华，＿＿＿＿＿＿＿＿。（《原道》）

2. 解释下列加点的字。

（1）以铺理地之形（　　　　　　　　）（　　　　　　　　）

（2）草木贲华（　　　　　　　　）

（3）故形立则章成矣（　　　　　　　　）

（4）肇自太极（　　　　　　　　）

（二）文心体悟

结合你的写作实际，谈谈你对“原道心以敷章”的体会。

（三）思想碰撞

朱良志在《〈文心雕龙·原道〉的文化学意义》中指出：“文何以为尊？不仅仅在其载道，更在于它用美的形式来载道，这便引出《原道》的另一个重要思想：文章的生命在于美。”文学艺术起源于游戏的说法，源于席勒。席勒在《美育书简》中提出：“只有美的途径才能达到自由，恢复人性的和谐，而这正是诗的使命。”请结合本节选文，谈谈你对这句话的理解。

征圣第二

一、原典选读

征圣第二（节选一）

夫作者①曰“圣”，述者②曰“明”。陶铸③性情，功在上哲④。“夫子文章，可得而闻”⑤，则圣人之情⑥，见乎文辞矣。先王圣化，布在方册⑦；夫子风采⑧，溢于格言⑨。是以远称唐世，则焕乎⑩为盛；近褒周代，则郁哉⑪可从：此政化贵文之征也。郑伯入陈⑫，以文辞为功；宋置折俎⑬，以多文举礼⑭：此事迹贵文之征也。褒美子产⑮，则云“言以足志，文以足言”⑯；泛论君子，则云“情欲信，辞欲巧”⑰：此修身贵文之征也。然则志足而言文，情信而辞巧，乃含章之玉牒⑱，秉文之金科矣。

①作者：创始者。作：制作礼乐。 ②述者：继承者。述：继承，阐述。 ③陶铸：比喻对人的教育培养。陶：制造陶器。铸：熔炼金属。 ④上哲：指古代圣明。 ⑤“夫子文章，可得而闻”：语出《论语·公冶长》。文章：指著作和礼乐教化。 ⑥情：感情，这里指意见或主张。 ⑦方册：泛指书籍。方：木板。册：编起来的竹片。 ⑧风采：风度神采。 ⑨溢：满。格言：可以示人以法则的话。 ⑩焕乎：《论语·泰伯》记载孔子赞美唐尧的话：“大哉尧之为君也！……焕乎其有文章。” ⑪郁哉：《论语·八佾》记载孔子称颂周朝的话：“郁郁乎文哉！吾从周。” ⑫郑伯入陈：前548年，郑国军队攻入陈国。当时的盟主晋国质问郑国为什么攻打陈国，郑国大夫子产说明了攻陈的理由。郑伯：郑简公。 ⑬置：办。折俎：把煮熟的牛、羊等切开放在俎上，这是一种招待贵宾的隆重礼节。俎：盛肉的器具。 ⑭多文举礼：指宋平公接待晋国赵文子的事，孔子让弟子记下了宴会的礼仪。多文：富有文采。举：记录。 ⑮子产：郑国大夫公孙侨，字子产。 ⑯“言以足志，文以足言”：语出《左传·襄公二十五年》。足：成。 ⑰“情欲信，辞欲巧”：语出《礼记·表记》。 ⑱含章：蕴藏着文采，引申为写作。玉牒：原指重要文件，此处为重要法则。“玉牒”和下句“金科”意义相同，即金科玉律的意思。

独立创造（礼乐）的人叫作“圣”，继承阐发圣人学说的人叫作“明”。培养人的性情，成就归功于古代圣哲创造、阐发（礼乐）。（孔子的弟子说）“老师的著作和礼乐教化是可以看得到的”，那么，圣人的意见或主张是可以在著作中看到的。古代圣王的教化，记载在古书上；孔子的风度神采，充分表现在他教导人的言论里。因此（我们可以看到），孔子称赞过较远的唐尧时代，说那时的文化光辉盛大；赞美过较近的周朝，说那时的文化丰富多彩，值得效法：这些都是政治教化方面以文为贵的证据。春秋时期郑国攻入陈国，在面对晋国的责问时，郑国子产因为精彩的辞令立下功劳；宋平公曾用隆重的礼节招待赵国宾客，由于仪式富有文采，孔子让弟子记录下来：这些都是历史事迹方面以文为贵的证据。孔子赞扬子产，说他“用语言来表达自己的思想，用文采来成就语言的功用”；孔子谈到一般有才德的人时，就说“情感应该真实，文辞应该巧妙”：这些都是修身方面以文为贵的证据。这样，就可以说，思想充实而语言有文采，情感真诚而文辞巧妙，是写文章的基本法则。

原文

征圣第二（节选二）

夫鉴周日月①，妙极机神②；文成规矩，思合符契③。或简言以达旨，或博文以该④情，或明理以立体⑤，或隐义以藏用⑥。故《春秋》一字以褒贬⑦，“丧服”举轻以包重⑧：此简言以达旨也。《邠诗》⑨联章以积句，《儒行》缛⑩说以繁辞：此博文以该情也。书契断决以象《夬》⑪，文章昭晰以象《离》⑫：此明理以立体也。“四象”⑬精义以曲隐，“五例”⑭微辞以婉晦：此隐义以藏用也。故知繁略殊形，隐显异术⑮；抑引⑯随时，变通会适⑰。征之周、孔，则文有师矣。

注释

①鉴：察看。周：全。日月：代指整个自然界。　②极：追究到底。机神：微妙精深。　③符契：完全符合。符：古代作为凭证信用的东西，以两者相合为凭。契：契约。　④该：兼备，完备。　⑤体：主体，指文章的主要部分。　⑥藏用：隐藏的作用，即不明显地表示文章的作用。　⑦一字以褒贬：指《春秋》的笔法严谨，一字即寓褒贬之意。　⑧举轻以包重：以轻的丧服来说明重的丧服。古代丧礼，根据与死者关系的不同而着轻重不同的丧服。细麻布制成的丧服是较轻的丧服。穿丧服期间不能参加祭祀等活动。⑨《邠（bīn）诗》：指《诗经·豳风·七月》，是《诗经》“国风”中较长的诗，全篇八章，每章十一句。邠：同“豳”。　⑩《儒行》：指《礼记·儒行》，将儒者分为十六种来论述。缛：繁盛。　⑪书契：文字，引申为著作。《夬（guài）》：《易》六十四卦之一，表示决断。　⑫昭晰：清楚。《离》：《易》六十四卦之一，表示像火光一样明亮。　⑬“四象”：《易》中的卦象，有实象、假象、义象、用象四种，叫作“四象”。　⑭“五例”：《春秋》的五

种记事条例，“一曰微而显”，“二曰志而晦”，“三曰婉而成章”，“四曰尽而不污”，“五曰惩恶而劝善”。 ⑮术：方法，这里指表现手法。 ⑯抑：压止，这里是精减字句的意思。引：延长，这里是详细阐发的意思。 ⑰会适：即“适会”。适：适应。会：时机。

圣人全面考察自然万物，穷究其中的精深奥妙；文章可称为楷模，思想与客观事物相吻合。圣人有时用简洁的语言来表达主要思想，有时用丰富的文辞来全面地抒发情意，有时用明白的道理来建立文章的主体，有时用含蓄的思想来暗示文章的作用。所以《春秋》在一字中寓含赞扬或批评，《礼记》常用穿轻的丧服来说明穿重的丧服：这就是用简洁的语言来表达主要思想。《诗经·豳风·七月》连缀八章积累八十八句成篇，《礼记·儒行》用复杂的叙述和丰富的文辞来表达：这就是用丰富的文辞来全面地抒发情意。有的著作像《夬》卦决断那样干脆，有的文章像《离》卦阐明那样透彻：这就是用明白的道理来建立文章的主体。《易》的四种卦象内容精深、隐曲，《春秋》的五种记事条例文辞深幽、婉转：这就是用含蓄的思想来暗示文章的作用。由此可知，文章的表现手法有详与略的不同形态，有隐与显的不同方式；精简字句还是详细阐发随不同的时机而定，写作上的千变万化与具体情况相适应。这些如果能从周公、孔子的文章中验证，那么写作就算有老师了。

征圣第二（节选三）

是以子政①论文，必征于圣；稚圭劝学②，必宗③于经。《易》称：“辨物④正言，断辞则备⑤。”《书》云：“辞尚体要⑥，弗惟好异⑦。”故知正言所以立辩⑧，体要所以成辞；辞成无好异之尤⑨，辩立有断辞之义⑩。虽精义曲隐⑪，无伤其正言；微辞婉晦⑫，不害其体要。体要与微辞偕通⑬，正言共精义并用⑭；圣人之文章，亦可见也。颜阖⑮以为“仲尼饰羽而画，徒事华辞”。虽欲訾⑯圣，弗可得已。然则圣文之雅丽，固衔⑰华而佩实者也。天道⑱难闻，犹或钻仰⑲；文章可见，胡宁⑳勿思？若征圣立言，则文其庶㉑矣。

①子政：刘向，字子政，西汉末年学者。他曾屡次上书论时政得失。②稚圭：匡衡，字稚圭，西汉末年学者。他曾向汉成帝建议：要重视学习经书。 ③宗：效法。 ④辨物：辨明事物真相。 ⑤断辞：使文辞明晰。断：决断。备：完备。 ⑥体：体察。要：切要。 ⑦异：奇巧。 ⑧辩：指“辨物”而得的论点。 ⑨尤：过失。 ⑩义：宜，适当。 ⑪精义曲隐：内容

精深、隐曲。 ⑫微辞婉晦：文辞深幽、婉转。 ⑬偕通：两者之间有相通之处。偕：共同。 ⑭并用：同时运用。 ⑮颜阖（hé）：战国时期鲁国人。他的话见《庄子·列御寇》。 ⑯訾（zǐ）：说别人坏话。 ⑰衔：含在口中。与后文的“佩”均为“具有”之意。 ⑱天道：即《原道》中说的自然之道，指客观事物的规律。 ⑲钻：深入研究。仰：仰而求之。 ⑳胡宁：何以，为什么。 ㉑庶：差不多，近乎。

今译

所以刘向谈论文章，一定要用圣人作为标准来验证；匡衡上书劝学，一定要用经书作为根据。《易·系辞下》说：“辨明事物，辞理雅正，使文辞明晰，表达充分、完备。”《书》说：“文辞崇尚体察切要，不一味追求奇巧。”由此可知辞理雅正才能树立论点，体察切要才能成就文辞；文辞成就了就能避免追求奇巧的弊病，论点树立起来了文辞就会明晰而恰当。虽然内容精深、隐曲，也不会妨碍辞理雅正；文辞深幽、婉转，不会妨害体察切要。体察切要和文辞微妙两者相通，辞理雅正和内容精深同时并存；这些在圣人的文章里都可以看到。颜阖说“孔子在已有自然文采的羽毛上再加装饰，只追求华丽的辞藻”。颜阖虽然想指责圣人，但不可能做到。因为圣人的文章既雅正又华丽，本来就具有动人的文采和充实的内容。自然之道很难弄懂，尚且有人去深入钻研，怀着敬仰去探求；圣人文章的道理本来是容易发现的，为什么不好好思考呢？如果能根据圣人的著作来写作，那么文章就接近成功了。

原文

征圣第二（节选四）

赞曰：妙极生知①，睿哲惟宰②。精理为文，秀气③成采。鉴④悬日月，辞富山海。百龄影徂⑤，千载心在。

①妙：精妙的道理。极：追究到底。生知：自然之道。 ②睿：智慧，明达。宰：主宰，引申为掌握，具有。 ③气：指圣哲的气质。 ④鉴：察看，这里指观察事物而形成的主张或意见。 ⑤百龄：百岁，指圣哲的一生。影徂：形体消逝。徂（cú）：往。

总括起来说：穷究精妙的自然之道，只有智慧的圣哲才能主宰。他们把精妙的道理写成文章，用自己灵秀的气质形成文采。他们的见解像日月一样明亮，他们的文辞像高山、大海那样丰富。古代圣哲形体已消逝，精神千秋永在。

二、知识朋友圈

为什么圣人“政化贵文”“事迹贵文”“修身贵文”？

刘勰在《征圣》开篇提到圣人贵文体现在三个方面：“政化”“事迹”“修身”。人人成圣显然并不现实，那么刘勰是否提倡士人应蹈圣人之迹？

对于中国古代士人来说，实现人生价值的标准可以用“三不朽”来概括。《左传·襄公二十四年》记载：“大上有立德，其次有立功，其次有立言，虽久不废，此之谓不朽。”唐代孔颖达疏：“立德，谓创制垂法，博施济众；立功，谓拯厄除难，功济于时；立言，谓言得其要，理足可传。”要达到“立德”“立功”，在其源头语境中，需要有德、有位，因此“立德”“立功”“立言”分别对应“上圣之人”“大贤之人”“又次大贤者”，不仅在才能上有深浅之分，而且在政治地位上可能存在等级差异。“立德”“立功”“立言”后来演化成为士大夫普遍的价值体系和人生追求，深深根植于人心，是一种士的文化自觉。值得注意的是，“立言”最初并非指一切文学言论都需要有思想深度、道德内蕴和教化功能，到了刘勰所处的魏晋南北朝时期，随着文学自觉与个性解放，“立言”逐渐泛化，私人化的写作和文集编录，也被视作“立言”。刘勰在《征圣》中重新强调“文”“言”背后的价值依托，强调“志足而言文，情信而辞巧”。

三、文心点点通

《征圣》是《文心雕龙》的第二篇。征，即征验，令人信服的证据。第一篇《原道》论述了文原于道的观点，明确了“道”“圣”“文”三者的关系——“道沿圣以垂文，圣因文而明道”（自然之道依靠圣人来表达在文章里，圣人通过文章来阐明自然之道），“圣”其实是“道”与“文”这些抽象理念和具体文本之间的桥梁。《征圣》在《原道》明确文原于道的基础上，深一层阐明一般文章与圣人的关系：根据圣人的著作来写作，学习圣人的为文之道。

《征圣》从三个方面阐述了圣人为文之道。一是“志足而言文，情信而辞巧”：思想充实而语言有文采，情感真诚而文辞巧妙，这是“征圣立言”的最高准则。二是“繁略殊形，隐显异术；抑引随时，变通会适”：文章的表现手法有详与略的不同形态，有隐与显的不同方式；精简字句还是详细阐发随不同的时机而定，写作上的千变万化与具体情况相适应，这是语言风格形式上的重要原则。三是“体要与微辞偕通，正言共精义并用”：体察切要和文辞微妙两者相通，辞理雅正和内容精深同时并存。刘勰认为这些是为文的金科玉律。刘勰认为“征之周、孔，则文有师矣”，“征圣立言，则文其庶矣”。因此，刘勰由衷赞美：“百龄影徂，千载心在。”

若不深入阅读，或者不能联系《原道》阅读，只是从《征圣》去理解的话，人们往往会反感刘勰过于拘泥于“圣”了。其实，刘勰在《征圣》中阐明了自己发现的三个为文规律，而这三个为文规律确实可谓金科玉律，不可逾越。加上在《原道》中阐明的“心生而言立，言立而文明”，“原道心以敷章”，刘勰在《原道》《征圣》中可谓基本上讲明了文章之源。

四、思想会客厅

历代以来，文学名家的佳作灿若繁星，各自独领风骚，刘勰为什么将“征圣”作为文学的渊源和标杆？有人将其理解为尊儒泥古主义，这是对刘勰本意的曲解。

第一，圣心即道心。《原道》中明确了“道沿圣以垂文”的关系，“圣”是由“道”至“文”的中介。《征圣》最后的赞词中提到“百龄影徂，千载心在”，圣心即道心的显现，圣心也是主体之心的创造。《易·贲》曰：“观乎天文，以察时变；观乎人文，以化成天下。”刘勰在《原道》中引述为：“观天文以极变，察人文以成化。”天地之道、自然规律固然可贵，但不能磨灭“人之道”的价值，人的主体性发挥、人文的建树与熔铸，都离不开圣人的察辨与作为，与客观世界的交流性和对人文社会的总结性在圣人身上共存，是“有识之器”的典范。刘永济曾评价：“盖《征圣》之作，以明道之人为证也，重在心。《宗经》之篇，以载道之文为主也，重在文。”（《校释》）刘勰在《原道》之后，将《征圣》《宗经》并立，说明他对人的主体性价值充分重视。清代纪昀指出：“齐梁文藻，日竞雕华，标自然以为宗，是彦和吃紧为人处。”当时人们写作，自然主义蔚然成风，背离和逃避社会现实。圣人依靠制礼作乐改造社会，通过微言大义整饬现实，刘勰的“征圣”思想包含对人文社会的重视和关注，对人的主体性、道德观和责任感的强调，他企图在价值虚无、信仰崩塌的现实中重建对精神偶像的尊崇。

第二，“圣”既是原道垂文的主体，也是理想人格的代表。这种理想人格以“作者曰‘圣’，述者曰‘明’”的儒家先贤为代表。刘勰对于孔子有追慕之心，在《序志》中称赞孔子“自生民以来，未有如夫子者也”，并写自己曾梦见“执丹漆之礼器，随仲尼而南行”，在《征圣》中也提到“夫子风采，溢于格言”。孔子在《论语》中多次树立理想人格，提出君子作为道德标杆要“文质彬彬”(《论语·雍也》)，是名实相符、表里如一的美育典范。与刘勰同时代的梁简文帝萧纲曾提出：“立身先须谨重，文章且须放荡”(《诫当阳公大心书》)，认为人格与文格不必统一，这种思想大抵是当时的主流。再加之六朝以来人们“越名教而任自然”(嵇康《释私论》)，普遍出现价值皈依的自由与虚无。在这样的情况下，刘勰重新体认和强调圣人的价值，重新树立德行的崇高、心志的精诚、人格的尽善，并将其纳入为文应该遵循的标准，这就是《征圣》开篇所谈“政化贵文”“事迹贵文”“修身贵文”的道理。

第三，刘勰提出“征圣”之说，是针对他所处时代浮靡奇诡的文风而言的。他在《序志》中批评道：“而去圣久远，文体解散，辞人爱奇，言贵浮诡，饰羽尚画，文绣鞶帨，离本弥甚，将遂讹滥。”刘勰所处的齐梁时代，文辞以丽为尚，文人相竞不过字句的雕琢，失去了文章的根基，没有深刻的思想与醇厚的价值，这些文风之弊在刘勰看来都是由于“去圣久远”。针对当时文之弊，刘勰在《征圣》中提出了圣人文章的标准，如“正言”“体要”“衔华而佩实”等。具体的标举在《宗经》中论述得更加详细。

五、练习步步高

（一）知识识记

解释下列加点的字词。

（1）述者曰“明”(　　　　　　　　)

（2）此政化贵文之征也(　　　　　　　　)(　　　　　　　　)

（3）陶铸性情(　　　　　　　　)

（4）博文以该情(　　　　　　　　)

（5）昭晰以象《离》(　　　　　　　　)

（二）文心体悟

《征圣》阐述圣人为文“繁略殊形，隐显异术；抑引随时，变通会适”。请你具体分析刘勰是怎样阐述这一观点的。

（三）思想碰撞

马克思曾说资产阶级“战战兢兢地请出亡灵来给他们以帮助，借用它们的名字、战斗口号和衣服，以便穿着这种久受崇敬的服装，用这种借来的语言，演出世界历史的新场面”（《路易·波拿巴的雾月十八日》）。

你认为刘勰的征圣思想与马克思提及的现象一样吗？请谈谈你的理解。

宗经第三

一、原典选读

宗经第三（节选一）

三极彝训[①]，其书[②]言“经”。“经”也者，恒久之至道，不刊[③]之鸿教也。故象[④]天地，效[⑤]鬼神，参物序[⑥]，制人纪[⑦]；洞性灵之

奥区[8]，极文章之骨髓[9]者也。皇世《三坟》[10]，帝代《五典》[11]，重以《八索》[12]，申以《九丘》[13]；岁历绵暖[14]，条流纷糅[15]。自夫子删述[16]，而大宝咸耀。于是《易》张《十翼》[17]，《书》标“七观”[18]，《诗》列“四始”[19]，《礼》正“五经”[20]，《春秋》“五例”[21]。义既极[22]乎性情，辞亦匠[23]于文理；故能开学养正[24]，昭明有融[25]。然而道心[26]惟微，圣谟[27]卓绝，墙宇重峻[28]，而吐纳[29]自深。譬万钧[30]之洪钟，无铮铮之细响矣。

注释

①三极：三才，指天、地、人。彝训：恒常的道理。彝：恒常。 ②书：书籍，著作。 ③不刊：不可磨灭。刊：消除。 ④象：取法。 ⑤效：验证。 ⑥参：参照。物序：事物兴亡盛衰、得失消长的顺序，即事物的规律。 ⑦人纪：人伦纲纪。 ⑧奥区：深秘而不易窥见的地方。 ⑨骨髓：指文章的精华、精髓。 ⑩皇：三皇。关于三皇的解释很多，较普遍的说法是指伏羲、神农、女娲。《三坟》：相传为三皇的书。坟：大道。 ⑪帝：五帝。关于五帝的说法很多，较普遍的说法是指黄帝、颛顼（zhuān xū）、帝喾（kù）、唐尧、虞舜。《五典》：相传为五帝的书。典：常道。 ⑫《八索》：相传关于八卦的书。索：探索。 ⑬《九丘》：相传关于九州地理的书。丘：积聚。 ⑭绵：久远。暧：不明。 ⑮纷：众多。糅：复杂。 ⑯删述：指孔子序《书》、删《诗》、著《春秋》，自称“述而不作”。 ⑰张：发挥。《十翼》：相传孔子为解释《易》而作。 ⑱标：显出。“七观”：指从《书》的某些篇章中可以观义、观仁、观诫、观度、观事、观治、观美。 ⑲“四始”：《诗》中的《国风》《小雅》《大雅》和《颂》四个部分。 ⑳“五经”：《礼》确立的吉礼（祭祀等）、凶礼（丧吊等）、宾礼（朝觐等）、军礼（阅车徒、正封疆等）和嘉礼（婚、冠等）五种主要礼仪。 ㉑“五例”：《春秋》的五种记事条例：“一曰微而显”，“二曰志而晦”，“三曰婉而成章”，“四曰尽而不污”，“五曰惩恶而劝善”（杜预《春秋左氏传序》）。 ㉒极：一作“埏”（shān），和泥制瓦，这里比喻文章的陶冶教化作用。 ㉓匠：有匠心，善于掌握文理。 ㉔开学养正：启发学习，培养正确的认识。 ㉕融：明朗。 ㉖道心：自然之道的基本精神。 ㉗谟：谋。 ㉘墙宇重峻：孔子的弟子子贡曾以“夫子之墙数仞”来比喻孔子的道德学问高深。 ㉙吐纳：言论，这里指著作。 ㉚钧：古代三十斤为一钧。

天、地、人三才有恒常不变的道理，阐明这种道理的书叫作“经”。所谓“经”，就是永恒的至高无上的道理，不可磨灭的伟大教训。所以，经书从天地中取法，从鬼神中征验，参照事物发展的规律，制定出人伦纲纪；它洞察人类深秘而不易窥见的地方，深入掌握文章的精髓。三皇时有《三坟》，五帝时有《五典》，还有《八索》《九丘》；经过长期的流传，许多文字模糊不清，条理源流纷繁杂乱。经过孔子的删订阐述，这些伟大的宝典重新散发光芒。于是《易》有《十翼》来发挥，《书》有“七观”来显示，《诗》分列出四个部分，《礼》明确五种主要礼仪，《春秋》提出五种记事条例。所有这些，其内容能陶冶人的性情，文辞已成为写作的典范；所以能够启发学习，培养正确的认识，放射出明亮的光辉。自然之道的基本精神虽然微妙难测，但由于圣人的见解超群，道德学问高深，他们的著作自然能表现精深的自然之道。这就像千万斤重的大钟，不会发出细小的声响。

原文

宗经第三（节选二）

夫《易》惟谈天①，入神②致用，故《系》③称：旨远辞文，言中④事隐⑤。韦编三绝⑥，固哲人之骊渊⑦也。《书》实记言，而训诂⑧茫昧；通乎“尔雅”⑨，则文意晓然。故子夏⑩叹《书》：“昭昭⑪若日月之明，离离⑫如星辰之行。”言昭灼⑬也。《诗》主言志，诂训同《书》；摛风裁兴⑭，藻辞谲喻⑮；温柔⑯在诵，故最附深衷⑰矣。《礼》以立体⑱，据事剬范⑲，章条纤曲⑳，执而后显，采掇㉑片言，莫非宝也。《春秋》辨理，一字见义；“五石”“六鹢”㉒，以详略成文；“雉门”“两观”㉓，以先后显旨；其婉章志晦㉔，谅㉕以邃矣。《尚书》则览文如诡㉖，而寻理即畅；《春秋》则观辞立晓，而访义㉗方隐。此圣文㉘之殊致，表里㉙之异体者也。至根柢槃深㉚，枝叶峻茂，辞约而旨丰，事近而喻远。是以往者虽旧，余味日新；后进追取而非晚，前修㉛文用而未先㉜。可谓泰山遍雨、河润千里者也。

注释

①谈天：讲述天地变化的道理。天：天道，自然之道。 ②入神：达到精深微妙的境界。 ③《系》：指《易·系辞》。后面的原文是：“其旨远，其辞文，其言曲而中，其事肆而隐。” ④中（zhòng）：中肯，合理。 ⑤隐：深奥。 ⑥韦编三绝：《史记·孔子世家》记载孔子“读《易》，韦编三绝”。韦：牛皮绳。古代的书写在一条一条的竹简上，用牛皮绳编连起来。绝：断。 ⑦骊渊：骊龙伏卧的深潭。这里比喻蕴藏真理的宝库。 ⑧训诂：对古书文字的解释，这里指《书》的文字。 ⑨“尔雅”：指古代语言。尔：近。雅：正。 ⑩子夏：孔子的弟子。 ⑪昭昭：明白。 ⑫离离：清楚。 ⑬灼：明亮。 ⑭摛（chī）：发布。裁：制。 ⑮藻：文采。谲喻：变化莫测、委婉曲折的比喻。 ⑯温柔：即温柔敦厚。 ⑰附：接近。衷：情怀。 ⑱体：体统，体制。 ⑲剬（zhì）：通“制”。 ⑳纤（xiān）曲：细致周到。 ㉑掇（duō）：拾取。 ㉒“五石”“六鹢（yì）”：《春秋·僖公十六年》记载：“陨石于宋五。”“六鹢退飞过宋都。”鹢：水鸟。 ㉓“雉（zhì）门”“两观”：《春秋·定公二年》

记载：“雉门及两观灾。”雉门：鲁国宫室的南门。两观：宫门外左右两侧的望楼。 ㉔婉章：即前文所说“《春秋》‘五例’”中的“婉而成章”。志晦：即“五例”中的“志而晦”。 ㉕谅：确实。 ㉖诡：反常，奇异。 ㉗访义：寻找意义。 ㉘圣文：儒家经典。 ㉙表：外表，指文辞。里：内容。 ㉚柢：根。槃：同“盘”，回绕。 ㉛前修：前贤。 ㉜未先：未能超越。这里指经典被前人长久使用，但因经义深远，未能超越。

《易》讲述天地变化的道理，讲得精深微妙，又能在实际中运用，所以《系辞》中说：《易》意旨深远，词句有文采，语言符合情理，叙事幽隐深奥。孔子读这部书时，多次翻断了编竹简的牛皮绳，这部书确实是圣人探寻深奥哲理的宝库。《书》其实是记录言论的，但文字读起来使人茫然不明；如果懂得古代语言，它的文意就可以明白了。所以子夏赞叹《书》说：“论事明畅如同日月那样更替发光，内容清晰像星辰那样交错运行。”就是说《书》的记载清楚明白。《诗》主要用来表达情志，它的文字和《书》一样不易理解；它有“风、雅、颂”三种体式，又有“赋、比、兴”三种手法，文辞华美，比喻变化莫测、委婉曲折；诵读就可以体会到它温柔敦厚的特点，所以它最能贴近人们的情怀。《礼》用来建立体制，它根据各种事情来制定规范，章程条款非常详细周密，执行起来效果明显，任意从中取出一词一句，没有不是十分宝贵的。《春秋》在辨明道理上，一个字就能显示出褒贬来；关于“五石”“六鹢”的记载，是以简略的文字来显示文采；关于“雉门”“两观”的记载，是以排列先后的不同来表示主次；《春秋》用婉转曲折、含蓄隐幽的方法写成，确实深刻。《书》读起来文字艰涩难懂，但若能寻找出所讲的道理就能领会明了；《春秋》一看文字似乎就能明白，真正要探访它的含义却觉得深奥难懂。这是因为圣人的文章各有特色，形式和内容不尽相同。不过，所有的经书都和大树一样，根柢盘结深固，枝长叶茂，文辞简约而意义丰富，所举事例浅近，所喻示的道理却很深远。因此，经书虽是旧作，但它们的余味历久弥新；后世的人去追寻探取不算晚，前人长久使用，却因经义深远，未能超越。经书可以说像泰山上的云气使普天之下遍洒雨水，像黄河的水流使千里沃野得到灌溉。

原文

宗经第三（节选三）

故论、说、辞、序①，则《易》统②其首；诏、策、章、奏③，则《书》发其源；赋、颂、歌、赞④，则《诗》立其本；铭、诔、箴、祝⑤，则《礼》总其端；纪、传、铭、檄⑥，则《春秋》为根。并穷高以树表⑦，极远以启疆⑧；所以百家腾跃⑨，终入环⑩内者也。若禀经⑪以制式，酌雅⑫以富言，是仰山而铸铜，煮海而为盐也。故文能宗⑬经，体有六义⑭：一则情深而不诡⑮，二则风清⑯而不杂，三则事信而不诞⑰，四则义直而不回⑱，五则体约而不芜⑲，六则文丽而不淫⑳。扬子㉑比雕玉以作器，谓“五经”之含文也。夫文以行立㉒，行以文传；“四教”㉓所先，符采相济㉔。励德树声㉕，莫不师圣，而建言修辞，鲜克宗经。是以楚艳汉侈㉖，流弊不还，正末㉗归本，不其懿㉘欤！

①论、说、辞、序：四种文体。 ②统：总起来。 ③诏、策、章、奏：四种文体，前两种是上对下的，后两种是下对上的。 ④赋、颂、歌、赞：四种文体。 ⑤铭、诔（lěi）、箴、祝：四种文体。铭：刻在器物上记功或自警的文章。诔：哀悼死者的文章。箴：对人进行告诫规劝的文章。祝：祷告神明的文章。 ⑥纪、传、铭、檄：四种文体。铭：通“盟”，会盟的誓词。檄：征召或声讨的文书。 ⑦表：同“标”，准则，规范。 ⑧启疆：开拓疆土，这里指扩大文章的范围。 ⑨腾跃：比喻文坛上的活动。腾：跃起。 ⑩环：范围。 ⑪禀经：接受经书的榜样。禀：秉承，接受。 ⑫酌：取。雅：正，指经书雅正的语言。 ⑬宗：尊崇，作为楷模。 ⑭体：主体，指文章的基本方面。义：意义，好处。指文章的特色。 ⑮诡：伪饰。 ⑯风清：教化清正。风：风化，教化。 ⑰诞：虚妄，荒诞。 ⑱回：奸邪。 ⑲体：风格。约：简练。芜：繁杂。 ⑳淫：过度。 ㉑扬子：西汉末年辞赋家扬雄。他的话见《法言·寡见》。 ㉒文：文辞，文章。行：德行。 ㉓“四教”：《论语·述而》中说：“子以四教：文、行、忠、信。” ㉔符采：玉的横纹。济：帮助。这里用玉与纹的关系比喻“行、忠、信”与“文”的关系。 ㉕声：名声。 ㉖楚艳汉侈：这里是批评宋玉等人的作品华彩而不实在，在《文心雕龙》中刘勰对屈原作品的评价很高，如《辨骚》篇中说“故能气往轹古，辞来切今，惊采绝艳，难与并能矣”，“不有屈原，岂见《离骚》？惊才风逸，壮志烟高。山川无极，情理实劳。金相玉式，艳溢锱毫”，对宋玉则时有指责，如《诠赋》篇中说“宋发夸谈，实始淫丽”，《夸饰》篇中说“自宋玉、景差，夸饰始盛”，等等。楚：《楚辞》。侈：夸饰。这里是批评汉代大赋铺张不实之辞。 ㉗末：末流，指后世作家在写作上的错误。 ㉘懿：美。

所以论、说、辞、序这些文体，是从《易》开始；诏、策、章、奏这些文体，是从《书》发源；赋、颂、歌、赞这些文体，是《诗》创立的本源；铭、诔、箴、祝这些文体，是从《礼》开端；纪、传、盟、檄这些文体，是以《春秋》为根本。这些经书一起为后世文章树立了最高的标杆，开拓了极为广阔的疆域；所以，任凭千百作家怎样驰骋跃动，最终都跃入这些经书的范围。接受经书的榜样来创制文章的格式，学取经书中雅正的词汇来丰富语言，这就像靠近矿山来炼铜，熬煮海水来制盐。如果能够以经书为楷模来写文章，这种文章就会具备六种特点：一是感情深挚而不虚伪，二是教化清正而不杂乱，三是叙事真实而不虚妄，四是义理正确而不歪曲，五是风格简练而不繁杂，六是文辞华美而不过分。扬雄用玉经雕琢然后才能成器做比喻，是说"五经"中蕴含文采。文章因人的德行而产生，人的德行通过文章来表现；孔子用"文、行、忠、信"来教育弟子，把"文"放在首位；就像美玉必须有精致的花纹一样，"行""忠""信"也必须有"文"来彰显。后世的人励德行、树立名声，没有谁不向圣人学习，但写文章时很少有人能学习经书。因此，《楚辞》中宋玉等人的作品就比较艳丽，汉赋常有铺张不实之辞，现在这种倾向更加严重，纠正这种错误，使文章写作回归到经书的正路上来，不是很好吗？

宗经第三（节选四）

赞曰：三极彝道，训深稽①古。致化归一，分教斯五②。性灵熔匠，文章奥府③。渊哉铄④乎！群言之祖。

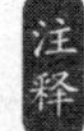

①稽：查究。 ②斯五：这"五经"。 ③府：府库。 ④铄：同"烁"，美好。

总括起来说：经书阐明天、地、人三才有恒常不变的道理，道理深幽，直探远古。化育是它唯一的目标，具体分解到这五种经书中。它既是养育人性灵的大师，也是文章写作取之不尽的巨大宝库。经书是如此精深和美好啊！是所有文章的根源。

二、知识朋友圈

什么是经？

经，本义是织物上的纵向的纱或线，和纬相对。后来引申为常法、常则、典范和经典文献等。刘勰所谓的经，不是泛指一切经典，而是经学体系下的儒经，在《宗经》中较为明确地指《易》《书》《诗》《礼》《春秋》。

那么何谓经学？经学为中国古代第一显学，是包含先秦儒家经典及历代阐释在内的一套学术阐释体系和思想意识体系，是中国宗教、政治、哲学、文学的基础。儒家的书籍在先秦最早不称作经。司马迁《史记·滑稽列传》记载："六艺于治一也。《礼》以节人，《乐》以发和，《书》以道事，《诗》以达意，《易》以神化，《春秋》以义。"其中《乐》没有单独的文本流传，大概早就亡佚。从"六艺"到"五经"是从汉代开始，汉武帝独尊儒术，设置"五经"博士，经学大一统的两汉时代由此拉开序幕，"五经"成为学术政治、意识形态的依托，是学问之正统。在两汉经学体系下，文学是不具有独立性的，我们可以借助《毛诗序》中的这段论述来理解："先王以是经夫妇，成孝敬，厚人伦，美教化，移风俗。"经学框架下的文学观强调的是其政治讽喻和社会教化功能。

汉末到魏晋南北朝，是经学遭受冲击的时代，大一统解体，儒经不再作为人们思想的主流；随着名教进一步没落，以老庄为主的玄学取代经学，成为人们解释现实的新的理性体系和思想皈依，儒家与道家在玄学背景下也有了一定的相互补充与融合，这直接影响了刘勰《原道》中"道"的多元复杂性。另一方面，文章写作不再围绕经学目的论，迎来了文学的极大解放，更加重视文学的独立价值和审美意蕴。在《文心雕龙》中，刘勰将"五经"作为文学之渊源，从文学的角度去理解和讨论其风格特征、情旨内涵，并非依循两汉经学的政治教化阐释体系，推崇的不是经学本身，而是雅正的文学之美。

三、文心点点通

《宗经》是《文心雕龙》的第三篇，在《征圣》的基础上，进一步阐述为文之道：以"五经"为楷模。

本篇分三层展开：经的内涵及其重要性；经的体制特点及其文辞风格；经与后

世所产生的各种文体的关系和宗经为文的意义。

那么经给人们提供了哪些典范呢？刘勰在《宗经》中对“五经”的文学特点进行了很好的总结：《易》谈论天道变化，重点不在于神秘主义，而在于其精深微妙；《书》记述时代久远，看似语言古奥，实际上非常昭灼晓畅，后世类似文体应学其清晰简明；《诗》言志，《诗》对于文学的价值，一是其比兴的含蓄深刻，二是其情感表达的温柔敦厚，这种诗歌审美观念，在《明诗》中也有论述；《礼》用来确立礼的制度，其长处在于其规范性和条理性；《春秋》作为史书，不仅是历史实录，而且是表达圣人对其政治德行优劣得失的褒贬评价，这种含蓄表达在于其微言大义，一字寓褒贬，刘勰用“婉章志晦”概括其风格。在刘勰看来，这些经典的魅力在于其能不断地为后世几乎所有写作提供滋养，如同“泰山遍雨、河润千里”。

当然，后人宗经，并非简单地将“五经”风格熔成铁板一块，而是在不同的文体中采取不同的写作原则和语言风格。刘勰在《宗经》中还有一段论述文体别类与“五经”的渊源，并在习“五经”的基础上进一步提出了“六义”的文学理想标准，刘勰提出“文能宗经，体有六义”：“情深而不诡”“风清而不杂”“事信而不诞”“义直而不回”“体约而不芜”“文丽而不淫”。前四项讲内容，后两项讲形式。在当时对纠正浮靡的形式主义文风有很大作用，针对性地纠正当时浮靡的形式主义文风，也具有超越时代的价值，对今天我们的写作有很多启发。

四、思想会客厅

“道沿圣以垂文，圣因文而明道。”(《原道》) 道的最终载体、圣人之典范的学习模本，自然是经。经是“恒久之至道，不刊之鸿教也”，包含着天、地、自然、人文之道；也是圣人“原道心以敷章，研神理而设教”的体现。到《宗经》这一章，前面两章的思想才算真正落到实处。

那刘勰讲的“体乎经”(《序志》)，是否为教条主义思想？他是否主张回到先秦儒学乃至两汉经学的写作模式中去亦步亦趋地模仿？

并非如此，刘勰论证的宗经对于文章写作的目的和意义主要是“正末归本”，即学习和回归经典的雅正文风。在刘勰看来，偏重追求形式的唯美主义是“末”，而经的雅正文风才是“本”。“楚艳汉侈，流弊不还，正末归本，不其懿欤！”魏晋至齐梁以来文学最大的问题，就是舍本逐末，玄学影响下的空泛虚无和形式主义文风下的追求丽辞艳情，都与文学本质上言之有物的根本要求相去甚远。将《宗经》这一章和《文心雕龙》后面的文体论、创作论进行比较就可以发现，刘勰的雅正文学观和“正末归本”倾向贯穿《文心雕龙》全书。如在《明诗》中，刘勰将四言诗认定为正体，这与当时钟嵘《诗品》中将五言诗作为“有滋味”的符合新的时代需求的标准恰恰相反。《史传》云：“是以立义选言，宜依经以树则；劝戒与夺，必附圣以居宗；然后诠评昭整，苛滥不作矣。”提倡依靠经典确立原则。在《风骨》中，刘勰在批评“习华随侈，流遁忘反”的基础上主张要“确乎正式”。

另外，刘勰的《宗经》并不是唯经论，他也肯定变通的价值，只是认为有本与末、正与变之分。事实上《文心雕龙》的第一部分“文之枢纽”共五篇，除了《原道》第一、《征圣》第二、《宗经》第三，还有《正纬》第四、《辨骚》第五。这五篇是一个整体的指引，刘勰的态度是“本乎道，师乎圣，体乎经，酌乎纬，变乎《骚》”(《序志》)。第一，在《正纬》《辨骚》中，刘勰指出与经对立的这些内容也有汲取的价值和学习的必要。如在《正纬》中，刘勰对待谶纬的整体态度是依据儒家经典来“按经验纬”、辩证真伪，他也认可纬书“事丰奇伟，辞富膏腴，无益经典，而有助文章”的价值；《辨骚》中他肯定《楚辞》与《诗经》是两种不同的文学风格，可以相互借鉴，提倡“酌奇而不失其贞，玩华而不坠其实”，这些都体现他华实并用的文学主张和肯定通变的思想。第二，他在推崇宗经的同时强调创作者的个性，并不像汉儒依经立论对文章个性进行抹杀。他对个性的重视如“随性适分”(《明诗》)、“才性异区”(《体性》)。第三，刘勰并不否认文采，儒家经典在刘勰看来是一种“衔华而佩实”(《征圣》)的恰如其分的尺度，从他提出的“六义”——“情深而不诡”“风清而不杂”“事信而不诞”“义直而不回”“体约而不芜”“文丽而不淫”——来看，他极力呼唤的是一种文质相当、情感充沛、词意兼美的审美理想。

刘勰的宗经主张，继承了儒家传统人文精神，也是他自身人文理想与忧患意识的体现。虽然其主张在南朝并没有产生立竿见影的效果，但是他对时文流弊的洞察非常深刻，至梁末、陈代，南朝文学愈加流于辞藻的空洞和艳情之浮靡，士气卑弱，国运衰微。他的宗经观点对后世产生了深刻的影响，唐代韩愈、柳宗元倡导的古文运动，正是传承了刘勰的思想与主张。

可以对照思考的是，在西方文化、文学史上，类似中国文化、文学史上的经，如古希腊神话、史诗、戏剧等，也是西方后世文学所“征”、所“宗”之源。由此可以佐证，刘勰的发现与主张很了不起。

五、练习步步高

（一）知识识记

解释下列加点的字词。

（1）不刊之论（　　　　　　　　　　）

（2）离离如星辰之行（　　　　　　　　　　）

（3）最附深衷（　　　　　　　　　　）（　　　　　　　　　　）

（4）谅以邃矣（　　　　　　　　　　）

（5）禀经以制式（　　　　　　　　　　）

（6）不其懿欤（　　　　　　　　　　）

（二）文心体悟

《原道》《征圣》《宗经》三篇的逻辑关联是什么？它们在文章写作中起什么作用？

（三）思想碰撞

刘勰《宗经》中“六义”的第一条原则是“情深而不诡”。黑格尔认为“情致”是“存在于人的自我中而充塞渗透到全部心情的那种基本的理性的内容”（《美学》）。请你试以这类原则来评析你所读过的文章。

神思第二十六

一、原典选读

神思第二十六（节选一）

古人云："形在江海之上，心存魏阙之下①。"神思②之谓也。文之思也，其神远矣。故寂然凝虑，思接千载；悄③焉动容，视通万里。吟咏之间，吐纳④珠玉之声；眉睫之前，卷舒风云之色：其思理之致⑤乎？故思理为妙，神与物游⑥。神居胸臆⑦，而志气⑧统其关键；物沿⑨耳目，而辞令管其枢机⑩。枢机方通，则物无隐貌；关键将塞，则神有遁心⑪。是以陶钧⑫文思，贵在虚静，疏瀹五藏⑬，澡雪⑭精神。积学以储宝，酌⑮理以富才，研阅以穷照⑯，驯致以绎辞⑰。然后使玄解之宰⑱，寻声律而定墨⑲；独照之匠，窥意象而运斤⑳。此盖驭文之首术，谋篇之大端㉑。

①形在江海之上，心存魏阙之下：语出战国时期魏国中山公子牟，他的话记载于《庄子·让王》。原文为："身在江海之上，心居乎魏阙之下"。原意指身在江湖，心系朝廷。魏阙：王宫门前的楼观，借指朝廷。魏：高大。　②神思：指写作构思时的精神活动，主要指联想与想象。　③悄（qiǎo）：静寂。　④吐纳：偏义复词，指吐，发出。　⑤思理：写作构思时的思路、脉络。致：状态，情态。　⑥游：两者接触而产生交互作用。　⑦臆：胸。　⑧志气：作者的情志、气质。　⑨沿：沿着。这里指排列。　⑩枢机：意义与"关键"相同。　⑪遁心：隐遁在心中。　⑫陶钧：这里借指反复酝酿。陶：制陶器。钧：制作陶器的转轮。⑬疏瀹（yuè）：疏通。藏：同"脏"，内脏。　⑭澡雪：洗涤。　⑮酌：斟酌，思考，辨析。　⑯阅：阅历。穷：追根究底。照：察看，引申为理解。　⑰驯：陶冶。致：情致，品格。绎：抽绎，取用。　⑱玄：深奥难懂的事物或道理。宰：主宰，指写作者的心灵。　⑲声律：作品的音节，这里指代所有的写作技巧。定墨：木匠划定墨线，这里喻指确定写作样式和规格。　⑳运斤：工匠运用斧子一类的工具，这里喻指写作者运笔写作。斤：斧子一类的工具。　㉑大端：重要的开端、事端。

古人说："身在江湖，心却念着朝廷。"这就是"神思"。构思文章时，写作者的精神活动是深远的。所以写作者静静地思考时，可以联想到千年远的事情；隐隐地改变表情时，视野就到达万里外的地方。吟哦的时候，就像发出了珠玉的悦耳声；眼前就像出现了风云变幻的景色：这不就是写作构思时联想与想象的情态吗？构思之所以产生奇妙的文章，是写作者的精神与物象接触而产生交互作用的结果。精神藏在心间，写作者的情志、气质是支配它们的关键；外物在眼耳前面，语言是管理它们的枢纽。枢纽一旦开通，那么事物的形貌就不会潜隐，可以完全表达出来；关键如果阻塞，那么精神就会隐遁心间。因此，酝酿、构思时，最重要的是虚静，疏通内心使它通畅，洗涤心灵使它清洁。积累学识来储备写作的珍贵材料，辨析事理来增长才能，思考生活经验来获得对事物的彻底理解，陶冶情致来恰切地运用文辞。这样，就能使懂得深奥道理的心灵，探索写作技巧，确定写作样式；使具有独到见解的写作者，观照在头脑中映现的形象来运笔行文。这就是驾驭文章写作的首要方法，谋篇布局的重要开端。

原文

神思第二十六（节选二）

夫神思方运，万涂①竞萌；规矩虚位②，刻镂③无形。登山则情满于山，观海则意溢于海，我才之多少，将与风云而并驱矣。方其搦翰④，气倍辞前；暨乎篇成，半折心始。何则？意翻空⑤而易奇，言征实而难巧也。是以意授于思，言授于意，密则无际⑥，疏则千里。或理在方寸⑦，而求之域表⑧；或义在咫尺，而思隔山河。是以秉心养术，无务⑨苦虑；含章司契⑩，不必劳情也。

注释

①涂：通“途”，这里指思绪。　②规矩虚位：赋予抽象的情意以一定的形态。规矩：本指画圆形与方形的器具，这里指文章形态。虚位：指抽象的情思。　③镂：刻。　④搦（nuò）翰：握笔。翰：笔。　⑤翻空：凭空想象。　⑥际：两者之间，边际。　⑦方寸：心。　⑧域：疆界。表：外。　⑨务：致力。　⑩含：咀嚼，酝酿。章：文采。司：主宰。契：约券，引申为规则，规律。

今译

构思刚开始时，各种思绪竞相萌发；要赋予抽象的情意以一定的形态，把尚未定型的事物精雕细刻出来。一想到登山情思便充满高山，一想到观海意念便溢满大海，不管我的才思有多少，将随风云变幻而驰骋想象。刚拿起笔来时，写作的气势大大超过运用言辞的能力；等到文章写成时，发现与开始想写的内容相比打了个对折。为什么会这样呢？意念来自构思，容易产生奇巧；语言要据实把想象的东西写下来，就难以产生奇巧。所以说，意念来自思想，语言来自意念，意、思、言三者结合紧密就会天衣无缝，结合疏离就会远隔千里。有时义理就在自己心里，却要到域外搜求；有时义理就在眼前，却像隔着高山大河。所以培育心智，掌握方法，无须苦苦思虑；酝酿文采，驾驭规律，不必过分操劳而伤情。

神思第二十六（节选三）

人之禀才①，迟速异分②；文之制体，大小殊功③。相如含笔而腐毫④，扬雄辍翰而惊梦⑤，桓谭疾感⑥于苦思，王充气竭⑦于思虑，张衡研《京》⑧以十年，左思练《都》以一纪⑨：虽有巨文，亦思之缓也。淮南⑩崇朝而赋《骚》，枚皋⑪应诏而成赋，子建援牍⑫如口诵，仲宣⑬举笔似宿构，阮瑀⑭据鞍而制书，祢衡⑮当食而草奏：虽有短篇，亦思之速也。

①禀才：天赋，才能。禀：承受，接受。　②分（fèn）：本分。这里指才分。　③殊：不同。功：成效，功用。　④腐毫：笔毛腐烂，形容构思时间长。毫：毛，指毛笔。古人写作时常常一边以口润笔，一边构思。相传西汉著名作家司马相如文思缓慢，为文构思时间较长。　⑤惊梦：在梦中惊醒。相传西汉著名作家扬雄写完《甘泉赋》，困倦而卧，梦见自己五脏都出来了，掉到地上，自己再用手将五脏放进去。　⑥疾感：生病。相传东汉初年著名学者桓谭学习扬雄的赋，因用心过度而生病。　⑦气竭：气力衰竭。东汉著名思想家王充“著《论衡》八十五篇，二十余万言。……年渐七十，志力衰耗”（《后汉书·王充传》）。　⑧《京》：东汉著名科学家、文学家张衡创作的《二京赋》。　⑨练：煮缣（细绢）使之洁白，这里指推敲文辞，构思作品。《都》：西晋文学家左思创作的《三都赋》。一纪：十二年。　⑩淮南：指淮南王刘安，西汉前期的思想家和文学家。相传刘安受汉武帝之命作《离骚传》，“旦受诏，日食时上”（《汉书·淮南王传》）。　⑪枚皋：西汉辞赋家。他为文速度极快，“受诏辄成”（《汉书·枚皋传》）。　⑫子建：曹植，字子建。援：持。牍：木简，这里指纸。曹植为文速度极快，杨修说他“握牍持笔，有所造作，若成诵在心”（《答临淄侯笺》）。　⑬仲宣：王粲，字仲宣。王粲是“建安七子”之一。王粲为文速度极快，“举笔便成，无所改定，时人常以为宿构”（《三国志·魏书·王粲传》）。　⑭阮瑀：字元瑜，“建安七子”之一。阮瑀为文速度极快。“太祖（曹操）尝使瑀作书与韩遂。时太祖适近出，瑀随从，因于马上具草，书成呈之。太祖揽笔欲有所定，而竟不能增损。”（《三国志》注引《典略》）　⑮祢（mí）衡：字正平，汉魏间文人。《后汉书·祢衡传》记载了祢衡“当食”“草奏”的故事。祢衡在黄射的一次宴会上，“人有献鹦鹉者，（黄）射

举卮于衡曰：‘愿先生赋之以娱嘉宾。’衡览笔而作，文无加点，辞采甚丽”。“表尝与诸文人共草章奏，并极其才思。时衡出，还见之，开省未周，因毁以抵地。表怃然为骇。衡乃从求笔札，须臾立成，辞义可观。”

今译

人的禀赋才能不同，构思也有慢快不同；文章的体制、篇幅有大有小，所需功力有别。司马相如长时间含笔构思，直到笔毛腐烂，扬雄作赋用心极苦，放下笔在噩梦中惊醒，桓谭因作文苦思而生病，王充因著述过度用心而气力衰竭，张衡精思《二京赋》用了十年时间，左思推敲《三都赋》用了十二年：这些人的作品虽然是鸿篇巨制，但也是由于他们构思迟缓。淮南王刘安一个早上就写成《离骚传》，枚皋刚接到诏令就把赋写成，曹植拿起纸来文章就构思好了，王粲写作就像文章早已作好了一般，阮瑀在马鞍上就能写成书信，祢衡在宴会上极短时间内能草拟奏章：这些人的作品虽然篇幅较短，但也是由于他们构思敏捷。

原文

神思第二十六（节选四）

若夫骏发①之士，心总要术，敏在虑前，应机立断；覃思②之人，情饶③歧路，鉴在疑后，研虑方定。机敏故造次④而成功，虑疑故愈久而致绩。难易虽殊，并资⑤博练⑥。若学浅而空迟，才疏而徒速，以斯成器⑦，未之前闻。是以临篇缀虑⑧，必有二患：理郁者苦贫，辞溺者伤乱。然则博见为馈贫之粮，贯一⑨为拯乱之药，博而能一，亦有助乎心力矣。

注释

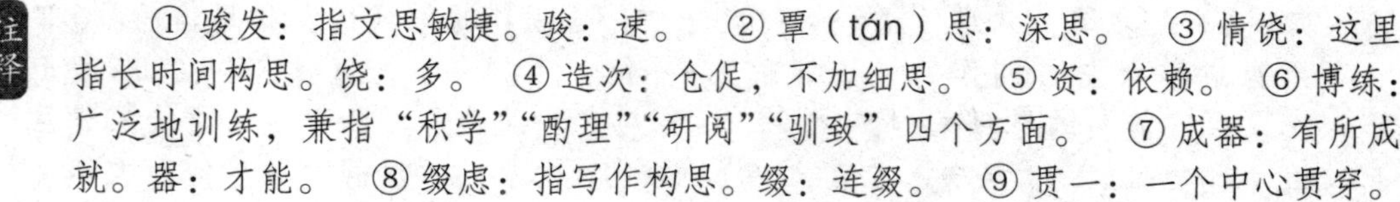

①骏发：指文思敏捷。骏：速。 ②覃（tán）思：深思。 ③情饶：这里指长时间构思。饶：多。 ④造次：仓促，不加细思。 ⑤资：依赖。 ⑥博练：广泛地训练，兼指“积学”“酌理”“研阅”“驯致”四个方面。 ⑦成器：有所成就。器：才能。 ⑧缀虑：指写作构思。缀：连缀。 ⑨贯一：一个中心贯穿。

今译

那些构思快的人，心中全面掌握了写作的要点和方法，他们反应机敏，好像早已考虑过一样，能当机立断；那些构思迟缓的人，情思繁多，歧路扰乱，几经疑虑才能看清楚，细细推究才能决定。文思敏捷所以很快就能写好，多有疑虑所以过很长时间才能写好。人们的写作虽然难易不同，但都依靠广泛训练。如果学问浅陋而只是写得慢，才能疏空而只是写得快，以这样的情形想在写作上有所成就，是从来没有听说过的。所以在创作构思时，一定会出现两种弊病：思路郁滞不畅的人苦于学识贫乏，文辞过滥的人为文理杂乱所伤。这样看来，丰富的见识是送给苦于学识贫乏者的粮食，锤炼一个文理贯穿文章是拯救文理杂乱者的良药，如果见识广博又有贯穿的文理，对用心创作也就会很有帮助。

原文

神思第二十六（节选五）

若情数诡杂①，体变迁贸②，拙辞或孕于巧义，庸事或萌于新意。视布于麻，虽云未贵，杼轴③献功，焕然乃珍。至于思表纤旨④，文外曲致⑤，言所不追，笔固知止。至精而后阐其妙，至变而后通其数⑥，伊挚⑦不能言鼎，轮扁⑧不能语斤，其微矣乎！

注释

①情：思想感情。数：多种多样。诡：不平常。　②体：体制，格调。贸：变化。　③杼轴：织布机，这里做动词用，指加工。　④表：外。纤旨：细微的意旨。　⑤曲致：隐晦、曲折的情致。　⑥数：技巧，方法。　⑦伊挚：即伊尹，名挚，商汤的臣子，厨师出身。《吕氏春秋·本味》记载伊尹以烹饪为喻谈治国平天下的方法："调和之事，必以甘酸苦辛咸……鼎中之变，精妙微纤，口弗能言，志不能喻。"　⑧轮扁：古代擅长制作车轮的工匠，名扁。《庄子·天道》记载轮扁难以说明运用斧子的巧妙："不徐不疾，得之于手而应于心，口不能言，有数存焉于其间。"

今译

像写作时情思多样诡异混杂，文章的体制和格调各式各样，粗糙的文辞中有时会蕴藏精巧的义理，普通的事件中有时会产生新颖的思想。将麻与布比照，麻虽说不比布贵重，但经过织布机加工成为布，光彩的样子就显得珍贵了。至于思考之外的细微的意旨，文辞之外隐晦、曲折的情致，语言都不能表达，文笔固然就更要停止表达了。对作文之道极其精通才能阐明写作的奥妙，对文情的变化非常熟悉才能理解写作的方法，伊尹不能详述烹饪的奥妙，轮扁难以说明运用斧子的技巧，它的确是太微妙了吧！

原文

神思第二十六（节选六）

赞曰：神用象通①，情变所孕。物以貌求，心以理应。刻镂声律，萌芽比兴。结虑②司契，垂帷制胜③。

注释

①用：发挥作用。通：因结合而相通。　②结虑：与"缀虑"的意义相同，指构思。　③垂帷制胜：刘勰认为和军事上的运筹帷幄之中便可决胜千

里之外一样，写作如能有精妙的艺术构思，就能创造出优秀的文学作品。垂帷：放下帷幕，指专心攻读与写作。

总括起来说：精神发挥作用，就能与万物结合而相通，随着情感的变化而孕育出各种各样的作品。外界事物以不同的形貌叩响写作者的心扉，写作者内心就根据一定的法则而作出回应。然后推敲文辞声律，考虑运用比兴的方法。构思能掌握规律，创作就一定能够成功。

二、知识朋友圈

什么是意象？

“意”与“象”的单独概念肇始于先秦。《易·系辞上》曰：“圣人立象以尽意。”其中“意”指思想，“象”指物象，在《易》中抽象出一套符号体系。意象最早作为合并的词语出现，是在刘勰的《神思》中：“独照之匠，窥意象而运斤。”意象作为一个复合词语，在刘勰这里是什么意思呢？根据文中“神与物游”“神用象通”“登山则情满于山，观海则意溢于海”，我们可以把意象理解为主观的情感、精神与客观形物的融合无间。它区别于完全的意识和想象，也区别于自在的、独立的外物。意象的独特性在于，它不是纯粹记忆中某种形象的浮现，而是包含主动审美创造与艺术加工的人心营造之象。

可以与之相比较的是西方文艺理论中的意象说，英语中对应意象的词语一般是“image”，将意象解读为“语言绘成的画面”（刘易斯《诗的意象》）、“正在言说的画”（菲利普·西德尼《诗辩》）等。诗人埃兹拉·庞德认为，意象是“在一刹那时间里呈现理智和情感的复合物的东西”（《意象主义者的几“不”》）。他的名作《在一个地铁车站》仅由四个意象叠加而成：“人群中这些幽灵般的面孔；湿漉漉的黑色枝条上的许多花瓣。”在只言片语中，丰富的刹那感受和无尽的想象空间得以回归。

三、文心点点通

《神思》是《文心雕龙》的第二十六篇，是创作论的起始篇，主要论述与艺术构思和意象营造相关的问题，可以看作刘勰创作论的总纲。刘勰在文中自述为：“此盖驭文之首术，谋篇之大端。”《神思》是中国古代文论中比较全面、系统地论述艺术构思的重要文献，被誉为中国文学理论史上“罕见的杰作”。

首先，疏通文意。神思是由艺术想象的诞生，到自主的营造、意象的形成，再到语言文章落实的过程。文中对这一过程方法的指导主要从四个方面展开：

（1）揭示了构思的重要特征是由此及彼的联想与想象——“神与物游”，“神用象通，情变所孕。物以貌求，心以理应”，并指出了联想与想象的两种重要方式——“思接千载”与“视通万里”，即主体意识的飞扬、互通，感官的触角在虚实两境的充分延展，情与物遇合，进入一种虚灵的真实之境，于是有了灵感的诞生、神思的发端，艺术世界的大门由此打开。

（2）指出“志气”为实现“神与物游”的关键。人之“志气”是人立身之本。孟子说：“夫志，气之帅也；气，体之充也。”“其为气也，配义与道；无是，馁也。”（《孟子·公孙丑上》）同样，“志气”为作者构思写作之本。《毛诗序》说：“在心为志，发言为诗。情动于中而形于言。”理直气壮，志大气盛，构思才能顺利展开，所谓“神居胸臆，而志气统其关键”，“枢机方通，则物无隐貌”。

（3）指出志大气盛的方法是“虚静”，“疏瀹五藏，澡雪精神”。不过，刘勰认为这种“虚静”不是完全抽象的、一空依傍的，而是要有扎实的根基、积累、训练来做支撑。具体要从四个方面展开：“积学以储宝，酌理以富才，研阅以穷照，驯致以怿辞。”做到这四个方面，就可“寻声律而定墨”了。

（4）明确“博而能一”是补救“心力”不足的有效方法。“心力”不足常常表现在“理郁”“辞溺”两个方面，而“理郁”是因为“贫”，“辞溺”是因为“乱”。因此，想要理畅就要“博见”，想要辞达就要“贯一”。在刘勰看来，神思灵感，要避免过度劳累、苦虑，以及思维和语言的混乱，因此，一定要在日常济之以广博深厚，保持神思的充盈生命力，而不使之枯竭。

最后，刘勰提到神思还受其他因素的影响，如作家的个性禀赋、作品的体制大小等，使得整篇文论扎实可信，有理据可循。

四、思想会客厅

细读《神思》文本，我们会在文中发现许多看似矛盾实则统一的对举概念。例如标题“神思”中，代表着自由精神和自然灵感的“神”与偏重理性思考、缜密构思的“思”；第一段中“形”“神”对举、“神与物游”中“神”与“物”的关系；

第二段中“意”与“象”的关系以及第三段中“言”与“意”的关系等。全篇围绕这几个关系展开。我们可以将这些关系归纳为两个过程，其一是艺术灵感的发生过程，其二是从构思到写作的落实过程。

在艺术灵感发生过程中，这一阶段的主要活动是联想与想象，那么作者主要解决形神与心物的矛盾。对作者而言，“形”与“神”是审美创造的主体。个人的形体、感官本身具有局限性，而精神世界是充盈饱满、辽阔无垠的，因此，“神思”的第一步是以精神的自由和想象的飞扬来超越形体的牢笼，突破时空的限制。西晋陆机曾在他的著名文论《文赋》中形容：“观古今于须臾，抚四海于一瞬。”在刘勰这里有了更加完整和诗意的表述：“故寂然凝虑，思接千载；悄焉动容，视通万里。”在精神突破形体和时空的局限，附着于宇宙之后，思维活动达到至高境界。“吟咏之间，吐纳珠玉之声；眉睫之前，卷舒风云之色”，即主观与客观交融、心与物遇合。正如黑格尔认为艺术之美在于“感性的东西是经过心灵化了，而心灵的东西也借感性化而显现出来”(《美学》)。在这个过程中产生的意象，不是纯粹的自然界客观物象在记忆中的再现，而是带有心灵烙印的自主创造。

接着，刘勰进一步提出了更为深刻的命题“神与物游”，即主体精神与客观物象的深度融合。“游”字说明不是刻板拼贴，而是有生命力的，是一种自由无定的、流动不居的、尚未凝固的动态融合，因此要让这种融合呈现一种流连往复的态势。如刘勰在《物色》中的表述：“是以诗人感物，联类不穷；流连万象之际，沉吟视听之区。写气图貌，既随物以宛转；属采附声，亦与心而徘徊。”我们在古诗文阅读中获得的自由奔放、缠绵流转等审美体验，都是这种构思时心物交融的效果在读者身上的再现。刘勰的“神与物游”，对中国的文学写作乃至艺术哲学，都产生了极其深远的影响。

从构思到写作的过程，即从意象生成到付诸语言的过程。如果说前面需要“神”的自由联想与浪漫想象，那么这里需要“思”的理性选择。“神与物游”所创造出的虚灵世界是瑰奇纵逸、杂乱无边的，情感不断强化、想象不断蓬勃，然而对诗文写作来说，又需要一个从广袤的想象世界进行理性择取的过程。在刘勰看来，激烈躁动的情感不利于艺术构思，因此需要“虚静”的沉淀和反思。鲁迅曾经提出：“我以为情感正烈的时候，不宜作诗，否则锋芒太露，能将‘诗美’杀掉。”(《两地书》)当然，我们所说的这种理性，不是一种切割和宰制，而是自然的冷静、心境的澄明、由动至静的过程。刘永济曾阐释刘勰的“虚静”观点：“惟虚则能纳，惟静则能照。能纳之喻，如太空之涵万象；能照之喻，若明镜之显众形。一尘不染者，致虚之极境也；玄鉴孔明者，守静之笃功也。养心若此，湛然空灵。及其为文也，行乎其所当行，止乎其所当止，不待规矩绳墨，而有妙造自然之乐，尚何难达之辞，不尽之意哉？”（《文心雕龙校释》）

最后一个难题是言不尽意，就是怎样从心中丘壑到纸上锦绣文章。陆机在《文赋》中有“意不称物，文不逮意”之叹。刘勰也肯定这种困境的存在：“意翻空而易奇，言征实而难巧也。”语言在进行思维传达和艺术再现时，似乎必然遭受折损，面对这种困境，刘勰提出：“是以意授于思，言授于意，密则无际，疏则千里。”思、意、言的过渡与传递，如果纯粹按照形式逻辑、理性传导的方式，必然会出现层层流失。当代西方美学家苏珊·朗格也论述过这个问题：“这样一种对情感生活的认识，是不可能用普通的语言表达出来的。之所以不可表达，原因并不在于所要表达的观念崇高之极、神圣之极或神秘之极，而是由于情感的存在形式与推理语言所具有的形式在逻辑上互不对应，这种不对应就使得任何一种精确无误的情感和情绪概念都不可能由文字语言的逻辑形式表现出来。”（《艺术问题》）魏晋玄学家热衷于“言”“意”关系的探讨，提出“得意忘言”“得意忘象”的感悟模式，这是一种由语言至思维层层超越式的领会，在“意”与“象”的关系上更注重前者。刘勰对魏晋玄学的言意论有所继承与改造，更加重视“象”对于文学的价值，重视意象的营造。对于作者来说，文学表达是相反的过程，用语言构建“象”的美感，创造出具有无限生机的意象世界，让其承载主体的情思，正是文学构思与写作的关键。

五、练习步步高

（一）知识识记

1. 填空。

（1）故寂然凝虑，__________；悄焉动容，__________。（《神思》）

（2）登山则情满于山，__________。（《神思》）

2. 解释下列加点的字词。

（1）思理之致（　　　　　　）

（2）澡雪精神（　　　　　　）

（3）窥意象而运斤（　　　　　　）

（4）夫神思方运，万涂竞萌（　　　　　　　　　）

（二）文心体悟

《神思》中说：“陶钧文思，贵在虚静。”“虚静”的方法是“疏瀹五藏，澡雪精神”，具体而言是“积学以储宝，酌理以富才，研阅以穷照，驯致以绎辞”。请结合你写作构思的实际，谈谈“虚静”对构思的益处。

____

____

____

____

（三）思想碰撞

英国诗人济慈曾说：“形象的产生、发展和下落，应当像太阳一样，来得自然，满照头上，然后堂皇却又清醒地下降，把人们逗留在黄昏的富丽景色中。……如果诗之写成不能像树叶发芽那样自然，倒不如不写为妙。”[1]

你认同济慈的观点吗？结合刘勰《神思》和自己的写作实践谈谈你的看法。

____

____

____

____

（迟文颖　编）

[1] [英] 济慈：《致泰勒》，见伍蠡甫主编：《西方文论选》，下卷，上海：上海译文出版社，1985年，第64页。

参考答案

上编：课内古诗文（必修下册）

第一单元　诸子散文与历史散文

子路、曾皙、冉有、公西华侍坐

（一）1.（1）摄乎大国之间　加之以师旅　因之以饥馑　可使有勇　且知方也　（2）莫春者　春服既成　冠者五六人　童子六七人　浴乎沂　风乎舞雩　咏而归　（3）为国以礼　其言不让　（4）仲尼　鲁　春秋　教育家　孔子及其弟子　（5）由　赤　子华　求　子有　点　子皙　2.（1）在尊长近旁陪坐　（2）因为　（3）平日、平时　（4）急遽而不加考虑的样子　（5）夹处　（6）接续　（7）微笑　（8）古代的一种礼服，用作动词，穿着礼服　（9）何妨　（10）叹息的样子　（11）赞成　3.（1）不要因为我年纪比你们大一点，你们受约束就不敢讲话了。　（2）曾点弹瑟的声音渐渐稀疏下来，接着“铿”的一声停止了，他推开瑟站起来，说：“我的志向和他们三位说的不一样。”

（二）“曾点气象”是儒家名教的体现，也是一种艺术化的生命境界，带有形而上的超越性的特质。按照朱熹的逻辑，曾点不拘于具体事用，能够直接洞察现实背后的哲学基础，故而所言虽不过寻常日用，却体现了体用一如、万物一体的理想境界，因此与圣人之志相契合，为孔子所深许。儒家理想政治所想要达到的境界，是万物各得其所的状态，是内外无间的自足完满状态，内在的心灵秩序与外在的宇宙秩序和谐无碍，实现同秉乎天、如其所是的自然本性，这正是圣人所志之“天地生物之心，对时育物之事”的体现。

（三）1.（1）通“避”，躲避　（2）为……而死　（3）通“脱”，释放　（4）渐渐地　2.（1）这年秋天，鲁军与齐军在乾时打仗，鲁军失利。鲁庄公抛弃了他的战车，乘坐轻车逃回鲁国。　（2）孔子用礼、乐渐渐地引导他，后来，子路穿着儒服，带着拜师的礼物，通过孔子弟子的引荐，请求做孔子的弟子。　3. 认可子路——从忠、义、勇的价值观和子路勇猛好胜的性格来谈，可落脚到杀身成仁、舍生取义等。认可管仲（孔子的评判）——从他保全性命以求更好地施展才能的角度，儒家并不认可一味地守死善道、盲目地牺牲，更难得的是其政治理想的实现；从历史角度和功业成就来看，看重管仲对齐桓公霸业的贡献，肯定功业效果；匡扶齐桓公，九合诸侯，是大节，坚守政治节操相比而言是小节。如果一个人做了伟大的事情，那么对他的无伤大雅的小节就不必苛责。

齐桓晋文之事

（一）1.（1）轲　子舆　邹　子思　亚圣（2）《梁惠王》《公孙丑》《滕文公》《离娄》《万章》《告子》《尽心》（任写三篇）（3）人性本善　2.（1）不得已（2）安民，养民　抵御（3）替换（4）“之乎”的合音（5）痛惜，哀怜（6）区别（7）应当，理所当然　吝啬（8）内心有所触动的样子（9）偏偏，却（10）表示被动（11）表现（12）跃过（13）敬爱（14）同“型”，用作动词，做榜样（15）治理（16）表示反问，相当于“难道”（17）君主左右受宠爱的人（18）统治　古代指中原地区（19）不明事理，糊涂（20）放纵　不正（21）同“网”，张网捕捉，比喻陷害（22）规定　3.（1）给自己的妻子做榜样，推广到兄弟，进而治理好家和国。（2）恐怕比这还要严重。爬到树上去找鱼，虽然找不到鱼，却没有什么后患；假使以这样的做法，去谋求想要的东西，尽心尽力地去做，一定有后患。（3）慎重办理学校教育，用善事父母、敬爱兄长的道理告诫百姓，头发花白的老人不会在路上背着或顶着东西了。

（二）孟子的王道思想遵从儒家传统，仁义为体，王道为用，提倡“内圣外王”，强调先“成圣”再“成王”，“成圣”的前提是修“仁义礼智”四心，崇尚仁义，尊重贤人。在孟子看来，“成王”是“成圣”的副产品。中国历史上有“先圣后王”的例子，如尧、舜、周文王，因自己的道德操守受命称王。孟子认为君主应该相信自己有能力成为圣人，并向着这个目标去努力。孟子相信人的身上有善性的存在，“仁义礼智，非由外铄我也，我固有之也”（《孟子·告子上》），尽心知性就能知天。他坚信“人皆可以为尧舜”（《孟子·告子下》），普通人尚且如此，何况一国之君。“故王之不王，非挟太山以超北海之类也；王之不王，是折枝之类也。”这是一种精英政治，强调统治阶层通过问道、修身、养性等方式来克制内心的欲望，为百姓谋福利，从而实现统治的正当性。

（三）1.（1）自外而加的美饰（2）五倍（3）众多（4）执持　2. 按照人们的性情，

都是可以成为善的，这便是我所说的人性本善。 3. 孟子运用譬喻的手法驳斥告子“性无善无不善”的理论。告子运用的也是譬喻的手法，把人性比作水，以水无分于东西的特性来说明“性无善无不善”。孟子顺着告子的譬喻往下说，也把人性比作水，不过换了一个角度。水都有向下流的特性，但外力可以使之向上流，孟子以此来证明：人性本善，只不过后天环境可以改变其善良的本性，使之成为不善者。

庖丁解牛

（一）1. 周 《逍遥游》《齐物论》《养生主》《人间世》《德充符》《大宗师》《应帝王》(任写四篇） 2.（1）又 （2）同“盍”，何、怎么 （3）超过 （4）顺着 （5）尝试 （6）众 （7）空隙 （8）宽绰的样子 （9）揩拭 3.（1）依照牛生理上的天然结构，砍入牛体筋骨相接的缝隙，顺着骨节间的空处进刀，依照牛体本来的构造，脉络相连和筋骨相结合的地方，不曾拿刀去尝试，何况大骨呢！ （2）那牛骨节间有空隙，刀口却很薄；用很薄的刀口插入有空隙的骨节，宽宽绰绰地，那么刀的运转必然是有余地的啊！因此，十九年来，刀还像刚从磨刀石上磨出来的一样。

（二）老子立足于对宇宙自然的探索，追寻其运行的规律，然后下贯于人类社会，将自然规律运用于理想社会。孔子立足于人类社会，注重个人的德行修养，并在此基础上推衍至天下大同的实现。“无欲而天下足，无为而万物化，渊静而百姓定。”(《庄子·天地》) 庄子所构想的理想社会，是与人同乐、和济众生的社会。虽然老子、孔子、庄子在对理想社会的构想及其实现路径上有所不同，但可谓殊途同归，都是以相同的价值取向为旨归，旨在实现一个至善至美的人类社会，都是一种对人类发展的终极关怀。

（三）《老子》(第三十三章节选）中的养生观是人在道根德本的生命终极之地，既不失其所，又死而不亡；而在名利权势的人间奔竞之场，既失其所，又死而亡。不亡在自知、自胜与知足的不失其所；亡在知人、胜人与强行的失其所。人有心、有为，什么都在流转变动中，什么都是短暂的，什么都是假象，生命漂泊而无家可归；人无心、无为，自在天真，人间一体和谐，没有什么会流转变动，也没有什么不是长久，更没有什么不是真实。既不失其所，也就死而不亡。《庄子·养生主》(节选）中养生的宗旨在于保养自然本性，使之远离世俗的污染，焕发澄明的真境。自然本性是人之所以为人、人之性灵的根本，它由天赋予，因而也与天相接。公文轩见到右师只剩一条腿，便问他这是先天还是人为，此处天与人已经截然二分。泽雉的寓言更展现了人为对天性所造成的禁锢，放归山林虽然饮食难以获得保障，但是自然本性得到释放。回到人身上，老子能够认识到生死不过像白天黑夜一样平常，并能做到安时处顺。凡俗庸众不明生死真相，牵于亲疏，伤于哀乐，违背天性，这就是遁天之刑。庄子最后以薪尽火传作结，传达养生真谛。他以薪比喻人的肉身，以火比喻人的自然本性，暗示养生在于保养后者，只有循乎天理，依乎自然，处于至虚，游于无有，才能使肉体尽享天年，自然本性永葆不变。庄子吸收了老子的思想，两者的养生观都强调回归自然本性。

烛之武退秦师

（一）1.《春秋左氏传》 左丘明 继位年份 2.（1）驻扎 （2）用 （3）削弱 （4）外交使者 （5）同“供”，供给 （6）给予 恩惠 （7）渡河 修筑防御工事 （8）满足 （9）表示希望、祈请 （10）表示祈使 3.（1）越过别国而把远地当作边邑，您知道这是困难的，哪里用得着灭掉郑国而给邻国增加土地呢？ （2）在东边使郑国成为它的边境之后，又想要扩张它西边的疆界，如果不使秦国土地减少，将从哪里取得它所贪求的土地呢？ （3）没有那个人的力量，我是到不了这个地位的。依靠别人的力量，又反过来损害他，这是不仁义的；失掉自己的同盟者，这是不明智的；用混乱相攻取代和谐一致，这是不符合武德的。我们还是回去吧。

（二）烛之武的说辞富有雄辩和逻辑力量。第一是以理推测，分五个层次转折和推进：第一层论郑必亡，第二层论郑亡而秦得不到郑，第三层论亡郑陪邻有利于晋，第四层论晋厚即秦薄，第五层论放郑则于秦有利。这五层逐层推进，环环相扣。第二是以事实证明晋国“朝济而夕设版焉”，晋国一向忘恩负义，摆出此事实是告诉秦国，郑亡后晋国一定会削弱秦国。

（三）“及瓜而代”的承诺是齐襄公编造的虚假谎言。随着齐襄公毁约，谎言破灭，齐襄公招来杀身之祸。《论语・八佾》中描述正确的君臣关系为：“君使臣以礼，臣事君以忠。”礼，是对权力的制约；忠，是对君主的忠诚，也指诚挚厚道、为人忠厚的品行。在“及瓜而代”这一历史事件中，引发祸乱的原因是上级无礼、下级不忠。从君主的角度看，齐僖公宠信公孙无知，以太子之礼对待他，是对礼的等级秩序的僭越。齐襄公让连称、管至父去戍边是一场骗局，失信是对君权的滥用。从臣子的角度看，连称、管至父两人借机犯上作乱，没有对国家、对君主的忠诚；两人受一点委屈就想造反，也没有真诚、厚道的品行。古希腊的城邦政治是民主自治，公民是城邦的主人，政治权力属于公共权力，公民轮流执政，不存在君臣关系，但公民是“属于城邦的人”，在个人的自由平等之外，应当服膺城邦的正义，维护公民共同体的利益，忠于公民共同体。因此亚里士多德认为，公民应当同时修习统治与被统治两种才识，目的是维护城邦的公平与正义。在“及瓜而代”这一历史事件中，无论是齐襄公降低公孙无知的待遇，还是连称、管至父犯上作乱，都是从一己私利出发，损害国家、民众的利益。

第二单元　古代叙事经典

鸿门宴

（一）1.（1）太史公书　西汉　司马迁　子长　纪传　史家之绝唱　无韵之《离骚》　本纪　世家　列传　书　表　一百三十　汉书　前四史　（2）其意常在沛公也　（3）大礼不辞小让　（4）方为刀俎　我为鱼肉　（5）奋其私智而不师古　欲以力征经营天下　2.（1）造册登记　（2）同“纳”，接纳　（3）合力　（4）分开　（5）尽　（6）表示个人意见的谦辞　（7）放弃，丢下　（8）秘密地　3.（1）范增多次对项羽使眼色，举起（他）所佩戴的玉玦多次向项羽示意，项羽默不作声没有理睬。（2）秦王有像虎狼一样凶狠的心肠，杀人唯恐不能杀尽，处罚人唯恐不能用尽酷刑，（因此）天下人都背叛了他。

（二）按照中国古代礼节，宴会上的座次安排依据尊贵程度，“席，南向北向，以西方为上；东向西向，以南方为上”（《礼记·曲礼》），西方为上座，东方为末座。鸿门宴上的座次安排明显是违背礼节的。刘邦和项羽都受楚怀王分封，地位相当，且都在攻秦战役中立有大功，刘邦来鸿门宴，应当坐在西边（即“东向坐”）；范增身为长者，又被尊为“亚父”，坐在北边（即“南向坐”）是合适的；项羽、项伯作为宴会的主人，应该居于末座，他们却坐了上座。这体现了项羽的傲慢无礼和对刘邦有意打压，也有试探刘邦的意思。而刘邦对此安之若素，没有丝毫不满，体现了他能屈能伸、灵活善变的性格。

（三）《汉书·高帝纪》主要省略了不少张良与刘邦之间的对话，减少了语言描写，保留了基本的故事情节，显得更为简洁。观点一：《汉书·高帝纪》的这种简洁不及《史记·项羽本纪》，因为对话对塑造人物形象、表现人物之间的关系起重要作用。如刘邦问张良“君安与项伯有故”，就表现了刘邦的谨慎小心；“孰与君少长”以及“吾得兄事之”的语言描写，就表现了刘邦的细致敏锐、灵活善变，也为下文鸿门宴中项伯起身翼蔽刘邦埋下了伏笔。观点二：《汉书·高帝纪》的这种简洁是有价值的，班固以更加理性、客观的口吻叙事，有精简、直观的效果，更好地体现了史书重在记事、讲究真实的追求。即使没有刘邦和张良的细致对话，班固也明确叙述了“沛公与伯约为婚姻”的重要情节，足以表现刘邦的灵活善变和圆滑周全。

窦娥冤（节选）

（一）1.（1）四折　楔子　一折　楔子　宾白　动作　表情　科白　正末　正旦　（2）已

斋叟　戏曲　元曲四大家　窦娥冤　望江亭　救风尘　拜月亭　（3）受贫穷更命短　享富贵又寿延　（4）怕硬欺软　也这般顺水推船　（5）你不分好歹何为地　2.（1）甚、深　（2）审问　（3）糊里糊涂　（4）炎热　3.（1）天地啊！本应该分辨清白与污浊，可是怎么混淆了坏人和好人？　（2）如果有一腔怨气像火一般喷涌而出，一定要感动上苍让六瓣雪花像丝绵一般滚滚而来。

（二）周朝贤臣苌弘、蜀王杜宇、战国时燕国的忠臣邹衍、东海孝妇周青。这些人或忠孝，或善良，最后都蒙冤负屈，可以衬托出窦娥内心的委屈。热血化碧、死后化为杜鹃、雪埋尸身都是窦娥对自己善良、清白的自诉。东海孝妇死后亢旱三年则表现出窦娥对天下奸吏的仇恨和愤怒，也可以由此体会人物道德的象征意义。上述冤情最终得以昭雪，反映窦娥仍然相信天道的存在，体现出她对公理和正义的信念。这些人物的身份和事迹，也反映出窦娥对于传统道德的崇敬和认同。窦娥不仅是一个具体的人物，她还是一种正义精神的代表，起了教化的作用，也反映了作者的儒家伦理观。

（三）在《窦娥冤》中，窦娥以血溅白练、六月飞雪和亢旱三年来表现自己的冤屈和愤怒，又以冤情昭雪、坏人伏法的圆满结局作结，善恶与美丑由对立走向了平衡，确实有浪漫主义的气息。这样的结局给观众以安慰，也对窦娥的不幸进行了弥补，虽然悲惨，但并不忧郁。《哈姆莱特》中，哈姆莱特的犹豫、延宕，再至复仇，过程十分曲折，内心的冲突贯穿整个复仇过程，最终的毁灭展示了人生的残酷与真实，表现了对真理和人性本身的探索，观众也由此实现了理性的沉思。

促织

（一）1.（1）清　留仙　剑臣　柳泉居士　聊斋　短　（2）刺贪刺虐入骨三分　（3）雅爱搜神　（4）案冷疑冰　仅成孤愤之书　吊月秋虫　2.（1）从事　卖出。这里指考取秀才　（2）非常　（3）轻轻拨动　（4）覆盖　（5）得意，骄傲　（6）突然，倏然　（7）在公文上分条陈述　（8）使　3.（1）为人迂拙而又不善于言辞，就被狡猾的小吏报到县里，叫他担任里正的差事，他想尽办法还是摆脱不掉（任里正这件差事）。不到一年，微薄的家产逐渐耗尽。　（2）忽然看见鸡伸长脖子扭摆着头扑腾，到跟前仔细一看，原来蟋蟀停落在鸡冠上，用力咬着不放。

（二）成名被报充里正，担任征蟋蟀的差事，束手无策，这时候他“忧闷欲死”。他捉不到合适的蟋蟀，又被县令杖责，陷入绝望，“惟思自尽”。这时候突然有了希望，驼背巫的神卜指出了捉蟋蟀的地点。成名按图搜寻，果然捉到合格的蟋蟀，全家大喜。然后情节急转直下，成名的儿子出于好奇，不小心弄死了蟋蟀。成名得知后，大惊，大怒。等发现儿子投井身亡，怒转为悲。后来发现儿子还有微弱的气息，稍微得到一点安慰，又开始发愁蟋蟀的事。这时候突然听到蟋蟀叫，一只蟋蟀自动跳到成名的身上，成名不由心喜。但又觉得蟋蟀太短小，害怕不合格，喜中担忧。等到和村中好事少年斗蟋蟀，发现自己的蟋蟀有特异之处，成名"大喜""惊喜"。人物的情感始终在波动变化中，乍怒乍悲，乍惊乍喜，处处有悬念，引人入胜。

（三）魏晋六朝志怪的特点是题材和内容上多神异之事，而写作上"粗陈梗概"，情节简单，缺乏细致的描写，作者以纪实的态度来对待这些故事。唐传奇的特点是情节性变强了，描写细致，而且作者有意识地虚构一个故事。《聊斋志异》采用唐传奇的写法，而题材内容接近魏晋六朝志怪，所以被鲁迅称为"用传奇法，而以志怪"。相对于魏晋六朝志怪，《聊斋志异》中人物形象更加丰富，狐、鬼多具有人情。相对于唐传奇，《聊斋志异》的笔法更加成熟，语言趋向平易简洁。正因为这样的继承和发扬，使《聊斋志异》成为文言短篇小说的高峰。

第三单元　古代谏文化

谏逐客书

（一）1.（1）楚国　儒　荀子　（2）是以太山不让土壤　河海不择细流　王者不却众庶。　2.（1）被任用　（2）延续　（3）堵塞、封闭　（4）像蚕一样　（5）佩带　（6）适于观听　（7）使成就霸业　（8）送给、付与　3.（1）假使这四位君主拒绝宾客而不接纳，疏远这些贤士而不加以任用，这就会使国家得不到富强丰利之实，而秦国也不会有强大的威名了。　（2）现在驱逐客卿来帮助敌国，减少本国民众来增加敌国人口，在内削弱了自己的国家，在外则在诸侯中结怨，（这样下去）要使秦国没有危险，是不可能的。

（二）李斯在劝谏时非常善于顺情入机，语气委婉，不触怒君主。如开篇说"臣闻吏议逐客"，逐客令是秦王嬴政发布的，但李斯说是"吏议"，意为逐客令是吏之过而非君主之过。又如第一段述秦国客卿之功，分别用"求""取""得""迎""来"等词，与"逐"暗中针对。第二段抓住秦王嬴政的喜好，以物为喻，以小见大。这些都可以看出李斯能顺秦王嬴政之情，让其容易接纳自己的建议。

（三）司马迁认为李斯原本有机会与周公、召公同列，他通晓儒家六艺主旨，应该以自身所学辅佐君主修明政治，帮助君主弥补过失，却一味"阿顺苟合"，直到秦朝气数已尽才想起直言谏诤。司马迁的评价是对李斯尸位素餐的批评。韦庄的评价重点放在李斯进退不智上，认为他直到临刑前才想到自己应该早日功成身退，到上蔡东门牵狗逐兔，但为时已晚。司马迁和韦庄，两人的评价角度不同，但都对李斯其人的遭遇和选择深感惋惜。

谏太宗十思疏

（一）1. 唐　贞观之治　正衣冠　知兴替　明得失　2.（1）疏通水道　（2）主持、掌握　（3）深　（4）保持　（5）督察　（6）难道　（7）养　（8）挑选　3.（1）施加恩泽，就要考虑到不要因为一时高兴而奖赏不当；动用刑罚，就要考虑到不要因为一时发怒而滥施刑罚。　（2）何必自己耗费精神、苦苦思索，代替臣子管理职事，驱使自己灵敏的耳朵、明亮的眼睛，亏损顺其自然就能治理好天下的大道呢！

（二）“理谕之”指的是讲道理。“思国之安者，必积其德义”是正面说理，“不念居安思危，戒奢以俭……斯亦伐根以求木茂，塞源而欲流长者也”是比喻说理，“竭诚则胡越为一体，傲物则骨肉为行路”是对比说理。“势禁之”是用形势禁止。“有善始者实繁，能克终者盖寡”“载舟覆舟，所宜深慎”都是“势禁之”。“利诱之”是用利益诱惑。如功成之后“可以尽豫游之乐”，是小利诱之；而居安思危，国家长治久安，是大利。可以说《谏太宗十思疏》所谏“十思”，都是有的放矢，针对性极强，对应唐太宗的现实作为。

（三）欧阳修感慨君臣之间相处极难，哪怕是像魏徵这样的忠直、唐太宗这样的睿智，也免不了在身死未久时遭猜忌诬陷。唐太宗对魏徵原本极度信任，也深知魏徵犯颜行谏的重要意义，不仅以此精神鼓励朝臣，而且经常登凌烟阁写诗悼念魏徵。然而有人因嫉妒便谗言诋毁魏徵曾阿附恶党，使唐太宗极其愤怒，不仅终止了公主与魏徵儿子叔玉的婚事，而且推倒了魏徵的石碑，其家族逐渐衰落。在与辽东高丽交锋未捷时又悔悟魏徵直言行谏的必要性，重又树立其石碑，恢复恩遇。由魏徵生前身后所遇之反复可见，魏徵作为显而易见的忠臣，对社稷有建树如此，也不免会受到奸佞的中伤、受到如唐太宗这般明主的误解，故曰“皓皓者易污，峣峣者难全”(《新唐书·魏徵传》)，自古所叹。

答司马谏议书

（一）1.（1）介甫　半山　临川先生　（2）君实　《资治通鉴》　2.（1）持　（2）希望　（3）施行　（4）批驳　（5）顾念，忧虑　（6）不仅　（7）施恩惠　（8）小，用作自称的谦辞　3.（1）皇帝想要改变这种状况，我不去考虑反对者的多少，想出力帮助皇帝与之对抗，那么这些人又怎么会不大吵大闹呢？　（2）盘庚不因为有人怨恨的缘故就改变自己的计划，考虑到这样做适宜就采取行动，是因为他认为自己做得正确且看不出有什么值得后悔的地方的缘故啊。

（二）有礼：王安石的回信符合书信礼仪，多次以“蒙”“见”等字表达恭敬之意，如“昨日蒙教”“终必不蒙见察”“重念蒙君实视遇厚”“冀君实或见恕也”等，语气谦恭、温和。而对于两人之分歧，坦诚相见，直陈心迹，坦言“与君实游处相好之日久，而议事每不合，所操之术多异故也”。并解释自己回信不长的原因是“虽欲强聒，终必不蒙见察，故略上报”，并无剑拔弩张之意。有力：因为知道彼此的分歧是名实相异，多辩无用，哪怕司马光来信洋洋洒洒三千余字，也坚持“略上报”。对反对变法的观点和人，直接斥为“邪说”“壬人”，不留情面。王安石还直接指出当时士风是“习于苟且”“不恤国事”“同俗自媚”，这是很有力的批评。借盘庚迁都的事例再次强调“是而不见可悔”的坚决态度。综上，可以看出王安石的回信，语气上从容、镇定、温和，顾及朋友情谊，意见对公不对私，但在态度上坚持己见，无论用词用典，都锋芒毕露，斩钉截铁。

（三）例如：“名实之间有所不察”点出了“盖儒者所争，尤在于名实”，辨明名实的需要。“然本朝累世因循末俗之弊，而无亲友群臣之议”“一切因任自然之理势”指向了《答司马谏议书》中对“习于苟且”“不恤国事”“同俗自媚”“守前所为”的士风的批评。“正论非不见容，然邪说亦有时而用”点出了王安石要“辟邪说，难壬人”的必要性。“其于理财，大抵无法，故虽俭约而民不富，虽忧勤而国不强”指出了王安石之所以要“为天下理财，不为征利”的原因。“则大有为之时，正在今日”体现了王安石欲“助上大有为，以膏泽斯民”的决心。

阿房宫赋

（一）1.（1）廊腰缦回　檐牙高啄　钩心斗角　（2）未云何龙　不霁何虹　（3）燕赵之收藏　韩魏之经营　齐楚之精英　（4）奈何取之尽锱铢　用之如泥沙　（5）多于在庾之粟粒　多于周身之帛缕　（6）亦使后人而复哀后人也　2.（1）光秃　（2）分辨不清　（3）君主或后妃所乘的车　（4）远　（5）久立　（6）灭族　（7）以……为鉴　3.（1）把宝鼎看作铁锅，把美玉看作石头，把黄金看作土块，把珍珠看作石头，扔得到处都是，秦朝统治者看见了，也不觉得可惜。（2）秦始皇的心，一天比一天骄横顽固。戍边的士兵呐喊起来，函谷关被攻占，项羽占领咸阳后纵火焚烧秦宫室，可惜奢华的阿房宫变成了一片焦土！

（二）例如：篇首“六王毕，四海一，蜀山兀，阿房出”是对秦国统一六国建造阿房宫过程的叙述，动词精准且有表现力。“毕”是一个结果，不禁令人思考六王为何“毕”，四海为何“一”，这“毕”的结局也关联到后文“妃嫔媵嫱，王子皇孙，辞楼下殿，辇来于秦”，“燕赵之收藏，韩魏之经营，齐楚之精英”尽归于秦国，这种铺张浪费不仅暗中说明了“六王毕”的原因，而且让人能预见秦朝“毕”的结局，可以说，已寓褒贬之意在其中。（以其他词为例赏析其表现力，并能与后文议论相关联亦可。）

（三）边让的《章华台赋・并序》叙写了楚灵王兴建章华台，长夜纵情饮宴之事，劳民伤财，耗费了巨大的财力、物力。边让借楚灵王故事讽喻东汉末年昏庸荒淫的汉灵帝，因此在结尾处写楚灵王幡然醒悟。边让此赋也是“铺采摛文”（《文心雕龙・诠赋》），由描写转向议论，描写部分依然作为文章主体占据大篇幅，文辞中对声色之乐带着赞赏的态度加以酣畅淋漓地描写，而对楚灵王的悔悟和归正，只在最后做了一些叙述，仍有汉大赋以来“劝百而讽一”（《史记・司马相如列传》）之流弊。杜牧《阿房宫赋》则在描写之时已暗寓褒贬，极写阿房宫之瑰丽已伏有不爱六国人之意，前文的描写、叙事与后文的抒情、议论融为一体，为篇末总结秦朝灭亡的历史教训提供坚实的基础，在边让此赋的基础上已有进一步发展。

六国论

（一）1.（1）不赂者以赂者丧　盖失强援　不能独完　（2）且燕赵处秦革灭殆尽之际　（3）当与秦相较　或未易量　（4）以赂秦之地封天下之谋臣　以事秦之心礼天下之奇才　（5）为国者无使为积威之所劫哉　2.（1）全都，一概　（2）本来　（3）满足　（4）招致　（5）使……退却　（6）及，等到　（7）确实　（8）假使，如果　3.（1）想想他们死去的祖辈父辈，冒着霜露，披荆斩棘，才有了一点土地。（2）有这样的形势，却被秦国积久而成的威势所胁迫，天天削弱，月月割地，而走向灭亡。

（二）苏洵的文章博辩宏伟，长于议论，以气势盛，颇有战国纵横家的雄辩之风。观点简洁有力，例如开篇即言简意赅地提出总论点“弊在赂秦也”，斩钉截铁，逻辑严密，不容置疑。而论证时文辞犀利，酣畅恣肆，例如祖辈先辈开疆拓土之艰难与得地之微小的对比：“思厥先祖父，暴霜露，斩荆棘，以有尺寸之地。”紧跟着子孙轻易割地赂秦只能换一夕安寝的对比，波澜起伏而析理透彻。并且苏洵引用“古人云”来证明自己的观点：“以地事秦，犹抱薪救火，薪不尽，火不灭。”这一句正是战国策士苏代的言论。由此可知，苏洵的文章的确受战国纵横家影响极深，老辣犀利，纵横驰骋。

（三）同：立场相同，都是为助六国抗强秦；都善用比喻论证，且文气贯通。异：观点不同，苏洵认为六国互丧“弊在赂秦”，而苏辙认为六国之失在于“不知天下之势”，没有采取“厚韩亲魏以摈秦”的战略；语气不同，苏洵因为借六国讽谏宋，所以言辞激切淋漓，犀利简劲，而苏辙无借古讽今之意，是站在六国角度考虑如何保全，就事论事，因而语气简明笃实，冷静理性。

第四单元　诗声词韵

登岳阳楼

（一）（1）分裂　（2）窗

（二）两首诗的颔联都用了夸张的手法。“吴楚东南坼，乾坤日夜浮”言洞庭湖隔开了吴、楚，天地仿佛沉浮在洞庭湖中，极言洞庭湖之浩瀚；“气蒸云梦泽，波撼岳阳城”写云梦泽上水汽升腾，波涛几乎要将岳阳城撼动，以夸张的方式言云梦泽的波涛汹涌。区别在于杜诗写天地似乎沉浮于洞庭湖中，侧重写洞庭湖的广阔、浩大；孟诗以夸张的方式写云梦泽上水汽升腾、云梦泽波涛汹涌，侧重写云梦泽波涛的气势与力量。

（三）结合所学谈谈自己的想法即可。要点：纯粹的自由无法令作者完成作品创作，“镣铐”某种意义上让创作有一个具体的抓手；对格律要求的满足也是人类展现语言创作力的方式之一；在格律方面，作者一方面设定规则，一方面不断尝试打破规则，在这种打破与遵守的张力之中，人类创造的力量得以彰显出来。

桂枝香·金陵怀古

（一）（1）千里澄江似练　翠峰如簇　（2）六朝旧事随流水　但寒烟衰草凝绿

（二）《桂枝香·金陵怀古》的突出特点是以用典手法传达作者的豪放之情。上阕“千里澄江似练，翠峰如簇”化用谢朓“澄江静如练”（《晚登三山还望京邑》）的诗句，“翠峰如簇”将金陵的山峦比作箭头，有力地表现了作者眼中金陵山峦的高耸。这两句描绘了金陵地界江流清朗，峰峦叠起的开阔景象，借景抒情，表达了作者的壮心，为全词奠定情感基调。下阕“叹门外楼头，悲恨相续”化用杜牧《台城曲》“门外韩擒虎，楼头张丽华”，结尾三句化用杜牧《泊秦淮》“商女不知亡国恨，隔江犹唱后庭花”，借六朝史事传达作者对于北宋的拳拳忧国之心和报国情怀，以词言志，是其豪放之处。

（三）相关作品很多，如贺铸的《寓泊金陵寻王荆公陈迹》，张耒的《金陵怀古》，辛弃疾的《永遇乐·京口北固亭怀古》《八声甘州·把江山好处付公来》等，分析时要注意，对北宋而言，追怀六朝或许是思考文弱的北宋的历史出路；对南宋而言，他们偏居南方的处境和南朝人相似，故南宋文人写六朝或许有与南朝人相似的确立自身华夏正统以及收复中原的情感共鸣。

念奴娇·过洞庭

（一）洞庭青草　应念岭海经年　肝肺皆冰雪　短发萧骚襟袖冷　扣舷独啸

（二）认为“稳泛沧浪空阔”更好，此句暗用《楚辞·渔父》中“沧浪之水清兮，可以濯我缨；沧浪之水浊兮，可以濯我足”的典故，表达了作者即便遭遇贬谪乃至罢官依然坚持自我操守的情怀，而且《楚辞 · 渔父》典故，与作者所写的对象—— 同处于楚地的洞庭湖—— 相符合。认为“稳泛沧溟空阔”更好，“沧溟”指大海，将洞庭湖夸张地描述为大海，景物描写气势开阔、雄浑，而且“沧溟”在格律上与《念奴娇》相符合。

（三）《水调歌头 · 闻采石战胜》的写作背景是虞允文大胜金兵。本词写景多是虚写，表现的是作者心中之景，上阕写作者想象古城楼上悲壮的吹角声，以及东采石战场巨浪滔天的情景，表达了作者对沙场报国的向往和对抗金战役的悲壮豪情的赞美；下阕写赤壁矶上的落日和淝水桥边的衰草，以哀景传达出时移世易的今昔之慨，表达了对周瑜和谢玄功业的追思和神往。全词情景交融，景中含情，借笔下的景物表达了作者渴望报国、建功立业的豪情壮志。

游园（【皂罗袍】）

（一）《牡丹亭》 汤显祖 《紫钗记》《邯郸记》《南柯记》

（二）“原来姹紫嫣红开遍，似这般都付与断井颓垣”将园中姹紫嫣红的花与衰颓的井栏、坍塌的矮墙并置，两相对比，表达了园中美景无人欣赏的可惜、可叹；运用虚实相生的表现手法，上阕写杜丽娘眼前所见的实景，下阕写杜丽娘想象中过去自己深处闺阁之时园中的柳絮烟波、清风微雨，虚实结合让景物描写富有层次，并借景抒情表达了杜丽娘对春日美景的向往。

（三）认为《牡丹亭》不是悲剧，因为杜丽娘起死回生与柳梦梅终成眷属，最终是一个团圆的结局，不符合悲剧的定义。《牡丹亭》的团圆结局是借助虚妄的起死回生来实现，这种虚妄的团圆本质上是现实的悲剧。

下编：课外古诗文

第一单元 《孟子》选读

人性本善

（一）1.（1）犹水之就下也 水无有不下 （2）仁也 义也 礼也 智也 2.（1）犹如 （2）之于 （3）额头 （4）同“嗜”，特别喜欢 （5）恒常 （6）芽 （7）光秃秃的样子 （8）早晨 （9）很少 （10）等待 3.（1）人性没有善和不善的区别，犹如水不分朝东流、朝西流。（2）仁、义、礼、智，不是自外而加的，是我本来就有的，只是未曾去领悟罢了。（3）充分彰显了人的本心，就明了了人的本性。明了了人的本性，就明了了天命。保持人的本心，养育人的本性，这就是侍奉天命的方法。无论短命还是长寿，都不三心二意，修养自身来等待天命，这就是安身立命的方法。（4）一切都在我身上具备了。反躬自问诚实无欺，快乐没有比这更大的了。尽力地实行恕道，求仁的道路没有比这更近的了。

（二）首先，在水的比喻中，孟子承认告子所说的水可以朝东流，也可以朝西流，但强调水的本质属性是“就下”，以此来譬喻人性必然向善；其次，孟子抓住告子对人性之“性”和动物性（食色）之“性”的混淆，将对“性”的辩论的立足点确定在人性上；最后，进一步指出礼和义非外在的规范和强制的约束，而是来自每个人共有的一些情感（如恻隐之心、羞恶之心等），与人的本性相对应。

（三）异：孟子是以“心之仁德”言“性”，荀子是以“人之嗜欲”言“性”；孟子立足于人性的特殊性，荀子立足于人性偏动物性的本能与欲望；孟子偏重社会属性，荀子偏重自然属性；孟子主张“性善”，荀子主张“性恶”。同：两人都主张人性的确定性和一致性，都坚持一条底线：人生而平等，在本性上相同，在道德上平等。

凡圣之别

（一）1.（1）以直养而无害　则塞于天地之间　（2）父子有亲　君臣有义　（3）无一朝之患也　（4）疾行先长者谓之不弟　（5）诵尧之言　是尧而已矣　2.（1）乱　（2）播种和收获，泛指农事　（3）督促，勤勉　（4）很少　（5）蛮横无理　（6）区别　（7）通“犹”　3.（1）人与禽兽不同的地方很少，平民百姓丢掉这很少的不同，君子保存了这很少的不同。（2）君子与一般人不同的原因，是君子拥有的心与一般人不一样。君子把仁牢记在心中，把礼牢记在心中。（3）走得慢一点，难道是人做不到的吗？只是不那样做罢了。成尧成舜的方法，也不过就是孝和悌罢了。（4）爱父母是仁，恭敬兄长是义。这没有别的原因，因为这两种品德本来就在天下通行。

（二）荀子主张人性本恶，需要“化性起伪”，通过后天教化来加以改变。尤其提倡“假物”，如“假舆马者，非利足也，而致千里；假舟楫者，非能水也，而绝江河。君子生非异也，善假于物也”（《荀子·劝学》）。而孟子主张人性本善，人只要能“存其心，养其性”“反求诸己”，充分发挥自己的本性，使其发展、扩充，则可以“万物皆备于我矣”，从而实现自我，甚至达到与圣人同样的境界。

（三）在中西方的人性论中，基本都预设了人的双重规定性，人作为一个中间物存在。人的可贵，在于人可以实现超越，有向善、成圣（孟子）或具有神性（乔瓦尼·皮科·德拉·米兰多拉）、追求真理（帕斯卡尔）的可能性；但人同时很麻烦，人和禽兽不同的地方很少（孟子）、人被欲望主宰则下降为兽（乔瓦尼·皮科·德拉·米兰多拉），或者成为“蠢材”和“垃圾”（帕斯卡尔）。总的来说，人的这种特点，是源自人的双向可能性。

义利之辩

（一）1.（1）亦将有以利吾国乎 （2）立天下之正位 行天下之大道 （3）贫贱不能移 威武不能屈 （4）而人爵从之 以要人爵 （5）达则兼善天下 （6）大人之事备矣 2.（1）对老人的尊称，老先生 （2）满足 （3）喜悦，高兴 （4）索取 （5）同“旨”，大意 （6）通“向”，向往 （7）安详自得的样子 3.（1）从来没有以仁存心的人却遗弃父母的，从来没有以义存心的人却怠慢君主的。王也只要讲仁义就可以了，为什么一定要讲利呢？ （2）富贵不能使他心志迷惑，贫贱不能使他志向改变，威武不能使他意志屈服，这才叫作大丈夫。 （3）君主不向往道德，无意于仁，却想为他努力作战，这等于帮助夏桀。 （4）杨子主张为自己，拔一根汗毛而有利于天下，都不肯做。墨子主张兼爱，摩秃头顶，走破脚后跟，只要对天下有利，一切都做。

（二）第一，面对当时各国杀人盈城、搜刮民脂的混乱局面，孟子认为执政者不应贪图个人私利，而应顾及百姓；王、公、卿、大夫、士都应服从等级秩序的需要，安于自己的位置，不过分追求利。第二，针对心性修养，孟子主张对利的取舍，要以道义为准绳，做到“居仁由义”，藐视现实功业与地位，追求个体人格境界的不断提升。

（三）1. 其实并不冲突。马克思所谓“‘思想’一旦离开‘利益’，就一定会使自己出丑”中的“利益”是指现实的物质利益基础，是立足于广大无产阶级的立场上，对当时空想社会主义和青年黑格尔派的主观唯心主义的反对。而孟子义利之辩中的“利”是指个人私利，孟子并不反对正当利益，而是反对只求私利，他所提倡的“义”正是大多数人的公利。从字面看，两者是冲突的，但实际上两者都是主张追求公利，造福大多数人。 2. 范仲淹的“先天下之忧而忧，后天下之乐而乐”（《岳阳楼记》），张载的“民，吾同胞，物，吾与也”（《西铭》），文天祥的“孔曰成仁，孟曰取义”（《绝命词》），顾炎武的“天下兴亡，匹夫有责”（《日知录》），王夫之的“六经责我开生面，七尺从天乞活埋”（《船山诗文拾遗》），等等。

民本思想

（一）1.（1）民亦乐其乐 民亦忧其忧 （2）苟无恒心 放辟邪侈 （3）家之本在身 （4）莫不仁 （5）则臣视君如腹心 则臣视君如国人 则臣视君如寇雠 （6）民畏之 2.（1）近 （2）同“谪”，批评，指责 （3）非议 （4）捆绑 （5）停止 （6）通

“阵”，战阵 （7）谷物的总称 3.（1）以百姓之乐为乐，以百姓之忧为忧，这样还不能使百姓归服的，从来不曾有过。（2）百姓的一般规律：有固定产业的人有一定的道德观念和行为准则，没有固定产业的人便不会有一定的道德观念和行为准则。（3）良好的政治得到百姓的财富，良好的教育得到百姓的心。（4）君子亲爱亲人，因而仁爱百姓；仁爱百姓，因而爱惜万物。（5）不要害怕！我是来安定你们的，不是与百姓为敌的。

（二）孟子的民本思想，即以民为重、以民为本。主要包括：（1）“民为贵，社稷次之，君为轻”的“民贵君轻”思想；（2）告诫统治者“得天下有道：得其民，斯得天下矣”（《离娄上》），即得民心者得天下；（3）反对战争，主张保证百姓温饱，通过省刑罚、薄税敛，使“黎民不饥不寒”（《梁惠王上》），在此基础上“谨庠序之教”（《梁惠王上》）；（4）在君臣和君民关系上，主张相亲互信、与民同忧同乐。孟子的“民贵君轻”思想影响了其后几千年的中国社会，一些贤明的君主都从这一思想中汲取营养，无数的仁人志士更是以此为前行的动力，为民请命。即使在今天，孟子的这一思想依然闪耀着不灭的光辉。

（三）孟子主张君臣平等相待，相亲互信。“君之视臣如手足，则臣视君如腹心。”唐太宗李世民和魏徵所达到的“君臣相须，事同鱼水”的境界，则进一步发展了这种平等相待的亲密关系，甚至将臣子视为鱼儿生命赖以存在的水源。这体现了唐太宗作为一代明君的气度与智慧。

第二单元 《左传》选读

《春秋》大义：弃疾“灭亲”合乎大义吗

（一）1.《春秋左氏传》《公羊传》《榖梁传》 尊王攘夷 尊君抑臣 贵王贱霸 防微慎始 2.（1）收尸 （2）参与 （3）回答 （4）姑且 （5）驾车 （6）对……感到安心 3. B 4. 楚康王就把子南杀死在朝廷上，把观起车裂，并把尸体在国内四方示众。

（二）薳子冯能够领会申叔豫的意思并辞退身边八个小人，保全自己，衬托子南宠信观起，却浑然不知危机即将来临，最后身死族亡。这是明显的衬托手法。弃疾不能够及时向父亲进谏，相比之下，申叔豫却能够以委婉的方式劝谏朋友薳子冯，机智巧妙。明暗对应，灵活参差，使得文章富有意趣，曲折有致。

（三）赞同前者：弃疾作为君主的车夫，不能利用君主的信任，把消息泄露给父亲，因为父亲确实有罪，如果泄露了消息就有可能造成楚国大乱，所以只能大义灭亲，效忠君主。后来弃疾不苟活，以“不孝子”为理由自责，拒绝逃亡，也拒绝继续在朝为官，自缢而亡，可谓孝顺。赞同后者：弃疾可以用更委婉、更巧妙的方式来对待这个棘手的问题。他可以劝告父亲离开楚国，或者舍弃小人，如果父亲不听再协助君主采取必要措施；而不是一味地听从君命，对亲生父亲见死不救。另外，楚康王有意识地在他面前泄露消息，有可能是在暗示他，要他去和父亲沟通，他却未能领悟其中的意思。

王霸之辩：管仲有三代气象

（一）1. 铲除　攻取进入大的城池　宣而战　不宣而战　2.（1）缘故　（2）怀柔　（3）通“幸”，侥幸　（4）一定　3. A　4. 而且会合诸侯，这是为了尊崇德行。会合而让奸邪之人列于国君，怎么能向后代交代？

（二）齐桓公“谋郑”的功利心为子华的以利引诱张本，反衬出管仲着眼大处，以德和礼作为“谋郑”根本的思想。从开头“谋郑”到结尾处的请盟，转变之大、之迅速，从侧面表现出管仲德、礼之言的感染力。

（三）“镇子华之奸心”：管仲认为子不违背父命叫作礼，臣子伺机完成君命叫作信，否则就是邪恶。这番话暗示子华的身份，也一针见血地指出其恶行，足以震慑其心。“息桓公之欲念”：管仲用违背德、礼会失信于诸侯，得不偿失来劝说齐桓公，使其看到了此举的危害，再用郑国的实际情况，指出执政大夫不可冒犯，子华不可依赖。有理有据，符合实情，为齐桓公设身处地考虑，符合其利益。

公私史心：谁在同情赵盾

（一）1. 讽谏　顺谏　窥谏　指谏　陷谏　2.（1）通“避”，躲避　（2）刺杀　（3）小步快走　（4）为……而死　（5）口袋　（6）通“境”，边境　3. B　4. 如果像这样，能够弥补过错的人就很少了。君主能够有好结果，那就是国家的保障了，哪里仅仅是臣子依靠它。

（二）这段选文采用了插叙法（或顺叙中用追叙），赵盾救助灵辄，呼应前文酒宴上赵盾逃亡的场景，与提弥明、鉏麑相互关联，展现赵盾对义士的感召与收买，并引出后文中灵辄倒戈，赵盾逃脱的情节。这种叙述手法补充了文章的情节线索，避免了平铺直叙的呆板，使得主人公的形象更丰满。

（三）认同。灵辄做晋灵公的侍卫并非偶然，可能是赵盾的安排。之后的隐姓埋名，也是为了避免牵连赵盾。他的所作所为，其实是在与赵盾合谋，以此报恩。不认同。灵辄为一饭之恩报主，救人之急，不求个人的显达，不要回报，体现了古人的侠义精神和担当。

史才兵书：箭射周天子

（一）1. 车战编制　二十五乘　五人　2.（1）抵御　（2）隶属，从属　（3）通“济”，成功　（4）击鼓进军　（5）欺凌　（6）殒命，灭亡　3. C　4. 陈国动乱，百姓缺乏战斗意志。如果先攻击陈军，他们必定奔逃。周天子的军队看到这种情形，又一定会发生混乱。

（二）《桓公五年》正面写周桓王的笔墨很少，只有首尾两笔。主体写的是郑伯御王，前写“其谋之毒”，中间写“其事之悖”，后写其言辞之诡诈虚伪、礼节之轻慢。通过郑伯的不义之举，从侧面反映周桓王讨伐郑伯的合理性，也寄托了作者对周王室式微的同情，对乱臣贼子的憎恨。可谓是反客为主，委婉中有深意。

（三）言之成理即可。例如：周天子应该先责问郑国的侵略行为，再号召诸侯来讨伐，而不是贸然亲征，一旦失败，自取其辱。

铁血王座：郑国公子的婚姻自主

（一）1. 齐大非耦　善自为谋　自求多福　2.（1）戍守　（2）赠送　（3）排先后次序　（4）通“偶”，配偶　（5）坚决　（6）为……做事情　3. A　4. 现在由于国君的命令急忙地到齐国救援，反而娶了妻子回国，这是利用战争而成婚。百姓将会对我有什么议论呢？

（二）郑国太子忽公私分明，洁身自好。齐国亏欠他的恩情，打算将文姜嫁给他作为补偿，无可厚非，但他仍然拒绝。他并不依赖大国为自己寻求后援，而是用自己的能力来开辟政治前途，体现了他的自尊、自信和骨气。

（三）同车的像花一样的女子是郑国太子忽后来娶的陈国公主，而“彼美孟姜”是他自己觉得高攀不起的齐女文姜。同车者意味着婚约，而德音不忘者是可望而不可即的异国贵族。花朵的颜色只是一时，终将衰落，不足依靠。而远方的孟姜打扮华贵，气度雍容，是最佳选择。两相对比之下，太子忽的取舍，在郑国民众看来颇为不值。

第三单元　《史记》选读

本纪篇

（一）1.（1）慢慢地，缓慢地　（2）逃跑　（3）隶属于　（4）通“疲”，疲惫　（5）连缀，连续　（6）约定　（7）爱戴　（8）遭受　2.（1）现在秦国那样强大，去攻打刚刚建立的赵国，那肯定会把赵国攻打下来。赵国被攻占，秦国就更加强大，到那时，还有什么疲惫的机会可以利用！　（2）项羽就率领全部军队渡河，把船只全部弄沉，把锅碗全部砸破，把军营全部烧毁，只带三天的粮食，以此向士兵表示拼命战斗、绝不后退的决心。（3）我带兵起义至今已经八年，自己打了七十多仗，抵挡我的敌人都被打败，我所攻击的敌人没有不降服的，从来没有失败过，因而能够称霸，据有天下。可是如今竟然被困在这里，这是天要灭亡我，不是我打仗不行。（4）而项羽并没有尺寸的封地作为根基，他是乘秦末大乱之势以一介平民的身份兴起于民间，只三年的时间，就率领原战国时的齐、赵、韩、魏、燕五国诸侯灭掉了秦朝，划分天下的土地，封王封侯，政令全都由项羽发出，自称“霸王”，他的势位虽然没能保持长久，但近古以来像他这样的人还不曾有过。

（二）司马迁对垓下之战的描写颇为详细，运用了正面描写的表现手法，不像描写巨鹿之战那样只用了侧面描写的表现手法，而是精心刻画了项羽溃围之后在东城快战的精彩场面。司马迁之所以这样精心地描写东城快战，是为了展现项羽的神勇无敌之处，意在向读者表明项羽堪称战神级别的杰出将领，只不过项羽并没有得到天的眷顾，令人扼腕叹息。

（三）《宿迁项羽庙》的尾联运用虚写，假设项羽衣锦还乡回到彭城，反问项羽是否愿意接受当地百姓的宴请，以反问句的形式讽喻项羽不得民心，为项羽最终的失败感到惋惜。《项羽庙》的尾联从虚处落笔，虚实相生，借用《大风歌》的典故问项羽的鬼魂回到彭城时，是否能忍受去听刘邦唱的大风歌。这里一个“忍”字充分体现了诗人对项羽失败的惋惜和不甘，但是无能为力，也与颈联的悲凉景色相呼应，具有表现力，抒发了诗人对于历史成败的哲学思考，增加了诗歌的深度。

列传篇

（一）1.（1）俸禄（2）通“猝”，突然，仓促（3）得到（4）最终，终究（5）通“疲”，疲惫（6）有的人（7）悔恨（8）曲折 2.（1）可惜啊，你没遇到好时机！如果让你生在高祖打天下的时代，封万户侯那不在话下！（2）司法官判决李广损失士兵太多，他自己又被敌人活捉，应该斩首，但允许李广用钱财赎死罪，削职成为平民百姓。（3）李广言语迟钝，说话不多，与别人在一起就在地上画军阵，比赛射箭，按射中较密集的行列还是较宽疏的行列来确定罚谁喝酒。他以射箭为消遣的习惯，一直保持到死。（4）但没有一点军功可以让我得到封地，这是什么原因呢？难道是我的面相不该封侯吗？还是本来就命该如此呢？

（二）贯穿《李将军列传》全篇的主旨是“数奇”二字。“数奇”即生不逢时，怀才不遇。开篇即从汉文帝口中说出“不遇时”三字，奠定了全文的情感基调，再以时间为顺序，讲述李广在汉景帝平定吴、楚七国叛乱时虽有军功，却因接受了梁孝王的将军印，而导致无功的遗憾；而等到汉武帝出兵匈奴之时，喜欢选拔年轻有为的爱将卫青、霍去病等，而将李广弃置不用，遂导致李广终其一生不能封侯，最终引刀自刎的下场。这实在令人扼腕叹息，抒发了作者对李广的深切同情。

（三）在《塞下》中，作者在颔联运用了李广的典故，将之与贰师将军李广利对仗，实写李广自刎、李陵兵败二事，前一句中“千夫壮”指李陵所率领的五千勇士为了给李广利分散匈奴兵力而几乎全部壮烈牺牲的历史悲剧，后一句中“一剑长”则写李广晚年引刀自刎一事，二事皆为李广家族在征伐匈奴过程中的悲惨遭遇，为尾联谴责汉武帝穷兵黩武做铺垫。在《枕上作》中，作者在颈联运用了李广难封的典故，以郑虔耽酒和李广难封的典故自况，抒发了作者晚年怀才不遇、恢复中原的壮志难酬的怨愤之情，表达了作者对偏安江南的南宋朝廷的强烈不满。

第四单元 《韩非子》选读

立法为公

（一）1.（1）尸子　慎子　管子　商鞅　韩非子　集大成者　（2）法　术　势《五蠹》《孤愤》（3）吏　2.（1）通“拒”，对抗　（2）通“甲”　（3）巧言善辩　（4）通“披”　3. 因此，在英明君主的国家里，不用文献典籍，而以法令为教材；禁绝先王的言论，而以官吏为老师。

（二）君主施政，公私不分，自相矛盾。对百姓，纵容其看重个人荣耀，不顾国家需求；对臣子的言行，只注重其辩才和声誉，不注重功效；没有用法、功、军统一天下人的思想。

（三）体现了名实相符。君主治国，应该是为公事、立公法，可实际做的却是照顾私人的利益和荣耀；奖励的应该是有用的人，获利的却是无用之辈，前者得不到好处。商、管之法，孙、吴之术虽然藏在民间，但没有从措施上保障，只是空传理论。这些都是名不副实的体现，是国家祸乱的原因。不相同。王安石所说的名实相符，着眼于百姓的安定和利益；变法、设立官职，都是为了治民、强国。韩非子强调的是国家的武力强盛、君主的专制统治，不在乎民心的好恶和所向。

任法必专

（一）1.（1）物多　末众　农弛　奸胜　（2）通过轻罪重罚，使得民众不敢犯轻罪，更不敢犯重罪。用刑罚的严格程度来震慑民众，使其不犯罪，从而减轻刑罚的施用　（3）不根据功劳来赏赐官职、爵位和俸禄，是不能激励民众的　2.（1）懈怠　（2）功劳

（3）为……而死　3. 因为是按功劳授予官职和爵位，所以国家实力雄厚，天下就没有哪个能侵犯了。

（二）禁绝善良的言论，限制物品、工商业者的数量，防止农事放松，奸邪势盛。只依据功劳来赏赐官职、爵位和俸禄。重刑罚、轻赏赐。君主牢牢掌控赏罚的权力。

（三）约翰·穆勒认为，功利主义以追求人类幸福最大化为宗旨，方式是增加快乐，免除痛苦。但韩非子的功利思想并不以民众幸福为目的，而是看重有助于国家富强的措施，为后者可以牺牲民众的利益。从这一点看，两者有着明显的差异。约翰·穆勒认为，权力和名声是实现幸福的手段，但它们也可以成为欲望目标的一部分。韩非子想通过权力、名位（赏赐军功，加官晋爵）让百姓多生产，多杀敌，也是利用百姓的心理，将实现幸福的手段转化为幸福的目标，两者的观点体现出相似的功利主义运作机制。

以术治臣

（一）1.（1）所察也六微　众端参观　必罚明威　信赏尽能　一听责下　疑诏诡使　挟知而问　倒言反事　（2）质人　贾师　（3）政乱反之身　身正而天下定　2.（1）许多　（2）提拔　（3）寻找　（4）身边的人　3. 管理市场的人员以为县令对管理市场的官员有所指示，而对管理市场的人员不信任，因此再不敢作奸犯科。

（二）越王勾践通过向气鼓鼓的青蛙伏轼致敬、赏赐赴火者和赴水者等手段，反复激励士人的勇气，属于情绪上的“重复法”。周朝的君主面对官员所下的结论：“吾知吏不事事也”，“岂可谓忠哉”，是以“断言法”来反复强调官员的不称职，作为教训的开端和结论，极大地震慑了臣子的心理，令对方理亏、心虚。

（三）相同点：两段文字都运用顶真的修辞手法。“掩人，人必怒，怒则斗，斗必三族相残也”，推出“弃灰”造成的一系列后果。“人非生而知之者，孰能无惑？惑而不从师，其为惑也”，分析了“从师”对于解惑的重要性。两者都展现出严密的论证逻辑，语气流畅。两段文字都运用了因果论证法，韩非子以“无弃灰”是人性之易、重罚是人性之恶为理由，推出孔子赞成殷之法的结论。韩愈以传道授业解惑为理由，推出不论年长贵贱，都可以从师效法的结论。不同点：前者引用孔子教导子贡的话，有权威性和说服力。后者采用假设法，谈迷惑而不从师的后果，以此证明师者解惑的职责、拜师学习的迫切性，入情入理，令人感同身受。

尊君抑民

（一）1.（1）考察名与实之间的关系　（2）今人主不掩其情，不匿其端，而使人臣有缘以侵其主　（3）訾选　荫任　军功特拜　2.（1）陈述，说话　（2）区分　（3）门　（4）空缺　3. 臣子恪守本职，他们的言论与事实相符，那么臣子就不能结成朋党营私舞弊了。

（二）仁义智能者在民间传播思想，产生言论和行为，不利于君主控制。臣子凭借贤能来威逼君主，迎合君主的欲望，掩盖自己真实的企图。臣子假托贤明之名篡夺君主的权力。

（三）老子认为圣人治理天下，应该让民心淳朴，保持无知状态，降低欲望，最终目的是社会不争、不乱。因为人心多欲、机巧是社会动乱的根源。“希加廖夫学说”不允许民众有杰出、独立的思想，民众只有生存和劳作的权利，只有在这个范围内才是平等和自由的。相同点：韩非子禁止任用贤才、禁止思想和言论与老子的“不尚贤”思想、“希加廖夫学说”都指向社会的安定与稳定，带有政治目的。不同点：老子想通过民众的不争、不乱，完成国家治理，并不强化圣人的权力，本质上是为了统治者的无为，也是为了使百姓的生活更好。韩非子的目的是加强君权，避免君主受到挑战，实质是尊君抑民。“希加廖夫学说”本质上带有精英（统治者）要优越于民众的观念，有一种少数人推动历史、创造价值，多数人只配维持生存的偏见。韩非子、老子带有很强的实用性、目的性。“希加廖夫学说”带有一定的反乌托邦式的社会理想性质，更像是一种对历史规律的歪曲总结。

变法立新

（一）1.（1）今欲以先王之政，治当世之民　（2）威仪　武功　教化民众　（3）圣人不期修古　不法常可　论世之事　因为之备　2.（1）沿袭，照搬　（2）祖父　（3）依据　（4）竞争　3. 如果当初抛弃徐偃王的仁义，不用子贡的巧辩，依靠徐、鲁两国的实力去抵抗有万辆兵车的强敌，那么齐国、楚国的野心就不会在这两个国家里得逞了。

（二）徐偃王仁义失国的例子，先与周文王仁义立国对比，体现施行仁义的具体情况不同，不可固守。又与子贡的机智善变相类比，证明机巧之术不可拘泥。最后使人们相信古人的道德原则不能一味沿袭。串联、衔接不同事例，使论证既丰富多样，又集中凝聚。

（三）不矛盾处：爱德蒙·伯克认为国家的政治应该对应世界的秩序，符合民众的生存模式，展现统治者的智慧。韩非子认为历代圣人为了民众的生存需求，在适应环境与条件的情况下，赋予统治者、官员不同的职责。两者有相通之处，都主张改进，不能永远用一套方法治理国家。矛盾处：爱德蒙·伯克认为人类整体发展有一种“无可更易”的稳定状态，韩非子没有这样的断言和考虑。爱德蒙·伯克认为过去的政治体系是智慧的结晶，带有真理性，应当借鉴，这种经验主义的观点也与韩非子不同。韩非子将赏罚军功放在至高的位置，对长期被先贤推崇的仁政表示蔑视和不满，这一点体现了其对经验的排斥，更为激进。

第五单元　唐宋词选读

唐五代词选

（一）（1）咸阳古道音尘绝　（2）不道离情正苦　（3）忆来惟把旧书看　（4）小楼吹彻玉笙寒　（5）玉树琼枝作烟萝

（二）李煜《破阵子》下阕的最后三句，追忆了词人亡国之际仓皇中印象深刻的一个画面：辞别宗庙，教坊乐工奏离别哀乐，自己与宫娥垂泪相对。哀乐、悲歌、哭声合成一片，令人肝肠寸断，与上阕故国繁华安逸的生活形成强烈的对比。从一国之君到垂泪之囚，词人的离别之伤、亡国之悔、为俘之屈辱、对宫娥的愧疚之情都强烈地表达出来了。

（三）李煜《虞美人》与赵佶《燕山亭・北行见杏花》在表现手法上的不同主要有两个方面：写景上《虞美人》用白描，《燕山亭・北行见杏花》用细节描写；抒情上《虞美人》直抒胸臆，《燕山亭・北行见杏花》托物言志。两首词都以春花（春红、杏花）来衬托词人亡国的悲苦之情，不同的是，李煜写景用白描，语言简单素朴；赵佶写景则精工细描，烦琐地刻画杏花的外表之美。李煜写春花是以其与秋月一样永恒对比人生无常，最后直接诘问，指出这种愁苦如春水不尽，是一种人类所共有的无常和哀愁；而赵佶此词作于被俘北行途中，以杏花的凋零托物言志，以双燕的乐景衬托自己的不见故宫、和梦不做，是词人对自己身世悲戚的哭诉。

北宋词选

（一）（1）芳草无情　更在斜阳外　（2）迢迢不断如春水　（3）自是白衣卿相　（4）西北望　射天狼　（5）小桥外　新绿溅溅

（二）《水龙吟・次韵章质夫杨花词》上阕首句“似花还似非花”出手不凡，耐人寻味。它既咏物象，又写人、言情，准确地把握住杨花那“似花非花”的独特“风流标格”：说它“非花”，它却名为“杨花”，与百花同开同落，共同装点春光，送走春色；说它“似花”，它色淡无香，形态细小，隐身枝头，从不为人所注目、爱怜。全词不仅写出了杨花的形、神，而且采用拟人的艺术手法，把咏物与写人巧妙地结合起来，将物性与人情毫无痕迹地融合在一起，真正做到了“借物以寓性情”（沈祥龙《论词随笔》），写得声韵谐婉，情调幽怨缠绵，体现了苏轼词婉约的一面。

（三）主要的区别表现在：（1）多数诗句对仗工整，而词句根据词牌长短交错；（2）词要合乎音乐；（3）诗用字只要区分平仄，词用字在平仄之外还要考虑五声、六律和清浊轻重，对声律要求更高；（4）词和诗在风格上有差异，词相对而言更加妍丽。

南宋词选

（一）（1）斜阳正在　烟柳断肠处　（2）关塞如今风景　剪烛看吴钩　（3）红萼无言耿相忆　（4）但暗忆　江南江北

（二）“我见青山多妩媚，料青山见我应如是”一扫前文的阴郁之情，将目光从缺少知音的人世间转向大自然，将青山视作自己的知己，互相欣赏，表现了作者超然的气度和不与世俗同流合污、寄情山水的高洁品质。“不恨古人吾不见，恨古人不见吾狂耳”傲气十足，辛弃疾认为那些“江左沉酣求名者”是整日纵情饮酒自命风流的“假名士”，自己才是真正能够理解陶渊明的人，但就算是众人敬仰的陶渊明这等人物，也不见得能够理解自己啊。既有一种绝对的孤独，又有一种充分自信的英雄狂傲之气。

（三）（1）从艺术风格看，苏轼、辛弃疾词“倾荡磊落”“如天地奇观”，是对以往香软婉约词的超越。（2）从思想内容和写作手法看，词到稼轩，出现了“用经用史，牵《雅》《颂》入《郑》《卫》”的新变化，足见其词“以文为词”的特点，在苏轼词基础上有了长足的发展，可以创造性地运用音律，准确生动地表现广阔的社会人生，表达复杂的感情。（3）从艺术效果看，词到稼轩，“如禅宗棒喝”“又如悲笳万鼓”，多直接表达词人心中的不平之气，即词人救国救民的政治抱负无法实现的悲愤之情，往往直接而有力量，悲壮而感人。（4）从词人的气质、情感与遭遇看，辛弃疾出生于北方，有北方人的耿直和粗犷，且早年的戎马生涯，让其词中多有广阔场景、战斗场面和强烈的爱国激情；同时，其终生壮志难酬，所以多“英雄感怆有在常情之外”。

第六单元　《文心雕龙》选读

原道第一

（一）1.（1）言立而文明　（2）有逾画工之妙　无待锦匠之奇　2.（1）陈列　整理得有条有理　（2）装饰　（3）花纹　（4）开始

（二）“原道心以敷章”的意思是根据自然之道的基本精神来陈述。这个观点强调关注人与自然、人与社会的和谐，体现天地良心。（结合写作实际，此处略）

（三）刘勰在《原道》中描述“道之文”，举宇宙万物为例，山川日月、草木鸟兽皆有“文”，美的特性泛在于万物之中。“文”是事物美的特征，刘勰强调文章的审美属性。

“道”既是一种至高的精神，也是一种美感。文章是“道之文”的体现，它的重要性不仅在于“文以载道”，而且在于它以美的形式来载道。

征圣第二

（一）（1）继承，阐述 （2）以……为贵 验证，证据 （3）比喻对人的教育培养 （4）兼备，完备 （5）清晰

（二）首先总述圣人为文的四种写作方法，然后举例印证繁、简、隐、显四种方法，最后在此基础上指出圣人为文有定法而又随时随事变法。所举之例，全部直接选自“五经”，具有权威性，因而具有说服力。尤其值得琢磨的是，《礼》两例分别讲简与繁，《易》两例分别讲显与隐，《诗》一例讲繁，这就为最后引申出观点的后半“抑引随时，变通会适”做了铺垫，具有逻辑力量。

（三）不同之处：资产阶级借助已故的名人宣传自己的思想，是对社会进步思想的辖制；而刘勰的征圣思想并不是旨在梳理思想权威，而是将圣作为道的传布者、经的创造者，是经典的源头力量，同时刘勰的征圣思想求索一种文质彬彬的人格理想。相同之处：都是借复古来革新，实际是对现实的一种纠正。针对当时泛滥的士风与文风，刘勰的征圣思想融合了许多新的观点，他借征圣思想打开了文学理论的新局面。

宗经第三

（一）（1）不可磨灭 （2）清楚 （3）接近 情怀 （4）确实 （5）秉承，接受 （6）美

（二）“道沿圣以垂文，圣因文而明道。”道是原点，是一切文章的来源。人的文章源于道。古代圣人根据自然之道的基本精神来写文章，自然之道通过古代圣人的文章得到阐明。道的最终载体、圣人之典范的学习模本是经。道的至高理想和自然之美、圣的人格精神和忧患意识、经的雅正文风和“六义”，为文章写作正本溯源，提供最高榜样和不竭源泉。

（三）刘勰的“情深而不诡”强调文章情感深刻、真挚而不虚伪，黑格尔的“情致”亦需要一种情感的充沛和理性的结合。（分析文章，此处略）

神思第二十六

（一）1.（1）思接千载 视通万里 （2）观海则意溢于海 2.（1）状态，情态 （2）洗涤 （3）斧子一类的工具 （4）通“途”，这里指思绪

（二）“虚静”是指对内心进行疏导、洗涤，去除主观偏见，尽可能达到得自然、人事、社会、天地之理。而要如此，就必须“积学”“酌理”“研阅”“驯致”。（结合写作构思的

实际，此处略）

（三）济慈认为诗歌写作是自然流露和创造，反对刻意苦思。刘勰在《神思》中也提出"理郁者苦贫，辞溺者伤乱"，主张"秉心养术，无务苦虑"。刘勰认为过分思虑是对心神的破坏，要养心、养气，同时提出"积学以储宝"，肯定日常的积累，从长远上为神思做准备。

以中华传统文化的存在方式学习中华传统文化

——代后记

作为一名长期坚持在语文教育中引入《论语》《古文观止》《诗经》《楚辞》等大量古代诗文的中学语文教师，经常有学生、家长、同行质疑：为什么一定要学习这些？坦率地说，我很少对此作出完整的回答，只是根据不同的提问者作出不同的回答，比如——

有问："对考试有用吗？"我答："非常有用。当你从高一就认真学习这些后，不仅高考能得高分，而且还为你高三复习其他学科让出一些时间来。"

有问："背诵那么多古人的东西干什么？"我答："这些'东西'是最诗意、最优雅的表达。背多了，你自己的表达也可能会满贮诗意，也可能有一种优雅流溢其间。你不是很喜欢'诗意地栖居于大地之上'这样的诗句吗？假如换掉'栖居于'和'之'四个字，将这句诗译成'诗意地居住在大地的上面'，你觉得还有诗意吗？"

有问："我们可不可以少学一点，少背一点？"我答："可以。但你将同少学、少背的人一样少了文化。"

……

今天在本书的代后记中，我想对质疑的人们做一次较为完整的回答。

当下，中华传统文化的价值与优长被越来越多的包括中国人自己在内的人们所认识、赏识以至推介、推崇。所以，新世纪以来，国学在国内持续升温，孔子学院在国外如雨后春笋。

但是，如何更好地学习、传承、弘扬中华优秀传统文化？这似乎又成了人们今天必须面对、必须回答的一个问题。我们编写这套"中华古诗文阅读"，就是我们面对并回答这个问题的方式。这种方式用一句话来说就是："以中华传统文化的存在方式学习中华传统文化。"

什么是中华传统文化的存在方式？概而言之，就是以"经"（儒家经典）为中心，以“史”“子”“集”为拱卫，形成天人合一（或曰天人同构）的宇宙生命体的文化体系（或曰宇宙秩序）。在这个文化体系中，“经”居中心，宣示“仁义礼智信”，具有天经地义（或曰天地良心）的地位；“史”以人类故事诠释“仁义礼智信”；“子”以思辨姿态诠释“仁义礼智信”；“集”以文学方式诠释“仁义礼智信”。所以，《易 · 系辞》说：“天尊地卑，乾坤定矣。卑高以陈，贵贱位矣。”《汉书 · 艺文志》说：“《乐》以和神，仁之表也；《诗》以正言，义之用也；《礼》以明体，明者著见，故无训也；《书》以广听，知之述也；《春秋》以断事，信之符也。五者，盖五常之道，相须而备。”《隋书 · 经籍志》讲得更明白：“夫经籍也者，机神之妙旨，圣哲之能事，所以经天地，纬阴阳，正纪纲，弘道德，显仁足以利物，藏用足以独善。学之者将殖焉，不学者将落焉。”所以，柳诒徵在《中国文化史》中说“孔子者，中国文化之中心也”，“自孔子以前数千年之文化，赖孔子而传；自孔子以后数千年之文化，赖孔子而开”，是符合几千年中国文化的存在实际的。

中国文化几千年就是生存在这一文化体系中。理所当然，我们几千年文化的全部知识也就产生于这一体系；或者说，我们几千年文化的全部知识都围绕天人同构的宇宙秩序展开；或者说，我们几千年的全部知识都围绕“仁义礼智信”这“五常之道”展开。明乎此，我们才能明乎中国几千年文化的基本形态；明乎“六经”为何在中国几千年文化中居于核心地位；明乎“道德理性”为何深深根植于中国几千年文化的一切文化形态之中；明乎古代教育为何以“明明德”“新民”“止于至善”为三纲，以“格物”“致知”“诚意”“正心”“修身”“齐家”“治国”“平天下”为八目，以“学以成人”“约以成人”为理路，以召唤人们成为“君子”为目标；明乎古代科举取士时为何必考“经义”；明乎古代士人为何以坚守天地良心为己任；明乎韩愈说“尧以是传之舜，舜以是传之禹，禹以是传之汤，汤以是传之文、武、周公，文、武、周公传之孔子，孔子传之孟轲”(《原道》) 的要义；明乎张载说“为天地立心，为生民立命，为往圣继绝学，为万世开太平”(《横渠语录》) 的真谛。

也许有人会说，以“经”为中心，是汉武帝之后的事，汉之前中国文化是百家争鸣，百家共治，百家共生。这大概是不错的。但是，我们不能以此否定另一个事实，即“尧—舜—禹—汤—文王、武王、周公—孔子—孟子”一脉相承的“道统”始终处于中国文化的中心，战国时期的百家争鸣也是围绕这一中心展开的：道家是站在儒家的对立面成长起来的，即通常所谓“仁义之说兴而道家出”；墨子“学儒者之业，受孔子之术，以为其礼烦扰而不说，厚葬靡财而贫民，久服伤生而害事，故背周道而用夏政”(《淮南子·要略》)，所以一般都认为墨家是从儒家突破而来的；法家“不别亲疏，不殊贵贱，一断于法”(《史记·太史公自序》)的主张则是由孔子“为政以德”(《论语·为政》)到荀子“礼法并重，刑德并举”的进一步突破。因此可以说，《诗》《书》《礼》《乐》《易》《春秋》等儒家经典所承载的“仁义礼智信”是中华传统文化的中心，其他知识均缘此而生发，是一个基本事实。

但是，中国文化几千年存在的这一知识体系，在近一百多年间遭到了西方知识体系的拆解而被否定。

西方知识体系是在古希腊文化传统的基础上构建的知识体系，主要以自然现象和社会现象为研究对象而构建。因此，形式逻辑变成了世界秩序。在这一知识体系中，世界成了可计算、可预测、可推演的秩序；是否科学成了衡量宇宙间万事万物的唯一标准，以线性推演为本质特征的认知方式成了人生学习的基本模式。因此，“分类”在知识中具有了“天经地义”的地位，哲学、文学、艺术、美学、数学、物理、化学、生物学、社会学……构成了世界。

伴随着中华民族近代一百余年的屈辱史，经历了百余年对中华传统文化的沉痛反思后，至五四时期，中国知识人开始了全面接受西方知识体系的革命性步伐，其标志就是胡适于1919年出版的《中国哲学史大纲》。该书由蔡元培作序，出版后迅即震撼了整个中国学界，获得了广泛好评。

确实，《中国哲学史大纲》是石破天惊之作。它将原来以“经”为中心、以“史”“子”“集”为拱卫的浑圆的几千年中华传统文化知识体系切碎，再从西方哲学本体论、价值论、认识论的角度来观察，然后从这三个角度将中国古代几千年的思想纳入宇宙论、人生论、致知论的哲学框架中。这是中国古代思想第一次被西方知识体系完美印证，也是西方知识体系第一次完美归纳中国古代几千年的思想。在这两个“完美”之中，胡适成就了自己在中国哲学研究、中国史学研究及中国现代学术史上的崇高地位——中国现代学术西化之路的大门的开启者。从此，西方知识体系全面征服了中国知识分子，举凡学术的方方面面都唯西方学术马首是瞻，以致今天如果离开这套知识体系，我们将无法表达自己；与此同时，中华传统文化知识体系被无情地抛弃，至今已极少有人识得。

但是，人类文明能传之久远并不断被发扬光大，是因为永远有一批先知先觉者，他们构成了人类文明的另一种景观。在19世纪整个西方将中国历史视为"野蛮的、闭关自守的、与文明世界隔绝"(马克思《中国革命和欧洲革命》)的、落后的"一种非历史的历史"(黑格尔《历史哲学》)时，雨果在1865年写作《莎士比亚论》时却将西方与东方联系起来思考:"由此产生了两首巨大的诗篇。此地是'太阳神'，那儿是'龙'……这两个世界属于最高的趣味，标志出这最高趣味的两极。这最高趣味的一端有希腊，另一端有中国。"列夫·托尔斯泰1905年在给留俄中国学生张庆桐的回信中说:"中国常常被人责备为顽固保守，如果把它同基督教世界得到的一些结果相比较，它比基督教世界所处的充满仇恨、刺激和永不停止的斗争的情形要好上千百倍。"在20世纪整个中华大地无情地抛弃自己的传统时，辜鸿铭、陈寅恪等学贯中西的大家依然顽强地坚守中华传统文化精神。英国历史学家阿诺德·汤因比在他的巨著《历史研究》中也说:"西方观察者不应低估这样一种可能性:中国有可能自觉地把西方更灵活也更激烈的火力，与自身保守的、稳定的传统文化熔为一炉。如果这种有意识、有节制地进行的恰当融合取得成功，其结果可能为人类的文明提供一个全新的文化起点。"

然而，如果我们不能真正认识到"这最高趣味的两极""另一端有中国"，我们就不可能真正认识到中国文化对西方文化"有意识、有节制地进行的恰当融合""可能为人类的文明提供一个全新的文化起点"，更遑论做到这些。因此，我们确实需要对近代以来对中华传统文化知识体系的否定进行彻底反省，重新认识中华传统文化知识体系的价值与优长，并以其独特的生存方式学习它、传承它、弘扬它，以在全球化时代真正重构中国文化的现代知识体系与话语体系，实现中华民族的伟大复兴。

正是鉴于上述思考，我们在语文教育中落实中华传统文化教育时，坚持以中华传统文化知识体系的存在方式展开，基本维护以"经"为中心，以"史""子""集"为拱卫的浑圆的中华传统文化知识体系，即以《论语》《古文观止》为核心，将儒家其他经典，如《诗经》、"三礼"、《左传》、《孟子》、《荀子》等作为重点，参以先秦诸子和先秦历史著作的其他几家，旁涉秦以后的历代诗歌及《文心雕龙》《诗品》等著作。

同时，在具体学法指导上，我们坚持"小""大"并举、以"大"为重的原则。这里所谓"小"即古诗文之"言"，所谓"大"即古诗文所宣示、所拱卫之"道"——由"仁义礼智信"支撑的天人同构的宇宙秩序。韩愈在《师说》中抨击当世之人"小学而大遗”，在今天，“小学而大遗”之弊尤其突出。我们认为，坚持“小”“大”并举、以“大”为重的原则，是破解当今学习之弊的重要策略。

我知道，这一回答肯定不能得到人们的全部认可，因此期待大家的批评。

黄荣华

2015 年 10 月 28 日